# LIPARISCHE INSELN

## Thomas Schröder

# INHALT

## Liparische Inseln – Land und Leute

| | |
|---|---|
| **Text und Recherche** | Thomas Schröder |
| | Textänderungen und Recherche der vorliegenden Auflage: Peter Amann |
| **Lektorat** | Anja Keul |
| **Redaktion und Layout** | Susanne Beigott |
| **Fotosnachweis** | alle Fotos von **Thomas Schröder**, außer |
| | **Peter Amann**: S. 20, 55, 69, 91, 95, 105, 156, 163, 194, 195, 197, 228, 238, |
| | **Michel Yolka**: S. 241 |
| **Coverfotos** | Thomas Schröder (oben: Autofähre; unten: Lipari-Stadt) |
| **Covergestaltung** | Karl Serwotka |
| **Karten** | Susanne Handtmann, Judit Ladik, David Wendler |

**Herzlichen Dank den vielen Leserinnen und Lesern, die mit Tipps und Beiträgen bei der Aktualisierung dieser Auflage geholfen haben:**

Verena Ochsner, Manfred & Roswitha Neumayr, Bernadette Schabbauer, Silke & Tobias Quathamer, Dietmar Widowitz & Silke Jabornig, Wolfgang Gimbel, Silke Meyer, Andrea & Marc Müller, Ellen Viertel, Boris Rösler, Heike Jenning, Franz Lenle, Tom Produkt, Luise Pfaelzer, Claudia Sälzer, Reinhold Bulla, Kristin Böhme, Remo Fröhlicher, Hans-Günther Ockenfels, Dr. Rainer Knüppel, Antonella Scola, Dietrich Beitzke, Gabriele Podzierski, Heidi Infeld, Sigrid Meyer, M. Zeller.

Die in diesem Reisebuch enthaltenen Informationen wurden vom Autor nach bestem Wissen erstellt und von ihm und dem Verlag mit größtmöglicher Sorgfalt überprüft. Dennoch sind, wie wir im Sinne des Produkthaftungsrechts betonen müssen, inhaltliche Fehler nicht mit letzter Gewissheit auszuschließen. Daher erfolgen die Angaben ohne jegliche Verpflichtung oder Garantie des Autors bzw. des Verlags. Beide übernehmen keinerlei Verantwortung bzw. Haftung für mögliche Unstimmigkeiten. Wir bitten um Verständnis und sind jederzeit für Anregungen und Verbesserungsvorschläge dankbar.

ISBN 978-3-89953-550-1

Aktuelle Infos zu unseren Titeln, Hintergrundgeschichten zu unseren Reisezielen sowie brandneue Tipps erhalten Sie in unserem regelmäßig erscheinenden Newsletter, den Sie im Internet unter **www.michael-mueller-verlag.de** kostenlos abonnieren können.

**5. komplett überarbeitete und aktualisierte Ausgabe 2010**

# Liparische Inseln – Die Reiseziele

## Alles im Kasten

# Karten- und Tourenverzeichnis

## Zeichenerklärung für die Karten und Pläne

| | | |
|---|---|---|
| Autobahn | Gewässer | Campingplatz |
| Asphaltstraße | Strand | Leuchtturm |
| Asphaltstraße | Badestrand | Weinstock |
| Schotter-/Feldweg (befahrbar) | Bebaute Fläche | Aussichtspunkt |
| Forstweg | Park/Grünanlage | Höhle |
| Karrenweg | Post | Felsen |
| Fußweg | Information | Berggipfel |
| Trampelpfad | Bushaltestelle | vulk. Dampfquellen |
| empfohlener Wanderweg | Flughafen | Ausgrabung |
| Fährlinie | Metrostation | Ruine |
| | Kirche | |

# Liparische Inseln

▲ Bergsteigen à la Vulcano: Faraglione di Levante

# Land und Leute

*Herrlich klar: die Wasserqualität der Inseln kann sich sehen lassen*

# Sieben Perlen im Mittelmeer

**Eine vielfältige kleine Inselwelt: Sieben reizende Inselchen bilden den wunderschönen Archipel vor der Nordküste Siziliens. Jede besitzt ihren unverwechselbaren Charakter. Gemeinsam aber ist ihnen allen der vulkanische Ursprung, die zauberhafte Landschaft und kristallklares, absolut sauberes Wasser.**

Die Inselträume in Italiens tiefem Süden sind nicht so ganz einfach zu erreichen. Keine der Liparischen Inseln besitzt einen Flughafen, zum Glück. Die kleine Mühe der Überfahrt mit der Fähre oder dem Tragflügelboot und der etwas größere Aufwand an vorab nötiger Organisation müssen schon sein. Vom Massentourismus und seinen unschönen Begleiterscheinungen blieb die Inselgruppe deshalb verschont. Bettenburgen, Spielsalons und Hamburgerketten? Nicht doch. Brüllender Verkehr, Discolärm bis in den Morgen? Keine Rede. Kleine Familienhotels, freundliche Gastgeber, köstliche Küche? Aber ja. Ein Meer, so klar und sauber, dass man noch in zehn Metern Wassertiefe die Fischschwärme blitzen sieht? Das auch. Weiterhin im Angebot: blumengeschmückte Dörfer und ein bildhübsches Städtchen, tiefschwarze Lavastrände im Schutz wilder Steilküsten, grandiose Gipfel mit Fernblick, der an guten Tagen bis zum Etna reicht. Nicht zu vergessen das reiche Erbe einer jahrtausendelangen, mythenumwobenen Geschichte – der Burgberg von Lipari war bereits zu einer Zeit besiedelt, als der Bau selbst der ältesten ägyptischen Pyramiden noch in weiter Ferne lag. Und

*Badebucht mit Blick: Cala Junco auf Panarea*

da wäre dann noch der Feuerzauber der Vulkane ... Auf der nicht umsonst so genannten Insel Vulcano brodelt es im Meer, dringt heißer Dampf aus schwefelgelb gefärbten Erdspalten, umspielen Rauchschwaden das weite Rund des Kraters. Dramatischer noch zeigt sich der vulkanische Charakter auf Stromboli: Einen Vulkan, der mit schöner Regelmäßigkeit mehrmals pro Stunde leuchtende Lavafontänen Hunderte von Metern hoch in die Luft schleudert und sich dabei relativ gefahrlos in den glühenden Rachen schauen lässt, sieht man schließlich wirklich nicht alle Tage.

Die **Sette Perle** die „Sieben Perlen", wie die Liparischen Inseln auch poetisch genannt werden, lassen also kaum einen Ferienwunsch offen. Für Schnorchler, Taucher und Segler stellt der Archipel geradezu ein Dorado dar. Kulturgeschichtlich Interessierte mit einem Faible für Vorgeschichte und Antike werden ebenso fündig wie wanderlustige Entdeckernaturen und Liebhaber der raffinierten mediterranen Küche. Und für Individualisten mit ästhetischem Anspruch und dem Bedürfnis nach einem entspannten Lebensrhythmus gibt es innerhalb Europas ohnehin nur wenig vergleichbare Reiseziele. Die Schiffsverbindungen zwischen den einzelnen Inseln sind gut und ermöglichen Kombinationen ganz nach persönlichem Gusto. Allerdings sollte man nach Möglichkeit nicht zwischen Mitte Juli und Ende August kommen, wenn sich allein auf Lipari Zehntausende meist italienischer Feriengäste um Plätze in Hotels und Restaurants raufen. Außerhalb der Hochsaison dagegen ist jede der Inseln ein Gedicht, sind Unterkunftsprobleme ein Fremdwort und die Strände weitgehend leer.

*Entfernte Verwandte: Ruderboot und Aliscafo*

# Mythologie und Namensgebung

**Die Benennung der Inseln ist nicht ohne Tücken, tragen sie doch gleich zwei Namen, deren Herkunft weit in die mythische Vorgeschichte des Archipels reicht.**

Schon sehr früh hatten sich Kolonisten verschiedener Völker für die Inseln interessiert. Um 1250 v. Chr. erwiesen sich Ausonier aus Mittelitalien als besonders geschickt darin, ihre Ansprüche mit Feuer und Schwert durchzusetzen. Anführer des kriegerischen Stammes war der sagenumwobene König Liparos, der zum Namenspatron der Hauptinsel und, nach mancher Ansicht, dadurch auch des Archipels wurde: *Isole Lipari*. Die Tochter des Liparos wiederum heiratete, immer der Legende zufolge, einen gewissen Äolus. Woher dieser stammte, darüber gibt es verschiedene Versionen. In jedem Fall galt Äolus den Griechen, die im 6. Jh. v. Chr. die Inseln kolonisierten, aber bereits lange zuvor Handelskontakte mit ihnen gepflegt hatten, als Freund der unsterblichen Götter und vor allem als Herr der Winde. Er war es auch, der Homers Odyssee zufolge dem umherirrenden Helden den berühmten „Sack der Winde" zum Geschenk machte.

Selbstverständlich benannten die Kolonialgriechen den Archipel nach Äolus, und fast ebenso selbstverständlich übernahmen die Römer den Namen. Über die Jahrhunderte hinweg hat auch er bis heute überdauert: *Isole Eolie*.

Beide Bezeichnungen, „Liparische Inseln" und „Äolische Inseln", haben ihre Anhänger, wobei erstere Version ihre Befürworter besonders auf der Insel Lipari besitzt. Die Bewohner der anderen Inseln neigen hingegen eher dem zweiten Namen zu. Er gilt auch tatsächlich als die offizielle Bezeichnung, wird in Unterkunftsverzeichnissen und Prospekten weit häufiger verwendet. In diesem Handbuch wollen wir jedoch der Einfachheit halber bei den im deutschen Sprachraum gebräuchlicheren „Liparischen Inseln" bleiben.

## Vom Nachteil der Neugier

Dem Sterblichen Äolus (griech. Aiolos) war von Göttervater Zeus die Herrschaft über die Winde verliehen worden. Zufrieden lebt er auf der „schwimmenden Insel" Äolia, zusammen mit seiner Frau Kyane und den jeweils sechs Töchtern und Söhnen, die in aller Unschuld den Inzest pflegen („Und er gab die Töchter den Söhnen zum Weibe" – Homer). Der gestrandete Odysseus erfährt freundliche Hilfe. Ein milder West bläst sein Schiff zuverlässig vor die Küste der Heimat Ithaka, im Gepäck als kleine Gabe ein Sack voller Winde. Doch ach, als Odysseus schläft, öffnen die neugierigen Genossen das Geschenk des gütigen Äolus. Die entfesselten Winde treiben das Schiff zurück nach Äolia – der König, wütend über soviel Dummheit, will diesmal allerdings von den Griechen nichts mehr wissen. Die Odyssee nimmt ihren Lauf.

# Inseln mit Charakter

Trotz vieler Gemeinsamkeiten weisen alle Inseln ihre ganz eigenen Charakteristika auf. Dementsprechend eignet sich auch nicht jede der „Sieben Perlen" für jeden Urlaubsgeschmack gleichermaßen. Fühlen sich auf dem einen Eiland nur Einsamkeitsfanatiker wohl, so zieht das andere auch ein eher geselliges Publikum an. Locken auf manchen der Inseln schöne Strände die Badelustigen, so erfreuen andernorts felsige, steil abfallende Küsten vor allem die Taucher. Und während sich beispielsweise Panarea während der Sommermonate in eine Kolonie norditalienischer Millionäre verwandelt, zeigt sich Alicudi rund ums Jahr von der bodenständigen Seite. Die folgende Kurzübersicht will ein erstes Bild der Inselgruppe vermitteln, wobei anzumerken bleibt, dass dank der recht guten Schiffsverbindungen schnelle Wechsel von Insel zu Insel im Normalfall problemlos möglich sind. Die Reihenfolge, in der die einzelnen Inseln vorgestellt werden, entspricht dem Aufbau dieses Handbuchs.

**Lipari**, das größte und bevölkerungsreichste Eiland des Archipels, ist seit alters her dessen Hauptinsel, deren Verwaltung mit Ausnahme von Salina alle anderen Inseln unterstehen. Landschaftlich ausgesprochen vielseitig, besitzt Lipari zwar nur relativ wenige Strände, doch finden sich unter ihnen einige der schönsten Exemplare. Zudem kann Lipari mit der einzigen wirklich städtischen Ansiedlung der Inselgruppe aufwarten, weshalb hier nicht nur eine gute Infrastruktur mit großer Auswahl an Unterkünften besteht, sondern auch rund ums Jahr recht reges Leben herrscht. Als Drehkreuz der Schiffsverbindungen bildet Lipari zudem das beste Standquartier für Exkursionen zu den Nachbarinseln. Für jeden Besucher des Archipels ein Muss ist das ausgezeichnete Archäologische Museum, das die Geschichte aller Inseln bestens dokumentiert.

**Vulcano** zieht mit seinem schwarzen Lavasandstrand, dem dampfenden Krater und den vielfältigen anderen vulkanischen Phänomenen neben Feriengästen auch viele

Tagesbesucher an. Leider ging die touristische Erschließung, im Gegensatz zu den anderen Inseln, nicht ohne eine Reihe architektonischer Missgriffe ab. Der betroffene Bereich um die Landenge zur Halbinsel Vulcanello macht jedoch nur einen Bruchteil der Inselfläche aus – auf der Hochebene von Piano zeigt Vulcano sich von der grünen Seite. Als Urlaubsstandort allerdings ist die Insel ein teures Pflaster, außerhalb der Saison zudem nahezu menschenleer.

**Salina** nimmt in vielerlei Hinsicht eine Sonderstellung unter den Liparischen Inseln ein. Das zweitgrößte Eiland der Gruppe zählt als einziges nicht zur Gemeinde Lipari, sondern verwaltet sich mit gleich drei selbstständigen Kommunen lieber selbst. Auf der wasserreichen, fruchtbaren Insel sprießt die Vegetation ausgesprochen üppig. Nur folgerichtig deshalb, dass ein großer Teil Salinas unter Naturschutz gestellt wurde. Das Gebiet um den höchsten Inselberg Monte Fossa delle Felci, mit 962 Metern gleichzeitig die höchste Erhebung des gesamten Archipels, bildet mit zahlreichen Forstwegen ein Paradies für Wanderer. Da es der Insel jedoch an Stränden mangelt, zeigt sich Salina vom Fremdenverkehr noch wenig berührt, gilt für Naturliebhaber und Individualisten fast noch als eine Art Geheimtipp.

**Filicudi** zählt zu den entlegeneren und deshalb vergleichsweise selten besuchten Inseln des Archipels. Zahlreiche alte Treppenwege durchziehen die hügelreiche Landschaft. Die wenigen Dörfchen machen allesamt einen sehr verschlafenen Eindruck, wirken außerhalb der Saison oft wie ausgestorben. Mit Bademöglichkeiten steht es nicht zum Besten, und die Quartiere lassen sich leicht an einer Hand abzählen, wie überhaupt Filicudi seine Besucher in der Kunst der Beschränkung auf das Wesentliche erzieht. Tagesausflügler kommen vor allem wegen des bronzezeitlichen Hüttendorfs von Capo Graziano. Sehr reizvoll ist eine Bootsrundfahrt entlang der stark gegliederten Küste mit ihren Felsklippen, Naturbögen und Meereshöhlen, die auch für Taucher beste Möglichkeiten bietet.

**Alicudi**, die westlichste Insel der Gruppe, liegt noch abgeschiedener als Filicudi. Auf dem kaum über hundert Einwohner zählenden Inselchen gibt es nicht mal eine Straße. Den Transport über die Treppenwege, die von Meeresniveau bis fast zum höchsten Gipfel reichen, übernehmen Maultiere. Elektrizität kam

*Putzig: der „Bär" in Vulcanos „Tal der Monster"*

*Traumhaft anzusehen: Panarea*

gar erst Anfang der 1990er-Jahre nach Alicudi. Wen Stille, Einsamkeit und die sehr
rudimentäre Infrastruktur schrecken, der ist hier fehl am Platz, doch hat Alicudi
genau wegen dieser ausgesprochen ruhigen Atmosphäre natürlich seine einge-
schworenen Liebhaber.

**Panarea** ist die kleinste der Liparischen Inseln, gleichzeitig die exklusivste und
wohl auch die optisch reizvollste. Mit seinen weißen Würfelhäusern und dem üppigen Blumenschmuck fungiert das Inselchen im Hochsommer als perfekte
Urlaubskulisse für die feine Gesellschaft Norditaliens. Ganz ohne Auswirkungen
auf das Preisniveau blieb der Andrang goldener Kreditkarten natürlich nicht: Panarea ist die teuerste Adresse des Archipels. Zumindest einen Tagesausflug hierher
sollte jedoch niemand versäumen, lockt doch nicht nur eine wirklich traumschöne
Insel, sondern auch eine prähistorische Siedlung in herrlicher Aussichtslage sowie
eine höchst reizvolle Strandbucht. Für Taucher ist Panarea dank seiner zahlreichen
vorgelagerten Inselchen ohnedies die erste Wahl.

**Stromboli** bietet das bei weitem eindrucksvollste Schauspiel, das auf den Liparischen Inseln beobachtet werden kann: Wer einmal den Vulkan bestiegen und in
tiefschwarzer Nacht den Feuerzauber der Eruptionen bestaunt hat, wird dieses
Erlebnis nie mehr vergessen. Ein Spaziergang ist der Aufstieg auf den zweithöchs-
ten Gipfel des Archipels allerdings nicht gerade... Vom Vulkan abgesehen, glänzt
Stromboli mit hübschen kleinen Dörfern, sehr guten Stränden aus feinem schwarzen Lavasand und einer angenehmen, entspannten Atmosphäre. Das Angebot an
Unterkünften ist recht breit, die Quartiersuche verläuft im Frühjahr und Herbst
deshalb meist problemlos. Im Hochsommer ist Stromboli dagegen meist ausgebucht, im Winter fast alles geschlossen.

*Klares Wasser, schwarzer Sand: Spiaggia Valle Muria*

# Insel-Highlights ...

## ... für kunstgeschichtlich Interessierte

Aufgrund ihrer exponierten Lage waren die Liparischen Inseln über die Jahrtausende hinweg immer wieder Opfer von Invasoren und Piraten, gleichzeitig nie so bedeutend, dass hier prächtige Bauten errichtet worden wären. Tempelstädte wie auf Sizilien gibt es deshalb nicht zu bewundern. Dennoch haben sich die Inseln eine ganze Reihe von Relikten aus ihren Glanzzeiten in der Vorgeschichte und während der Antike bewahrt.

**Lipari-Stadt (Lipari):** Das Archäologische Museum der Hauptstadt darf ohne weiteres zu den besten seiner Art in ganz Italien gerechnet werden. Chronologisch und geographisch gegliedert, präsentiert es in vorbildlicher Weise Funde von allen Inseln, deren zeitlicher Rahmen von der Steinzeit bis ins Mittelalter reicht. Besondere Höhepunkte sind die Sammlung griechischer Theatermasken sowie die Abteilung für Unterwasserarchäologie.

**Terme di San Calogero (Lipari):** Auch die Thermen im Westen von Lipari würden zu den Hauptsehenswürdigkeiten der Inseln zählen, stammen sie doch in ihren ältesten Gebäudeteilen aus der Zeit um 1500 v. Chr. und gehören somit zu den ältesten bekannten Kuranlagen überhaupt. Nur ist leider die uralte Konstruktion schon seit einer langen Reihe von Jahren wegen offenbar äußerst schleppend verlaufender Restaurierungsarbeiten nicht zu besichtigen ...

**Capo Graziano (Filicudi):** Ein Hochplateau auf der kleinen Halbinsel im Südosten der Insel Filicudi beherbergt die runden Grundmauern eines bronzezeitlichen Dorfes, das im 16. Jh. v. Chr. angelegt und einige Jahrhunderte später zerstört wurde.

Zwar gibt es hier außer Mauerresten nichts Spektakuläres mehr zu sehen, da fast alle Funde nach Lipari verbracht wurden (im Sommer öffnet allerdings ein kleines Antiquarium an der Hafenpromenade), die schöne Aussichtslage und die eigentümliche Atmosphäre lohnen jedoch den Ausflug.

**Capo Milazzese (Panarea):** Gleiches gilt für den wuchtigen Felsrücken im Süden von Panarea. Auch auf Capo Milazzese nämlich entstand während der Bronzezeit eine kulturell hoch stehende Siedlung, die etwa um 1400 v. Chr. gegründet und gegen 1270 v. Chr. zerstört wurde, und auch hier begeistert vor allem die fantastische Lage hoch über dem Meer. Ein zusätzliches Bonbon ist die schöne, direkt benachbarte Badebucht Cala Junco.

## ... für Liebhaber schöner Strände

Für einen bloßen Strandurlaub lohnt es sich kaum, die Mühen der Anreise auf sich zu nehmen. Zum einen gibt es dafür doch eine Reihe schneller und leichter zu erreichender Ziele, zum anderen können die Liparischen Inseln ohnehin nicht mit endlosen weißen Sandstränden à la Karibik prunken. Dennoch finden sich auf fast jeder der Inseln sehr gute Adressen für ein paar Strandtage zwischendurch. Ihren besonderen Reiz erhalten sie oft durch die Schönheit der umgebenden Landschaft.

**Spiaggia Valle Muria (Lipari):** Westlich von Lipari-Stadt versteckt sich dieser schöne Kieselstrand tief unterhalb der Inselrundstraße. Da nur zu Fuß oder per Boot zu erreichen, hält sich der Andrang meist in Grenzen. Beim Bad genießt man einen wunderbaren Ausblick auf die Steilküste und auf die Nachbarinsel Vulcano.

**Porto di Ponente (Vulcano):** Der beste der nicht gerade zahlreichen Strände von Vulcano erstreckt sich in einer weit geschwungenen Bucht bei der Feriensiedlung Porto di Ponente. Der schwarze Lavasand ist schön weich, der Blick hinüber nach Lipari und auf den Doppelgipfel von Salina berückend. Allerdings wird dieser Strand im Sommer sehr voll.

**Pollara (Salina):** Salina gilt zu Recht nicht gerade als Badeinsel. Die Felsbucht mit den alten Bootshäusern unterhalb des Dörfchens Pollara zählt jedoch zweifelsfrei zu den schönsten Bade- und Sonnenuntergangsstellen des gesamten Archipels.

**Cala Junco (Panarea):** Auch die steinige Badebucht unterhalb des bronzezeitlichen Hüttendorfs von Panarea gehört zu den landschaftlich herausragenden Badezielen der Inseln. Im Sommer herrscht hier allerdings oft recht reger Betrieb, da der Strand auch Ziel von Ausflugsbooten ist.

**Scari/Piscità (Stromboli):** Die längsten Sandstrände des Archipels finden sich auf Stromboli, aufgrund ihrer vulkanischen Herkunft natürlich in tiefem Lavaschwarz. Besonders reizvoll sind der kleine Strand westlich des Dörfchens Piscità und die Abschnitte südwestlich der Hafensiedlung Scari.

## ... für Landschafts- und Naturgenießer

Die Liparischen Inseln verfügen über einen solchen Schatz an Naturschönheiten und faszinierenden Landschaftsräumen, dass es nicht leicht fällt, einzelne Gebiete herauszuheben. Hier deshalb nur eine kurze, subjektive und sicher auch unvollständige Auswahl, zu der auch die herrlich gelegenen Kaps Capo Graziano auf Filicudi und Capo Milazzese auf Panarea zählen würden, hätten sie nicht bereits oben Erwähnung gefunden.

*Salina: die alten Bootshäuser unterhalb von Pollara*

**Belvedere Quattrocchi (Lipari)**: Einer der bekanntesten und meistbesuchten Aussichtspunkte der an solchen gewiss nicht armen Insel liegt westlich von Lipari-Stadt an der Inselrundstraße. Der Blick hinunter auf die Steilküste, die aus dem Meer ragenden Klippen der Faraglioni und hinüber nach Vulcano ist wirklich wunderschön.

**Altes Observatorium (Lipari)**: Obwohl weniger berühmt, steht das Panorama vom ehemaligen Geophysikalischen Observatorium demjenigen von Quattrocchi in keiner Weise nach. Von diesem Ausguck an der Südspitze der Insel erkennt man besonders gut den Aufbau der Nachbarinsel Vulcano samt ihrer kleinen Halbinsel Vulcanello.

**Gran Cratere (Vulcano)**: Schon allein der Blick vom Kraterrand in das weite Rund des Vulkans und auf seine dampfenden, schwefelgelben Hänge wäre ein Erlebnis für sich. Doch reicht die Aussicht von hier noch viel weiter: Bei entsprechend guten Wetterbedingungen erkennt man alle anderen sechs Inseln.

**Piano (Vulcano)**: Die Hochebene auf der Insel Vulcano bietet ein echtes Kontrastprogramm zu den dicht besiedelten Küstenorten. Auf den saftig grünen Weiden stehen Rinder, Schafe und Ziegen, Menschen sind kaum zu sehen. Einmal mehr einen schönen Blick bietet der Aussichtspunkt Capo Grillo.

**Monte Fossa delle Felci (Salina)**: Der höchste Berg der Liparischen Inseln stellt den Mittelpunkt eines ausgedehnten Naturschutzgebietes dar. An seinen Hängen bilden Eukalyptusbäume, Stein- und Korkeichen, Kiefern und Kastanien die einzigen Wälder des Archipels. Ein Netz teilweise sogar markierter Wege lädt zum Wandern ein.

**Grotta del Bue Marino (Filicudi)**: Eine Besonderheit der bizarr geformten Küsten Filicudis ist diese große Meereshöhle, die rund 30 Meter tief in den Fels reicht. Ihr Inneres, das mit kleineren Schiffen befahren werden kann, leuchtet je nach Lichteinfall in ganz unterschiedlichen Farben.

## ... für die Fans des Ungewöhnlichen und Originellen

Nicht nur der Eingriff des Menschen, sondern auch die Natur sorgt auf den Liparischen Inseln für manch ganz erstaunlichen, oft kuriosen Anblick.

**Cave di Caolino (Lipari)**: Die aufgelassenen Kaolingruben im Westen von Lipari entstanden beim Abbau von Bodenschätzen, genauer gesagt bei der Förderung von Porzellanerde. Das geschichtete Gestein des Bergwerks leuchtet in einer Vielzahl von Schattierungen zwischen fast reinem Weiß und tiefem Schwarz.

**Vasca di Fanghi (Vulcano)**: Vulkanischen Phänomenen zu verdanken ist dieser nicht eben angenehm nach Schwefel riechende Tümpel auf der Insel Vulcano. Da ein Bad hier heilsame Wirkungen besitzt, oft aber auch aus schierem Vergnügen, sitzen regelmäßig ganze Gruppen von Badenden bis zum Hals im wohltemperierten Schlamm. Viele haben sich auch noch das Gesicht damit eingeschmiert und bieten so einen besonders amüsanten Anblick.

**Stromboli**: Natürlich darf auch der einzige permanent tätige Vulkan Europas in dieser Aufzählung nicht fehlen. Die Feuergarben, die er allnächtlich in den Himmel jagt, bilden schließlich ein ganz besonderes Schauspiel, das kein Besucher des Archipels versäumen sollte, sofern er über die gesundheitlichen Voraussetzungen für den etwas beschwerlichen Anstieg verfügt.

# Geologie und Geographie

Die „Sieben Perlen" liegen etwa in Form eines großen „Y" im Tyrrhenischen Meer aufgereiht. Sein Zentrum bildet die Reihe der ausgedehnteren Inseln Vulcano, Lipari und Salina. Den westlichen Ausleger formen Filicudi und Alicudi, den östlichen Panarea und Stromboli.

Allesamt sind die Inseln, wie die typische Kegelform ihrer höchsten Berge oft schon anzeigt, vulkanischen Ursprungs. Die Entstehung der Inselgruppe verlief in drei Abschnitten, deren ältester bis weit ins Mittlere Pleistozän zurückreicht. Vor etwa 360.000 Jahren nämlich erhob sich unter gewaltigen Dampfwolken der heute wieder weitgehend versunkene Vulkan von Panarea aus den Fluten – die erste Insel des Archipels war geboren. Auch Alicudi und Filicudi sowie Teile von Lipari und Salina entstanden in jener ersten Phase.

*Auch an Steilküsten selten: Felsstürze wie hier auf Lipari*

Während des zweiten Abschnitts, der vor etwa 160.000 Jahren einsetzte und die Periode der Haupttätigkeit darstellte, bildeten sich weitere Elemente der bestehenden Inseln heraus, darunter der Monte Chirica von Lipari und die höchsten Erhebungen von Alicudi und Filicudi. Auch der Stromboli hob sich wohl bereits damals aus dem Meer. In die dritte Phase vor etwa 100.000 Jahren fallen die ersten vulkanischen Formationen von Vulcano. Das Nesthäkchen im Verein ist das kleine Halbinselchen Vulcanello vor Vulcano, das sich erst 183 v. Chr. aus der See reckte. Tätig sind heute nur noch die Vulkane von Stromboli und Vulcano, letzterer freilich derzeit in Ruhestellung, während auf Lipari und Panarea nur noch Fumarolen (heiße Gas- und Dampfquellen) von Resten vulkanischer Aktivität künden. Auch typische Gesteine wie Obsidian und Bimsstein sowie die Vorkommen heilkräftiger Thermalquellen sind Relikte der vulkanischen Vergangenheit.

Das Profil der Inseln ist generell gebirgig. Ihre mit 962 Metern höchste Höhe erreicht die Inselgruppe im Monte Fossa delle Felci auf Salina, gefolgt vom Stromboli, der 924 Meter misst. Mit deutlich über 700 bzw. 600 Metern zählen auch Filicudi und Alicudi zu den höher aufragenden Inseln, während Vulcano und Vulcano knapp die 600- und 500-Meter-Marken streifen. Die niedrigste der Inseln ist Panarea, doch kommt selbst dieses kleine Eiland immerhin noch auf 421 Meter Höhe. Dabei erheben sich alle Inseln aus einem Meer, in dem Tiefen von 1500 bis über 2000 Meter keine Seltenheit darstellen. Vom Meeresgrund aus betrachtet, misst beispielsweise der Stromboli deshalb über 3000 Meter, erreicht also eine dem Etna durchaus vergleichbare Höhe.

Ebenen sind auf den Liparischen Inseln eine Seltenheit, erwähnenswert einzig die kleine Hochebene von Piano auf Vulcano. Seen und Flüsse existieren überhaupt nicht. Allenfalls die tief eingeschnittenen Täler der Sturzbäche führen nach heftigen Winterregen für kurze Zeit das kostbare Nass. Wassermangel zählt denn auch seit jeher zum Alltag der Insulaner.

Insgesamt bedecken die Liparischen Inseln eine Fläche von über 115 Quadratkilometern. Größte der Inseln ist Lipari (37,6 qkm), gefolgt von Salina (26,8 qkm), Vul-

---

## Ehre und Verpflichtung: Die Inseln in der Liste des Welterbes

Seit November 2000 sind die Liparischen Inseln in die berühmte Unesco-Liste des kulturellen und natürlichen Welterbes der Menschheit aufgenommen. Als erstes Landschaftsgebiet Italiens wurde die Inselgruppe unter der Kategorie des Weltnaturerbes eingeordnet, erst 2009 folgten die Dolomiten. Diese hohe Ehre erfahren nur „einzigartige Naturlandschaften, deren Untergang ein unersetzlicher Verlust für die gesamte Menschheit wäre", wie es die Unesco selbst formuliert. Ausschlaggebend waren in erster Linie die vulkanischen Phänomene der Inseln und ihre Bedeutung für die Forschung einst und heute. Erfreulicherweise zieht die prestigeträchtige Auszeichnung auch Konsequenzen nach sich, verpflichtet sich der betreffende Staat (in diesem Fall also Italien) doch zu fortdauernden Schutz- und Erhaltungsmaßnahmen. Ab 2011 sollen – so die Planungen – deshalb Meeresschutzgebiete ausgewiesen, in späteren Jahren ein vulkanologischer und ein archäologischer Park eingerichtet werden. Und einen kleinen Beitrag leistet auch jeder Reisende: Von April bis Oktober wird auf alle Schiffspassagen vom Festland zu den Inseln der (bescheidene) Aufschlag von einem Euro erhoben, eine Art insulare Ökosteuer gewissermaßen.

Sieben Perlen im Mittelmeer

*Strombolis kleine Schwester: Strombolicchio*

cano (21,2 qkm), Stromboli (12 qkm), Filicudi (9,5 qkm), Alicudi (5,2 qkm) und dem kleinen Panarea (3,4 qkm). Neben diesen sieben Hauptinseln zählt der Archipel jedoch noch eine ganze Reihe kleiner und kleinster Inselchen. Das größte dieser unbewohnten Eilande ist Basiluzzo bei Panarea, das immerhin auch noch eine Fläche von über einem Quadratkilometer und eine Höhe von 165 Metern erreicht.

# Natur und Umwelt

**Auf den ersten Blick scheint die Welt noch in Ordnung. Industrie spielt kaum eine Rolle, Straßenverkehr findet nur in sehr geringem Maße statt.**

Tatsächlich stehen die Inseln in Fragen des Umweltschutzes wesentlich besser da als beispielsweise Sizilien oder auch andere Regionen Süditaliens. Ganz ohne Schwierigkeiten geht es jedoch auch hier nicht ab.

▶ **Müll**: Zwar präsentieren sich alle Inseln erfreulich sauber, sogar fast schon klinisch rein, Müll entsteht aber natürlich auch hier. Der Müll wird getrennt eingesammelt, in Containern auf den einzelnen Inseln zwischendeponiert und regelmäßig per Schiff nach Sizilien verbracht. Was danach geschieht, weiß keiner so recht ... Beste Lösung wäre sicher die Müllvermeidung, zu der auch der Reisende seinen Teil beitragen kann: Kaufen Sie „müllbewusst", verzichten Sie möglichst auf Einwegbehältnisse und auch auf die Tragetaschen aus Plastik, die zu jedem noch so kleinen Einkauf automatisch ausgehändigt werden.

▶ **Energie**: Bislang sind auf allen Insel Dieselkraftwerke in Betrieb, die relativ große Mengen Kraftstoff verfeuern und so natürlich die Luft belasten. Auf Vulcano immerhin hat die Elektrizitätsgesellschaft ENEL seit geraumer Zeit ein Solarkraftwerk („Centrale Fotovoltaica") eingerichtet, und auch mit geothermischer Energie wird dort experimentiert. Seit 2002 versorgt eine Photovoltaikanlage der ENEL den gesamten Ort Ginostra auf Stromboli.

▸ **Wasser**: Wassermangel ist ein Problem, das die Inseln immer wieder plagt. Außer auf Salina fehlt es überall an Quellen, und so haben sich die Insulaner seit jeher mit dem Auffangen von Regenwasser auf den Dächern und dem Sammeln in Zisternen beholfen. Auf Liparis zweithöchstem Berg, dem Monte San Angelo, hat man sogar einen ganzen Hang betoniert, um das kostbare Nass ins Leitungsnetz einzuspeisen. Da es im Sommer jedoch oft monatelang nicht regnet, wurde 1998 im Hinterland von Canneto eine Meerwasser-Entsalzungsanlage installiert, die künftig per Pipeline vielleicht auch Vulcano versorgen soll. Die Anlage war dringend notwendig: Lipari benötigt in den Sommermonaten 5000 Kubikmeter pro Tag, zur Höchstsaison im August sogar 7–8000 Kubikmeter. Auf den meisten anderen Inseln des Archipels müssen weiterhin große Tankschiffe, die aus Sizilien und aus Kalabrien kommen, die Wasserversorgung sicherstellen.

▸ **Abwasser**: Kläranlagen arbeiten nur auf Lipari und Salina, und selbst auf diesen beiden Inseln sind die Kapazitäten nicht ausreichend. Der restliche Teil der Abwässer wird mittels weit ins Meer reichender Rohrleitungen beseitigt. Besonders elegant ist das sicher nicht, doch stellt diese Form der „Entsorgung" angesichts der geringen Bevölkerungszahlen und der großen Tiefen des umgebenden Meeres wohl kein echtes Problem dar. Wie Messungen immer wieder ergeben, zählt die Wasserqualität rund um die Liparischen Inseln sogar zu den besten im gesamten Mittelmeer.

▸ **Zersiedelung**: Vor weiträumigen Zerstörungen der Landschaft durch den Bau von Ferienhäusern und Apartmentsiedlungen blieb der Archipel gottlob weitgehend verschont. Eine unschöne Ausnahme bildet die Insel Vulcano, auf der im Gebiet der beiden nördlichen Küstenorte und der angrenzenden Halbinsel Vulcanello eine ganze Reihe dieser landschaftsfressenden Komplexe errichtet wurde. Künftig dürfte solchen Verschandelungen ein Riegel vorgeschoben sein: Ein Gesetz jüngeren Datums erlaubt Bauten nur noch an Stellen, an denen bisher schon ein Gebäude stand, und sei es auch nur eine Ruine.

## Die Pflanzenwelt der Inseln

**Kennzeichend ist die mediterrane Vegetation. Bäume sind auf den meisten Inseln selten, Blumen und Büsche hingegen wachsen in oft verschwenderischer Vielfalt.**

Richtige Wälder aus Kiefern, Kastanien, Stein- und Korkeichen gibt es nur auf Salina, denn allzu gründlich haben die verschiedenen Kolonisatoren seit jeher die Inseln für den Bau von Schiffen und für die Gewinnung von landwirtschaftlich nutzbaren Flächen abgeholzt. Umso größer ist die Zahl der Arten in Macchia und Garigue, den für das Mittelmeergebiet charakteristischen Vegetationsformen. Im Frühjahr grünt und blüht es allerorten, verwandeln sich selbst die kargsten Hänge in ein wahres Blumenmeer. In der Sonnenglut des Sommers hingegen zeigen sich viele Blüten und Gräser schon wieder verdorrt. Trotz des Rückgangs der Landwirtschaft relativ zahlreich vertreten sind Kulturpflanzen, die überwiegend schon vor vielen Jahrhunderten eingeführt wurden. Die Griechen brachten den Ölbaum, den Mandelbaum und die Weinrebe auf die Inseln. Erbe der Besetzung Siziliens durch die Araber sind unter anderem Zitronenbäume und Dattelpalmen, und die nahezu allgegenwärtigen Feigenkakteen und Agaven schließlich stammen vom amerikanischen Kontinent.

**Sieben Perlen im Mittelmeer**

*Farbtupfer im Lavasand: Frühling auf Vulcano*

▶ **Macchia**: Der Oberbegriff für immergrüne Krüppelbäume, Büsche und Sträucher, die häufig Rodungsgebiete oder Waldbrandflächen besetzen. Etwa zwei bis vier Meter hoch, dornig und stachelig, bildet diese Vegetationsform für Wanderer ein oft undurchdringliches Hindernis. Macchia ist vor allem in Höhen zwischen 300 und 600 Meter anzutreffen, teilweise aber auch schon fast auf Meereshöhe.

▶ **Garigue**: Eine typische Erscheinung trockener, felsiger Küstengebiete, aber auch überweideter Zonen, in denen Schafe und Ziegen alles abgefressen haben, was halbwegs verdaulich scheint – die Garigue zählt nicht dazu, wehren sich die kugeligen, höchstens kniehohen Sträucher doch durch spitze Stacheln und Dornen. Im Umfeld, durch die Waffen der Garigue mitgeschützt, wachsen oft duftende Kräuter wie Oregano, Thymian oder Rosmarin.

● *Häufige Arten in Macchia und Garigue*
**Agaven** sind eine Sukkulentenart, die ursprünglich vom amerikanischen Kontinent stammt. Ihre auffälligen, meterhohen Blütenstände blühen im Juni; nach der Blüte stirbt die Pflanze ab.

**Feigenkakteen** (Opuntien): Große, fleischige Kakteen, die oft regelrechte Hecken bilden. Die herrlich süßen Früchte werden von winzigen, aber sehr lästigen Stacheln geschützt – nicht anfassen! Wer ans Fruchtfleisch möchte, bearbeitet sie am besten unter fließendem Wasser mit einer Wurzelbürste (Fingerschutz durch Handschuhe, Gabel o. Ä.).

**Erdbeerbaum**: Ein immergrüner Strauch mit rötlichem Stamm, der zu den Heidekrautgewächsen zählt. Die Früchte ähneln Erdbeeren nur optisch.

**Ginster**: Im Frühjahr und Frühsommer leuchtend gelb blühende Sträucher, die anstelle von Blättern grüne Zweige und Dornen ausbilden. An den Hängen der Vulkane bilden sie oft einen tollen Kontrast zum Schwarz der Lavafelder.

**Keuschlammstrauch**: Im alten Griechenland eine mythologische Pflanze. Die oft übermannshohen Sträucher mit ihren auffällig gefingerten Blättern blühen im Sommer rosa, weiß oder hellblau und bevorzugen feuchte Standorte.

**Oleander**: Der Strauch, kenntlich an den lanzettförmigen Blättern, wird oft an Straßenrändern und Promenaden angepflanzt.

*Schön, süß und stachlig: Blüten und Früchte der Feigenkakteen*

Im Frühsommer blüht er rot, rosa oder weiß. Achtung, Oleander ist sehr giftig!

**Zwergpalmen:** Die einzige einheimische Palme Europas – alle anderen wurden eingeführt – ist eine typische Pflanze der küstennahen Garigue. Nur an geschützten Stellen erreicht die sonst buschartige Palme über zwei Meter Höhe. Ihre Blätter wurden früher zu Körben, Seilen etc. geflochten.

**Kapern:** Der dornige Strauch mit seinen fast runden Blättern wächst auch an trockenen, unwirtlichen Stellen. Seine Blütenknospen dienen, eingesalzen oder in Essig eingelegt, als Gewürz und sind eine Spezialität der Liparischen Inseln. In größerem Umfang werden sie auf Salina produziert.

▶ **Kulturpflanzen:** Über lange Jahrhunderte hinweg spielte die Landwirtschaft eine wichtige Rolle in der Ökonomie der Inseln. Heute hat ihre Bedeutung zwar stark abgenommen, doch findet sich, teilweise in den Gärten angepflanzt, teilweise verwildert, immer noch eine große Zahl von Kulturpflanzen.

● *Auffällige Kulturpflanzen der Inseln* **Ölbäume:** Rund ums Mittelmeer wird seit Tausenden von Jahren der Olivenbaum kultiviert, der neben Öl auch Essoliven, Olivenseife und das harte, widerstandsfähige Olivenholz liefert. Auch auf den Inseln wird man immer wieder auf die lichten Haine stoßen. Ölbäume, die mehrere hundert Jahre alt werden können, vertragen nur wenige Frosttage bis maximal fünf Grad unter Null. Die Sommer müssen warm und trocken sein, im Herbst und Winter jedoch brauchen die Kulturen einige kräftige Regengüsse. Im Mai und Juni zeigen sich die kleinen, gelb-weißen Blüten. Reifezeit ist zwischen September und November. Der Anbau verlangt Geduld: Je nachdem, ob aus Stecklingen oder Samen gezogen, trägt ein Baum erst nach fünf bis zehn Jahren die ersten Früchte; den höchsten Ertrag erzielt er, mit durchschnittlich 20 kg Oliven, aber erst nach 20 Jahren – dann jedoch bei guter Pflege mehrere Jahrhunderte lang.

**Wein:** Die Weinrebe wurde, wie auch der Ölbaum, schon von den griechischen Kolonisatoren eingeführt. Besondere Spezialität der Inseln ist die Malvasia-Traube, aus der ein schwerer, goldgelber Dessertwein gekeltert wird. Wein wächst vor allem auf Salina, in geringerem Umfang auch auf Lipari. Dort und auf den übrigen Inseln trifft man außer den kleineren Weingärten von Nebenerwerbswinzern häufig auch verwilderte Rebstöcke an.

**Feigenbäume:** Wie der Ölbaum und die Weinrebe eine uralte Kulturpflanze; er trägt zwei- bis dreimal jährlich Früchte. Meist stehen die weit ausladenden Bäume allein oder in kleinen Gruppen.

**Johannisbrotbäume** (Karoben): Immergrüne Bäume mit ledrigen Blättern, die an ihren länglichen, erst grünen, im Reifezustand dann schwarzen Schoten erkennbar sind. Sie wachsen meist wild an äußerst trockenen Standorten, die kaum andere Vegetation zulassen; die Schoten sind essbar, werden normalerweise jedoch nur als Tierfutter verwendet.

**Dattelpalmen:** Wie viele andere Kulturpflanzen wurden auch sie von den Arabern ins Land gebracht. Die hochstämmigen Palmen zieren oft Boulevards und Plätze.

**Zitronenbäume:** Sie wachsen wegen des steten Wassermangels nur vereinzelt in ortsnahen Gärten. Bei guter Bewässerung tragen die Bäume auf den Inseln jedoch fast unglaubliche Mengen an Früchten.

**Eukalyptusbäume:** Kenntlich an der abblätternden Rinde, stammen sie eigentlich von der südlichen Halbkugel. Als schnell- und hochwüchsige Laubbäume werden sie in vielen Mittelmeerländern zur Aufforstung gepflanzt. Gefährlich dabei: Die stark ölhaltigen Bäume brennen besonders leicht. Auf den Inseln finden sich Eukalyptusbäume vor allem auf Salina, in geringerem Maße auch auf der Hochebene von Piano (Vulcano).

**Spanisches Rohr:** Mehrere Meter hohe Gräser, die an Hängen oft wahre Dschungel bilden. Ihre bambusartigen Halme finden vielerlei Verwendung, zum Beispiel bei der Herstellung von Schattendächern oder Trennwänden. Ausgedehnte Bestände wachsen unter anderem auf Stromboli und im Süden von Vulcano.

## Die Tierwelt der Inseln

**Generell zeigt sich die Fauna des Archipels weit weniger artenreich als die Flora. Immerhin: Fische und andere Meerestiere gibt es in großer Zahl.**

An freilebenden Säugetieren findet sich nur das Wildkaninchen. Häufiger sind die domestizierten, mehr oder minder freiwilligen „Freunde des Menschen": Hühner, Ziegen und Schafe, gelegentlich Rinder. Selten sieht man auch noch Esel und Maulesel, die besonders in den Treppengässchen von Alicudi und von Ginostra auf

*Seesterne: Natürlich legt sie der Schnorchler zurück auf den Meeresgrund*

Stromboli als Lasttiere verwendet werden. In manchen Gebieten von Lipari haben sich halbwilde Hunde schon fast zur Plage entwickelt; in den örtlichen Läden wird deshalb für ein Kastrationsprogramm gesammelt.

Viele Vögel besuchen die Liparischen Inseln nur auf der Durchreise. Zu den Wanderzeiten im Frühjahr und Herbst lassen sich mit etwas Glück Wildgänse, Wildenten, Rot- und Graureiher, Kraniche und Kormorane, selten sogar Flamingos und Pelikane beobachten. Nachts hört man manchmal die glockenähnlichen Rufe der Zwergohreule und das schnurrende Geräusch der Schleiereule. Unter den Greifvögeln überwiegen auf allen Inseln Bussard und Turmfalke, auch Milane werden gelegentlich gesichtet. Auf Salina lebt eine Kolonie von seltenen Eleonorenfalken, die an den wilden Westhängen des Monte dei Porri brüten. Ebenfalls zu sehen sind Bienenfresser, Wiedehopfe und die recht zahlreichen Kolkraben. Auf den Inseln vertreten sind, insbesondere auf Stromboli, leider auch Stechmücken, ein Mückenschutzmittel oder Moskitonetz sollte deshalb im Gepäck sein.

Unter Wasser geht es lebendig zu. Obwohl ihnen eifrig nachgestellt wird, gibt es im Meer um die Inseln noch zahlreiche Fischarten. Weiterhin leben in den Gewässern des Archipels noch Krebse und Garnelen, außerdem Weichtiere wie Tintenfische oder Kraken, seltener auch Korallen und Schwämme; Seesterne sind ebenfalls zu finden. An Meeressäugern sieht man von den Fähren aus gelegentlich einen Schwarm Delphine, die sich manchmal sogar einen Spaß daraus machen, die Schiffe eine Weile zu begleiten. Ausgestorben ist leider die Mönchsrobbe.

# Bevölkerung und Ökonomie

**Nach der großen Emigrationswelle, als zu Anfang des 20. Jahrhunderts viele Insulaner aus schierer Not auswanderten, hat sich die Einwohnerzahl in den letzten Jahrzehnten wieder stabilisiert.**

Noch gegen Ende des 19. Jh. lagen die Bevölkerungszahlen deutlich höher als in unserer Zeit: Im Jahr 1881 wurden auf den sieben Inseln mehr als 22.000 Einwohner

### Der Archipel und seine große Schwester: Sind die Inseln sizilianisch?

Gehören die Liparischen Inseln zu Sizilien – oder sind sie doch eher eine eigenständige Region für sich? Verwaltungstechnisch ist die Antwort klar: Alle sieben Inseln zählen zur sizilianischen Provinz Messina. Auch der örtliche, eindeutig sizilianisch gefärbte Dialekt spricht für die Zugehörigkeit zur größten Insel des Mittelmeers. Andererseits unterscheiden sich die Inseln auf vielen Gebieten deutlich von der großen Nachbarin. Die krassen sozialen Gegensätze Siziliens finden sich nur in sehr abgemilderter Form. Sichtbare Armut, wie sie auf den Straßen der sizilianischen Städte so oft gegenwärtig ist, gibt es nicht, und auch die Kriminalitätsrate liegt auf den Inseln ganz erheblich niedriger. Wilde Müllkippen, ohrenbetäubender Verkehr, giftige Schwaden aus Fabrikschornsteinen – kein Thema. Wenn man also die Inseln zur großen Schwester rechnen möchte, und die Einwohner tun das, dann bilden sie gewissermaßen das glücklichere Sizilien, man könnte vielleicht auch sagen „Sizilien light".

Sieben Perlen im Mittelmeer

*Die „pescatori" versorgen die Insel-Restaurants mit frischem Fisch*

gezählt. Heute sind es etwa 14.000 Menschen, von denen allein rund 9.500 auf der Hauptinsel Lipari leben. Immerhin hat sich die Bevölkerungszahl im letzten Jahrzehnt damit wieder deutlich erhöht, auf einigen Inseln, insbesondere auf Stromboli und Lipari, sogar signifikant. Zu verdanken ist die demographische Stabilisierung einer steten Verbesserung der wirtschaftlichen Lage. Mitte der 1950er-Jahre nämlich setzte auf den Inseln der Fremdenverkehr ein, der sich mittlerweile mit weitem Vorsprung zum Wirtschaftsfaktor Nummer eins entwickelt hat.

## Wirtschaft

Wie bereits erwähnt, bildet der Fremdenverkehr den mit Abstand wichtigsten Wirtschaftsfaktor der Inseln. Den weit überwiegenden Teil der Besucher stellen dabei Inländer, die hauptsächlich aus dem Norden Italiens kommen. Unter den ausländischen Gästen an erster Stelle stehen die Deutschen, gefolgt von den Franzosen und Schweizern. Erstaunen mag der vierte Platz der Besucherrangliste, der von Reisenden aus den Vereinigten Staaten eingenommen wird. Österreicher und Engländer rangieren an fünfter und sechster Stelle.

Zweitwichtigste Einkommensquelle der Insulaner blieb, trotz eines steten Rückgangs der Zahl der Beschäftigten, bis heute der Fischfang. Das sehr tiefe Meer um die Inseln ist immer noch recht fischreich. Bedeutung besitzt insbesondere der Fang von Thunfisch und Schwertfisch, der im Frühjahr von Lipari und Stromboli aus stattfindet. Rund ums Jahr füllen außerdem Sardinen, Sardellen, Makrelen, Weichtiere und Krebse die Schleppnetze der Hochseetrawler und die Reusen der Küstenfischer.

2007 wurde der Abbau von Bimsstein auf Lipari (siehe auch dort), und damit der einzige Industriezweig des Archipels, nicht zuletzt auf Drängen der UNESCO-

Kommision eingestellt. Kaum eine Rolle mehr spielt auch die Agrarwirtschaft. Die einzigen landwirtschaftlichen Exportgüter der Inseln sind Kapern und Malvasia-Wein, beide ganz überwiegend auf Salina produziert – dort allerdings im Aufwind. Längst haben alle großen Weinhäuser Siziliens Malvasia-Rebflächen auf Salina in Betrieb genommen.

## Die Inseln im Film

Schon recht früh wurden die faszinierenden Landschaften der Inseln von renommierten Regisseuren als Kulissen entdeckt. Berühmter Vorreiter war Roberto Rossellini, dessen 1949 mit Ingrid Bergman gedrehtes neorealistisches Melodram „Stromboli, Terra di Dio" das Interesse an dem Vulkan weckte. Noch im selben Jahr entstand auf Salina „Vulcano", ein Streifen, der vor allem durch die glänzende Leistung der Hauptdarstellerin Anna Magnani besticht. 1993 bildeten die Inseln den Hintergrund einer Episode in Nanni Morettis köstlicher Komödie „Caro Diario", auf deutsch „Liebes Tagebuch". Der bislang letzte große Film, der auf dem Archipel gedreht wurde, war 1994 „Il Postino" („Der Postmann") von Michael Radford, in den Hauptrollen die leider verstorbenen Schauspieler Philippe Noiret und Massimo Troisi.

# Mafia

**Mafia: meist die erste Assoziation überhaupt beim Gedanken an Italiens Süden. Kann man da überhaupt noch hinfahren? Man kann, denn der Reisende hat von der Mafia absolut nichts zu befürchten.**

Schließlich kassiert die *Cosa Nostra*, wie die sizilianische Mafia genannt wird, am Tourismusgeschäft kräftig mit und möchte die Devisenbringer nicht vergraulen. Nicht nur deshalb werden Reisende von der Existenz der „Ehrenwerten Gesellschaft" höchstens aus Zeitungsmeldungen erfahren. Besondere geschäftliche Bedeutung besitzen die kleinen Inseln für die großen Bosse nämlich ohnehin nicht. Grundsätzlich ist die Mafia jedoch immer noch traurige Realität. Das für Außenstehende völlig unübersichtliche und undurchdringbare Geflecht aus Angst, Gewalt, Korruption und Geldgier hat auf Sizilien lange Tradition. Seine Anfänge reichen bis an den Beginn des 19. Jh. zurück: Unter der schwachen Bourbonenherrschaft jener Zeit gelang es einer Reihe rüder Aufsteiger, sich als „Vermittler" zwischen adlige Großgrundbesitzer und kleine Landpächter zu drängen, so die eigentliche Herrschaft über den Boden zu erlangen und, wichtiger noch, die Kontrolle der Wasservorkommen an sich zu reißen. Bald reichte der Einfluss dieser Herrschaften bis in die höchsten Führungsränge der Gesellschaft: Die Mafia, der „Krake" (*La Piovra*), hatte sich etabliert. Die Mehrheit der Sizilianer, nämlich die, die nicht von den Verbrechen profitierte, nahm ihre Existenz als unabwendbares, fast gottgegebenes Übel hin, sah weg und schwieg.

Nach einer durch den italienischen Faschismus gewaltsam erzwungenen Ruhepause formierte sich die Mafia noch während des Zweiten Weltkriegs aufs Neue, mit Mitgliedern, die teilweise aus den Vereinigten Staaten quasi reimportiert

*Vergangenheit: Bimsabbau auf Lipari*

worden waren. In der zweiten Halfte unseres Jahrhunderts erschlossen sich die verschiedenen Clans dann, zusätzlich zu den „klassischen" Einnahmequellen wie Entführung und Schutzgelderpressung, noch ganz andere, weit profitablere Möglichkeiten: Drogen- und Waffenschmuggel, Subventionsbetrug und Manipulationen in der Hochfinanz. Und immer noch hielten sich die Sizilianer an das berüchtigte Gebot der *Omertà*, der Schweigepflicht. Schließlich sorgte die Mafia auf diese und jene Weise für Arbeitsplätze. Ihre Morde trafen auch nur selten den kleinen Mann auf der Straße, sondern meist einen ungebührlich objektiven Staatsanwalt, einen allzu neugierigen Journalisten oder das Mitglied einer rivalisierenden Familie. Dass die zunehmenden Anstrengungen des Staates zur Beseitigung des Übels echte Erfolge zeitigen würden, glaubten die wenigsten Sizilianer. Zumindest bis in die 1990er-Jahre – denn seitdem hat sich einiges getan. Die Bevölkerung begann, sich gegen die Mafia aufzulehnen. Neben dem Staat nahmen immer mehr Privatpersonen den Kampf gegen den Kraken auf. Aktionsbündnisse aus Gewerkschaften, Studenten- und Fraueninitiativen konstituierten sich, darunter auch die Organisation „Frauen gegen die Mafia". Ein bekannter Mafiagegner, Leoluca Orlando, wurde zweimal zum Bürgermeister von Palermo gewählt.

Der 17. Februar 1992 markierte einen dramatischen Wendepunkt nicht nur der Geschichte Italiens, sondern auch des Kampfes gegen die Mafia: Mit der Verhaftung des bestechlichen Kommunalpolitikers und Altenheim-Managers Mario Chiesa durch den damaligen Mailänder Staatsanwalt Antonio di Pietro begann die Aufdeckung des größten Korruptionsskandals Europas. Das gigantische Ausmaß der Bestechlichkeit, das Di Pietro und seine Kollegen in den folgenden Monaten bloßlegten, überstieg selbst die schlimmsten Vermutungen. Gleichzeitig beraubte der sich damals bereits abzeichnende Zusammenbruch des italienischen Parteien-systems die Mafia ihrer politischen Rückendeckung, die bis in die obersten Spitzen der Parteien gereicht hatte.

Die Cosa Nostra, durch eine Welle von Verhaftungen angeschlagen und von der neuen Anti-Mafia-Sonderpolizei DIA (Direziona Investigativa Antimafia) unter Druck gesetzt, griff zu verzweifelten, blutigen Aktionen, um zu demonstrieren, welche Macht sie immer noch besaß. Ihren Höhepunkt erreichte die Attentats-welle, die ganz Italien erschütterte, mit der Ermordung der Richter Giovanni Fal-cone am 23. Mai und Paolo Borsellino am 19. Juli 1992, beide von Autobomben in Stücke gerissen. Die erhoffte Wirkung, nämlich der Mafia den beim Volk verlorengegangenen Respekt zurückzuerobern, blieb jedoch aus. Siziliens Bevölke-rung antwortete im Gegenteil mit Generalstreiks und Großdemonstrationen. Und auch die Ergebnisse der Polizei konnten sich sehen lassen. Viele Mafiosi kleineren und größeren Kalibers bekamen kalte Füße. Nach den Attentaten erreichte die Zahl der *Pentiti*, der aussagewilligen Überläufer, nie gekannte Ausmaße. Immer di-ckere Fische gingen den Fahndern ins Netz, darunter auch viele der ganz großen Paten wie Salvatore („Totò") Riina, Pietro Aligieri, Salvatore („Totò") Genovese und im April 2006 der seit mehr als 40 Jahren untergetauchte Bernardo Provenzano. Bis heute gehen die Verhaftungen weiter, kaum ein Monat vergeht, in dem nicht von Razzien und Festnahmen berichtet wird. Und vielleicht trifft es bald auch den seit 1993 gesuchten Trapanesen Matteo Messina, der als einer der möglichen Nachfol-ger Provenzanos gilt...

Der Anfang vom Ende der Mafia? Trotz aller Erfolge wäre es sicher falsch, diese Frage pauschal zu bejahen. Viele Fahnder glauben, die Cosa Nostra sei nach einer Phase der erzwungenen Reorganisation nun gefährlicher denn je. Die „neue Mafia" besitze straffere Kommandostrukturen und sei noch stärker abgeschottet als frü-her, ihre neuen Bosse, Stellvertreter der inhaftierten Paten, seien selbst innerhalb der Clans nur wenigen bekannt. Die Mafia ist scheinbar lautlos geworden, blutige Bandenkriege sind ihre Sache nicht mehr. Die Ruhe trügt jedoch. „Das Geschäft ist dasselbe geblieben: Waffenschmuggel, Drogenhandel, Erpressung, Wirtschaftsbe-trug. Nur der Stil hat sich gewandelt", so der „Spiegel".

Wohl wissend, dass sie zumindest bislang keineswegs am Ende ist, zeigen sich die meisten Einwohner immer noch sehr zurückhaltend, wenn von der Mafia die Rede ist. Zwar wird deren Existenz, wie früher durchaus zu erleben, von kaum jemandem mehr bestritten, zwar wagen es sogar immer mehr Geschäftsleute, die „Schutzgeld"-Zahlungen zu verweigern, doch sprechen viele Menschen trotzdem nur sehr ungern und einsilbig über die Mafia – wer wollte es ihnen verdenken.

> „Das Revolutionärste, was man in Sizilien überhaupt tun konnte, war ein-fach die Gesetze anzuwenden und die Schuldigen zu bestrafen"
>
> (Giovanni Falcone)

---

*Dekorativ: Viele Anwesen sind hübsch geschmückt*

*In Reih und Glied: Amphoren im Archäologischen Museum von Lipari*

# Geschichte im Überblick

**Auf die Vergangenheit der einzelnen Inseln wird in den entsprechenden Inseltexten noch näher eingegangen. An dieser Stelle deshalb nur ein erster Überblick über die wichtigsten Geschehnisse.**

Die Geschichte der Inseln ist, insbesondere ab Beginn der griechischen Kolonisation, vor allem die Geschichte der Hauptinsel Lipari. Details zu den wichtigsten Epochen sind deshalb in erster Linie im dortigen Geschichtskapitel zu finden.

**5./4. Jahrtausend v. Chr.:** *Mittleres Neolithikum.* Erste Siedlungsspuren auf Lipari, zunächst nur im Westen, ab etwa 3500 v. Chr. auch auf dem Burgberg. Ergiebige Vorkommen von Obsidian sorgen für üppigen Wohlstand, hohe Siedlungsdichte und florierende Handelsbeziehungen: Das ausgesprochen harte, glasartige Vulkangestein, das sich zur Herstellung von Äxten und Messern in scharfe Schneiden brechen lässt, ist im ganzen Mittelmeerraum hoch begehrt. Wahrscheinlich ist auch Salina bereits zu jener Zeit besiedelt.

**Ab 3000 v. Chr.:** Erste nachweisbare Besiedlung auch anderer Inseln des Archipels mit Ausnahme von Vulcano.

**Ab 2500 v. Chr.:** *Kupferzeit.* Durch die Entdeckung der Metallverarbeitung wird Obsidian bedeutungslos. Die Inseln erleben eine Phase des Niedergangs, gelangen dann jedoch zu neuer Blüte als Stützpunkt der Handelsschifffahrt und als Umschlagplatz für Waren.

**Ab 1800 v. Chr.:** *Bronzezeit.* Weit reichende Handelsbeziehungen bis in die Ägäis. Auf Filicudi erblüht die Kultur von Capo Graziano, deren dunkle, mit feinen Linien verzierte Keramik minoische, mykenische und kykladische Einflüsse nahelegt. Ab etwa 1400 v. Chr. entsteht auf Panarea die ebenfalls hoch stehende Kultur von Capo Milazzese. Beide Dörfer aus steinernen, strohgedeckten Rundhütten werden schließlich von unbekannten Eindringlingen zerstört.

**Ab 1250 v. Chr.:** *Späte Bronzezeit.* Ausonier aus Mittelitalien erobern die Inseln. Ihr legendenumwobener Anführer Liparos wird zum Namenspatron der Hauptinsel, die eine neue Blütezeit erlebt, während die kleineren Inseln fast oder völlig verlassen sind. Gegen 850 v. Chr. wird die Ausoniersiedlung von unbekannten Fremden zerstört und nicht wieder aufgebaut. In den folgenden Jahrhunderten blieb auch Lipari fast menschenleer, plagen immer wieder Piratenüberfälle die wenigen verbliebenen Bewohner.

**Ab 580 v. Chr.:** *Griechische Kolonisation.* Dorische Griechen aus Knidos und Rhodos besiedeln den Archipel Zug um Zug. Vor allem die Hauptstadt Lipari nimmt einen raschen Aufschwung, aber auch alle anderen Inseln mit Ausnahme von Vulcano sind wieder bewohnt. 427 v. Chr. sorgt ein Bund mit dem starken Stadtstaat Syrakus für militärischen Schutz. Wirtschaft und Handel, vor allem aber auch die Kultur erleben eine Zeit hoher Blüte, deren Zeugnisse heute den größten Schatz des Archäologischen Museums von Lipari darstellen. Im Jahr 304 v. Chr. jedoch überfällt Syrakus seinen Verbündeten, worauf die Einwohner sich Karthago zuwenden.

**Ab 264 v. Chr.:** *Karthago versus Rom.* Im Ersten Punischen Krieg (264–241 v. Chr.) steht Lipari auf Seiten Karthagos. 257 v. Chr. kommt es in den Gewässern des Archipels zu einer verheerenden Seeschlacht, die die Römer für sich entscheiden. 252/251 v. Chr. gelingt es ihnen auch, die Burgfestung von Lipari zu erobern. Trotz wirtschaftlicher Erfolge, unter anderem durch den Abbau von Alaun auf Vulcano, beginnt ein langsamer Niedergang.

*Theatermaske: der hübsche Mann mit dem gewellten Haar*

**1.–4. Jh. n. Chr.:** *Römische Kaiserzeit.* Die bedeutungslos gewordenen Inseln dienen in erster Linie als Verbannungsort für unerwünschte Mitglieder der Herrscherfamilien. Anfang des 3. Jh. gelangt das Christentum auf den Archipel, vielleicht schon im 4. Jh. ist Lipari Bischofssitz.

**5.–8. Jh.:** *Wirre Jahrhunderte.* Nach dem Untergang des Römischen Reichs setzt sich die Talfahrt fort. Abgeschieden und wehrlos, werden die Inseln nun noch

*Christliche Symbole: Lipari war wohl schon im 4. Jh. Bischofssitz*

häufiger zum Ziel von Seeräubern als zuvor. Einige der kleineren Inseln bleiben deshalb über viele Jahrhunderte unbewohnt.

**9.–10. Jh.:** *Arabische Schrecken.* 827 erobern die Araber („Sarazenen") mit Mazara del Vallo die erste Siedlung Siziliens. Während sie der großen Insel im Laufe der Zeit durch kluge Reformen zu einer Blütezeit verhelfen, benehmen sich die Anhänger des Islam auf dem Archipel weniger fein: 839 verschleppen sie einen Großteil der Bevölkerung in die Sklaverei.

**11.–12. Jh.:** *Aufschwung unter den Normannen.* Erst unter den Normannen, die 1061 Sizilien erobern, erholen sich die fast entvölkerten Inseln wieder. Roger I. fördert die Niederlassung von neuen Siedlern und beruft den von den Insulanern bis heute hoch verehrten Abt Ambrogio zum Vorstand eines auf Lipari neu gegründeten Benediktinerklosters. Auch die Nachbarinsel Salina floriert.

**13.–15. Jh.:** *Gute Zeiten.* Trotz mehrfachen Wechsels der Herrschaft setzt sich der Aufschwung fort. Denn einerlei, ob gerade Franzosen oder Spanier regieren: In ihre Machtkämpfe verstrickt, gewähren alle den Inseln großzügige Vergünstigungen.

**16.–18. Jh.:** *Katastrophe und Wiedergeburt.* Im Juli 1544 hinterlässt der verheerende Überfall des türkischen Piraten Barbarossa eine völlig zerstörte Hauptstadt und nahezu menschenleere Inseln. Kaiser Karl V. von Spanien, zu dessen Weltreich auch der Archipel zählt, unterstützt die Neuansiedlung und den Wiederaufbau mit erheblichen Privilegien. Auf Lipari werden die Festung und die Kathedrale erneuert. Unter der Leitung von Kapuzinern beginnt die Wiederbesiedelung der kleineren Inseln, die zum Teil seit dem Ende der römischen Zeit unbewohnt geblieben waren. Ende des 17. Jh. zählt der Archipel gut 10.000 Einwohner, also kaum weniger als heute.

**19. Jh.**: *Auf und ab.* Während Sizilien erheblich unter der Misswirtschaft der Bourbonen leidet und es dort sogar zu Aufständen der hungernden Bevölkerung kommt, geht es dem Archipel vergleichsweise gut. Fast das ganze 19. Jh. hindurch leben die Inseln gar nicht schlecht vom Fischfang, der Landwirtschaft und vom Seehandel. Aufgrund seiner günstigen Lage zwischen Sizilien und Kalabrien besitzt Stromboli die größte Handelsflotte des Archipels, aber auch Salina und Lipari mischen kräftig mit. 1860 werden die Inseln nach Garibaldis „Zug der Tausend" Teil des neuen Königreichs Italien. Doch während der Norden des Landes durch die Industrialisierung allmählich aufblüht, geht es mit dem agrarisch strukturierten Süden, dem Mezzogiorno, jetzt noch schneller bergab. Allmählich bekommen dies auch die Inseln zu spüren. Wirtschaftliche Katastrophen kommen hinzu: 1888 wird nach einem verheerenden Ausbruch auf Vulcano der Abbau von Alaun und Schwefel eingestellt, wenige Jahre später zerstört die Reblaus fast die gesamten Weingärten, worunter insbesondere Salina leidet.

**20. Jh.**: *Emigration und neuer Aufschwung.* Zu Anfang des Jahrhunderts wandern viele der verarmten Einwohner nach Übersee aus. Die USA, aber auch Kanada und Australien sind die bevorzugten Ziele. Binnen weniger Jahre verlassen rund 10.000 Insulaner den Archipel, wodurch sich die Bevölkerungszahl faktisch halbiert. Und natürlich sind es die Jungen, Unternehmungslustigen, die gehen. Die wieder einmal entvölkerten Inseln kommen Mussolini als Verbannungsort genau zupass. Von 1926 bis 1944 lässt er politische Gegner, aber auch Kriminelle im Kastell von Lipari internieren. Erst nach langer Talfahrt beginnt ab der Mitte der Fünfzigerjahre ein zunächst noch bescheidener, dann rasanter Aufschwung durch den Fremdenverkehr.

*Relikte der Bronzezeit: Reste des Hüttendorfes von Capo Milazzese (Panarea)*

## Adel verpflichtet: Erzherzog Ludwig Salvator

Seit jeher haben sich Forscher, Gelehrte und Schriftsteller für die Inseln interessiert. Die Liste illustrer Namen reicht von Strabo über Spallanzani bis hin zu Maupassant und Dumas. Keiner aber hat sich den „Sieben Perlen" auch nur annähernd so intensiv zugewandt wie der österreichische Erzherzog Ludwig Salvator (1847–1915). Sich den Dingen umfassend zu widmen, bildete allerdings auch die ganz persönliche Leidenschaft des hohen Adligen, der nicht weniger als 14 Sprachen beherrscht haben soll und Forscher, Schriftsteller, früher Umweltschützer und Tierfreund zugleich war, außerdem ein Exzentriker erster Ordnung. So sensibel Ludwig Salvator nämlich mit der Natur umging, so schroff konnte er sich unliebsamen Zeitgenossen gegenüber zeigen. Und unliebsam schienen ihm, der gemeinhin mit einer abgewetzten Reisetasche unterwegs war und meist alte und fadenscheinige Kleidung trug, alle, die auf Rang und Etikette achteten. So ließ er einmal einen Gutsbesitzer, der ihn als Ehrengast zum Essen eingeladen, dabei unvorsichtigerweise jedoch gebeten hatte, bitte passend gewandet zu kommen, wunderbar abblitzen: Tatsächlich in feinstem Zwirn erschienen, nahm der Erzherzog die aufgetragene Suppe, schüttete sie sich in die Taschen seiner teuren Jacke und verließ die entsetzte Gesellschaft mit den Worten „Sie haben nicht mich, sondern meinen Anzug eingeladen – und der ist satt." Das Leben am Hofe in Wien, Eitelkeit und

*Adliger von Format: Ludwig Salvator*

Pomp waren dem Erzherzog völlig fremd. Verständnis fand er in seinen Kreisen nur bei der Kaiserin Elisabeth („Sissi"), die ja ein Herz für ungewöhnliche Persönlichkeiten besaß.

Im noblen Palazzo Pitti zu Florenz geboren, galten die Interessen des Sohns von Großherzog Leopold II. schon seit seiner Jugend den Naturwissenschaften, der Geographie und der Schriftstellerei. Mit 21 Jahren veröffentlichte Ludwig Salvator von Österreich, auf italienisch Luigi Salvatore d´Austria genannt, das erste von insgesamt über siebzig (!) Werken zu ganz unterschiedlichen Themen. Wichtigste Frucht seines Schaffens ist das siebenbändige Oeuvre „Die Balearen in Wort und Bild", das heute noch als das Standardwerk schlechthin gilt. Später auf zwei Bände gekürzt, wurde es auf der Pariser Weltausstellung 1899 mit einer Goldmedaille prämiert. Mit derselben Akribie, die er seiner Wahlheimat Mallorca angedeihen ließ, machte er sich auch daran, über die Liparischen Inseln zu berichten, die er 1869 erstmals besucht hatte. Angereist mit seiner Yacht „Nixe", an deren Bord er sämtliche Dienstgrade einschließlich seines eigenen abgeschafft hatte, durchwanderte der Erzherzog mit Notizheft und Skizzenblock die Inseln, zeichnete hier eine seltene Blume und befragte dort Fischer und Bauern nach ihrer Arbeit. Ab 1893 erschienen seine Impressionen, in ihrem Umfang des Erzherzogs würdig: insgesamt acht Bände, neben einer generellen Einführung ein Buch für jede Insel. Die Beschreibungen sind so exakt, dass sie vielfach noch in unserer Zeit der Orientierung dienen könnten. Über Lipari schrieb Ludwig Salvator zum Beispiel: „Die Stadt besteht aus einer Feste, die einen Lavafelsenvorsprung mit fast senkrechten Wänden krönt, dem Castello, und den landwärts am Fusse desselben sich ausbreitenden Häusern, die mit der Marina curta im Süden und der Marina luonga im Norden bis an den Meeresstrand reichen." Genau so sieht Lipari bis heute aus.

Auf den Liparischen Inseln ist man sich der Bedeutung des „Arciduca d´Asburgo" („Erzherzog von Habsburg") und seiner Werke durchaus bewusst, hat Plätze und Institutionen nach ihm benannt und pflegt auch einen regen kulturellen Austausch mit Mallorca, an dessen Westküste Ludwig Salvator hauptsächlich lebte.

## Was haben Sie entdeckt?

Haben Sie *die* versteckte Bucht entdeckt, eine gemütliche Trattoria, ein empfehlenswertes Privatquartier? Wenn Sie Ergänzungen, Aktualisierungen oder neue Tipps zu diesem Buch haben, lassen Sie es mich bitte wissen. Ich freue mich über jede Zuschrift und jeden Hinweis!

*Thomas Schröder*
*Stichwort „Liparische Inseln"*
*c/o Michael Müller Verlag*
*Gerberei 19*
*91054 Erlangen*
E-Mail: thomas.schroeder@michael-mueller-verlag.de

# Reiseziel Liparische Inseln

Es gibt viele Varianten, die Inseln zu bereisen, und manche Frage, die vielleicht besser schon vor der Abfahrt geklärt werden sollte. Dieses Kapitel widmet sich deshalb allgemeinen reisepraktischen Überlegungen, zum Beispiel welche Form der Anreise gewählt und ob das Quartier nicht besser vorgebucht werden soll.

## Anreise

**Die relative Abgeschiedenheit des Archipels besitzt natürlich ihre Vorzüge, doch gestaltet sich die Anreise dadurch nicht ganz unkompliziert. In nur einem Reisetag auf die Inseln zu gelangen, verlangt schon etwas Planung.**

Vor dem Inselgenuss gilt es erst einmal, die Tücken der Verkehrsgeographie zu überwinden. Zwar wird von interessierter Seite immer wieder mal der Bau eines Flughafens auf Lipari ins Gepräch gebracht. Diese Idee, eine für jeden Liebhaber der Inseln entsetzliche Vorstellung, ist jedoch auch auf dem Archipel selbst heftig umstritten und wird, wenn überhaupt, sicher nicht in den nächsten Jahren realisiert werden.

Einerlei, ob die Anreise mit dem eigenen Fahrzeug, mit der Bahn oder mit dem Flugzeug erfolgen soll – an einer Schiffsfahrt kommt man deshalb nicht vorbei. Und hier beginnen auch schon die Schwierigkeiten. Zwar existiert eine ganze Reihe von Abfahrtshäfen, doch wird ein guter Teil davon selbst im Sommer nur sehr mäßig bedient und außerhalb der Saison oft gar nicht angefahren. Soviel vorweg: Der mit Abstand wichtigste Hafen für die Inseln ist Milazzo auf Sizilien, ein Städtchen, das beispielsweise von München über 1600 Kilometer entfernt liegt. An zweiter Stelle steht Neapel, auch noch über 1100 Kilometer südlich der bayerischen Landeshauptstadt gelegen. Ganz klar deshalb, dass das Flugzeug die schnellste Form des ersten Abschnitts der Anreise darstellt.

▶ **Details zu Schiffsverbindungen, Infoadressen, Übernachtungstipps etc.** finden Sie unter der Kurzbeschreibung der jeweiligen Städte im Kapitel „Wichtige Anreisestationen und Schiffsverbindungen". Bedenken Sie jedoch bitte, dass Fahrpläne und Abfahrtszeiten gerade in Italien häufigen Änderungen unterworfen sind, weshalb die Angaben nur als Anhaltspunkt zu verstehen sind. Eine gewisse Flexibilität ist daher ebenso gefragt wie die Bereitschaft, bei An- und Abreise eventuelle Zwischenübernachtungen einzukalkulieren.

# Anreise mit dem Flugzeug

**Angesichts der großen Distanzen zu den Fährhäfen ist die Anreise per Jet eine komfortable, Zeit sparende Alternative zum stressigen Landweg.**

Man sollte sich allerdings rechtzeitig um das Ticket bemühen: Besonders die preisgünstigen Flüge der Charter- und Low-Cost-Airlines sind für die Hauptsaison schnell ausgebucht, ebenso die Sparangebote der Liniengesellschaften.

▶ **Charter- und Low-Cost-Flüge**: Ohne Zwischenstopp bringen sie den Urlauber am schnellsten ans Ziel, sind in der Regel zudem preisgünstiger als Linienflüge. Kein Wunder, dass sie die mit Abstand beliebteste Form der Anreise per Jet darstellen. Das Angebot verteilt sich auf verschiedene Gesellschaften, wobei die Preise je nach Ausgangsflughafen, Saison und Anbieter erheblich differieren können. Um die preislich und zeitlich günstigste Möglichkeit zu finden, erkundigen Sie sich deshalb möglichst bei mehreren Reisebüros oder vergleichen im Internet.

● *Zielflughäfen* Von Charter- und Low-Cost-Airlines angeflogene Flughäfen mit relativ guter Verkehrsanbindung an die Inseln sind Neapel, Catania und Palermo; die Anreise über den Flughafen Lamezia-Terme südlich von Cosenza ist deutlich umständlicher. Details hierzu im nächsten Abschnitt.

● *Preise* Je nach Saison, Abflughafen und Ziel sehr unterschiedlich, deutlich über etwa 300–350 € sollten jedoch Hin- und Rückflug selbst zur Hochsaison nicht kosten. Eine gute Möglichkeit zum Preisvergleich bietet beispielsweise die Datenbank der Seite www.reise-preise.de.

● *Gabelflüge* Die Möglichkeit, für Hin- und Rückflug zwei verschiedene Flughäfen zu wählen, z.B. Anreise nach Catania, von den Liparischen Inseln dann per Fähre nach Ne-

apel und vom dortigen Flughafen zurück in die Heimat.

● *Transport von Fahrrädern und Sportgepäck* Die Gebühren für Fahrräder, Surfbretter, Tauchausrüstung (incl. leerer Pressluftflaschen) und ähnliches Sportgerät sind je nach Fluggesellschaft unterschiedlich. Auf Charterflügen fliegt Taucherausrüstung meist gratis, ein Fahrrad kostet in der Regel 25–30 €, ein Surfbrett meist 25–50 €. Wichtig allerdings, entsprechende Wünsche gleich bei der Buchung anzumelden.

● *Last Minute/Restplatzbörsen* Auch Nur-Flüge werden „in letzter Minute" abgegeben. Zur Hochsaison ist so kaum Platz zu bekommen, dafür erwischt man in der Nebensaison schon mal ein echtes Schnäppchen.

▶ **Linienflüge**: Ein Linienflug nach Sizilien ist fast immer mit Umsteigen auf dem berüchtigten Mailänder Flughafen Malpensa oder in Rom verbunden, also auch mit dem Risiko, den Anschlussflug zu verpassen. Zudem sind sie im Normaltarif ausgesprochen teuer. Die Gesellschaften offerieren jedoch verschiedene Spar-Angebote, die den Preis auf ein erträgliches Maß senken.

● *Zielflughäfen* Neapel, Catania und Palermo, zusätzlich eventuell noch Reggio di Calabria.

● *Sondertarife* Die Spartarife der Liniengesellschaften sind je nach Geschäfts- und Konkurrenzlage häufigen Änderungen unterworfen. Da sich die Palette an Sondertarifen (möglicherweise auch die der Fluggesellschaften) durchaus erweitern kann, empfiehlt sich eine genaue Beratung durchs Reisebüro.

• *Fahrradtransport im Linienflugzeug* Die Mitnahme des Fahrrads ist innerhalb der üblichen Gewichtsgrenzen für Gepäck in der Regel möglich; Einzelheiten sollte man möglichst gleich bei der Buchung klären.

• *Varianten* Falls kein Spartarif zu einem der genannten Airports mehr zu schnappen ist, bleibt noch folgende Möglichkeit: Per Sondertarif ab vielen Flughäfen Deutschlands (auch A, CH) nach Milano oder Rom. Von dort mit einem extra zu bezahlenden Inlandsflug weiter gen Süden; die inneritalienischen Flugverbindungen sind relativ preisgünstig. Eines allerdings gilt es zu bedenken: Die Flüge innerhalb Italiens sind häufig ausgebucht, Reservierung ist daher sehr zu empfehlen.

# Die wichtigsten Anreiseflughäfen

Den idealen Anreiseflughafen für die Inseln gibt es leider nicht, jeder hat seine Vor- und Nachteile. Welcher Airport letztlich der günstigste ist, hängt von verschiedenen Faktoren ab, neben dem Flugpreis insbesondere auch von der Jahreszeit und vom Ankunftstermin. Hier ein erster Überblick über die Verkehrsverbindungen ab den einzelnen Flughäfen, Details im Kapitel „Wichtige Anreisestationen und Schiffsverbindungen".

**Catania:** Beim ersten Blick auf die Karte scheint Catania eher ungünstig zu liegen. Zwischen April und September jedoch kommt man, eine halbwegs frühe Ankunft des Fliegers vorausgesetzt, von hier am schnellsten und unkompliziertesten auf die Inseln: Der Direktbus der Firma Giuntabus fährt dann ein- bis zweimal täglich vom Airport zum mehr als 100 Autobahnkilometer entfernten Fährhafen von Milazzo; diese Buslinie besteht mit nur geringfügig geänderten Abfahrtszeiten schon seit einer Reihe von Jahren und darf deshalb als recht verlässlich gelten. Inzwischen bieten zur Saison auch private Gesellschaften den Transfer zwischen Flughafen und Milazzo an. Von Milazzo gibt es ganzjährig weit häufigere, schnellere und preisgünstigere Schiffsverbindungen als ab allen anderen Häfen; Reservierungen sind nicht erforderlich. Außerhalb des genannten Zeitraums oder bei zeitlich nicht mehr passenden Ankünften am Airport kommt man mit öffentlichen Verkehrsmitteln zwar auch nach Milazzo (oder Messina), doch ist dabei, je nach den aktuellen Busfahrplänen, eventuell mit einer Zwischenübernachtung zu rechnen.

**Neapel:** Nach Neapel sind oft relativ preisgünstige Charterflüge erhältlich, die die höheren Tarife der Schiffsüberfahrten zum Teil wieder ausgleichen können. Im Sommer bietet zudem auch Neapel dank Anschlüssen per Tragflügelboot zumindest prinzipiell die Möglichkeit, vergleichsweise flott auf die Inseln zu gelangen. Allerdings lassen die Fahrpläne nicht immer zu, dass der schnelle Meeresflitzer noch am Abflugtag erreicht werden kann; zudem funktioniert die Linie auch nicht immer zuverlässig. Weitere Nachteile sind der relativ hohe Preis dieser Passage sowie die Tatsache, dass Fahrscheine bislang nur in Neapel erhältlich sind. Eine Alternative zum Tragflügelboot bildet die ganzjährig mindestens 2-mal wöchentlich verkehrende Autofähre, die abends Neapel verlässt und morgens die Liparischen Inseln erreicht. Informationen über die Abfahrtszeiten und Tickets für diese Linie sind auch in Deutschland erhältlich. Allerdings wird eine Privatisierung der SIREMAR angestrebt (war bei Redaktionsschluss aber freilich längst nicht vollzogen), die Fährlinie Neapel-Liparische Inseln war in bisheriger Form deshalb nur bis zum Herbst 2010 garantiert.

Reiseziel Liparische Inseln

**Palermo**: Auch bei der Anreise über die Hauptstadt Siziliens lassen sich die Inseln nur unter bestimmten Voraussetzungen an einem Tag erreichen. Die Reise kann zudem strapaziös werden, da eventuell mit mehrfachem Umsteigen und einer längeren Zugreise zu rechnen ist. Täglich verkehrende Tragflügelboote von Palermo zu den Inseln bestehen nämlich nur von etwa Mitte Juni bis Ende September; im restlichen Jahr gibt es nur drei Verbindungen pro Woche. Je nach Saison (und Ankunftszeit des Flugzeugs) muss man deshalb möglicherweise die bis zu vierstündige Bahnfahrt zum Hafen von Milazzo auf sich nehmen. Nachteilig dabei wiederum: Sowohl der Flughafen von Palermo als auch der Bahnhof von Milazzo liegen ungünstig weit außerhalb der jeweiligen Stadt. Wer nicht schon am Vormittag in Palermo gelandet ist, wird deshalb um eine Zwischenübernachtung kaum herumkommen. Davon abgesehen, bietet die Anreise über Palermo-Milazzo wenigstens eine gewisse Flexibilität, da weder für die recht häufig verkehrenden Züge noch für die Schiffsverbindungen ab Milazzo Reservierungen nötig sind.

**Reggio di Calabria**: Der Flughafen im südlichen Kalabrien spielt im internationalen Verkehr nur eine bescheidene Rolle. Falls angeboten, muss ein Flug nach Reggio im Sommer nicht die schlechteste Wahl sein: Etwa von Mitte Juni bis Ende September fahren mehrmals täglich Tragflügelboote zu den Inseln. Außerhalb dieser Monate, wenn nur noch eine einzige tägliche Verbindung besteht, wird es meist komplizierter: Dann gilt es in der Regel, erst einmal per Schiff die Meerenge von Messina zu überqueren, um anschließend dort entweder ein Tragflügelboot auf die Inseln zu erwischen oder in einen Zug oder Bus nach Milazzo umzusteigen.

**Lamezia-Terme**: Auch der kalabrische Charterflughafen im Gebiet südlich von Cosenza zählt zu den eher ungewöhnlichen Anreisestationen. Preislich interessant mag Lamezia Terme werden, wenn man einen der billigen und relativ oft angebotenen Last-Minute-Flüge dorthin erwischt. Weiter geht es dann mit dem Bus oder dem Taxi zum Bahnhof Lamezia-Terme und von dort per Zug entweder nach Reggio di Calabria (siehe oben) oder, einfacher und preiswerter, über Villa San Giovanni nach Milazzo.

# Anreise mit dem eigenen Fahrzeug

**Zunächst einmal stellt sich die Frage, ob die Mitnahme des eigenen Gefährts die Mühen und Kosten dieser Form der Anreise überhaupt lohnt.**

Vor Ort kann man nämlich nur auf den vergleichsweise großen Inseln Lipari und Salina, mit Abstrichen vielleicht noch auf Vulcano, etwas damit anfangen, und auch das nur bedingt: Selbst die Rundstraße der Hauptinsel Lipari misst gerade einmal 27 Kilometer Länge. Alle anderen Inseln besitzen kaum Straßen und sind im Sommer für Fremdfahrzeuge ohnehin gesperrt. Zur Hochsaison ist auch für die großen Inseln mit Sperrungen zu rechnen, Näheres im Kapitel „Unterwegs auf den Inseln". Erkundigen Sie sich bitte beizeiten, welche aktuellen Einschränkungen für die Mitnahme von Kraftfahrzeugen bestehen.

Wer sich von alledem nicht abschrecken lässt, vielleicht weil er als Taucher oder Schlauchbootkapitän viel Gepäck befördern muss, hat die Wahl zwischen den Fährhäfen Neapel und Milazzo, wobei ersterer rund 500 Kilometer näher an Mitteleuropa liegt. Andererseits sind die Passagen ab Neapel etwas teurer und die Schiffe fahren deutlich seltener. Ob sich der Landweg bis hinunter nach Milazzo finanziell lohnt, hängt unter anderem von der Größe und dem Benzinverbrauch des Fahrzeugs sowie von der Zahl der Mitfahrer ab – komfortabler ist sicher die Überfahrt ab Neapel. Unbewacht parken, etwa um die Kosten der Fährpassage zu sparen, sollte man sein Fahrzeug in keinem der beiden Hafenorte! Sowohl in Neapel als auch in Milazzo finden sich Parkgaragen, die natürlich gebührenpflichtig sind. Ab einer gewissen, je nach Hafen und Fahrzeuglänge unterschiedlichen Reisedauer wird deshalb das Übersetzen des Fahrzeugs auf die (relativ sicheren) Inseln auch finanziell interessant.

▶ **Fährhafen Neapel**: Gut 1100 Kilometer sind ab München, etwa 1500 Kilometer ab Frankfurt/Main zurückzulegen. Anfahrtsstrecke: München – Brenner bzw. Frankfurt – Basel – St. Gotthard, dann in beiden Fällen weiter über die A1/A2 (Autostrada del Sole) Bologna – Firenze – Rom – Neapel. Die Mautgebühren innerhalb Italiens liegen bei knapp sechzig Euro, hinzu kommen eventuell das österreichische „Pickerl" oder die Schweizer Vignette. Fähren zu den Inseln starten je nach Jahreszeit mindestens 2-mal wöchentlich (allerdings hat die Fährgesellschaft Siremar eine unsichere Zukunft vor sich), etwas Vorausplanung ist also nötig, Reservierungen sind sehr ratsam.

▶ **Fährhafen Milazzo**: Von München gut 1600 Kilometer, von Frankfurt rund 2000 Kilometer entfernt, Anfahrtsstrecken wie oben, ab Neapel dann weiter via Salerno bis Villa San Giovanni. Zusätzliche Autobahngebühr fällt kaum an, da die A 2 hinter Salerno von der Maut befreit ist, um die Sizilienfähre (häufige Abfahrten, Preis pro Person etwa ein Euro; Pkw knapp 30 €) zwischen Villa San Giovanni und Messina kommt man allerdings nicht herum. Fähren von Milazzo zu der Inselgruppe fahren mehrmals täglich, Reservierung ist normalerweise nicht nötig.

▶ **Sizilienfähren ab Genua, Civitavecchia und Neapel**: Die Autofähren der Grandi Navi Veloci (www.gnv.it), die Genua und Civitavecchia mit Palermo verbinden, sollen an dieser Stelle nicht völlig unerwähnt bleiben. Nach einer Passage von rund 17 Stunden aufwärts in der sizilianischen Hauptstadt angekommen, sind dann allerdings noch knapp 200 Kilometer Fahrtstrecke bis zum Hafen von Milazzo zurückzulegen. Insgesamt dürfte diese Variante der Anfahrt sowohl zeitlich wie auch finanziell nur in Ausnahmefällen interessant sein. Tickets und Informationen über die Fähren sind in vielen guten Reisebüros erhältlich. Auch ab Neapel gibt es Fähren und Tragflügelboote nach Palermo, doch machen diese angesichts der Direktverbindung Neapel-Liparische Inseln erst recht keinen Sinn.

# Anreise mit dem Zug

**Umweltschonender als mit der Kombination Zug und Fähre kommt man sicher nicht auf die Inseln. Die Schienenfahrt in den Süden braucht allerdings ihre Zeit.**

Spontan auf die Liparischen Inseln? Doch, das geht. Rund ums Jahr hat man jederzeit die Möglichkeit, sich in einen Zug zu setzen und mit mindestens einmaligem Umsteigen bis ins sizilianische Milazzo zu fahren. Hier, in dem für den Archipel mit Abstand wichtigsten Hafen, starten täglich mehrere Fähren und Tragflügelboote nach Lipari und zu anderen Inseln. Kürzer, wenn auch teurer, wird die Fahrt, wenn man bereits in Neapel das Schiff besteigt, doch braucht es aufgrund der deutlich geringeren Frequenzen dazu etwas Planung.

Durch die relativ günstigen Tarife der italienischen Staatsbahn FS (Ferrovie dello Stato) ist Bahnfahren in Italien sehr beliebt. Die Fahrt in den tiefen Süden lässt sich dem alten Kalauer entsprechend daher meist wirklich „in vollen Zügen genießen". Etwas Zeit ist auch vonnöten: Schon die Fahrt nach Neapel schlägt ab München im günstigsten Fall mit mehr als zwölf Stunden zu Buche, bis Milazzo ist man meist über 20 Stunden unterwegs. Mit Verspätungen ist zudem manchmal zu rechnen, obwohl sich in den letzten Jahren einiges gebessert hat. Ein weiteres Hemmnis, immer wieder aktuell: lo sciopero, der Streik. Wann die „italienische Krankheit" ausbricht, ist für die Anreise in der Regel rechtzeitig den Tageszeitungen zu entnehmen. Von diesen kleinen Hindernissen abgesehen, ist die Bahnfahrt für sparsame und/oder umweltbewusste Reisende durchaus eine Option. Auf der Strecke Rom–

Lamezia Terme bzw. Rom–Reggio Calabria verkehren auch die neuen, superschnellen Freccie-Züge ("Pfeile").

• *Telefonauskunft* ☎ 0800 1507090, eine gebührenfreie Nummer, der man per Sprachcomputer und mit viel Geduld Abfahrtszeiten entlocken kann.
☎ 11861, die gebührenpflichtige Auskunftsnummer der Bahn.

• *Internet-Info* www.bahn.de, die Site der Deutschen Bahn, unter „Reiseauskunft" sind Verbindungen (keine Preise) auch nach Italien und innerhalb Italiens abrufbar.
www.trenitalia.com, die Site der Staatsbahn, zum Teil auch deutschsprachig, aber etwas kompliziert aufgebaut. Immerhin mit guter Fahrplanauskunft.

• *Sondertarife* Der Tarifdschungel der Bahnen im In- und Ausland ist im Rahmen dieses Führers unmöglich darzustellen und zudem häufigen Änderungen unterworfen. Als Faustregel kann jedoch gelten, dass heutzutage kaum jemand mehr den normalen Tarif zahlen muss ... Infos erhält man mit etwas Nachbohren in den auf Bahnreisen spezialisierten Reisebüros, zum Beispiel dem DER bzw. ABR.

• *Platzkarten* Für die Anreise dringend zu empfehlen; sowohl für die alpenüberquerenden Linien als auch für eventuelle Anschlusszüge, zum Beispiel ab Rom oder Milano. Reservierungen auch für italienische Züge sind von jedem größeren Bahnhof der Heimat aus machbar.

• *Schlaf- und Liegewagen* Angesichts der relativ niedrigen Preise für eine alpenüberquerende oder inneritalienische Nachtfahrt eine durchaus feine Sache. Langfristige Reservierung ratsam, da auch in Italien sehr beliebt!

• *Fahrradtransport* Ein schwieriges Kapitel, zumal sich auch die Modalitäten häufig ändern. In einigen internationalen Fernzügen ist die Mitnahme als Reisegepäck möglich; dazu ist eine „Internationale Fahrradkarte" (10-15 €) nötig, die Fahrradkarte für die Rückfahrt kann allerdings nur in Italien ge-

kauft werden. Innerhalb Italiens zeigt sich die Situation problematischer, sieht man von den im Kursbuch mit einem Fahrradsymbol versehenen Verbindungen ab, in denen das Rad gegen Kauf einer Fahrradkarte („supplemento bici", je nach Zuggattung 3,50–5 €) ins Gepäckabteil gestellt werden kann. Entsprechende Verbindungen lassen sich auch auf der Website der DB unter dem Stichwort „Reiseauskunft" („Fahrradmitnahme" anklicken) heraussuchen; südlich von Neapel sieht es allerdings trübe aus. Vielleicht günstiger: In allen Zügen außer dem Pendolino und dem Eurostar ist der Transport in einer sogenannten „Radtasche" (max. 110x80x30 cm) möglich, wobei zwar eine Extra-Fahrkarte nötig ist, das Rad ansonsten jedoch als ganz normales Gepäck behandelt wird. Allerdings reichen diese Maße gerade mal für ein kleines Rennrad oder Mountainbike mit demontiertem Vorderrad. Grundsätzlich ist es ratsam, sich schon eine gewisse Zeit vorab über die gegenwärtigen Möglichkeiten zu informieren. Tipp: am besten auch eine Geschäftsstelle des Allgemeinen Deutschen Fahrradclubs ADFC kontaktieren und sich dort über die aktuellen Möglichkeiten beraten lassen; Büros gibt es in fast jeder Großstadt.

Radfahrer-Hotline der Deutschen Bahn: ☎ 01805/151415. www.bahn.de/bahnundbike.
ADFC, Hauptgeschäftsstelle Bremen: ☎ 0421 346290, ✆ 0421 3462950, im Internet: www.adfc.de.

• *Gepäckaufbewahrung* Schließfächer existieren nicht, dafür aber an den meisten Bahnhöfen Gepäckaufbewahrung, oft rund um die Uhr. Für einen kleinen Abstecher zwischen zwei Zügen allemal sinnvoller, als Koffer/Rucksack zu schleppen und sich damit als interessantes Opfer von Dieben zu präsentieren.

▶ **Anreise mit dem Bus**: Eventuell eine Alternative zur Schiene. Rund ums Jahr fahren die Busse der „Europäischen Fernlinienverkehre" (Europabus) bis hinunter nach Sizilien. Der Bahn gegenüber kann die Busfahrt den Vorteil ins Feld führen, ab Norddeutschland in der Regel etwas preiswerter zu sein, Sondertarife der Bahnen einmal ausgenommen. Generell sind die Busse durchaus komfortabel ausgestattet – die reine Erholung ist eine Busfahrt über Distanzen von über tausend Kilometern aufwärts aber natürlich ebensowenig wie die Anfahrt per Bahn oder Auto. Ansprechpartner in Deutschland ist meist die Deutsche Touring.

● *Information, Buchungen* **Reservierungsleitstelle Frankfurt**, Deutsche Touring GmbH, Am Römerhof 17, ✆ 069/7903501, ✎ 069/7903219. www.touring.de.

● *Modalitäten* Zwei Gepäckstücke sind frei, Übergepäck gegen Aufpreis und nur, falls genug Platz ist. Fahrradmitnahme ist offiziell nicht möglich (man kann aber mal anfragen).

*Reiseziel Liparische Inseln*

# Wichtige Anreisestationen und Schiffsverbindungen

**Da aufgrund der Verkehrsverbindungen die Notwendigkeit von Zwischenübernachtungen auf Sizilien oder in Neapel zumindest nicht auszuschließen ist, widmet sich dieses Kapitel neben den Schiffsverbindungen auch in aller Kürze den für die Anreise wichtigsten Städten selbst.**

Die Hafenorte Neapel und Milazzo werden dabei ebenso kurz vorgestellt wie die Städte Palermo und Catania, die insbesondere aufgrund ihrer Flughäfen Bedeutung besitzen. Messina findet als eventuell nötige Umsteigestation und als Abfahrtsort von Tragflügelbooten Erwähnung. Die Schwerpunkte der Ortstexte liegen aus Platzgründen bei den praktischen Informationen, weshalb auf die Beschreibung von Sehenswürdigkeiten leider verzichtet werden muss. Wer länger in einer der Städte bleiben möchte, wende sich diesbezüglich an die jeweiligen Informationsbüros, deren Adressen im Text angegeben sind.

## Autofähre (Traghetto) und Tragflügelboot (Aliscafo)

Mangels Flughäfen führt an einer Schiffspassage auf die Inseln kein Weg vorbei. Mittel der Wahl sind die preiswerteren und gemütlichen, aber langsamen Autofähren oder die doppelt so schnellen und auch fast doppelt so teuren Seerenner Aliscafi. Die Fähren kommen allerdings nur auf interinsularen Strecken sowie auf den Linien von und nach Neapel oder Milazzo in Frage, denn alle anderen Routen werden ausschließlich von Tragflügelbooten bedient.

An Vorteilen bieten die Fähren sicher vor allem eine gewisse Bequemlichkeit. Man hat deutlich mehr Auslauf und eine weit bessere Aussicht auf die Umgebung, wird zudem nicht so leicht seekrank wie auf den nervösen Aliscafi. Raucher haben es an Bord der Fähren ebenfalls leichter, da auf den meisten Tragflügelbooten Rauchverbot herrscht. Nachteilig ist natürlich die Langsamkeit der Fähren, insbesondere, wenn mehrere Häfen hintereinander angelaufen werden.

Die schnellen Aliscafi wiederum werden bei hohem Wellengang leicht instabil und fallen dann häufiger aus als die Fähren. Ratsam, sich bei einer längeren Fahrt mit den Tragflügelbooten mittels Pullover oder warmer Jacke gegen die oft auf Hochtouren laufenden Klimaanlagen zu wappnen. Ins Freie ausweichen lässt es sich längst nicht immer, und wenn, dann sind die kleinen Plattformen sehr schnell besetzt. In der Praxis wird man, zumindest im Kurzstreckenverkehr, wo die Preisdifferenz keine so große Rolle spielt, wohl meistens das Schiff nehmen, das gerade als nächstes kommt.

**Preise**: Die angegebenen Preise beziehen sich auf die Hochsaison, die je nach Gesellschaft etwa von Anfang/Mitte Juni bis September reicht. Die Differenz zur Nebensaison ist gering. Enthalten in den Preisen sind auch die vor einigen Jahren eingeführten pauschalen „Treibstoffzuschläge", die besonders Kurzstreckenfahrten deutlich verteuert haben.

**Fahrpläne**: Viele Aliscafo-Verbindungen bestehen nur im Sommer, meist in der Zeit von Mitte Juni bis Ende September. „Mitte Juni" bedeutet allerdings nicht automatisch den 15. des Monats: Je nach Lust und Laune der Schiffsgesellschaft kann die Linie auch ein paar Tage früher oder später in Betrieb genommen werden. Ähnliches gilt für die Einstellung der Verbindung Ende September. Ratsam also, sich rechtzeitig nach den aktuellen Daten zu erkundigen. **Achtung**: Bei hohem Seegang, wie er beispielsweise beim Südwind Scirocco häufig auftritt, kann es durchaus zum Ausfall der Aliscafi, aber auch der stabileren Fähren kommen. Erkundigen Sie sich deshalb rechtzeitig nach dem Wetterbericht und berechnen Sie bei Ihrer Abreise lieber ein gewisses Zeitpolster ein, um zum Beispiel den Rückflug nicht zu verpassen. Als relativ (!) sichere Häfen gelten Lipari, Salina und Vulcano, auf den übrigen Inseln existieren nur ungeschützte Schiffsanleger. Besonders berüchtigt für Ausfälle ist Stromboli. Bleibt zu erwähnen, dass bei ausgefallenen Linienverbindungen eventuell die größeren Ausflugsschiffe eine Alternative bieten können. Deren Eigner sind da recht geschäftstüchtig und flexibel und schieben, so von den Wetterverhältnissen her noch vertretbar, vor allem von Lipari aus schon mal eine Sonderfahrt ein. Solche Touren erfolgen jedoch meist spontan und ohne große Ankündigungen; wenn es wirklich eng wird, sollte man deshalb Augen und Ohren offenhalten.

Napoli

Ischia

Salerno

Capri

A 3

*Mare Tirreno*

Cosenza

Stromboli

Lamezia-Terme

*Liparische Inseln*

A 3

*Filicudi* *Salina*

*Alicudi* *Panarea*

*Lipari*

*Vulcano*

Milazzo

A 20

Palermo    Messina    Reggio d.C.

A 19

Cefalù

A 18

*S i z i l i e n*    M. Etna 3340

Caltanissetta    A 19    Catania

- - - - - - - Verbindungen mit Fähren und Aliscafi (jeweils ganzjährig)

— — — Verbindungen mit Fähren (ganzjährig) und Aliscafi (saisonal)

– – – – Verbindungen mit Aliscafi (z.T. saisonal eingeschränkt)

*Schiffsverbindungen*

25 km

Reiseziel Liparische Inseln

# Neapel (Napoli)

**Wegen der recht guten Schiffsverbindungen, vor allem aber aufgrund seiner für die Anreise aus Mitteleuropa günstigen Lage, zählt Neapel zu den wichtigsten Häfen für die Überfahrt zu den Liparischen Inseln.**

*Elegante Architektur: Galleria Umberto*

Neapel – unverkennbar eine Stadt des Mezzogiorno, des armen, unterentwickelten Südens. In den Gassen der Altstadt heruntergekommene Elendsquartiere, in den besseren Vierteln jede Wohnungstür gleich dreifach mit Schlössern gesichert. Dennoch: Aller Armut zum Trotz ist Neapel eine faszinierende Stadt. Der Lebensmut seiner Bewohner scheint unerschöpflich. Wer einmal erlebt hat, wie Neapolitaner einen Sieg ihres Fußballclubs oder ein Volksfest zu feiern wissen, wird nicht anders können, als Neapel zu lieben. Für Durchreisende allerdings kann die Hektik der drittgrößten Stadt Italiens, können der infernalische Straßenverkehr und der Lärm und Gestank sehr schnell anstrengend werden. Gute Nerven verlangt Neapel schon. Erhöhte Vorsicht ist auch geboten, denn die Kriminalitätsrate ist immens. Touristen sind ausgesprochen beliebte Opfer. Ratsam also, auf seine Siebensachen gut aufzupassen und vielleicht lieber mal etwas Geld für ein Taxi (nur mit Taxameter!) auszugeben, als mit schwerem Gepäck beladen durch die Stadt zu schwanken.

Wer wegen der Fahrpläne eine Zwischenübernachtung einlegen muss und somit etwas Zeit für Neapel aufbringen kann, erhält den besten Eindruck von neapolitanischem Alltag in der Altstadt zwischen Bahnhof und Via Toledo. Gleich neben dem Bahnhofsplatz beginnt im Duchesca-Viertel bei der Via Mancini der „Diebesmarkt": Vom geklauten CD-Player bis zur Rolex-Imitation ist hier alles zu haben. Ähnlich lebhaft zeigt sich die nahe Altstadtgasse Spaccanapoli („Spaltet Napoli"), von Ost nach West offiziell Via Vicaria Vecchia, Via San Biagio dei Librai, Via Benedetto Croce und Via Pasquale Scura genannt und die älteste Straße der Stadt. Ein absolutes Kontrastprogramm bildet die in Hafennähe liegende Galleria Umberto, eine von einer hohen Kuppel überwölbte, wunderschöne und elegante Einkaufshalle des 19. Jh. Etwas abseits, für Kulturinteressierte jedoch fast ein „Muss": das Museo Archeologico in der nördlichen Verlängerung der Via Toledo, eine der bedeutendsten archäologischen Ausstellungen der Welt; über die häufig wechselnden Öffnungszeiten informieren die Fremdenverkehrsämter.

*Information*

• *Information* In allen Büros erhältlich sind Stadtpläne etc., außerdem das nützliche Monatsheft „Qui Napoli".
**A.A.S.T.**, Via San Carlo 9, gleich bei der Galleria Umberto, ✆ 081 402394. Geöffnet Mo–Sa 9–19 Uhr, So 9–14 Uhr.
**A.A.S.T.**, Piazza del Gesù, direkt an der Spaccanapoli, ✆ 081 5512701. Gute Infos, geöffnet Mo–Sa 9–19, So 9–14 Uhr.
**EPT**, im Viertel Chiaia, Piazza dei Martiri 58, ✆ 081 4107211. Geöffnet Mo-Fr 9-14 Uhr.

**EPT**, im Hauptbahnhof, kleines Büro am Durchgang von der Schalterhalle zu den Zügen. Geöffnet Mo–Sa 9-18 Uhr; ✆ 081 268779.
**EPT**, am Hauptausgang des Flughafens, geöffnet tägl. 8-23 Uhr. ✆ 081 7896734.
• *Internet-Info* www.inaples.it, die Site der für die Stadt zuständigen A.A.S.T. Auch auf Deutsch abrufbar. Hier gibt es das aktuelle „Qui Napoli" im Download.
www.eptnapoli.info, die Site der Provinz Napoli. Nur auf Italienisch, dafür mit aktueller Hotelpreisliste.

*Verbindungen*

• *Flug* **Aeroporto Capodichino**, nordwestlich nicht allzuweit außerhalb des Zentrums. Busverbindung zum Bahnhof und zur Piazza Municipio (dort zum Hafen Stazione Marittima über die Straße) mit dem schnellen ALIBUS (3 €, Tickets im Bus) oder, etwas preisgünstiger, aber deutlich zeitaufwändiger, mit Stadtbus 3 S, Tickets am Flughafenkiosk. Für Taxifahrten zum Hafen erkundigen Sie sich am besten im FPT-Büro am Hauptausgang nach den aktuellen Festpreisen (*tariffa predeterminata*); Transferdauer bei guten Bedingungen deutlich unter einer Stunde, bei starkem Verkehr jedoch entsprechend länger.
• *Zug* **Hauptbahnhof Stazione Centrale** (Termini) am Altstadtplatz Piazza G. Garibaldi. Im Umfeld und auch in den hier startenden öffentlichen Verkehrsmitteln erhöhte Vorsicht vor Taschen- und Trickdieben!

Geldwechsel, Telefonzentrale, Infobüro etc. Richtung Piazza Municipio bzw. Fährstation am Hafen Stazione Marittima mit dem ALI-BUS (Tickets im Bus) oder Stadtbus 3 S; die Entfernung vom Bahnhof zum Fährhafen Stazione Marittima beträgt etwa zwei Kilometer. Einheitliche Tickets für alle städtischen Verkehrsmittel in Tabakgeschäften, Zeitungskiosken und am Busstand der Piazza Garibaldi.
• *Auto* Neapel fordert den Fahrer wohl mehr als jede andere europäische Stadt. Empfehlenswert, sich angesichts der äußerst flexiblen einheimischen Fahrweise nicht zu verkrampfen, sondern entspannt mitzuschwimmen. Staus sind an der Tagesordnung. Anfahrt zum Zentrum von der A 2 aus Richtung Rom über die Tangenziale, Ausfahrt Napoli Centro. Nur in bewachten Garagen parken!

*Schiffsverkehr zu den Liparischen Inseln*

Autofähren und Aliscafi (Tragflügelboote) besitzen unterschiedliche, z.T. voneinander weit entfernte Abfahrtsstellen. Fähren legen inzwischen am Varco Immacolatella bzw. Porto Calata di Massa (wenige 100 m nordöstlich der zentralen Stazione Marittima) ab. Tragflügelboote starten bzw. starten je nach Gesellschaft am Aliscafo-Hafen Molo Mergellina, ein paar hundert Meter vom Vorort-Bahnhof Napoli-Mergellina, oder (im Fall der Ustica Lines) am Uferkai Molo Beverello, südwestlich der Stazione Marittima – künftige Änderungen nicht ausgeschlossen.

• *SIREMAR-Autofähre (Traghetto)* Für die Siremar gibt es (wie für die Mutter Tirrenia auch) Privatisierungspläne; definitiv war bei Redaktionsschluss jedoch noch nichts. Für 2010 wurde der Linienbetrieb bestätigt, es ist jedoch nicht auszuschließen, dass die Gesellschaft danach unter anderem Namen und mit neuer Frequenz verkehrt. Abfahrt im Fährhafen Varco Immacolatella (nordöstlich Stazione Marittima).

**Frequenzen**: Achtung, häufige Änderungen! Abfahrten auf der Linie Napoli-Stromboli-Panarea-Salina-Lipari-Vulcano-Milazzo ganzjährig 2-mal wöchentlich (zuletzt Di/Fr), von Ende Juli bis Anfang September täglich außer Mo, davon zweimal pro Woche eine etwas teurere Schnellverbindung. Reguläre Fahrzeit der Normalfähre nach Stromboli 8, nach Lipari 12,5 Stunden. Oft kommt die Fähre z.B. in Stromboli früher an als im Fahrplan

Neapel

250 m

**Ü bernachten**

1 Casanova Hotel
2 Hotel Cavour
3 UNA Hotel Napoli
7 Hotel Europeo/Europeo Flowers
9 Hostel & Hotel Bella Capri
11 JH Ostello Mergellina
12 Hotel Rex

**E ssen & Trinken**

4 Trattoria La Campagnola
5 Antica Osteria Pisano
6 Rist.-Pizz. Bellini
8 Pizz. Lombardi a Santa Chiara
10 Pizz. Brandi

angegeben, und fährt auch früher wieder ab!
**Preise**: Für einen Pkw nach Lipari zahlt man (bis 4/4,5 m) etwa 100 €, Personen (Deckspassage) kosten auf derselben Linie etwa 40–45 €; nach Stromboli und Panarea sowie im Winter liegen die Preise etwas günstiger. Kabinen gibt es schon für einen relativ geringen Aufpreis, weshalb sich, ebenso wie für Pkw, besonders im Sommer langfristige Reservierung dringend empfiehlt.
**Buchung**: Generalagent in Deutschland ist die Armando Farina GmbH, Kapellenstr. 12, 63917 Grossheubach; ☎ 09371 6693736, ✆ 09371 6693738, www.armandofarina.de.
Buchungsadresse in Neapel, auch Kauf vor Ort beim Fährhafen: Ontano Tours, Piazza Municipio (Varco Angioino), 80133 Neapel; ☎ ab Deutschland 0039/081 5800340, ✆ 0039/081 5800341, www.eoliemare.it.
Call-Center der SIREMAR 892 123 bzw. aus dem Ausland 0039/02 26302803, in Neapel ☎ 81 5519096.
**Internet-Infos**: www.siremar.it.

● *Aliscafi der Ustica Lines* Die Linie Neapel–Eolische Inseln–Milazzo (Abfahrt früher am Molo Beverello südwestlich der Stazione Marittima) war zuletzt eingestellt, könnte aber eines Tages evtl. wieder aufleben. Infos bei Ontano Tours (siehe Siremar). Bislang keine Buchungsagentur in Deutschland, Info-☎ ab Deutschland 0039/0923 873813. www.usticalines.it.

● *Aliscafi der SNAV zu den Eolischen Inseln* Abfahrt ab Tragflügelboot-Hafen Mergellina nach Stromboli, Panarea, Salina, Lipari und Vulcano. Info-Telefon ☎ 081 4285555. www.snav.it.
**Frequenzen:** Von Ende Mai bis Anfang September 1-mal täglich, Abfahrt zuletzt um 14.30 Uhr. Fahrzeit nach Stromboli etwa 4, nach Lipari 5–6 Stunden. Achtung, bei schlechtem Wetter (böswilligen Gerüchten zufolge auch bei unbefriedigender Buchungslage) fallen die empfindlichen Seerenner schon mal aus.
**Preise**: Die Preise für Personen liegen saisonunabhängig bei knapp 80 € nach Lipari und bei 60 € nach Stromboli. Bei niedriger Auslastung gibt es Low Cost-Angebote schon mal ab 20 €! Der Transport von Pkw und Motorrädern ist naturgemäß nicht möglich. Warme Sachen mitnehmen,\ die Klimaanlage arbeitet oft auf Hochtouren.
● *Aliscafi der Alilauro zu den Eolischen Inseln* Alilauro kooperierte auf der Eolen-Route zuletzt mit der SNAV. Abfahrten zuletzt etwa von Ende Juni bis Anfang September, bis Ende Juli nur Sa–Mo, danach täglich; Fahrzeiten, Preise etc. ähnlich der SNAV, Start ebenfalls im Hafen Mergellina. Infotelefon 081 4972238, www.alilauro.it.
● *Buchungsportal im Internet* www.directferries.de

## *Übernachten (siehe Karte S. 52/53)*

Die Hotelsituation ist wenig erfreulich. Für das Gebotene sind die Quartiere fast durchweg sehr teuer. In den preisgünstigeren Klassen finden sich nur wenige empfehlenswerte Adressen.

● *Hotels* Die unteren Kategorien der zahlreichen Hotels und Pensionen im Bahnhofsgebiet sind teilweise mit besonderer Vorsicht zu genießen, da oft als Stundenhotels genutzt – besser, einmal ein paar Euro mehr anzulegen. Auf die Hotelschlepper im Bahnhof sollte man sich wohl nicht einlassen, und vor dem Schlafen in Parks kann angesichts der Kriminalitätsrate gar nicht genug gewarnt werden.
**\*\*\*\* UNA Hotel Napoli (3)**, ebenso mutig wie geschmackvoll restaurierter Palazzo am südlichen Ende der Bahnhofspiazza; dort, wo sich auch das Garibaldi-Monument erhebt. 89 komfortable Zimmer auf sechs Stockwerken, im siebten Stock das Restaurant mit Roof-Garden und Blick über die Stadt. Parkmöglichkeit gegen Gebühr. DZ/F

offiziell etwa 120-180 €, auf der Website oft weitaus günstigere Angebote. Piazza Garibaldi 9/10, ☎ 081 5636901, ✆ 081 5636972. www.unahotels.it.
**\*\*\* Hotel Cavour (2)**, großer Palast am Nordrand der Bahnhofspiazza. Gut geführt, wachsame Rezeption, vor wenigen Jahren renoviert. Parkmöglichkeit gegen Gebühr. DZ/Bad offiziell etwa 160 €, bei Internetbuchung oft um mehr als die Hälfte günstiger. Piazza Garibaldi 32, ☎ 081 283122, ✆ 081 287488. www.hotelcavournapoli.it.
**\*\*\* Hotel Rex (12)**, im hübschen Hafenviertel Santa Lucia. Klassizistischer Palazzo, sparsam ausgestattet, aber brauchbar. Parkgaragen und Restaurants in der Nähe, die edle Ausgehzone um das Castel dell'Ovo ebenfalls. DZ/Bad/F 90–115 €. Via Paleopoli 12, eine

Seitenstraße der Uferstraße N. Sauro, ☎ 081 7649389, 🖷 081 7649227, www.hotel-rex.it.

** **Hotel Europeo/Europeo Flowers (7)**, zwei ordentliche Hotels vereint unter einem Dach mitten im Uni-Viertel. Das „Europeo Flowers" liegt im 3. Stock, das „Europeo" im 4. Stock. DZ/Bad für beide etwa 45–95 €. Zentrale Lage nahe der Piazza San Domenico an der Via Mezzocannone 109/c, ☎ 081 5517254, 🖷 081 5522212, www.sea-hotels.com.

** **Casanova Hotel (1)**, zwei Blocks nördlich des Hotels Cavour und unter den preiswerten Pensionen des Bahnhofsgebiets eine ganz passable Option. Freundliches Personal. DZ/Bad je nach Saison und Ausstattung (ohne/mit Bad) etwa 45–65 €, etwas günstiger ohne Bad. Via Venezia 2 bzw. Corso Garibaldi 333, ☎ 081 268287, 🖷 081 269792, www.hotelcasanova.com.

• *Jugendherbergen* **Ostello Mergellina (11)** (IYHF), 200 Meter vom Lokalbahnhof Mergellina, wegen der Züge etwas laut, für Reisende mit knappem Budget jedoch vielleicht ein Rettungsanker: Ü/F im Mehrbettzimmer etwa 16 €. Neueres Gebäude mit 200 Betten. Ordentliche Cafeteria. Ganzjährig geöffnet, rechtzeitige Reservierung ratsam! Salita della Grotta a Piedigrotta 23, ☎ 081 7612346, 🖷 081 7612391. www.ostellonapoli.com.

**Hostel & Hotel Bella Capri (9)**, private Etagenpension im 6. Stock eines anonymen Bürohauses in unmittelbarer Nähe der Stazione Marittima. Hilfsbereiter Empfang, WiFi gratis. 5-Eurocent-Münzen für den Aufzug bereit halten! Die einfachen, aber netten Zimmer mit und ohne Bad kosten fürs DZ/F 50–80 €. Einen Stock drüber liegt das Hostel mit vier kleinen Schlafräumen und einem weiteren Zimmer, die Bäder liegen auf dem Flur (Ü/F 16-22 €). Via Melisurgo 4, Scala B, ☎ 081 5529494, 🖷 081 5529265, www.bellacapri.it.

• *Camping* **Camping Vulcano Solfatara**, beim vom Erdbeben schwer geprüften Küstenvorort Pozzuoli. Angenehmer, wenn auch etwas teurer Platz, völlig schattig und sehr gepflegt; Swimmingpool und Bungalows. Innerhalb des Geländes ein kahler Vulkankra-

*Pizza in Neapel:
ein Stück Lebensgefühl*

ter (Naturschutzgebiet!) der Phlegräischen Felder – Schlamm blubbert und es riecht nach Schwefel... Zu erreichen vom Bhf. Neapel per Metro 2, von der Stazione Pozzuoli-Solfatara noch ca. 1 km zu Fuß bzw. mit dem Stadtbus der Linie 152; per Auto Ausfahrt Agnano von der Tangenziale, alternativ über die von Rom kommende Küstenstraße. 2 Personen, Auto und Zelt zur HS etwa 30 €. Ganzjährig geöffnet. Via Solfatara 161, ☎ 081 5262341, 🖷 081 5263482. www.solfatara.it.

## *E*ssen/*K*neipen *(siehe *K*arte *S*. 52/53)*

Neapel ist die Heimat der Pizza. Die originalen neapolitanischen Teigfladen werden nur sparsam belegt und natürlich im holzbefeuerten Ofen gebacken.

• *Essen* Hier aus Platzgründen nur einige wenige Adressen. Gut, edel und nicht ganz billig isst man in den Fischrestaurants am kleinen Hafen Porto Santa Lucia beim gleichnamigen Viertel nahe dem Castel dell'Ovo, bodenständig und preiswert an der Piazza Sannazaro von Mergellina.

**Pizzeria Lombardi a Santa Chiara (8)**, im westlichen Bereich des Spaccanapoli. Traditionsreiche Pizzeria, sehr gut besucht, möglichst reservieren. Die hiesige Calzone soll die beste der Stadt sein. Via Benedetto Croce 59, ☎ 081 5520780. Mo Ruhetag.

**Antica Osteria Pisano (5)**, im Herzen der Spaccanapoli. Trubelige Atmosphäre, überwiegend Einheimische, Tische auch im Freien. Piazza Crocelli ai Manesi 1 (Ecke Via Duomo), neben der Kirchenruine, ☎ 081 5548325. So Ruhetag.

**Trattoria La Campagnola (4)**, seit 1946 ist die ehemalige Wein- und Ölhandlung am Platz. Zeitweise zählte die Familientrattoria zu den Lieblingsadressen von Joseph Beuys. Wenn auch nach der letzten Renovierung nicht mehr ganz so charmant, bleibt sie eine der besseren Adressen im Centro storico. Menü etwa 15–20 €. Di Ruhetag, So und Mo nur mittags. Via Tribunali 47, ☎ 081 459034.

**Rist.-Pizzeria Bellini (6)** an der hübschen kleinen Piazza Bellini. Tische im Freien, angenehme Atmosphäre, freundlicher Service. Spezialität ist Fisch vom Grill, es gibt jedoch auch gute Pizza und Nudelgerichte. Nicht allzu teuer, Pizza auch im Straßenverkauf. Via Costantinopoli 79–80, ☎ 081 459774; So zu. In westlicher Richtung gleich ne-

benan in einem Tordurchgang: Pizzeria „Port´Alba", eine der ältesten Pizzerie der Stadt. Via Port´Alba 18, Mi geschlossen.

**Pizzeria Brandi (10)**, in einer Seitengasse der Einkaufsstraße Via Chiaia, nördlich des Viertels Santa Lucia. Bereits 1800 gegründet. Hier wurde zu Ehren der Königin Margherita die gleichnamige Pizza in den Nationalfarben rot, grün und weiß (Tomaten, Basilikum, Mozzarella) erfunden. Das steht in jedem Reiseführer ... Salita Sant'Anna di Palazzo 1–2, ☎ 081 416928. Mo Ruhetag.

● *Kneipen*   Zahlreiche Nightlife-Adressen im Heft „Qui Napoli", erhältlich in den Infostellen. Hier nur zwei allgemeine Tipps.

**Piazza Bellini**: Mehrere nett eingerichtete Cafés und Bars mit Tischen auch im Freien machen den verkehrsberuhigten, lauschigen kleinen Platz zu einem beliebten Treffpunkt der Jugend.

**Castel dell´Ovo**: Auf der kleinen Halbinsel beim Viertel Santa Lucia finden sich Restaurants und Bars en masse. Besonders am Wochenende trifft sich hier ein recht schickes Publikum, Speisen und Getränke sind dementsprechend nicht ganz billig.

# Palermo

**Obwohl der hiesige Flughafen auch von Lowcost-Airlines angeflogen wird, spielt Siziliens Hauptstadt als Anreisestation zu den Liparischen Inseln eine vergleichsweise geringe Rolle. Die Weiterreise nämlich gestaltet sich oft nicht ganz unkompliziert.**

Vor allem in der Nebensaison braucht man schon etwas Glück, um noch am Anreisetag eine direkte Verbindung per Tragflügelboot zu erwischen. Alternativ bleibt noch die Zugfahrt zum Hauptfährhafen Milazzo. In jedem Fall gilt es zunächst einmal, vom Flughafen in die Stadt kommen. Und vielleicht plant man dann doch gleich eine Übernachtung ein? Denn Palermo ist eine faszinierend vielschichtige Stadt. Die Inselmetropole vereinigt in sich alle Fragwürdigkeit, alles Elend, aber auch alle Farbenpracht und Vielfalt Siziliens. All die krassen Gegensätze, die Palermo prägen, sammeln sich in der Innenstadt, gleich hinter den Hochhäusern der Hafenfront. Elegante Boutiquen an lebendigen Geschäftsstraßen, Restaurants mit befrackten Obern, eine Vielzahl prachtvoller Gebäude aus verschiedenen Epochen sind die eine Seite Palermos. Ein paar Schritte weiter liegen völlig verfallene Straßenzüge. Im Viertel La Kalsa bildeten die Ruinen einstiger Paläste lange Zeit die deprimierende Kulisse hoffnungsloser Lebensbedingungen – seit einigen Jahren sind umfangreiche Sanierungsmaßnahmen im Gang. Nur einen Steinwurf entfernt wieder pralles Leben: die berühmten Märkte von Palermo, deren grelles Durcheinander von Farben und Gerüchen einem orientalischen Basar schon sehr nahekommt.

Wer in Palermo eine Zwischenübernachtung einlegt, wird sich wohl hauptsächlich in der Altstadt rund um die zentrale Kreuzung Quattro Canti („Vier Ecken") aufhalten. Wie in Neapel fordern auch in Palermo der hektische Straßenverkehr und die hohe

*Vor dem Teatro Massimo: eine (teure) Kutschfahrt gefällig?*

Kriminalitätsrate gute Nerven und erhöhte Vorsicht; vor allem nach Einbruch der Dunkelheit bleibt man besser auf den Hauptstraßen. Zu den Höhepunkten der Stadt zählen der Markt Ballarò nahe den Quattro Canti, die Kathedrale und vor allem die weltberühmte, goldglänzende Cappella Palatina im Normannenpalast, der über die Piazza Indipendenza zu erreichen ist. An Siziliens reicher Geschichte schnuppern lässt sich auch im Archäologischen Nationalmuseum unweit der Via Roma. Die Öffnungszeiten beider Sehenswürdigkeiten ändern sich häufig, Näheres bei den Infostellen.

## Information

● *Information* **Servizio Informazione Turistiche**, Piazza Castelnuovo 34, 90141 Palermo; ✆ 091 6058351, ✆ 091 586338. Stadtbus 101 fährt ab Bahnhof zur nahen Piazza Politeama. Öffnungszeiten Mo–Fr 8.30–14, 14.30–18 Uhr. Zweigstellen im **Bahnhof** (✆ 091 6165914, geöffnet wie oben) und am **Flughafen** (✆ 091 591698, geöffnet Mo–Fr 8.30–24 Uhr, Sa/So 8–20 Uhr).

**Punti d'Informazione**, Infokioske der Stadt an vielen touristisch interessanten Punkten, zum Beispiel am Hafen, beim Politeama-Theater oder an der Piazza Bellini.
● *Internet* **www.palermotourism.com**, mit sehr vielen Infos, auch auf Deutsch.
**www.seepalermo.com**, Online-Guide mit Historischem, Stadtrundgängen, Hotel- und Restauranttipps.

## Verbindungen/Schiffsverkehr zu den Liparischen Inseln

● *Flug* **Aeroporto Falcone e Borsellino**, der früher „Punta Raisi" benannte Flughafen, liegt etwa 30 km westlich, gebührenfreies Telefon der Zentrale: ✆ 800 541880, www.gesap.it. Zug- und Busverbindungen sind auf die Flüge abgestimmt. Etwa stündliche Zugverbindung zum Hauptbahnhof Stazione Centrale via Stazione Notarbartolo mit

dem „Trinacria Express", Fahrtdauer 45 min, 5 €; Busverbindung mit PRESTIA & COMANDE vom/zum Bahnhof und Politeama-Theater (Nähe Piazza Castelnuovo); Fahrtdauer etwa 50 min., Fahrpreis etwa 5,50 €. Ein Taxi ins Zentrum oder zum Hafen kostet etwa 50 €, Preis vorher klären.

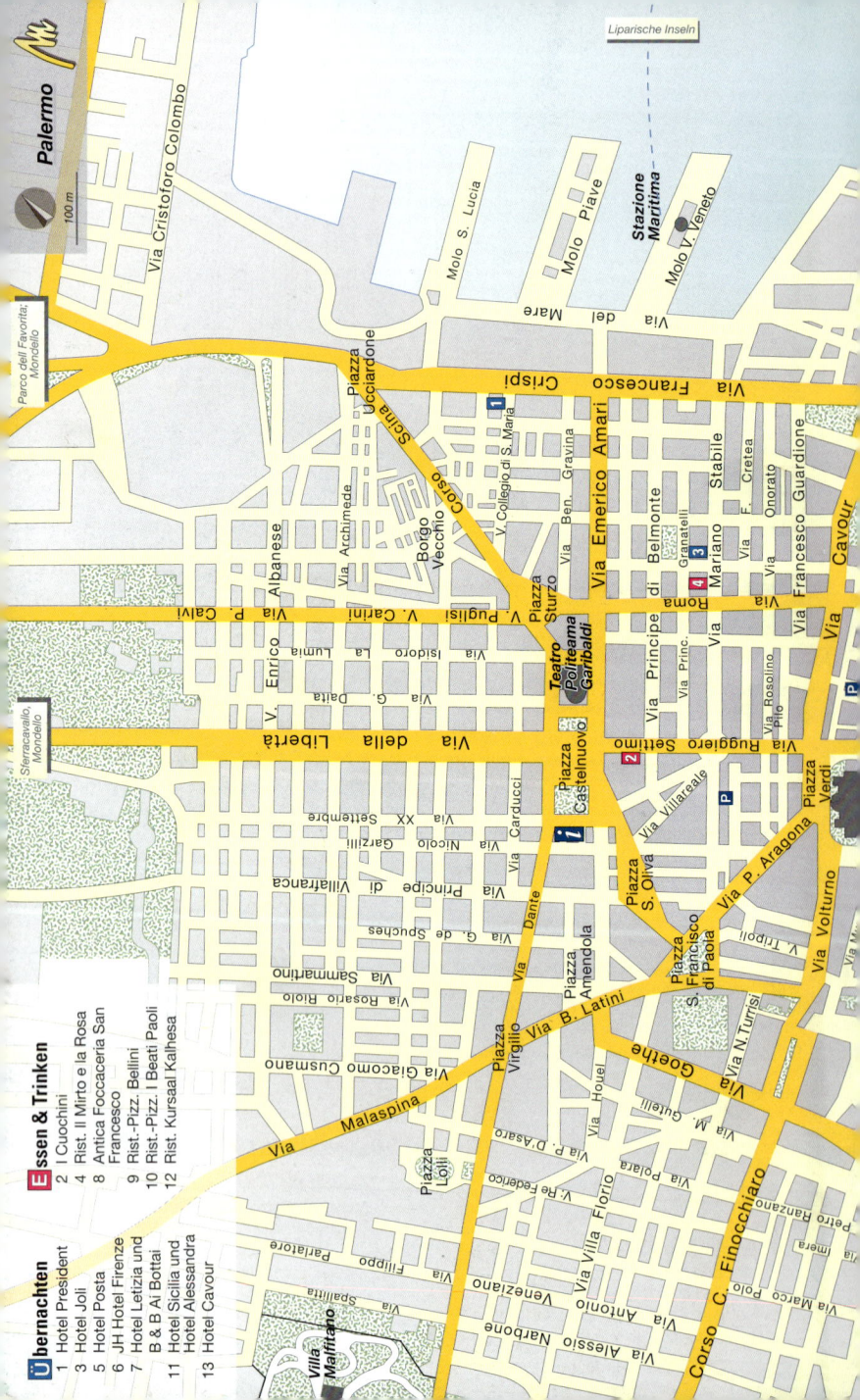

**Palermo**

Liparische Inseln

100 m

Parco del Favorita, Mondello

Sferracavallo, Mondello

Via Cristoforo Colombo

Stazione Marittima

Molo V. Veneto
Molo S. Lucia
Molo Piave
Via del Mare

Via Francesco Crispi
Piazza Ucciardione
Via Scina
Corso Scinà

Via Emerico Amari

Via Ben. Gravina
V. Collegio S. Maria
Stabile
Via F. Cretea
Via Onorato
Via Francesco Guardione
Via Cavour

Via Roma
Via Principe di Belmonte
Via Granatelli
Via Mariano Stabile

Piazza Sturzo

Via Archimede
Borgo Vecchio

Piazza Pugisi
V. Carini
Via P. Calvi
Via P. Calvi

Via Albanese

Via Isidoro La Lumia
Via G. Daita
Via V. Enrico Lumia

Teatro Politeama Garibaldi

Via Principe di Scordia
Via Princ.
Via Rosolino Pilo

Via Ruggiero Settimo

Via della Libertà

Piazza Castelnuovo

Via XX Settembre
Via Nicolo Garzilli
Via Carducci

Piazza S. Oliva

Via Villareale

Piazza Verdi

Via Dante
Via Principe di Villafranca
Via G. de Spuches

Piazza Amendola

Via P. Aragona
Via Volturno
V. Tripoli

Via Sammartino
Via Rosario Riolo

Piazza Francesco di Paola
S. Francesco di Paola

Via N. Turrisi

Piazza Virgilio
Via Giacomo Cusmano
Via B. Latini

Via Goethe
Via M. Gutelli

Via Houel
Via Polara

Corso C. Finocchiaro

Via Malaspina

Piazza Lolli
V. Re Federico
Via P. D'Asaro
Via Partatore

Via Filippo Parlatore
Via Spallitta

Villa Malfitano

Via Narbone
Via Antonio Veneziano
Via Villa Florio
Via Alessio Narbone

Via Marco Polo
Via mera
Petro Ranzano

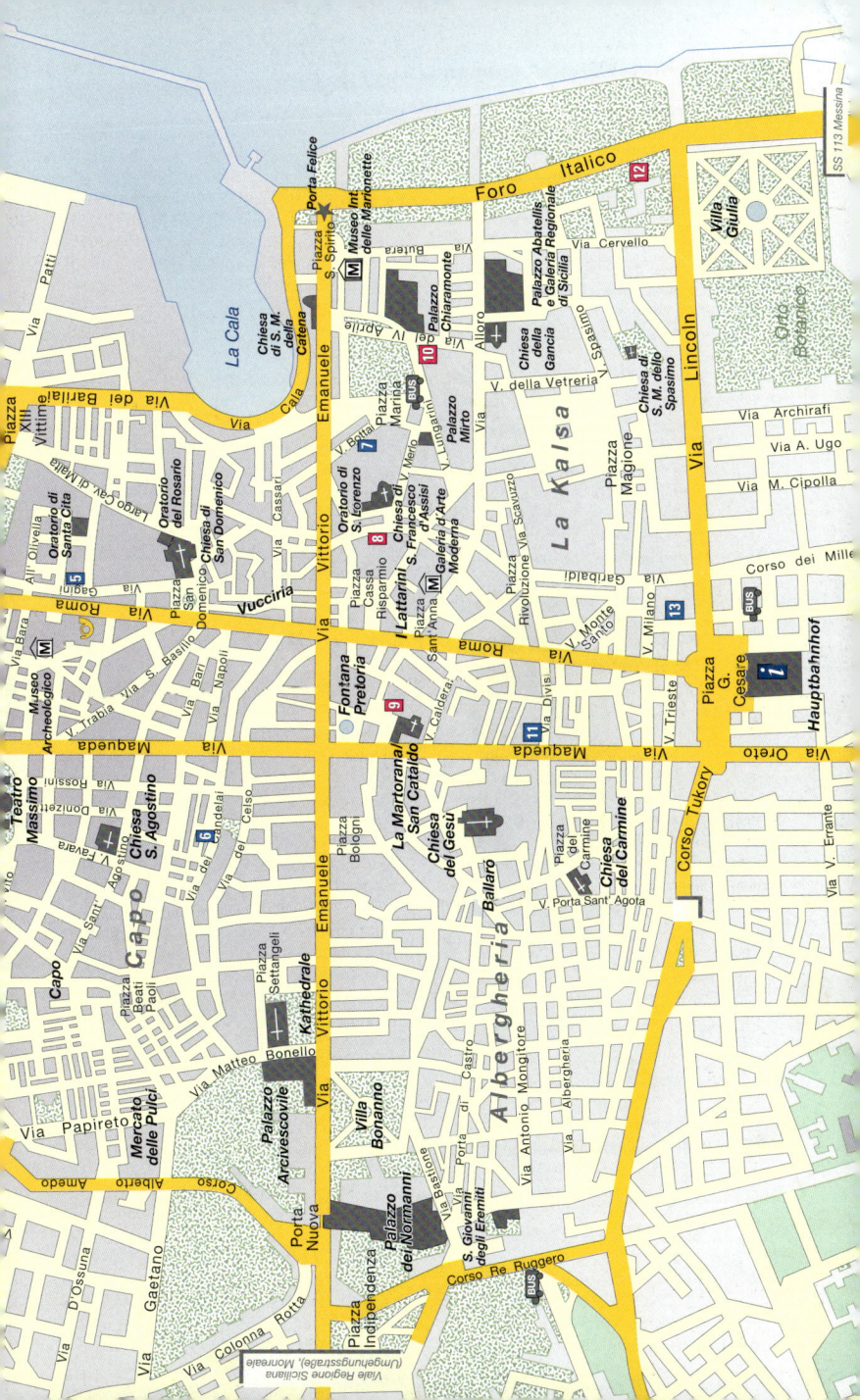

• *Zug* **Bahnhof** (Info:  📞 091 6031111) am südlichen Altstadtrand, am Beginn der Via Roma. Gute Zugverbindungen nach Milazzo, dem Haupthafen für die Eolischen Inseln, weit besser als per Bus: Abfahrten etwa zwischen 4 und 20.40 Uhr rund 14-mal täglich, Fahrtdauer je nach Zugtyp zweieinhalb bis dreieinhalb Stunden.

• *Schiff* **Ustica Lines**, schnelle Tragflügel-boote (Aliscafi) fahren von etwa Mitte Juni bis Ende September 2-mal täglich, einmal früh am Morgen sowie am Nachmittag (zuletzt 14 Uhr). Fahrtzeit nach Lipari je nach Linienführung etwa 4-5 Std., Fahrpreis etwa 40 €. Tickets direkt im Hafen, 📞 091 324255; Informationen auch im nahen Reisebüro Pietro Barbaro, Via Principe di Belmonte 55, 📞 091 333333. Internet: www.usticalines.it.

## *Übernachten (siehe Karte S. 58/59)*

Es mangelt nicht an Hotels. Vor allem in der Altstadt zwischen Bahnhof und Via Cavour finden sich genügend Möglichkeiten.

• *Hotels* Trotzdem ist es günstig, schon früh am Tag mit dem Suchen anzufangen; man bleibt so nicht auf die letzte Elendshütte (die es nämlich auch reichlich gibt) angewiesen. Zur Siestazeit ist in vielen der einfacheren Hotels kein Mensch zu erreichen.

**\*\*\*\* Hotel President (1)**, komfortables Haus in Hafennähe, bequem für An- und Abreise. 2000 komplett renoviert und jetzt sehr modern; Parkmöglichkeit. DZ/F rund 80–215 €. Via Francesco Crispi 228, 📞 091 580733, ✆ 091 6111588, www.shr.it.

**\*\*\* Hotel Letizia (7)**, ein sehr angenehmes Haus. Ruhige Lage in einer Seitenstraße des Cassaro, Nähe Piazza Marina. Ein ehemaliges Einsternquartier, nach umfangreicher Renovierung zwei Klassen aufgestiegen. Schön eingerichtete, zum Teil sehr geräumige Zimmer mit Klimaanlage etc. Kleine Innenterrasse fürs Frühstück; auch Suiten gibt es. Angeschlossen ist das **Bed & Breakfast Ai Bottai**. DZ/F („Superior") 100–130 €, Standard-DZ/F 70–115 €, im B&B DZ/F 50–85 €. Via Bottai 30, ✆/✆ 091 589110, www.hotelletizia.com.

**\*\* Hotel Posta (5)**, in einer Seitenstraße der Via Roma gegenüber der Post, durch eine Häuserzeile vom Straßenlärm weitgehend abgeschirmt. Von außen eher unscheinbar, innen jedoch ein modernes und zweckmäßig eingerichtetes Quartier und auch mehrfach von Lesern gelobt. Parkmöglichkeit. DZ/F 80–120 €. Via A. Gagini 77, 📞 091 587338, ✆ 091 587347. www.hotelpostapalermo.it.

**\*\* Hotel Joli (3)**, nicht allzuweit vom Hafen, Nähe Piazza Don Sturzo. Moderne und geräumige Zimmer, recht ruhig, teilweise Schallschutzfenster, freundliche Einrichtung – eine gute Wahl in dieser Klasse. DZ 70–150 €. Via Michele Amari 11, eine Seitenstr. der Via Enrico Amari, 📞 091 6111765, ✆ 091 6111766, www.hoteljoli.com.

**\*\* Hotel Alessandra (11)**, ein familiengeführtes kleines Hotel mit 24 ordentlichen Zimmern, nicht weit vom Bahnhof an der lauten Via Maqueda: Zimmer nach hinten nehmen. Weitgehend renoviert, die Bäder hinken noch etwas nach, sind aber in Ordnung. DZ/Bad etwa 70–90 €. Via Divisi 99, 📞 091 6173958, ✆ 091 665180. www.hotel-alessandra.it.

**\*\* Hotel Sicilia (11)**, im gleichen Haus, einen Stock tiefer. Einrichtung und Bäder gepflegt, die 15 Zimmer besitzen Klimaanlage, TV und Kühlschrank. Insgesamt ebenfalls eine gute Wahl, wie zufriedene Leser immer wieder bestätigen. DZ/Bad rund 50–75 €. Via Divisi 99 (Ecke Maqueda), 📞 091 6168460, ✆ 091 6163606.

www.hotelsiciliapalermo.it.

**\* Hotel Cavour (13)**, gut geführtes Haus sehr nah beim Bahnhof, trotzdem recht ruhig. Einfache, aber geräumige und saubere Zimmer, viele mit Klimaanlage. Immer wieder von Lesern gelobt. DZ/Bad 55–65 €, ohne Bad 40–45 €; Via Manzoni 11, eine Seitenstraße der Via Lincoln; 📞 091 6162759. www.albergocavour.com.

**Hotel Firenze (6)**, als Ostello 2007 wiederbelebtes Jugendstil-Hotel im Zentrum des palermitanischen Nachtlebens. Das Haus steht unter der Führung einer italo-holländischen Familie, das Publikum ist international und jung. Die Zimmer sind einfach, ein Plus stellen die Gemeinschaftsküche und die beiden schönen Dachgärten dar. Übernachtung in kleinem Schlafsaal p.P. 18 €, DZ ohne Bad 45 €, mit Bad 50 €. Via Candelai 68, 📞 091 7847645, Mobil-📞 335 6447902, www.palermohotelfirenze.com.

• *Camping* **Camping degli Ulivi**, im nordwestlichen Vorort Sferracavallo, vom Bahnhof zunächst mit Bus Linie 101, ab Station Vittorio Veneto weiter mit Linie 616. Klein und familiär; freundliche Leitung, internationales Publikum. Ganzjährig geöffnet, preiswert. ✆/✆ 091 533021. www.campingdegliulivi.com.

*Essen (siehe Karte S. 58/59)*

In kulinarischer Hinsicht gibt sich Palermo für italienische Verhältnisse relativ preiswert. Sonntags sind viele Lokale geschlossen.

**Ristorante Kursaal Kalhesa (12)**, Teil des gleichnamigen, an der Uferpromenade gelegenen Kulturzentrums. Hübsches Ambiente, gehobene Küche, Menü ab etwa 25 € aufwärts. Im Anschluss vielleicht ein Schlückchen in der Wine-Bar bei Livemusik? Foro Umberto I. 21, ℘ 091 6162282, www.kursaalkalhesa.it. Mo Ruhetag.

**Ristorante-Pizzeria Bellini (9)**, an der Piazza Bellini, nahe Quattro Canti, mit Terrasse. Die schöne Lage, von Kirchen und alten Gebäuden umgeben, schlägt gar nicht so stark auf die Preise durch (Menü ab 20 € aufwärts). Man kann's aber auch bei einer Pizza belassen, die dank des dicken Belags ihr Geld durchaus wert ist. Bis drei Uhr morgens geöffnet, ℘ 091 6165691. Mo Ruhetag.

**Ristorante-Pizzeria I Beati Paoli (10)**, an der hübschen Piazza Marina, die sich zu einem sehr beliebten Restaurantplatz entwickelt hat. Gemütliches Lokal, viele Tische auch im Freien. Menü um die 20 €, es geht (z.B. mit Pizza) auch günstiger. Zuletzt gab es auch vereinzelt Leserkritik. Piazza Marina 50, Mi Ruhetag. Im Umfeld noch viele nette Restaurants, Bars und Cafés.

**Ristorante Il Mirto e la Rosa (4)**, früher ein überwiegend vegetarisches Restaurant, das mittlerweile aber auch Fleisch und Fisch serviert; guter Cuscus. Edel in alten Gewölben, sparsam eingesetzte Jugendstildekoration, ruhige Atmosphäre; auch mittags beliebt. Komplettes Festmenü ab etwa 13 €, à la carte ab 20 €. Von Lesern oft gelobt. Via Principe Granatelli 30, eine Seitenstraße der Via Roma zwischen Via Cavour und Piazza Don Sturzo. Sonntag Ruhetag, im Juli geschlossen. ℘ 091 324353.

**Antica Focacceria San Francesco (8)**, bei der gleichnamigen Kirche, in einer Seitengasse des Cassaro. Palermos traditionsreichster Imbiss, 1834 gegründet! Seit dem letzten Facelift in mehrere Bereiche unterteilt, u.a. Self-Service (von Lesern gelobt), Sushi-Bar und eine Art Restaurant mit Tischen am Platz vor der nachts angestrahlten Kirche. Großes Angebot an sizilianischem „Fast-Food" wie Arancine (gefüllte Reiskugeln), *Pani ca' meusa* (Brötchen mit gekochter Milz und/oder Lunge) oder eben Focacce (pikant gefüllte Teigkrapfen). Immense Auswahl an Biersorten, allerdings relativ teuer. Insgesamt einen Besuch unbedingt wert! Via A. Paternostro, Abzweig vom Cassaro bei Haus Nr. 176; Di Ruhetag.

**I Cuochini (2)**, unweit der Piazza Castelnuovo. Noch einmal sizilianischer Imbiss, und wieder ganz anders – bei den „kleinen Köchen" gibt es eine breite Spezialitäten-Auswahl zum Mitnehmen oder vor Ort verzehren. Der Clou dabei: Arancine & Co. sind kleiner (und günstiger) als üblich, ideal zum Ausprobieren. Da stört es nicht, dass der Laden eher Metzgerei-Ambiente hat. Via Ruggero Settimo 68, versteckt im Hinterhof (beim Keramikschild durchs Tor), dann rechts. Im Sommer nur bis 14.30 Uhr geöffnet, So Ruhetag.

*Zentrum der Stadt: Quattro Canti*

*Lauschig am Abend: Piazza Stesicoro*

# Catania

**Zwischen April und September besteht ab der zweitgrößten Stadt Siziliens eine vergleichsweise sehr schnelle Form der Anreise zu den Inseln – sofern man rechtzeitig genug am Flughafen eintrifft.**

Ein- bis zweimal täglich nämlich startet dort ein Direktbus zum Hafen von Milazzo, von dem aus man praktisch direkt aufs Schiff umsteigen kann. Falls der Flieger für diese Verbindung jedoch zu spät landet, wird es komplizierter. Nur dann wohl wird der Inselbesucher Catania näher zu sehen bekommen. Die stete Konkurrentin Palermos wurde in ihrer Geschichte immer wieder durch Erdbeben und Ausbrüche des Etna zerstört und neu aufgebaut, zuletzt 1693. Als Material diente großteils das, was ohnehin reichlich vorhanden war: Lava. Eine besonders heitere Note vermögen das dunkle Gestein und die allzu geraden Straßen der Stadt nicht zu geben. Erst auf den zweiten Blick realisiert man die befreiende Anlage der Plätze, die die strenge Straßenführung auflockern.

Die Vitalität der Stadt, die sie für den einen so anziehend, für den anderen fast schon abschreckend macht, springt jedoch sofort ins Auge. In punkto Verkehrsbelastung und Kriminalität kann sich Catania ohne weiteres mit Neapel und Palermo messen, Vorsicht ist also angebracht. Die Orientierung immerhin gestaltet sich recht einfach: Grundprinzip des Stadtaufbaus sind zwei sich rechtwinklig schneidende Hauptachsen, die am Domplatz mit dem kuriosen „Elefantenbrunnen" Fontana dell´Elefante und dem mehrfach umgebauten Dom aufeinandertreffen. In Ost-West-Richtung erstreckt sich die Via Vittorio Emanuele, nach Norden die kilometerlange, mittlerweile verkehrsberuhigte Hauptstraße Via Etnea, an der sich mehrere barocke Plätze reihen, darunter die schöne Piazza Stesicoro.

*Information*

• *Information* **Servizio Turistico Regionale N°
5**, Via Alberto Mario 32; ☎ 095 7477415, ✆ 095
7470254, strctaacicastello@regione.sicilia.it.
Das Tourismusbüro der Regione Sicilia liegt
abseits der üblichen Routen und ist damit
sicher vor „Laufkundschaft". Geöffnet Mo-
Fr 9-13 Uhr, Mi durchgehend bis 18 Uhr.

**Ufficio Informazione Turistica**, Info-Büro der
Provinz Catania mit mehreren Zweigstellen

**Zweigstelle** im **Bahnhof**, am ersten Bahn-
gleis, nach Kräften hilfreich und englisch-
sprachig. Geöffnet Mo-Sa 9-14 Uhr, ☎/✆ 095
0937024, stazionect@gmail.com.

**Zweigstelle** im **Flughafen**, ebenfalls eng-
lischsprachig; Prospekte und Stadtpläne.

Geöffnet tägl. 9–20 Uhr, ☎ 095 0937023,
infoturismo@provincia.ct.it.

**Bureau del Turismo**, städtisches Touristen-
büro an der Via Vittorio Emanuele II. 172 (in
Nähe der Piazza Duomo), ausführliche Auskunft zu Unterkünften, Transport und
Veranstaltungen - auch auf Englisch, ☎ 095
7425573. Geöffnet Mo-Fr 8.15-19.20 Uhr, Sa
8.15-12.20 Uhr.

**Internet**: www.comune.catania.it, offizielles
Portal der Stadt Catania, unter „Catania Turismo" Stadtplänen als Download, aktuelle
Fahrpläne, Unterkunftsverzeichnisse, Listen
mit Restaurants, Bars sowie weitere Tipps.

*Verbindungen*

• *Flug* **Aeroporto Catania-Fontanarossa
„Vincenzo Bellini"**, präsentiert sich seit 2007
in vorteilhaft neuem Gewand (www.aero
porto.catania.it). Infostelle (s.o.), Geldautomat, breite Auswahl an Autovermietern etc.
Busverbindung vom und zum Bahnhof besteht ab 5–24 Uhr alle 20 min. mit Sladtbus
457, die Busse fahren auch ins Zentrum
(u.a. Nähe Piazza Duomo); Fahrtzeit je nach
Route und Tageszeit 15–60 Minuten. Tickets
auch beim Fahrer, ansonsten im Automat (oft
defekten) Maschine in der Ankunftshalle,
von einem kleinen Kiosk nahe der Abfahrtsstelle oder, wenn dort geschlossen, im Tabacchi oder dem Zeitschriftengeschäft im
Flughafen. Weitere Busverbindungen bestehen u.a. nach Messina.

**Busverbindungen    Flughafen–Milazzo:**
Zum Hauptfährhafen für die Liparischen Inseln verkehrt von April bis September 1- bis
2-mal täglich ein Direktbus der Firma GIUN-
TABUS. Letzte (oder einzige) Abfahrt in den
letzten Jahren jeweils gegen 16 Uhr, Fahrtzeit ca. 2 Stunden, Preis 10 €. Falls man diesen Bus nicht mehr erreicht (und auch keinen anderen Flughafentransfer vorgebucht
hat), bleibt man auf die Fahrt ins knapp
100 km entfernte Messina angewiesen, um
dort entweder in ein Tragflügelboot zu den
Inseln oder in einen Zug oder Bus nach Milazzo (40 km) umzusteigen. Dann ist mit hoher Wahrscheinlichkeit auch eine Zwischenübernachtung fällig, je nach Uhrzeit
am besten entweder in Catania oder Milazzo, denn Messina bietet etwas weniger
Möglichkeiten. Infos unter ☎ 090 673782,

✆ 090 679677, bei den Fremdenverkehrsäm-
tern oder unter www.giuntabus.com.

**Privattransfers Flughafen–Milazzo**: Garage
delle Isole (☎ 090 9288585, www.garagedelle
isole.it) in Milazzo bietet von etwa Ostern
bis Oktober einen Shuttle vom/zum Flughafen Catania an. Abfahrten von Mai bis
September ab Flughafen Catania 10.30,
13.30, 15.20 und 17.20 Uhr; Abfahrt ab Hafen
Milazzo 8.15, 10.20, 12.20 und 15.30 Uhr; vor
Mai und im Oktober seltener und nicht täglich. Vorausbuchung mit Kreditkarte notwendig, p.P. 25 € einfach. Einen vergleichbaren,
nicht an feste Zeiten gebundenen Service
offeriert von März/April bis September/
Oktober auch TAR.NAV (Taranto Navigazione, ebenfalls in Milazzo) unter dem Namen
„Eolian Shuttle". Preis p.P. 35 € einfach, für
ca. 60 € auch Kombis inkl. Schiffspassage
zu den Inseln. Zu buchen mind. 24 Std. im
voraus, die Agentur liegt in Milazzo an der
Hafenstraße Via de Mille 40, ☎ 090 9223617,
✆ 090 9223617, www.eolianshuttle.com.

• *Zug* **FS-Bahnhof** an der Piazza Papa Giovanni XXIII., östlich des Zentrums. Tagsüber
etwa stündliche Verbindungen nach Messina (Umsteigemöglichkeit Milazzo). Diverse
Stadtbusse zur 2 km entfernten Piazza Duomo; Tickets in den Tabacchi oder der Ver-
kaufsstelle am Bahnhofsplatz.

• *Bus* **SAIS**, im nördlichen Teil des Bahn-
hofsvorplatzes (Via d'Amico) fährt tagsüber
ebenfalls stündlich zum Bahnhof Messina.
Achtung, sonntags fahren nur wenige Busse. www.saisautolinee.it.

*Übernachten*

Die Auswahl ist groß, der Andrang auch. Manchmal muss man daher schon etwas suchen. Im Sommer, insbesondere im August, ist Voranmeldung ratsam. Achtung: An Samstagen (Charterankünfte aus vielen Ländern) von Ostern bis Oktober ist Catania praktisch grundsätzlich ausgebucht, ohne Reservierung ist dann nichts zu bekommen!

• *Hotels* **** **Hotel Una Palace (3)**, das ehemalige Hotel „Central Palace", komplett umgebaut und 2005 unter neuem Namen eröffnet. Zentrale Lage – inzwischen verkehrsberuhigt, aber man kann mit dem Auto vorfahren, imposantes Foyer, Dachterrasse mit Bar und Restaurant. 94 Top-Zimmer, es gibt auch Suiten. Tiefgarage 20 € pro Tag. DZ/F 135–209 €. Via Etnea 218, ℡ 095 2505111, ℡ 095 2505112, una.palace@unahotels.it, www.unahotels.it.

*** **Hotel Novecento (7)**, geschmackvoll restaurierter Palazzo mit 17 einladenden Zimmern in strategisch günstiger Lage auf halber Strecke zwischen Bahnhof und dem Zentrum. DZ/F 75-100 €. Via Monsignore Ventimiglia 37, ℡ 095 310488, ℡ 095315231, www.hotelnovecentocatania.it.

** **Hotel Gresi (2)**, hübsches, freundlich geführtes und beliebtes Quartier in zentraler Lage, 2001 renoviert. Große, ansprechend möblierte Zimmer mit TV und Klimaanlage, zum Teil auch mit Stuck und Deckengemälden. Oft belegt, Reservierung deshalb ratsam. DZ/F 70-80 €. Via Pacini 28, eine Seitenstraße der Via Etnea bei Nr. 246, ℡ 095 322709, ℡ 095 7153045, www.gresihotelcatania.com.

* **Hotel Rubens (4)**, gemütliches kleines Familienhotel, immer wieder von Lesern gelobt und mehr als seinen einen Stern wert. Sieben geräumige Zimmer mit TV, Klimaanlage und Heizung, freundliches Personal. DZ/F 50-75 €. Zentral an der Via Etnea 196, ℡ 095 317073, ℡ 095 315231, www.rubenshotelcatania.com.

• *Privatzimmer/JH* **Affittacamere Holland International (9)**, eigentlich eher ein Einsternhotel, in einem 200 Jahre alten Palazzo. Das Mobiliar und die Einrichtungen sind vielleicht nicht mehr die jüngsten, hübsch dafür der Salon und die Deckengemälde in manchen der mit Klimaanlage ausgestatteten Zimmer, ganz praktisch den der Wasserkocher. Der nette holländische Besitzer spricht Deutsch. Wer am Nachmittag kommt, findet mit etwas Glück einen Parkplatz im Hof. Oft voll, Reservierung oder telefonische Anfrage erbeten. DZ ohne Bad (nur zwei) 45–50 €, mit Bad 55–70 €. Via Vittorio Emanuele II. 8, Nähe Bhf., ℡ ℡ 095 533605, www.hollandintrooms.it.

**I Vespri Rooms (5)**, trotz der offiziellen Einstufung als Affitacamere ebenfalls praktisch ein Hotel der Einsternklasse. Zentral, aber doch recht ruhig in einem frisch restaurierten Palazzo untergebracht. Freundliches und hilfreiches junges Besitzerpaar (Brigida De Klerk, die Tochter des „Holland"-Besitzers und ihr englischsprachiger Mann), angenehme Atmosphäre; unter der gleichen Leitung gibt es noch ein „Mini-Apartment" sowie seit Ende 2009 das nette Budget-Hotel San Demetrio, beide in Gehdistanz. DZ ohne Bad (nur eines) 40-45 €, DZ/Bad 50-70 €. Via Montesano 5, ℡ 095 310036, www.ivesprihotel.it.

**Agorà Hostel (11)**, in einer etwas düsteren Gegend nahe der Bahnlinie und des Fischmarkts Pescheria. 60 Betten, nette internationale Atmosphäre, Wäscherei und Internet-Zugang. Ü/F im Schlafsaal 19 €, im August 21 €; kein JH-Ausweis nötig. Die Doppelzimmer sind laut einer Leserzuschrift ihr Geld (50–55 €) allerdings nicht wert; es gibt jedoch neue Doppelzimmer in einem weiteren Gebäude ca. 10 Gehminuten entfernt. Ein echter Clou ist die bei jungen Einheimischen beliebte Bar in einer uralten Lavagrotte, durch die ein unterirdischer Frischwasserbach strömt. Piazza Currò 6, ℡ 095 7233010, www.agorahostel.com.

*Essen/Kneipen*

• *Essen* Die Restaurants bei den Märkten sind vor allem mittags belebt, da später die Märkte schließen. Im Umfeld verstärkt auf die Wertsachen achten. Sonntags haben die meisten Restaurants geschlossen.

**PizzArté (10)**, Ristorante-Pizzeria mit angeschlossener Galerie zwischen Piazza Duomo und Castell Ursino. Kunstvoll angerichtet auch die leckeren Gerichte auf dem Teller. Menüs etwa 20–25 €. Via Gisira 68, ℡

Catania

200 m

## Übernachten

2 Hotel Gresi
3 Hotel Una Palace
4 Hotel Rubens
5 I Vespri Rooms
7 Hotel Novecento
9 Affitacamere Holland Int.
11 Agorà Hostel

## Essen & Trinken

1 Trattoria Don Turiddu
6 Taverna-Pizz. Coppola
8 Rist.-Pizz. Turi
 Finocchiaro
10 Rist.-Pizz. PizzArté

095 7233130. Mo Ruhetag.
**Rist.-Pizzeria Turi Finocchiaro (8)**, in einer Seitenstraße der Via Etnea, gleichzeitig direkt im Nachtleben Catanias. „Il più storico del centro storico", das älteste der Altstadt – gegründet 1900. Nette Atmosphäre. Sizilianische Küche, Grillgerichte, Pizza etc. Menü ab etwa 18 €, Pizza ab 6 €. Via Euplio Reina 13, ℘ 095 7153573. Mi Ruhetag. In der

Nachbarschaft noch reichlich weitere Lokale und Pubs.

**Taverna-Pizzeria Coppola (6)**, ein paar Straßen weiter nördlich. Hübsches Interieur, vielfältige Karte mit sizilianischer Küche, frischen Antipasti, guten Salaten und Menüs ab ca. 20 €, Pizza ab 7 €. Freundlicher Service. Viele Einheimische. Via Coppola 49–51, ℘ 095 7153662. Im Umfeld noch weitere interessante Lokale, z.B. das von Lesern gelobte „Via Coppola" auf Nr. 39. **Trattoria Don Turiddu (1)**, nahe Gemischtwarenmarkt Fera o Luni. Spezialität sind Fischgerichte, es gibt aber auch Fleisch vom Holzkohlengrill sowie köstliche Antipasti. Menü um die 20 €, mit Fisch wird's eventuell etwas mehr. Via Musumeci 50, ℡ 095 537844.

● *Kneipen* In den Seitengassen des traditionsreichen Theaterplatzes Piazza Bellini (östlich der Via Etnea) öffnen am Abend Dutzende von Bars, Pubs und Jazzschuppen ihre Pforten. Tagsüber ist nichts los, bis zum frühen Morgen umso mehr. Abseits der belebten Gebiete ist in Catania nachts allerdings schon besondere Vorsicht geboten. Einen Überblick über das Angebot bietet das kostenlose Veranstaltungsmagazin „Lapis", erhältlich auch bei der Touristinfo.

# Messina

**Mangels eines Flughafens besitzt Messina hauptsächlich als Umsteigestation zwischen Catania und Milazzo Bedeutung. Es besteht allerdings auch die Möglichkeit, direkt ein Schiff auf die Inseln zu erwischen.**

Eine Schönheit ist die Stadt am Stretto, der Meerenge zwischen dem Festland und Sizilien, wahrlich nicht. Zu oft wurde Messina zerstört, zuletzt 1908 bei einem schrecklichen Erdbeben, dann nochmals bei den Bombenangriffen im Zweiten Weltkrieg. Mit breiten, oft kilometerlangen Straßenzügen, großen Plätzen, vielen Hochhäusern und planmäßig angelegten Grünflächen macht die Stadt deshalb einen für Sizilien ungewöhnlich sauberen und aufgeräumten, aber auch recht langweiligen Eindruck.

## *Information*

● *Information* **Servizio Turistico Regionale N° 12 – Messina,** etwas versteckt im Palazzo der Unicredit Banca an der zentralen Piazza Cairoli 45; ℡ 090 2935292, ✆ 090 694780, strmessina@regione.sicilia.it. Infos zu Stadt, Veranstaltungen und Museen, Pläne, etc. Geöffnet Mo-Fr 8-14.20; Mo, Di und Mi auch 15-18.30 Uhr.

**Ufficio Informazione Turistica,** Piazza della Repubblica (Bahnhofsvorplatz), aus dem Hauptbahnhof kommend rechts; ℡ 090 672944. Das kommunale Infobüro gibt Auskunft auch zur Umgebung; Fahrpläne, etc. Geöffnet Mo–Fr 9–13.30, Di und Do auch 15–17 Uhr. Unterkunftsverzeichnisse etc. auch auf: www.comune.messina.it.

**Zugauskunft,** Staz. Centrale, tägl. geöffnet von 7–21 Uhr; auch fremdsprachig.

## *Verbindungen/Schiffsverkehr auf die Liparischen Inseln*

● *Zug* **Hauptbahnhof Stazione Centrale** im Zentrum, mit Zugauskunft, Geldwechsel etc. Tagsüber sehr gute Verbindungen nach Catania, auf der Linie nach Palermo auch nach Milazzo, doch liegt der dortige Bahnhof recht ungünstig – besser per Bus.

● *Bus* Sonntags stark eingeschränkte Verbindungen. Verschiedene Gesellschaften und Abfahrtsstellen im Zentrum. SAIS- sowie INTERBUS- bzw. ETNA-Busse für die Ostküste nach Taormina und Catania (laufend), Catania Airport (16-mal), außerdem Palermo (6-mal). Abfahrt an der Piazza della Repubblica, aus der Stazione Centrale kommend links. Von hier auch GIUNTABUS

TRASPORTI-Busse nach Milazzo (Fähren/ Tragflügelboote Liparische Inseln) über die Autobahn bis zu 18-mal tägl., So nur 3-mal täglich. GIUNTABUS nach Milazzo über Villafranca bis zu 17-mal täglich, So nur 4-mal täglich. Haltestelle in der Via Terranova, Ecke Viale San Martino.

● *Schiffsverbindungen auf die Inseln* **Tragflügelboote** (Aliscafi) der **Ustica Lines** starten etwa 1,5 km nördlich der Stazione Centrale (Verbindungen per Stadtbus oder mit der Tram; Tickets in Tabakgeschäften), Abfahrten von Mitte Juni bis Ende September 5-mal, sonst nur 1-mal täglich. Tickets an der Abfahrtsstelle (℡ 090 364044, Mobil-℡

**E**ssen & Trinken
1  Trattoria-Pizzeria da Mario
2  Rist. Le Due Sorelle
6  Caffè Cardullo

**Ü**bernachten
3  Grand Hotel Commercio
4  Hotel Sant'Elia
5  Hotel Cairoli
7  Hotel Royal Palace
8  Hotel Excelsior

347 0095781), Fahrpreis nach Lipari etwa 21 €. Hier landen auch die Aliscafi von Reggio di Calabria. Preiswerter gelangt man auf die Inseln mit dem Bus nach Milazzo und anschließender Überfahrt ab dort. Internet: www.usticalines.it.

*Übernachten/Essen*

Für eine verkehrsreiche Stadt dieser Größe gibt es in Messina immer noch entschieden zu wenig Hotels insbesondere der unteren Kategorien.

● *Übernachten* **** **Grand Hotel Commercio (3)**, in Gehdistanz zum Bahnhof gelegenes Mini-Hotel mit Schallschutzfenstern und allem Komfort. Als Rezeption fungiert das nahe Hotel Sant'Elia (s.u.) desselben Besitzers. DZ/F etwa 110 €. Via I° Settembre 73, ✆/✆ 090 6783750, www.messinahotels.it.

**** **Hotel Royal Palace (7)**, unweit des Bahnhofs. Ein Hochhaus in nicht ganz ruhiger Lage, ansonsten mit dem üblichen Komfort dieser Klasse. Ab 2010 wird das Haus sukzessive renoviert. DZ/F kosten nach Saison rund 90–120 €. Via Cannizzaro 224, ℡ 090 6503, ℡ 090 2921075, www.framon-hotels.com.

*** **Hotel Excelsior (8)**, mit geräumigen Zimmern und etwas antiquiertem Mobiliar. Kein Frühstück, dafür mehrere Bars in der Nähe. Noch in Fußwegentfernung vom Bahnhof. DZ/Bad rund 80 €. Via Maddalena 32, ℡ 090 2931431, ℡ 090 2938721, www.sicily-hotels.net.

*** **Hotel Sant'Elia (4)**, nettes kleines Hotel, einigermaßen ruhig und in Gehdistanz zum Bahnhof gelegen. Feines Frühstücksbuffet und viele gute Tipps für die Gäste. DZ/F rund 100 €. Via I° Settembre 67, Ecke Via Sant'Elia, ℡/℡ 090 6783750, www.messinahotels.it.

** **Hotel Cairoli (5)**, ordentlich geführtes Mittelklassehotel in zentraler, aber lauter Lage. Zimmer nach innen nehmen! Die Zimmerpreise fallen je nach Komfort unterschiedlich aus, Richtwert etwa 80 € für das DZ mit Bad, im Winter etwas günstiger.

Viale San Martino 63 (Ecke Piazza Cairoli), ℡/℡ 090 673755.

• *Essen* **Ristorante Le Due Sorelle (2)**, der Gourmet-Tempel im Zentrum. Kleines, bewusst schlicht möbliertes Lokal mit nur 30 Plätzen, traditionsbewusster Küche und umfangreicher Weinauswahl. Das köstliche *gelato* kommt aus dem winzigen Peloritani-Ort S. Stefano di Briga. Menü à la carte ab 25 € aufwärts, günstige Mittagsmenüs. Piazza Municipio 4; Sa- und So-Mittag geschlossen, im August Betriebsferien. Reservierung nötig: ℡ 090 44720.

**Trattoria-Pizzeria da Mario (1)**, direkt gegenüber der Station der Aliscafi, Tische auch zur meist recht lauten Straße. Gute Küche, mittleres Preisniveau, abends auch Pizza. Via Vittorio Emanuele 108, ℡ 090 42477.

**Caffè Cardullo (6)**, in zentraler, aber ruhiger Lage zwischen Bahnhof und Piazza Cairoli. Ein unscheinbares Café, das an den wenigen Tischen im Freien auch gutes Essen serviert und zudem ausgesprochen preiswert ist. Keine Speisekarte, der Kellner erklärt, was es gibt. Nur mittags geöffnet, So Ruhetag. Via Ugo Bassi 7, ℡ 090 774413.

# Milazzo

**Ganz so unattraktiv, wie der erste Augenschein vermuten lässt, ist der Hauptfährhafen zu den Inseln gar nicht. Im Ortszentrum zeigt sich Milazzo sogar als recht gemütliche Kleinstadt.**

Die Siedlung am Beginn der schmalen Felshalbinsel des Capo di Milazzo schreckt zunächst ab. Aus welcher Richtung man sich auch nähert, das Bild bestimmen brutale Zersiedelung, reichlich vorhandene Industrieanlagen und die qualmenden Schlote der Raffinerien. Die vielstöckigen Mietskasernen und Bürobauten der Hafenstraße wirken gleichfalls wenig anziehend. Von einer hübscheren Seite präsentiert sich Milazzo ein wenig versteckt hinter den Hafenanlagen. Als lebendig, betriebsam und kleinstädtisch überschaubar erweist sich das großteils erst im 19. Jh. entstandene Zentrum zwischen Via Umberto und dem Lungomare. Richtung Kap liegen die wenig belebten älteren Viertel, deren Gassen den Hügel der Festung Castello hinaufkriechen.

*Information/Verbindungen*

• *Information* **Servizio Turistico Regionale N° 13 Milazzo**, am Hauptplatz Piazza Caio Duilio 20, ℡ 090 9222865, strmilazzo@ regione.sicila.it. Öffnungszeiten Mo–Sa 8.30–13.30 Uhr, Mo auch 15–18 Uhr. Wer Glück hat, trifft den perfekt deutschsprachigen Mitarbeiter Giuseppe Ciraolo an. Gute Website: www.aastmilazzo.it (in Zukunft möglicherweise mit neuer Domain).

• *Verbindungen* **Zug**: Milazzos Bahnhof liegt rund 5 km außerhalb der Stadt. Der Hafen im Zentrum ist von hier nur über eine breite Schnellstraße ohne Gehsteig zu erreichen – für Fußgänger kein Vergnügen. Dies natürlich zur Freude der Taxifahrer, die für die Fahrt ins Zentrum gern exorbitante Summen berechnen – vorher nach dem Preis fragen, etwa 15 € sind üblich. Es gibt

*Am Altstadt-Lungomare zeigt sich Milazzo von der besten Seite*

aber auch orange Stadtbusse der AST, die Mo–Sa etwa halbstündlich, So etwa stündlich verkehren (letzter jeweils gegen 20.30 Uhr). Tickets am Bahnhofsschalter, am besten auch gleich für die Rückfahrt mitkaufen. Züge nach Messina fahren tagsüber fast stündlich, nach Cefalù/Palermo alle ein bis zwei Stunden; zur Mittagszeit jeweils etwas seltenere Abfahrten.

*Bus* Haltestellen bei der Tankstelle am Fährhafen und etwas weiter nördlich an der Piazza Repùbblica; nicht immer werden beide Stopps bedient. Achtung, sonntags gibt es – wie auf Sizilien üblich – fast keine Verbindungen. Nach Messina mit GIUNTABUS (www.giuntabus.com) bis zu 28-mal täglich, GIUNTABUS TRASPORTI (www.giuntabustrasporti.com) fährt deutlich schneller via Autostrada. GIUNTABUS verkehrt von April bis September auch 1 bis 2-mal täglich direkt zum Flughafen Catania, erste Fahrt in der Regel gegen 8 bzw.

8.30 Uhr, Fahrtzeit 2 Stunden, Preis 10 €. Exakte Zeit jedoch besser im Fremdenverkehrsamt oder auf der Website checken.

**Auto**: Wer den Wagen nicht zu den Eolischen Inseln mitnehmen will, findet mehrere Garagen zum Abstellen, z. B. eine gleich in der Via Giorgio Rizzo, der ersten Parallelstraße zur Hafenstraße, Hausnummer 58. Kostenpunkt etwa 10–15 € pro Tag, finanziell lohnend nur bei kurzem Aufenthalt auf den Inseln. Garage delle Isole in der Via San Paolino 66 mit ähnlichem Angebot und Flughafentransfer, siehe unten.

**Flughafentransfer**: Shuttles von und zum Flughafen Catania offerieren von April bis September Garage delle Isole (s.o., ✆ 090 9288585, www.garagedelleisole.it) sowie von April bis Oktober auch TAR.NAV. (Taranto Navigazione, Via dei Mille 40, ✆ 090 9223617, www.eolianshuttle.com). Bei beiden Agenturen ist Vorausbuchung nötig, Details siehe unter Catania/Flughafen.

## Schiffsverkehr auf die Liparischen Inseln

Die Schiffsverbindungen ab Milazzo sind so zahlreich, dass Vorausbuchungen in aller Regel nicht nötig sind. Dies gilt normalerweise auch für die Mitnahme von Autos. Falls eine Direktverbindung zu einer entfernteren Insel allzu lange Wartezeit erfordern würde, kann man sein Glück auch via Lipari versuchen: Die Hauptinsel ist das Drehkreuz des Schiffsverkehrs des Archipels. Da verschiedene Reedereien die Inseln bedienen, sollte man sein Ticket dann jedoch nur bis Lipari lösen und vor Ort nach der schnellsten Verbindung forschen – die Fahrkarten gelten nur für die jeweilige Gesellschaft. Wichtig: Die genannten Frequenzen beziehen sich auf Werktage (Mo-Sa), an Sonntagen ist das Angebot besonders zur Nebensaison eingeschränkt.

**Autofähren** (Traghetti) der Gesellschaften SIREMAR (☎ 090 9283242) und NGI (☎ 090 9283415), beide an der Hafenstraße Via dei Mille. Die SIREMAR soll evtl. privatisiert und unter neuem Namen weitergeführt werde, definitiv war bei Redaktionsschluss jedoch nichts. Die genannten Preise beziehen sich auf die Hochsaison, zur Nebensaison liegen sie etwas niedriger.

| Nach | Juni–Sept. | Okt.–Mai | Preis p. Person |
|------|-----------|----------|-----------------|
| Lipari | 6- bis 8-mal/Tag | 3- bis 5-mal/Tag | etwa 10 € |
| Vulcano | 5- bis 7-mal/Tag | 2- bis 5-mal/Tag | etwa 10 € |
| Salina | 4- bis 6-mal/Tag | 2- bis 4-mal/Tag | etwa 13 € |
| Panarea | 8-mal/Woche | 3-mal/Woche | etwa 13 € |
| Stromboli | 8-mal/Woche | 3-mal/Woche | etwa 15 € |
| Filicudi | 7-mal/Woche | 5-mal/Woche | etwa 16 € |
| Alicudi | 6-mal/Woche | 5-mal/Woche | etwa 19 € |

**Fahrzeiten der Autofähren**: Vulcano 1,5 Std., Lipari 2 Std., Salina 3,5 Std., Panarea 5 Std., Stromboli 7 Std., Filicudi 5 Std., Alicudi 6 Std. Flotter geht es mit der etwas teureren Schnellfähre „Isola di Stromboli" der Siremar, die zuletzt aber nur in der Hochsaison und nur nach Lipari und Salina eingesetzt wurde. Die langen Fahrzeiten zu den entfernteren Inseln beruhen vor allem auf der zeitraubenden Abfertigung in den Häfen – wer es eilig hat, nehme ein Aliscafo: Stromboli 2,5 Std.! **Fährpreise für Pkw**: Lipari und Vulcano etwa 52 €; Salina etwa 67 €. Zu den übrigen Inseln lohnt sich die Mitnahme nicht bzw. ist gesetzlich stark eingeschränkt.

**Tragflügelboote** (Aliscafi) der Gesellschaften SIREMAR (☎ 090 9283242) und USTICA LINES (☎ 090 9287821), beide am Aliscafo-Terminal am Hafen.

| Nach | Juni–Sept. | Okt.–Mai | Preis p. Person |
|------|-----------|----------|-----------------|
| Lipari | bis 17-mal/Tag | bis 13-mal/Tag | etwa 16 € |
| Vulcano | bis 17-mal/Tag | bis 13-mal/Tag | etwa 15 € |
| Salina | bis 15-mal/Tag | bis 12-mal/Tag | etwa 19 € |
| Panarea | bis 8-mal/Tag | bis 4-mal/Tag | etwa 18 € |
| Stromboli | 8-mal/Tag | bis 4-mal/Tag | etwa 21 € |
| Filicudi | 4-mal/Tag | bis 2-mal/Tag | etwa 23 € |
| Alicudi | 4-mal/Tag | bis 2-mal/Tag | etwa 28 € |

*Übernachten/Essen*

Im Juli und vor allem im August kann es Kapazitätsprobleme und Engpässe geben, denn Milazzo ist bei Italienern als Ferienort recht beliebt.

• *Übernachten* **\*\*\*\* Hotel La Bussola (9)**, in Hafennähe unweit südlich des Petit Hotel. Durch die Renovierung 2008 deutlich aufgewertet und um zwei Kategorien aufgestiegen. Die 28 geräumigen, sehr komfortablen Zimmer nur z.T. mit Meerblick, den gibt es für alle von der Dachterrasse. Sauna. DZ/F 90–120 €, im August bis 150 €. Via N. Bixio 11/12, ℡ 090 9221244, ℡ 090 9282955, www.hotelabussola.it.

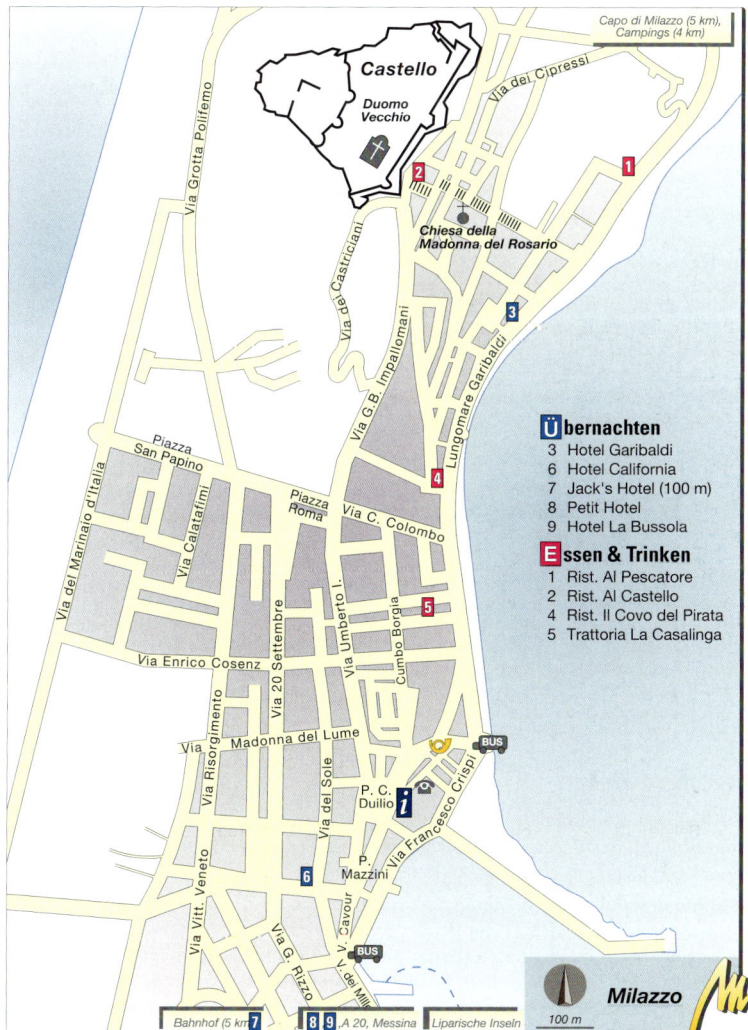

Capo di Milazzo (5 km), Campings (4 km)

**Castello**

**Duomo Vecchio**

Via dei Cipressi

Via Grotta Polifemo

Via dei Castriciani

**Chiesa della Madonna del Rosario**

Via G. B. Impallomani

Lungomare Garibaldi

Piazza San Papino

Via del Marinaio d'Italia

Via Calatafimi

Piazza Roma

Via C. Colombo

Via 20 Settembre

Via Umberto I.

Cumbo Borgia

Via Enrico Cosenz

Via Madonna del Lume

Via Risorgimento

Via del Sole

P. C. Duilio

Via Francesco Crispi

P. Mazzini

Via Vitt. Veneto

Via Cavour

Via G. Rizzo

V. del Mille

Bahnhof (5 km)    A 20, Messina    Liparische Inseln

**Milazzo**

100 m

## Übernachten
3  Hotel Garibaldi
6  Hotel California
7  Jack's Hotel (100 m)
8  Petit Hotel
9  Hotel La Bussola

## Essen & Trinken
1  Rist. Al Pescatore
2  Rist. Al Castello
4  Rist. Il Covo del Pirata
5  Trattoria La Casalinga

*** **Hotel Garibaldi (3)**, am nördlichen Ende des Lungomare, der hier von einer Parkanlage begleitet wird, gegenüber dem Yachthafen. 27 mehr als ordentliche Zimmer, kein Restaurant. In der Nähe unter gleicher Leitung der etwas neobarock dekorierte Vier-Sterner Hotel Il Principe. DZ 90–130 €. Via Lungomare Garibaldi 160, ✆ 090 9240189, 📠 090 9240196, www.hotelgaribaldi.net.

*** **Petit Hotel (8)**, direkt an der Hafenstraße unweit der Agenturen. Charmantes und komplett nach ökologischen Kriterien ausgebautes Quartier: Klimaanlagen mit filtrierter und ionisierter Luft, Latexmatratzen, deaktivierbare elektrische Leitungen, Bio-Restaurant etc. Freundlicher Service. Nur neun Zimmer (also wirklich „petit"), nach hinten ruhiger. Schöne Dachterrasse. Eigene Garage um die Ecke, 10–20 €/24 Std. DZ/F 80–120 €, im August bis 165 €. Via dei Mille 37, ✆ 090 9286784, 📠 090 9285042, www.petithotel.it.

** **Jack's Hotel (7)**, im südlichen Stadtgebiet, etwa 400 Meter vom Hafen entfernt. Ganz passabel eingerichtet, alle Zimmer mit TV. DZ etwa 50-90 €. Via Colonello Magistri 47, ✆ 090 9283300, 📠 090 9287219, www.jackshotel.it.

* **Hotel California (6)**, im Zentrum in der Nähe der Piazza Mazzini. Freundliche, familiäre Atmosphäre; Zimmer und Bäder in Ordnung. DZ/Bad etwa 50 €. Via del Sole 9, ✆ 090 9221389.

● *Camping*   Zwei benachbarte Plätze am sechs Kilometer entfernten, mit Stadtbussen erreichbaren Capo di Milazzo.

* **Camping Centro Turistico Cirucco**, Abzweig von der Straße am Ostufer des Kaps. Weitläufiges Gelände in einem Olivenwäldchen, unterhalb eine kleine Bucht mit feinem Kiesstrand. Im Sommer Panorama-Restaurant und Laden, Disco; Sanitäres gut ausgestattet. Geöffnet von Mai bis Oktober; Auch Bungalowvermietung, Zimmer etc. Zwei Personen, Auto, Zelt kosten

zur HS rund 31 €. ✆ 090 9284746, 📠 090 9227384, www.cirucco.it.

* **Camping Villaggio Turistico Riva Smeralda**, direkt daneben. Kleineres, terrassiertes Gelände, sonst in der Ausstattung ähnlich. Zeltplätze ganzjährig, Bungalows nur April bis Oktober. Ristorante-Pizzeria über dem Meer. Preise einen Tick günstiger als nebenan. ✆ 090 9282980, 090 9287791 (im Winter), www.rivasmeralda.it.

● *Essen*   In der Nähe der Aliscafo-Abfahrtsstelle entlang der Uferstraße mehrere Restaurants unterschiedlicher Qualität.

**Ristorante Al Pescatore (1)**, an der Uferstraße Richtung Kap, im äußeren Stadtbereich. Mit Topfpflanzen umgrünte Terrasse, innen dunkel, recht eng, Bootslampen als Dekoration. Fisch in allen Variationen, Menü ab ca. 25 €. Lungomare Garibaldi 176, Do Ruhetag. ✆ 090 9286595.

**Ristorante Il Covo del Pirata (4)**, von außen keine echte „Piratenhöhle", sondern in einem großen Wohnhaus untergebracht. Spezialität ist auch hier Fisch, Preislage ähnlich wie oben. Lungomare Garibaldi 48, Mi Ruhetag. ✆ 090 9284437.

**Ristorante Al Castello (2)**, vom Ortskern ein ziemlich anstrengender Aufstieg. Reizvolles Ambiente sowohl innen als auch auf der Treppengasse draußen. Gute Küche, natürlich auch hier maritim geprägt, hausgemachte Nachspeisen. Menü um 25 €. Via Federico di Svevia 20, ✆ 090 9282175. Di Ruhetag.

**Trattoria La Casalinga (5)**, manchen Einheimischen auch noch als „Speisesaal" (wirklich!) bekannt. Guter Tipp, die Küche arbeitet vielseitig auf Basis von Fisch und Meeresfrüchten – man probiere die „Spaghetti ai Ricci di Mare" mit Seeigeln. Hübsche Lage in einer kleinen Gasse. Menü ab etwa 15 €. Zu suchen in der Via Ricardo d´Amico 13, einer Seitengasse des Lungomare Garibaldi etwa bei Hausnummer 14. ✆ 090 9222697. Do Ruhetag.

## Weitere Häfen

Neben den erwähnten Abfahrtsstellen gibt es noch weitere Orte, die von Tragflügelbooten der Ustica Lines bedient werden. Da diese Häfen jedoch hauptsächlich im Regionalverkehr eine Rolle spielen, sollen sie hier nur kurz gestreift werden.

▶ **Reggio di Calabria:** Wie Messina wurde auch die Stadt auf der kalabrischen Seite der Meerenge oft und gründlich zerstört, zuletzt beim verheerenden Erdbeben von 1908. Reggios Flughafen besitzt hauptsächlich im inneritalienischen Verkehr Bedeutung. Wichtigste Sehenswürdigkeit der modernen Stadt von heute ist das Museo Nazionale (Di-So 9–19.30 Uhr, am jeweils ersten und dritten Montag im

Monat geschlossen) mit den berühmten, überlebensgroßen Heldenstatuen „Bronzi di Riace".

● *Information* **Ufficio Informazione Turistica**, am Flughafen, ☎ 0965 630301 und im Hauptbahnhof Stazione Centrale, ☎ 0965 894518. www.turismo.reggiocal.it.

● *Verbindungen* ⌣ **Flug**: Aeroporto dello Stretto „Tito Minniti", 5 Kilometer südlich der Stadt. Stadtbusverbindung zum Hauptbahnhof bzw. Hafen (www.atam.rc.it), außerdem 3-mal täglich Direktbusse der Firma Federico (www.autolineefederico.it) zum Bahnhof von Villa San Giovanni (Fährhafen) oder mit der Fähre über den Stretto bis Messina.

**Schiff**: Tragflügelboote der Ustica Lines zu den Inseln verkehren vom Hafen (unweit Bahnstation Stazione Lido) von etwa Mitte Juni bis September 4-mal, in der restlichen Zeit nur 1-mal täglich. Alternative sind die häufigen Schiffsverbindungen nach Messina, ab dort dann weiter per Tragflügelboot bzw. mit Bus oder Zug nach Milazzo. Infos und Tickets: Agenzia Campolo, im Hafen, ☎ 0965 29568, Mobil-☎ 320 0877350. Internet: www.usticalines.it.

▶ **Cefalù**: Ein reizvolles Städtchen der sizilianischen Nordküste, ebenfalls an der Bahnstrecke von Palermo nach Milazzo gelegen. Cefalù zählt zu den meistbesuchten Zielen Siziliens, hat sich dabei jedoch seinen Charme bewahrt. Hauptsehenswürdigkeit in der hübschen Altstadt ist der von Roger II. gestiftete Normannendom des 12. Jh. mit seinen wertvollen Mosaiken.

● *Information* **Servizio Turistico Regionale N° 6 Cefalù**, mitten in der Altstadt am Corso Ruggero 77; ☎ 0921 421050, ✆ 0921 422386. Geöffnet ist Mo–Sa 8–20 Uhr. www.comune.cefalu.pa.it.

● *Schiffsverbindungen* **Tragflügelboote** (Aliscafi) der **Ustica Lines**; Abfahrten zuletzt von Mitte Juni bis September 1x täglich, sonst 3x wöchentlich (die Verbindun-

gen im Winterhalbjahr sind abhängig von Subventionen und werden nicht jedes Jahr angeboten). Als erste Insel wird Alicudi angelaufen, dann Filicudi, Salina, Lipari und Vulcano. Info und Buchung beim Reisebüro Barbaro, Corso Ruggero 82, ☎ 0921 421595; Abfahrt im kleinen Hafen östlich der Altstadt. Informationen im Internet: www.usticalines.it.

Reiseziel Liparische Inseln

*Charmant: Cefalù am Abend*

*Rückblick vom Aliscafo: Fähre vor Panarea*

# Auf den Inseln unterwegs

**Dank ihrer geringen Größe lassen sich die Inseln sehr gut zu Fuß erobern. Einzig auf Lipari und Salina, in geringerem Maße vielleicht noch auf Vulcano, könnte der Wunsch nach einem Fahrzeug aufkommen.**

Dazu muss jedoch nicht unbedingt die lange Anfahrt mit dem eigenen Auto oder Motorrad auf sich genommen werden, denn auf jeder der großen Inseln sind Mietfahrzeuge erhältlich, gibt es zudem auch Busse und Taxis. Auf den kleineren Inseln hingegen bleiben die eigenen Füße das einzige Fortbewegungsmittel.

## Verkehr zwischen den Inseln

**Linienschiffe**: Drehkreuz des interinsularen Schiffsverkehrs ist Lipari. Außerhalb der Sommersaison, die im Schiffsverkehr von etwa Juni bis September reicht, fallen die Fahrpläne allerdings deutlich dünner aus, was sich besonders auf den abgelegeneren Inseln bemerkbar macht. Nützlich sind in jedem Fall die Fahrplansammlungen, die bei den Agenturen erhältlich sind; eine gute Gesamtübersicht bietet die Zusammenstellung des Fremdenverkehrsamts Lipari. Generell gilt die Regel, dass die Tragflügelboote „Aliscafi" (Gesellschaften: Siremar und Ustica Lines) häufiger verkehren als die gemütlichen, „Traghetti" genannten Fähren (Gesellschaften: Siremar und NGI), und dabei fast doppelt so teuer und weit schneller sind. Bei starkem Wind und hohem Seegang ist ein Ausfall der Aliscafi allerdings auch wahrscheinlicher als die Einstellung des Fährbetriebs. Von Bord der Fährschiffe hat man zudem eine bessere Aussicht auf die Küsten als von den Kabinen der Aliscafi, wird auch nicht so leicht seekrank wie in den schnellen Flitzern. Ein Mittelding zwischen Fähre und Tragflügelboot ist die Schnellfähre „Isola di Stromboli" der Siremar, die auch Fahrzeuge transportiert und preislich etwas höher angesiedelt ist als die Normalfähren. **Achtung**: Für die halbstaatliche Siremar ist, ebenso wie für die Mutter Tirrenia, eine Privatisierung im Gespräch (bei Redaktionsschluss freilich noch nicht vollzogen), der Name und auch die Frequenzen dieser Gesellschaft könnten sich künftig deshalb ändern.

**Ausflugsschiffe**: Zur Reisesaison werden vor allem auf Lipari, Vulcano und Salina von verschiedenen Gesellschaften Ausflugsfahrten zu anderen Inseln angeboten. Eine solche Fahrt kann durchaus ein Erlebnis sein, auch wenn man sonst organisierten Touren eigentlich nichts abgewinnen kann: Viele reizvolle Küstenstriche des Archipels sind nur von See her zugänglich. Die Kapitäne kennen natürlich ihre Gewässer und wissen auch, wo man am besten einen Badestopp einlegt. Alternativen zu diesen organisierten Fahrten sind Touren mit Fischerbooten.

## Eigenes Fahrzeug

Wie bereits erwähnt, lohnt sich die Mitnahme des eigenen Fahrzeugs höchstens für den Besuch von Lipari und Salina, mit Einschränkungen vielleicht noch für Vulcano, wo es jedoch nur eine einzige Straße gibt.

**Sperrungen für Fremdfahrzeuge** gab es auf einigen Inseln schon seit jeher, wobei sich die genauen Modalitäten immer mal wieder ändern. Nach Stromboli und Panarea ist die Fahrzeugmitnahme nach letztem Stand von Mai bis Oktober verboten, nach Alicudi von Juli bis Oktober. Von Juli bis September besteht auch eine gesetzliche Beschränkung für Lipari, Vulcano und Filicudi: Bei einer Aufenthaltsdauer unter 7 Tagen ist dann die Mitnahme eines Fahrzeugs ebenfalls per Dekret verboten. Zur Bestätigung, dass man auch wirklich mindestens eine Woche bleibt, werden Autofahrer, die in diesem Zeitraum übersetzen wollen, auch schon mal nach ihrer „Prenotazione" gefragt – ohne die Buchungsbestätigung des Hotels oder Campingplatzes gibt es kein Ticket! Diese Beschränkungen wird jeder verstehen, der einmal die im August völlig zugeparkten Inselstra-

*Nach dem Badestopp ein Sonnenbad: Ausflugsschiff vor Lipari*

ßen gesehen hat. Für Salina gelten sie derzeit zwar noch nicht, doch könnte sich dies zukünftig ändern. Man wird jedoch davon ausgehen können, dass die Fährgesellschaften über die aktuelle Lage informiert sind und nur dann Tickets für inselfremde Fahrzeuge verkaufen, wenn diese auch mitgenommen werden können.

**Fahrräder** sind von diesen Sperrungen nicht betroffen, können also auf alle Inseln mitgebracht werden. Dies jedoch nur per Fähre, denn die Aliscafi transportieren im Normalfall keine Räder. Ohnehin ist fraglich, ob sich die aufwändige Mitnahme des eigenen Rads lohnt. Auf Alicudi gibt es nur Treppenwege, auf Filicudi mit Ausnahme einer einzigen Straße ebenfalls. Auf Panarea und Stromboli sind die Distanzen so kurz, dass sie sich auch zu Fuß zurücklegen lassen. Nützlich sind Fahrräder deshalb höchstens für die größeren Inseln, doch bedarf es aufgrund der oft sehr steilen Anstiege einiger Kondition.

## Mietfahrzeuge

Fahrzeugvermieter gibt es auf den größeren Inseln Lipari, Salina, Filicudi und Vulcano; ihre Adressen sind im Text jeweils angegeben. Die Auswahl an Autos ist recht spärlich, zudem handelt es sich kaum um die jüngsten Modelle. Häufiger im Angebot sind verschiedene Rollertypen und Fahrräder bzw. Mountainbikes. Wichtig ist in jedem Fall, sowohl den Mietvertrag als auch den Zustand der Fahrzeuge vor Anmietung genau zu prüfen. Besonderes Augenmerk sollte dabei den Bremsen gelten, bei Mountainbikes auch der Gangschaltung. Ratsam insbesondere, vorab auszuprobieren, ob sich die Berggänge (kleines Zahnrad vorne, großes Zahnrad hinten) problemlos einlegen lassen. Im Juli und vor allem im August übersteigt die Nachfrage oft das Angebot bei weitem, weshalb es sich dann empfiehlt, das gewünschte Fahrzeug möglichst lange im voraus zu reservieren.

*Hunger!*

● *Preisbeispiele*    Für **Pkw** (Kleinwagen) sind, sofern im Angebot, etwa 35–40 € pro Tag einzukalkulieren, zur HS dagegen 50–55 €. Die „**Scooter**" genannten Motorroller kosten mit 50 ccm ab etwa 15–20 € pro Tag, zur HS bis zu 35 €. ● **Tourenräder** und **Mountainbikes** gibt es ab etwa 10 €. Die Preise variieren auch je nach Insel, Vulcano und Lipari sind relativ günstig, Salina ist teilweise deutlich teurer. Zur Nebensaison kann man bei Anmietung ab drei Tagen Dauer schon mal nach Rabatt („sconto") fragen – im August wird man dabei allerdings auf Granit beißen ...

## Busse und Taxis

Die großen Inseln Lipari und Salina besitzen ein recht gutes, ganzjährig funktionierendes Busnetz, das sich an den Bedürfnissen der Einheimischen orientiert, aber auch von Touristen gerne genutzt wird; ratsam, sich bei

Gelegenheit einen Fahrplan zu besorgen oder zumindest die wichtigen Abfahrtszeiten zu notieren. Auch auf Vulcano sind wenigstens saisonal Busse im Einsatz.

Taxis gibt es ebenfalls nur auf den drei großen Inseln. Da die Chauffeure kaum auf lange Fuhren hoffen dürfen, sind auch Kurzstrecken relativ teuer – sehr zu empfehlen, den Fahrpreis vorab zu klären, um unliebsame Überraschungen zu vermeiden. Das gilt erst recht für Inselrundfahrten, die mit manchen der Fahrer recht amüsant sein können, aber natürlich ihren Preis haben. Auf Panarea und Stromboli besorgen motorisierte Dreiräder, die nostalgischen „Ape", den Gepäck- und Personentransport.

## Wandern

Obwohl landschaftlich ein Traum, kann man die Inseln nicht unbedingt als Wanderparadiese bezeichnen. Zum einen ist der Aktionsradius natürlich relativ eng begrenzt, zum anderen stellt das bergige Profil der Inseln durchaus Ansprüche an die Kondition. Vor allem aber sind im Zeitalter des Fremdenverkehrs und der Aufgabe der Landwirtschaft viele der alten Wirtschaftswege

*Steinig und steil:
Wanderpfad auf Salina*

und Maultierpfade längst verfallen und überwuchert. Kaum ein Inselbewohner geht noch zu Fuß, wenn es sich vermeiden lässt. Abseits der nicht allzu zahlreichen Hauptrouten bremsen deshalb häufig Erosion und meterhohe Macchia den Wanderer, machen das Vorwärtskommen oft sogar völlig unmöglich, wie jeder feststellen wird, der beispielsweise einmal versucht, Liparis höchsten Berg Monte Chirica zu besteigen. Wirklich verlässliche Karten sind ohnehin nicht zu bekommen, Markierungen fehlen weitgehend.

Im Rahmen dieser Einschränkungen bieten die Inseln jedoch ganz passable Möglichkeiten. Dies gilt insbesondere für Salina: Das Gebiet um den Gipfel des Monte Fossa delle Felci ist nicht nur von zahlreichen Waldwegen durchzogen – sie sind auch noch recht gut markiert. Auf den Treppenpfaden von Alicudi und Filicudi, letztere vor wenigen Jahren mit viel Engagement teilweise restauriert und in der Zwischenzeit zum Teil leider auch schon wieder zugewachsen, lässt es sich auch ohne festes Ziel trefflich herumstreifen. Auch auf Lipari und Panarea finden sich Gelegenheiten zu reizvollen Wanderungen und Spaziergängen. Und dann sind da noch, jenseits der Rubrik „Wanderungen", die klassischen Touren der Inseln: die

Aufstiege zu den Vulkangipfeln von Vulcano und Stromboli lässt wohl kaum ein Besucher des Archipels aus.

• *Jahreszeiten* Das Frühjahr, wenn viele Gebiete in Blüte stehen, ist sicher die beste Wanderzeit, von den sehr heißen Monaten Juli und August dagegen eher abzuraten. Der Herbst ist klimatisch wieder günstiger, doch ist die Vegetation dann karger und die Tage sind deutlich kürzer. Im Winter regnet es häufig, außerdem hat fast alles geschlossen.

• *Basisausrüstung* Viele Wegstrecken sind steinig und steil – knöchelhohe und gut eingelaufene (!) Wanderschuhe mit fester Profilsohle sind deshalb dringend zu empfehlen. Beim Durchqueren stachliger Macchia leistet eine lange Hose aus festem Stoff gute Dienste. Nicht zu vergessen: Sonnenschutzmittel, -brille und eine Kopfbedeckung, Rucksack. Bei Touren in Bergregionen empfehlen sich zusätzlich ein Pullover und ein leichter, regendichter Anorak.

• *Verpflegung* Reichlich (!) Wasser mitnehmen, bei einer größeren Sommertour sind eineinhalb bis zwei Liter eher das Minimum. Quellen gibt es unterwegs praktisch nicht.

• *Vorgestellte Touren* In diesem Buch finden Sie sechs Inseltouren inklusive Routenskizzen, die natürlich keine Wanderkarten ersetzen wollen. Einige der Touren sind leicht zu bewältigen, bei anderen jedoch Kondition und Orientierungssinn gefragt. Falls Sie einmal nicht sicher sein sollten, sich auf dem richtigen Weg zu befinden, kehren Sie besser um. Gehen Sie nicht das Risiko ein, sich in weglosem Gelände zu verlaufen! Und: Überfordern Sie sich und Ihre Tourenerfahrung nicht! Die angegebenen Wanderzeiten, die keine Pausen beinhalten, sind natürlich nur als Richtwerte zu verstehen, mancher geht eben schneller, mancher langsamer. Bereits nach kurzer Zeit jedoch werden Sie unsere Angaben in die richtige Relation zu Ihrem Wandertempo setzen können.

• *Landkarten* Die erhältlichen Karten sind leider nicht immer zuverlässig. Dennoch sollte man nicht auf sie verzichten. Details im Kapitel „Wissenswertes von A bis Z", Stichwort „Landkarten".

*Fast am Ziel: Aufstieg zum Gran Cratere auf Vulcano*

# Übernachten

**Vom schlichten Privatzimmer bis zur noblen Luxusherberge ist alles geboten. Entsprechend groß sind die Preisunterschiede.**

So sind Doppelzimmer für 40–50 € ebenso im Angebot wie solche für 300 €. Das Angebot differiert dabei zwischen den einzelnen Inseln sehr stark. Lipari besitzt erwartungsgemäß die breiteste Auswahl an Hotels. Stromboli, Vulcano und Panarea verfügen ebenfalls über eine hinreichende Zahl an Herbergen; die Preise allerdings erreichen vor allem auf letzteren beiden Inseln beachtliche Höhen. Auf Salina wurden in den letzten Jahren zusätzlich neue Hotels und Bed&Breakfast-Pensionen eröffnet, während auf Filicudi und erst recht auf Alicudi sich die Quartiere leicht an den Fingern einer Hand abzählen lassen.

Ein sehr erfreulicher Aspekt der Hotellerie des Archipels ist das weitgehende Fehlen von Großbetrieben und anonymen Kettenhotels. Die Herbergen besitzen allesamt angenehme Dimensionen und werden fast immer von den Inhaberfamilien selbst geführt. Dementsprechend persönlich gestaltet sich die Atmosphäre.

**Schwierigkeiten bei der Quartiersuche** können sich in der Zeit von Mitte Juli bis Ende August ergeben. Besonders im August, dem Urlaubsmonat der Italiener, sind die Hotels der Inseln bis aufs letzte Bett ausgebucht – wer nicht langfristig reserviert hat, steht dann vor einem echten Problem. Ratsam, sich in diesem Fall wenigstens früh am Morgen auf Quartiersuche zu machen, denn bei einem durchaus möglichen Fehlschlag ist dann wenigstens noch die Rück- oder Weiterfahrt nach Sizilien zeitlich drin. Andere Einschränkungen betreffen Reisende, die völlig außerhalb der Saison unterwegs sind: In den Monaten November bis März hat die weit überwiegende Mehrheit der Hotels geschlossen. Am besten ist die Auswahl dann noch auf Lipari und Salina.

---

**Preisangaben**: Die in diesem Handbuch genannten Preise beziehen sich auf die Übernachtung für zwei Personen im Doppelzimmer (DZ) und auf die reguläre Hochsaison (HS) und Nebensaison (NS). Grundlage sind in der Regel die vor Ort eingeholten Angaben der Hoteliers selbst, was nicht ausschließt, dass mancher Wirt in der Nebensaison mit sich handeln lässt oder sogar von sich aus weniger fordert.

---

▸ **Hotel-Klassifizierung**: Die Bezeichnung *albergo* (Hotel) sagt wenig aus, denn fast jeder Übernachtungsbetrieb mit Rezeption darf sich so nennen. Italienische Tourismusämter teilen die Hotels in fünf Klassen ein; die Kategorien der einzelnen Häuser sind in diesem Führer jeweils angegeben. Nicht immer ist dieser Zuordnung wirklich etwas über den Standard zu entnehmen. Niedriger bewertete Hotels können durchaus besser eingerichtete Zimmer bieten als der höher klassifizierte Konkurrent gegenüber – manchmal verhindert nur das fehlende Radio im Zimmer, die nicht vorhandene Bar oder einfach auch nur die insgesamt zu geringe Zimmerzahl die Einteilung in die entsprechende Klasse. So mancher Hotelier stapelt auch von sich aus gerne tief, da mit der Zahl der Sterne auch die steuerliche Belastung steigt. Neben dem Hotel existiert in den unteren Kategorien noch die *pensione*, eine allerdings nicht immer offizielle Bezeichnung, da auch mancher Privatvermieter sein Häuschen mit diesem Begriff anpreist. Für alle Herbergen gilt, dass sie ihre Übernachtungspreise zwar selbst bestimmen können, doch einmal festgelegte Preise auch einhalten müssen.

***** = **Obere Luxusklasse**, auf den Liparischen Inseln inzwischen auch vertreten.

**** = **Luxus-Hotels**, im Komfort der Fünf-Sterne-Klasse ähnlich – Aircondition, Swimmingpool, Fernseher auf dem Zimmer etc. sind Selbstverständlichkeiten. In den letzten Jahren sind viele Hotels auf Lipari in diese Kategorie aufgestiegen, Viersterner gibt es auch auf Vulcano, Salina und Stromboli (die offiziell niedriger klassifizierten Herbergen von Panarea übertreffen sie in Ausstattung und Preisen häufig noch). Preise fürs Doppelzimmer je nach Saison ab etwa 90–180 € aufwärts.

*** = **Obere Mittelklasse**, mit einzelnen Ausnahmen immer noch recht gehoben in Komfort und Ausstattung. Die Preise fürs DZ beginnen in vergleichsweise schlichten Häusern zur Nebensaison bei etwa 80 €, können in edleren Lokalitäten, zur Hochsaison und auf teuren Inseln wie Panarea aber ganz erheblich darüber liegen.

** = **Mittelklasse**, früher die häufigste Kategorie auf den Inseln (inzwischen sind viele Häuser um eine oder zwei Kategorien aufgestiegen – auch preislich). In der Ausstattung große Bandbreite; neben engagiert geführten Familienbetrieben selten auch mal abgewohntere Häuser. Die Regel ist aber brauchbarer Standard zu Preisen ab etwa 60 € aufwärts für das DZ.

* = **Unterste Kategorie**, nicht immer ein Nachteil. Das Niveau schwankt zwischen der Absteige mit Uraltbetten und Wackeltisch und, häufiger, der blitzsauberen Unterkunft mit einfacher, aber durchaus angenehmer Einrichtung. Teils mit Bad/WC im Zimmer, teils nur Gemeinschaftsbäder/WC. Die Preisskala beginnt bei etwa 40 € pro DZ/Bad, reicht aber weit nach oben.

▸ **Ferienhäuser/Apartments**: Insgesamt ist die Miete eines Hauses oder einer Wohnung eine feine Sache, zumal sich auf den Inseln oft sehr stilvolle Häuschen mit Aussichtsterrasse finden, umwuchert von viel Grün.

Mit einer Vielzahl solcher kleiner Schmuckstücke kann zum Beispiel Stromboli dienen, während auf Vulcano die Chancen auf ein reizvolles Domizil relativ gering sind. Besonders billig fällt die Miete allerdings nirgends aus: Je nach Lage und Ausstattung muss man als Richtwert ab 25 € pro Person aufwärts rechnen. Zur absoluten Nebensaison mag es vielleicht eine Kleinigkeit günstiger abgehen, im August erreichen die Preise dafür noch ganz andere Höhen. Generell gültige Faustregel: Je mehr

## Hotel-Tipps

**Hotelverzeichnis**: Fließen ausreichend Zuschüsse, wird die Broschüre „Isole Eolie – Ospitalità in blu" aufgelegt, die unter anderem ein komplettes Verzeichnis der offiziellen Quartiere enthält, vom Hotel über den lizensierten Privatvermieter bis hin zum Campingplatz. Das etwa 70 Seiten starke Heft, herausgegeben vom Fremdenverkehrsamt der Inseln, ist bei dessen Büro auf Lipari erhältlich. In der ersten Jahreshälfte muss man sich freilich manchmal mit der Vorjahresausgabe bescheiden. Die Preisliste ist auch im Internet abrufbar: www.aasteolie.191.it.

**Zimmerpreise** sollten auf Tafeln an der Rezeption und in den Zimmern ausgehängt sein. Offiziell müssen die Preise nach oben wie nach unten eingehalten werden. Zur *Nebensaison (NS)* zeigt sich jedoch so mancher Hotelbesitzer verhandlungsbereit – probehalber kann es sich da schon lohnen, mal nach einem „sconto" (Rabatt) beispielsweise für mehrtägigen Aufenthalt zu fragen. Verlangt der Hotelier mehr als den ausgewiesenen Preis, zeigt die Drohung mit dem Gang zum Fremdenverkehrsamt auf Lipari fast immer Wirkung; falls nicht, sollte man sie auch ausführen.

**Singles** haben es nicht leicht auf den Inseln, denn nicht jedes Hotel verfügt über Einzelzimmer. Wenn ein Doppel- als Einzelzimmer abgegeben wird, ohne dass es der Kunde ausdrücklich verlangt hat, dürfte der Hotelier zwar nicht mehr als den Einzelzimmerpreis verlangen – der Nachweis allerdings wird schwierig. Ein anderer Trick ist es, ein Einzelzimmer durch ein Zusatzbett zum (engen) Doppelzimmer hochzustufen. Auf der Preisliste steht dann meist der EZ-Preis: reklamieren!

**Pensionspflicht**: Sie war lange Zeit das leidigste Kapitel in der Hotellerie der Inseln. Sehr viele Hotels und Pensionen verlangten in der *Hochsaison* (*HS*, meist Anfang oder Mitte Juli bis Ende August) mindestens *Halbpension (HP):* eine beliebte Möglichkeit, das zugehörige Restaurant auszulasten und noch ein paar Extra-Euro einzufahren. Faustregel: Der Halbpensionspreis (Zimmer, Frühstück und Abendessen) entspricht pro Kopf etwa dem Preis für ein Doppelzimmer, in besonders beliebten Gegenden auch schon mal mehr. Etliche Hotels sind von dieser Zwangsregel inzwischen abgerückt und lassen ihre Gäste frei wählen. An dieser Stelle sei es nochmals gesagt: Zur HS wird es in punkto freie Betten sehr eng auf den Inseln.

**Reservierungen**: Wer sich sein Quartier schon ab der Heimat vorbuchen möchte, kann dies auf mehrere Arten tun. Der Postweg braucht seine Zeit und ist eher unsicher, telefonische Reservierungen gehen flott, haben aber den Nachteil, nicht schriftlich fixiert zu sein. Eine praktikable Variante der Vorbestellung ist die Reservierung per Fax – die Faxnummern der einzelnen Unterkünfte sind, soweit vorhanden, im Text jeweils angegeben. Und dann gibt es natürlich noch das Internet – auch hier sind die einzelnen Adressen im Text aufgeführt.

**Hotelverband und Reservierungszentralen**: Die meisten Hotels der Liparischen Inseln sind dem Verband „Federalberghi delle Isole Eolie" angeschlossen, der auf seiner Website auch ein Buchungsportal eingerichtet hat. Via Vittorio Emanuele 165, 98055 Lipari, ☏ 090 9812894, 🖷 090 9811439, www.eolie hotel.com. Im Internet finden sich auch zahlreiche Hotelreservierungszentralen wie *www.hrs.de*, *www.hotel.de*, *www.hotels.com* oder *www.booking.com*, die nicht nur das Reservieren erleichtern, sondern zum Teil auch günstigere Preise bieten, als sie von den Hotels bei Direktbuchung gewährt werden.

*Romantisch: Sonnenuntergang zwischen Lipari und Vulcano*

Personen sich zur Miete einer Einheit zusammentun, desto günstiger wird der Preis für den einzelnen – eine voll belegte Top-Villa für acht Personen kostet pro Kopf oft weniger als ein schlichtes Zweier-Apartment. Zu buchen sind Apartments und Häuser oft nur wochenweise, zur HS im August oft sogar nur für mindestens zwei Wochen. Bei der Vermittlung helfen das Fremdenverkehrsamt auf Lipari und auch manche Reisebüros. Chancenreich ist dieses Verfahren in der Nebensaison; im Juli und besonders im August wird man vor Ort nur mehr ein bedauerndes Lächeln ernten. Ab der Heimat vorbuchen kann man bei manchen Italien-Spezialisten unter den Reisebüros, bei Veranstaltern oder bei Privat. Gute „Jagdgründe" sind die Kleinanzeigen in den Reisebeilagen überregionaler Zeitungen.

● *Einige Vermieter/Vermittler* Wichtigster Vorteil des Vorausbuchens ist die Sicherheit, vor allem in der HS auch wirklich ein Quartier zu erhalten. Außerdem kann man sich ein Bild seiner Unterkunft machen. Eventuelle gerichtliche Auseinandersetzungen werden in der Regel im Land des Anbieters ausgetragen – wer in der Heimat gebucht hat, besitzt dann bessere Karten als derjenige, dessen Kontrahent in Italien residiert. Ein genereller Nachteil des Vorausbuchens ist natürlich die eingeschränkte Flexibilität in der Urlaubsplanung.
**Prima Klima Reisen**, Hauptstraße 5, D-10827 Berlin; ✆ 030/7879270, 🖶 030/78792720, www.

primaklima.de. Breites Angebot, bebilderter Prospekt, der zahlreiche Apartments und Villen auf den Inseln beschreibt. Die Preise spiegeln sehr deutlich den Saisonverlauf, wie er auch bei der Miete vor Ort gültig ist: Ein Zweipersonen-Apartment, im Mai je nach Lage und Ausstattung teilweise schon für unter 300 € zu haben, kostet Mitte August leicht 700 € und mehr pro Woche.
**Vivileeolie** vermittelt ebenfalls Apartments, Häuser und Hotels auf allen Liparischen Inseln. Eigentümerin Mariolina Alessandro spricht Deutsch und gibt auch gern Tipps für die Anreise. Via F. Crispi 7, I-98055 Lipari, ✆ 090 9817006, 🖶 090 9814081, www.vivileeolie.it.

▶ **Privatzimmer** (Affittacamere/Bed&Breakfast): Vermietung von privat besitzt in Italien generell weniger Tradition als beispielsweise in Griechenland. Daran gemessen, ist das Angebot auf den Inseln erstaunlich gut. Häufig finden sich wirklich schmucke Unterkünfte, oft sogar mit schöner Aussicht. Offiziell wird zwischen den beiden Kategorien „Affittacamere" (Zimmervermietung) und „Bed&Breakfast" (kurz: B&B) unterschieden, letztere erst 2001 eingeführt, auf den Inseln bislang relativ wenig vertreten und in der Regel teurer als die länger etablierte Konkurrenz. Vielfach offerieren neben den offiziellen, beim Staat angemeldeten und deshalb in den Unterkunftsverzeichnissen aufgeführten Vermietern auch „schwarze" Steuersparer private Quartiere. Preislich sind je nach Ausstattung und Saison ab etwa 25 € pro Kopf aufwärts zu rechnen, nur ganz selten geht es auch mal günstiger. Oft sind die Vermieter bei Ankunft der Fähren und Aliscafi schon am Hafen präsent, um potenzielle Kunden anzusprechen. Man kann sich jedoch Privatvermieter auch beim Fremdenverkehrsamt, das natürlich nur offizielle Adressen weitergibt, oder in Reisebüros nennen lassen. Wo beides nicht vorhanden ist, erfährt man Adressen auch in Bars oder Geschäften. Ein Gesetz aus dem Jahr 1939 verbietet die Vermietung von Privatzimmern für einen Zeitraum unter sieben Tagen, doch wird dies in der Praxis längst nicht so eng gesehen.

▸ **Agriturismo**: Die italienische Variante von Ferien auf dem Bauernhof ist auf den Inseln noch nicht sehr verbreitet. Möglich und wünschenswert, dass sich das Angebot künftig ausweitet, schließlich handelt es sich um einen sanften Tourismus, der dem bereisten Gebiet nicht schadet, sondern die Abwanderung aus den ländlichen Gebieten sogar bremsen kann. Übrigens bieten Agriturismi meist exquisite und relativ preisgünstige Küche; wer nicht dort wohnt, sollte sich jedoch zum Essen vorher anmelden.

▸ **Jugendherbergen**: Auf dem gesamten Archipel existiert gerade mal eine einzige Jugendherberge (*albergo della gioventù*), nämlich die von Canneto auf Lipari, und auch für diese ist kein offizieller JH-Ausweis nötig.

▸ **Camping**: Über je einen offiziellen Campingplatz verfügen Lipari und Salina. Auf Vulcano besteht ein inoffizieller Platz, der zwar jederzeit geschlossen werden kann, unter diesem Vorzeichen aber schon viele Jahre existiert. Alle Plätze sind nur etwa im Zeitraum von März/April bis September/Oktober geöffnet. „Wildes" Zelten ist verboten und auch nicht ratsam. Besonders auf Panarea, aber auch auf Filicudi und anderen Inseln kann man eine ganze Menge Ärger bekommen.

*Terrasse mit Aussicht: Hotel Vila Diana auf Lipari*

*Schlichte Genüsse: Antipasto mit Salat*

# Küche und Keller

**Man isst gut auf den Inseln, keine Frage. Fisch und Meeresgetier sind natürlich Trumpf, das Preisniveau allerdings liegt hoch. Zu kulinarischen Erlebnissen unbekannterer Art verführt die vielfältige Verarbeitung von Oliven und besonders von Kapern.**

Letztere sind eine ausgesprochene Spezialität der Inseln und tauchen in Saucen, Nudelgerichten und im Salat auf, oder ganz allgemein gesagt in praktisch jedem Gericht, das die Bezeichnungen *alla liparota* oder *alla eoliana* trägt – Süßspeisen natürlich ausgenommen. Im übrigen zählt der Archipel kulinarisch zu Sizilien. Dessen Küche wiederum vereint die Kochkünste aller früheren Herrscher: Araber, Franzosen, Spanier und all die anderen zeitweiligen Besitzer. An flüssigen Besonderheiten können die Inseln mit dem hauptsächlich auf Salina gekelterten Malvasia aufwarten, einem sehr süßen und starken Dessertwein.

▶ **Frühstück**: Bekanntermaßen nicht gerade eine italienische Spezialität. Ein *cornetto* (Hörnchen) und ein *espresso* oder *cappuccino* in der Bar reichen den Einheimischen völlig aus. Zunächst ungewohnt, aber eine sehr erfrischende Frühstücksspezialität an heißen Tagen ist eines der süßen, mit Eis gefüllten Brötchen oder ein Wassereis (*granite*), das ebenfalls mit einem süßen Brötchen gegessen wird. Das durchschnittliche Hotelfrühstück hingegen gestaltet sich mit Brötchen, Butter und Marmelade alles andere als aufregend und ist seinen Preis nicht wert. Meist geht man da besser in die nächste Bar. Hotels höherer Kategorie bieten ihren Gästen inzwischen oft auch schon etwas gehaltvollere Frühstücksbuffets an, und selbst einige der Bed&Breakfast-Unterkünfte nehmen das Breakfast-B ernst.

## Essen gehen

**Wie überall in Italien nicht ganz billig. Die Regel, dass gutes Essen seinen Preis hat, gilt auf den Inseln sogar ganz besonders.**

Im Restaurant wird nicht mehr grundsätzlich erwartet, dass der Gast ein komplettes Menü zu sich nimmt. Trotzdem freut sich jeder Wirt über hungrige (oder spendable) Gäste, die nach dem *primo piatto* (erster Gang, meist Nudeln) auch noch den *secondo piatto* (Hauptgang, Fisch oder Fleisch), kombiniert mit der extra zu bestellenden und zu bezahlenden Beilage *contorno* ordern. Erweitern lassen sich die Tafelfreuden noch mit *antipasto* (Vorspeise, oft vom Buffet) und *dolce* (Nachspeise). Preislich liegt solch ein üppiges Mahl in Regionen ab etwa 25–30 € weit aufwärts – ohne Getränke. Die in diesem Führer angegebenen Menü-Preise beziehen sich dagegen in der Regel auf die Standardversion von *primo* und *secondo*. Meist bestellt man à la carte, in manchen Orten wird daneben auch ein preisgünstigeres *menu turistico* offeriert, von dem man sich aber normalerweise keine kulinarischen Höhenflüge erwarten sollte. In „besseren" Lokalitäten, die auf ihren Ruf achten müssen, können jedoch auch solche Festpreismenüs durchaus akzeptabel sein. Wer am festlich gedeckten Tisch im Restaurant dagegen nur Spaghetti bestellt, hat je nach Temperament des Wirts mit verachtungsvollem Naserümpfen oder auch der deutlichen Aussage „so nicht in meinem Restaurant" zu rechnen. Die Toleranzschwelle steigt mit wachsendem Umsatz – Nudeln plus großer Salat werden schon eher akzeptiert, Antipasto mit Hauptgericht ist durchaus salonfähig. Weniger problematisch ist dieser Zwang zur Menüfolge in Restaurants, denen eine Pizzeria angegliedert ist: Spaghetti statt Pizza sind dann völlig in Ordnung.

### Lokale

• *Preisüberraschungen* Zu den Preisen für Essen und Getränke kommt in den meisten Restaurants und Trattorie, ebenso in manchen Pizzerie, noch ein zweifacher Obolus hinzu. Das Bedienungsgeld **servizio** bedeutet einen prozentualen Aufschlag auf die Gesamtrechnung (meist 10–15 %), **coperto** meint einen Festbetrag für Gedeck und Brot. Beide Aufschläge stehen meist kleingedruckt in einer Ecke der Speisekarte. **Trinkgeld** ist bei Zufriedenheit mit Küche und Service trotz des servizio üblich (etwa 5–10 %); allerdings lässt man sich, anders als in der Heimat, beim Bezahlen zunächst genau herausgeben, später beim Gehen dann den entsprechenden Betrag auf dem Tisch liegen. Die Rechnung (**il conto**) muss beim Verlassen des Lokals mitgenommen und bei eventuellen Kontrollen der Finanzpolizei vorgezeigt werden.

*Schön bunt:*
*Liköre bei Lauro auf Lipari*

• *Ristorante* Meist eine etwas edlere Lokalität, die Tische säuberlich gedeckt, die Kellner im Frack. Ein Ristorante kann, muss aber nicht teurer sein als eine Trattoria. Vielerorts existieren absolute Spitzenadressen, die im Preisvergleich mit deutschen Sterne-Etablissements sehr gut dastehen.

• *Trattoria* Oft die bodenständigere Ausgabe des Ristorante, die Mamma am Herd, Sohn und Tochter im Service. Gelegentlich tarnen sich aber auch feudalere Restaurants mit der Bezeichnung „Trattoria" (gern auch ganz rustikal: „Osteria") Die Küche mag dann durchaus bodenständig ausfallen, die Preise nur selten.

• *Pizzeria* Aus der Heimat bekannt; oft ein Ristorante, das abends (nur dann!) auch Pizza anbietet. Von den Kosten her etwa wie bei uns und somit die preisgünstigste Möglichkeit, „gepflegt" speisen zu gehen.

• *Tavola Calda* Auf den Inseln meist eine Unterabteilung in Bars. Oft nur wenige oder gar keine Sitzgelegenheiten, das Essen gibt's auch zum Mitnehmen. Im Angebot

warme Mahlzeiten (Fettgebäck, einfache Nudel- und Reisgerichte etc.), die auf Warmhalteplatten ihrem Verzehr entgegensehen – für ein schnelles, preiswertes Mahl keine schlechte Adresse.

• *Bars und Cafés* In Italien weniger ein Kommunikationszentrum, in dem man Stunden verbringt; stattdessen gedacht für einen schnellen Kaffee, ein Hörnchen, ein Eis oder einen Aperitif vor dem Essen. Ist eine Pasticceria angeschlossen, wird man eine reiche Auswahl an – meist hervorragendem – Süßgebäck finden. In Bars und Cafes konsumiert man am preiswertesten am chromblanken Tresen stehend; in diesem Fall muss man oft zunächst an der Kasse zahlen und den Bon („scontrino") dann dem Barkellner geben. Wer sich innen hinsetzt, zahlt meist schon deutlich mehr, an den Tischen auf der Terrasse oder im Freien hagelt's noch mal einen satten Aufschlag.

## Insulare und sizilianische Spezialitäten

▶ **Antipasti (Vorspeisen):** Im Restaurant vom dekorativen Büffet im Eingangsbereich, in der kleinen Trattoria kommt zumeist ein oft hausgemachtes Potpourri auf den Teller. Oft sind die Sachen in Öl eingelegt, die Vielfalt ist bestechend: Tintenfische, Muscheln, reichlich Gemüse, manchmal auch Pilze, Schinken und Wurst. Manchmal gibt es die sizilianische Spezialität *Caponata*, eine in Essig und Öl eingelegte Mischung aus Auberginen, Tomaten, Sellerie, Kapern, Oliven und mehr: nichts für schwache Mägen, aber lecker.

▶ **Primi Piatti (Erster Gang):** Mit *pasta* sind hier Nudeln gemeint, in der Konditorei (pasticceria) allerdings heißt so das Süßgebäck. Nudeln sind fast Pflicht, schließlich sollen die Maccheroni auf Sizilien erfunden worden sein. Alternativ kann es auch ein *risotto* sein, der seine eigentliche Heimat aber in Norditalien hat.

**Pasta con le sarde**: Makkaroni mit Sardinen, wildem Fenchel, Pinienkernen und Rosinen. Eine Spezialität aus Palermo, aber auch auf den Inseln gern serviert.

**Pasta alla Norma**: mit Tomatensauce, Ricotta und Basilikum, obenauf gebratene Auberginenscheiben. Sie sind nach der Oper des in Catania geborenen Komponisten Bellini benannt.

**Pasta con nero di seppie**: Nudeln schwarzgefärbt mit der Tinte des Tintenfischs und aufgewertet mit Stückchen desselben. Sie sind im gesamten Provinz Messina, aber auch im Rest Siziliens verbreitet. Sehen gewöhnungsbedürftig aus, schmecken aber köstlich.

▶ **Secondi piatti (Hauptgerichte):** Bei den Hauptgerichten stehen Fisch und Meeresfrüchte naturgemäß an erster Stelle. Trotz der Überfischung des Mittelmeers wird im Gebiet um die Inseln noch so manch hübscher Fang gelandet. Verbreitet sind insbesondere Thunfisch, Schwertfisch, Makrelen und Sardinen.

**Fischgerichte**: Werden portionsweise oder im Ganzen gewogen angeboten. In letzterem Fall beziehen sich die angegebenen Preise auf jeweils 100 Gramm (*un etto*). Dann sollten Vorsichtige besser nachfragen, was es wohl kosten wird, denn bei besonders stämmigen Exemplaren kann die Sache sonst ins Geld gehen. Auch auf den Inseln ist Meeresgetier nämlich längst nicht mehr billig. Am günstigsten sind noch

Sardinen, eine Stufe höher rangieren *tonno* (Thunfisch) und *pesce spada* (Schwertfisch), beide auf fast jeder Speisekarte anzutreffen. Edelfische wie *sogliola* (Seezunge) oder *triglia* (Rotbarbe) kosten deutlich mehr. Meist im preislichen Mittelfeld rangieren Meeresfrüchte, darunter *cozze* (Miesmuscheln), *vongole* (Venusmuscheln) oder *calamari* (Tintenfische). Mollusken sind überhaupt reichlich vertreten, es finden sich auch *seppia* (größerer Tintenfisch) und *polipo* (Krake). Etwas mehr finanziellen Einsatz fordern Krabbenarten wie *scampi* und *gamberoni*. Die Languste *aragosta* schließlich hat, wie fast überall, ihren Preis.

**Pesce spada alla ghiotta (oder: alla messinese)**: Schwertfisch mit Zwiebeln, Knoblauch, Oliven und Kapern. Dieses Gericht gibt es auch mit Thunfisch.

**Involtini di pesce spada (oder: di tonno)**: gefüllte Rouladen aus Schwertfisch bzw. Thunfisch, ebenfalls eine Spezialität der Inseln wie der gesamten Provinz Messina.

**Sarde a beccafico**: ein „Import" der Provinz Palermo, dabei letztlich ein arabisches Erbe – panierte Sardinen, gefüllt mit Pinienkernen, Brotstückchen und Rosinen.

**Totani ripieni**: kleine gefüllte Tintenfische, herrlich zart – eine nicht einmal allzu teure Köstlichkeit.

**Zuppa di pesce**: eine höchst gehaltvolle Fischsuppe. Nicht billig, angesichts der verarbeiteten Mengen aber ihren Preis wert.

**Fleischgerichte**: Naturgemäß sind Fleischspeisen nicht gerade eine kulinarische Domäne der Inseln. Eine Ausnahme bildet die Hochebene von Piano auf Vulcano, auf der gleich mehrere Restaurants auf Fleischgerichte spezialisiert sind. Aber auch dort sind dem eher selten vertretenen Rind die örtlichen Klassiker Lamm (*agnello*) und Kaninchen (*coniglio*) vorzuziehen. Huhn (*pollo*) gibt es ohnehin überall.

*Tomaten: fester Bestandteil der Inselküche*

**Involtini alla siciliana**: die sizilianische Version von Rouladen, gefüllt mit Semmelbröseln, Salami, Pinienkernen, Rosinen und Ei.

**Coniglio agrodolce**: Kaninchen süßsauer mit Gemüsen, Kapern und Oliven – wo es zu bekommen ist, unbedingt probieren!

**Falsomagro (sizil. farsumagru)**: bedeutet ungefähr „falsches Mageres" und ist es dann auch: ein Kalbsrollbraten, gefüllt mit Käse, Salami, Eiern, Zwiebeln und Petersilie.

▶ **Contorni (Beilagen)**: Da fast alles von Sizilien importiert werden muss, sind Gemüse auf den Speisekarten leider nur schwach vertreten. Im allgemeinen regieren die üblichen Variationen von *patate* (Kartoffeln). Wer Lust auf Grünes hat, muss sich deshalb meist an die Salate halten.

▶ **Dolce, Gelato, Frutta – Süßspeisen, Eis, Früchte**: Bei den Desserts setzt sich das süße arabische Erbe durch. An Zucker wird nicht gespart: In Italiens Süden machen Süßspeisen ihrem Namen noch wirklich Ehre. Aus Ricotta (Quark), Marzipan,

*Legendär: der „Saloon" in Pecorini auf Filicudi*

Biskuit und kandierten Früchten wird die *cassata* hergestellt. *Cannoli* sind mit süßer Ricotta gefüllte Teigrollen, doch gibt es der süßen Spezialitäten noch zahlreiche mehr, wie *nacatuli* oder *spicchitedda di vinu cottu*. Die Auswahl vor allem in den Konditoreien ist immens. Köstlich ist auch das Eis, das auf Sizilien erfunden worden sein soll; Palermo und Catania streiten sich um diese Ehre. Wie auch immer, das hiesige Eis *fatto artigianale* (nicht „künstlich", sondern „kunsthandwerklich") ist Spitze. Sehr erfrischend wirkt *granita*, eine Art halbflüssiges Wassereis, meist in den Geschmacksrichtungen limone, caffè oder menta (Pfefferminz), zur Saison aber auch als Erdbeere (fràgola) zu bestellen und wahlweise mit oder ohne Sahne (panna) gegessen.

▶ **Imbiss**: Die sizilianische Tradition in preisgünstigen Kleinigkeiten ist groß und mit dem bei uns angebotenen „Fast-Food" absolut nicht zu vergleichen. So mancher Reisende mit schmalerem Geldbeutel ernährt sich fast ausschließlich von den mundfertig angebotenen Köstlichkeiten. Eine längst nicht erschöpfende Auswahl:

**Arancine**: heißen nicht nur so ähnlich wie Orangen, sondern sehen auch so aus. Dabei handelt es sich um frittierte Reisbälle mit einer Füllung aus Ragout und Erbsen oder Käse.

**Panelle**: werden aus Kichererbsenmehl frittiert und dann in ein Brötchen gepackt.

**Focacce** und **calzone**: Teigkrapfen mit salziger Füllung wie Schinken und Käse, Gemüse oder Thunfisch, oft auch in Bäckereien erhältlich.

**Guastedde** (Lungen- oder Milzbrötchen), **trippa** (Kutteln) und die anderen Innereien sind eher etwas für experimentierfreudige Esser.

## Getränke

▶ **Wein** (*vino*) ist immer noch das alkoholische Hauptgetränk. In Trattorie oder einfacheren Ristoranti wird meist der preisgünstige und gute offene Hauswein (*vino della casa*) kredenzt, in gehobeneren Etablissements dagegen meist Flaschenwein.

**Küche und Keller**

In der Regel werden trockene Tröpfchen serviert, Spätlesen und Ähnliches entsprechen nicht dem allgemeinen Geschmack. Eine Ausnahme bildet der *Malvasia*, eine vor allem auf Salina angebaute Spezialität der Inseln. Der süße, kräftige Wein ist von goldgelber Farbe und wird vor allem als Dessertwein getrunken.

Doch die Konkurrenz schläft nicht: Bier (*birra*) ist auch in Italien auf dem Vormarsch. Puristen seien allerdings gewarnt: Vom Reinheitsgebot hat man hier noch nichts gehört, mit Schaumstabilisatoren und anderer Chemieware im Gerstensaft ist zu rechnen. Gelegentlich erhält man Fassbier (*birra alla spina*) deutscher Brauereien. Vom Etikett sollte man sich jedoch nicht täuschen lassen: Speziell für Italien hergestellter Gerstensaft enthält dem bekannten Markennamen zum Trotz meist auch Chemie. Alkoholfreies Bier (Marken: Buckler, Tourtel) findet sich manchmal im Supermarkt, in Bars und Restaurants nur sehr selten.

● *Andere Getränke* Ein **caffè** meint nicht irgendeinen Kaffee, sondern einen Espresso. Der sättigende **cappuccino** mit druckluftunterstützter Milchhaube wird nur morgens getrunken! Wer nach dem Mittag- oder gar Abendessen einen Cappuccino bestellt, beleidigt den Wirt, signalisiert man ihm doch dadurch, dass sein Essen so schlecht oder wenig war, dass man danach immer noch ein komplettes Frühstück zu sich nehmen kann ... Eine **latte macchiato** („gefleckte Milch") ähnelt dem Cappuccino, enthält jedoch deutlich mehr Milch. Ein **caffè corretto** ist ein Espresso mit alkoholischem (Grappa, Brandy) Inhalt.

**Acqua minerale**, also Mineralwasser, ist entweder mit Kohlensäure („con gas", „frizzante") oder ohne („senza gas", „naturale") zu haben.

**Spremuta** (Fruchtsaft) gibt's in jeder Bar, fast immer frisch gepresst aus Orangen („spremuta di arancia") oder Zitronen („spremuta di limone").

**Latte di mandorla** (Mandelmilch) ist eine extrem süße Sache, nicht jedermanns Geschmack.

**Vino di mandorla** meint das recht kräftige alkoholische Pendant; zuckersüß und bei mehr als einem Glas mit Garantie für Kopfschmerzen am nächsten Morgen.

*Wartet noch auf Gäste: Strandbar bei Porticello (Lipari)*

# Wissenswertes von A bis Z

## Ärztliche Versorgung

Ein Krankenhaus (*ospedale*) gibt es nur auf Lipari. Mit einer Druckkammer ist es auch für Tauchunfälle gerüstet. Die übrigen Inseln besitzen lediglich Erste-Hilfe-Stationen (*pronto soccorso*) oder medizinische Wachdienste (*guardia medica*), in denen angehende Ärzte Erste Hilfe leisten. Diese Zentren kann man nicht nur nach einem Unfall aufsuchen, sondern auch bei plötzlicher Krankheit etc.

Prinzipiell übernehmen die gesetzlichen Krankenkassen die Kosten ärztlicher Behandlungen im EU-Ausland. Erkundigen Sie sich jedoch vorab bei Ihrer Kasse über die aktuelle Verfahrens- und Abrechnungsweise und beantragen Sie rechtzeitig die Europäische Krankenversicherungskarte EHIC, die Nachfolgerin des Auslandskrankenscheins. Um der Bürokratie aus dem Weg zu gehen und vor unangenehmen Überraschungen sicher zu sein, ist die *Urlaubs-Krankenversicherung*, die z.B. im Gegensatz zu fast allen anderen Versicherungen auch medizinisch notwendige Krankenrücktransporte einschließt, in jedem Fall eine sinnvolle Ergänzung. Zu erhalten ist sie zu sehr günstigen Tarifen bei manchen Automobilclubs und bei fast allen Krankenversicherungen, natürlich auch für Mitglieder gesetzlicher Kassen. Vor Ort geht man dann einfach zum Arzt, bezahlt bar, lässt sich unbedingt eine genaue Rechnung mit Diagnose und Aufstellung der ärztlichen Leistungen geben und reicht diese beim heimischen Versicherer zur Rückerstattung ein.

> **Polizei- und Rettungsnotruf**: ☏ 112 (in ganz Italien), rund um die Uhr erreichbar. Adresse nennen und um Unfallhilfe (*pronto soccorso*) bitten. Die Polizei am anderen Ende schickt dann die Ambulanz.
> **ADAC-Notruf** (medizinische Hilfe): ☏ **0049 89 767676**

▸ **Apotheken**: Die *farmacia* kann bei kleineren Wehwechen oft den Arzt ersetzen. Apotheken gibt es inzwischen auf allen Inseln, die Apotheker sind gut ausgebildet und dürfen auch manche Medikamente abgeben, die daheim rezeptpflichtig sind.

## Baden

Gemessen an der südlichen Lage beginnt die Badesaison auf den Inseln relativ spät. Erst Mitte Mai überschreiten die Wassertemperaturen die Bibbergrenze von 20 Grad. Dafür bleibt das Meer bis weit in den Herbst hinein angenehm warm: Auch im Oktober kann man meist noch überall baden.

Von der Verschmutzung des Mittelmeers blieben die Inseln bislang weitgehend verschont. Fast überall glänzen sie mit absolut klarem und sauberem Meer. Bei einem Test der Badestrände Siziliens waren die Liparischen Inseln der Zeitung Giornale di Sicilia sogar den „Oscar für Wasserqualität" wert. Aber: Ist die Wasserqualität selbst auch bestens, so ärgert doch gelegentlich der in Küstennähe herumschwimmende Abfall. Missetäter sind meist die Besatzungen von Schiffen – oft genug wird der Müll einfach über Bord gekippt.

Weiche Sandstrände sind selten. Wo vorhanden, erhitzt sich der meist schwarze Sand in der Sonne recht kräftig. Anderswo stören Steine und scharfe Felsen, mitunter

*Salina, Bucht von Pollara: bekannt aus dem Film „Il Postino"*

auch Seeigel den arglosen Schwimmer, Badeschuhe sind dann eine erhebliche Erleichterung. Gar nicht so selten ist auch von Störungen durch Quallen zu hören. Ob solche Behinderungen der Badefreuden aktuell auftreten, erfragt man am besten vor Ort; eine feste Saison dafür gibt es nicht. Bei Kontakt mit Feuerquallen die betroffene Stelle mit warmem oder besser noch heißem Meerwasser abwaschen, keinesfalls mit Süßwasser! Sehr gut hilft auch Rasierschaum, den man nach dem Trocknen vorsichtig mit einer Kreditkarte, einem Messerrücken o.ä. abstreift. Einen mit Essig (deaktiviert das Quallengift) getränkten Wattebausch auf die Verbrennung drücken. Im Anschluss mit Eis kühlen, später helfen Kortison oder Antihistamine. Viel trinken. Bei kleinen Kindern, Verletzungen im Gesicht, großflächigen Verbrennungen oder Kreislaufbeschwerden gibt es aber nur eins: sofort zum Arzt.

**FKK**: In Süditalien kein Thema. Nacktbaden widerspricht dem Moralempfinden der Bevölkerung. Man sollte es – schließlich ist man Gast – also bleiben lassen, vom offiziellen Verbot ganz abgesehen. „Oben ohne" ist zwar überall erlaubt, übrigens laut Gerichtsurteil aus Gründen der Gleichberechtigung...  An Stränden, die hauptsächlich von Familien frequentiert werden, wird barbusiges Baden aber dennoch nicht unbedingt gern gesehen. Im Zweifel orientiere frau sich an der einheimischen Damenwelt.

**Badeunfälle vermeiden:** Auch am so harmlos erscheinenden Mittelmeer kommt es jedes Jahr zu vielen tödlichen Badeunfällen. Unterströmungen beispielsweise können auch bei scheinbar ruhiger See auftreten, auflandige Winde unter Wasser Verwirbelungen hervorrufen. Ablandige Winde wiederum sind, insbesondere für Kinder, gefährlich beim Baden mit Plastikbooten oder Luftmatratzen. Nehmen Sie die Gefahren des Meeres ernst! Lassen Sie Ihre Kinder am Strand nie unbeaufsichtigt, schwimmen Sie möglichst nicht allein und vermeiden Sie Alkohol und das Baden mit vollem Magen. Viele Informationen zum Thema Badeunfälle und Strandsicherheit liefert die Website **www.blausand.de**.

*Wie aus dem Prospekt: Geschäft in Lipari*

## Einkaufen

Italien ist schon lange nicht mehr das günstige Einkaufsland, das es einmal war. Dies gilt erst recht für die Liparischen Inseln, auf denen das Preisniveau ohnehin deutlich höher liegt als auf dem süditalienischen Festland oder auf Sizilien. Vor allem Badeartikel und Tauchutensilien, aber auch Sonnenmilch, Kosmetika und Fotozubehör sind auf den Inseln übermäßig teuer. Sofern möglich, bringt man sich diese Dinge wirklich am besten in ausreichender Menge von Zuhause mit. Auch bei manchen Lebensmitteln setzt es übrigens einen saftigen Insel-Zuschlag.

Zu den klassischen Souvenirs des Archipels zählt der Inselwein Malvasia. Hobbyköche beglückt man am besten mit den fantastischen Kapern, die es in Salz (bewahrt den Eigengeschmack sehr gut) oder Essig pfundweise zu erstehen gibt. Sie sind nicht nur deutlich billiger, sondern auch um Welten besser als bei uns. Dauerhaftere Erinnerungen könnte eine Vase oder ein Teller aus Keramik bescheren, wie sie zu einem kleinen Teil auf den Inseln selbst gefertigt, häufiger aber aus den sizilianischen Keramikzentren Caltagirone und Santo Stefano di Camastra importiert werden. Beliebte Souvenirs sind auch die auf Lipari erhältlichen Kopien altgriechischer Theatermasken. Bei jedem Einkauf müssen der Kassenzettel (*scontrino*) oder eine Quittung (*ricevuta*) mitgenommen und eine Weile aufgehoben werden, um bei Kontrollen der Finanzpolizei vorgezeigt werden zu können: Der italienische Staat nimmt die Kunden in die Pflicht, um Steuerhinterziehung bei den Händlern aufzudecken. Ins Visier der Polizei kann man auch beim Kauf von gefälschter Markenware auf der Straße geraten: Bereits der Erwerb einer einzigen nachgemachten „Designer"-Sonnenbrille oder einer illegal gebrannten CD, wie sie von vielen Straßenhändlern angeboten werden, ist mit geradezu absurd hohen Geldstrafen bedroht – der Strafrahmen reicht bis zu 10.000 Euro.

## Feiertage und Feste

Achtung: Wenn sich zwischen einem Feiertag und dem Wochenende „Brückentage" (*ponte*) einschieben lassen, strömen auch zur Nebensaison viele Italiener für einen Kurzurlaub auf die Inseln.

| Gesetzliche Feiertage in Italien | |
|---|---|
| 1. Januar | „Capodanno": Neujahr |
| 6. Januar | „Epifania": Hl. Drei Könige |
| (wechselnde Termine) | „Lunedi di Pasqua": Ostermontag |
| 25. April | „La Liberazione": Tag der Befreiung vom Faschismus |
| 1. Mai | „Festa del Lavoro": Tag der Arbeit |
| 2. Juni | „Festa della Repubblica": Gründung der Republik |
| 15. August | „Ferragosto": Mariä Himmelfahrt |
| 1. November | „Ognissanti": Allerheiligen, gleichzeitig Tag der nationalen Einheit |
| 8. Dezember | „Immacolata Concezione": Mariä Empfängnis |
| 25./26. Dezember | „Natale/Santo Stefano": erster/zweiter Weihnachtsfeiertag |

**Feste**: Italiens Festkalender erlebt seinen Höhepunkt im Frühjahr. Berühmt ist vor allem die Karwoche, die auf allen Inseln aufwändig begangen wird; die schönsten Prozessionen sind dann auf Lipari und Filicudi zu sehen. Ein weiteres überregionales Fest liefert auch Mariä Himmelfahrt am 15. August. Neben den landesweiten Ereignissen feiert jedes Dorf der Inseln das Fest seines Ortsheiligen mit großer Begeisterung, auf Lipari z.B. den Patron S. Bartolo vom 21. bis zum 24. August. Die Prozessionen werden dabei mit kirchlichem Ernst vorgenommen, vorher und danach geht es eher fröhlich-profan zu. Eine Auswahl der wichtigsten Veranstaltungen finden Sie in den Inselkapiteln. Dabei ist es wichtig zu wissen, dass die Daten schon mal schwanken können, zum Beispiel, wenn ein Fest auf das nächstliegende Wochenende verlegt wird. Aktuelle Informationen über das Angebot an Veranstaltungen sind beim Fremdenverkehrsamt von Lipari erhältlich.

## Geld

Banken gibt es nur auf Lipari und Salina, zur Reisesaison auch auf Vulcano. Geldautomaten finden sich neben den oben genannten Inseln auch auf Filicudi, Panarea und Stromboli. Da so ein Automat aber schon mal ausfallen kann oder vielleicht, vor allem zur Nebensaison, nicht rechtzeitig nachgefüllt wird, ist es vor allem auf den kleineren Inseln sehr ratsam, immer auf einen ausreichenden Reserve-Vorrat an Bargeld zu achten, der für mehrere Tage ausreichen sollte.

**Geldautomaten** („Bancomat"): Um an Bargeld zu kommen, ist das Abheben mit der Magnetkarte wohl mit die beste und bequemste Lösung, auch wenn pro Abhebevorgang (von Filialen der eigenen Bank abgesehen) natürlich Gebühren fällig werden.

94   Wissenswertes von A bis Z

Die Bedienungsanleitung kann deutschsprachig abgerufen werden.

> **Sperrnummer für Bank- und Kreditkarten**: 0049 116116. Diese einheitliche Sperrnummer gilt mittlerweile für die Mehrzahl der deutschen Bankkunden. Für bessere Erreichbarkeit aus dem Ausland wurde die Alternativ-Telefonnummer 0049 30 40504050 eingerichtet. www.sperr-notruf.ev.

**Reisechecks**: bei praktisch jeder Bank zu bekommen. Seit einigen Jahren allerdings weigern sich manche italienischen Banken, Reiseschecks zu wechseln. Beim Kauf wird 1% Gebühr erhoben, in der auch die Versicherung enthalten ist. Bei der Einlösung auf den Inseln fällt die übliche Bankenkommission an. Schecks, die auf höhere Summen ausgestellt sind, bringen also eine gewisse finanzielle Ersparnis; auf der anderen Seite schleppt man nach der Einlösung viel Bargeld mit sich herum.

**Postsparbuch**: Für Geldabhebung im Ausland muss das Sparbuch bei der heimischen Postbank in die „Postbank Sparcard" umgetauscht werden, mit der auch Geld am Automaten abgehoben werden kann. Weitere Details in den Filialen der Postbank.

**Kreditkarten**: Bargeldloses Zahlen ist auch mit gängigen Karten (Eurocard, Visa) nicht mit der bei uns gewohnten Selbstverständlichkeit möglich. Manche Hotels bestehen gleich von vornherein auf Barzahlung, in anderen werden die Kreditkartenmaschinen just zum Zeitpunkt der Abrechnung von seltsamen Krankheiten befallen. Ganz auf die Karte verlassen sollte man sich also nicht. Geldabheben vom Konto ist möglich, allerdings meist teuer.

**Schnelles Geld**: Bei finanziellen Nöten, die sofortige Überweisungen aus der Heimat nötig machen, ist die Geldüberweisung mit Western Union die flinkste Methode. Jemand geht auf heimische Postamt und zahlt dort den entsprechenden Betrag ein, der schon Minuten, maximal wenige Stunden später beim italienischen Western-Union-Agenten eintrifft und gegen Angabe der Referenznummer in Empfang genommen werden kann. Mit saftigen Gebühren ist bei diesem Verfahren allerdings zu rechnen, deshalb eher für den Notfall geeignet.

## Haustiere

Lassen Sie Ihren Hund besser bei Verwandten oder Freunden daheim. Abgesehen davon, dass die lange Anreise und die sommerliche Hitze ihm sehr zu schaffen machen können, wird man von vielen Hotels und Privatvermietern mit Hund nicht aufgenommen. Auch Strände sind, zumindest offiziell, für Hunde Tabuzone. Falls Sie Ihr Haustier dennoch mitnehmen wollen, sprechen Sie unbedingt vorab mit Ihrem Tierarzt über die nötigen Formalitäten.

● *Einreisevorschriften für Haustiere* **EU-Pass**, ein für Hunde, Katzen und Frettchen (Tatsache) obligatorischer „Reisepass" samt implantiertem Mikrochip (alternativ eine spezielle Tätowierung), durch die den die Identität des Tiers nachgewiesen und attestiert wird, dass es gegen Tollwut geimpft ist. Über Details informiert der Tierarzt, der auch die Prozedur durchführt.

## Information

Sich daheim schon detailliertes Material über die Liparischen Inseln zu beschaffen, ist problemlos möglich. Um ein Hotelverzeichnis, Schiffsfahrpläne und einen bebilderten Inselführer anzufordern, braucht man sich nicht in Italienisch abzuquälen. Ein deutschsprachiger Brief an das Fremdenverkehrsamt auf Lipari genügt vollauf; die Adresse des Büros ist unten angegeben. Allerdings sollte man mit seiner Anfrage nicht bis kurz vor Reisebeginn warten. Schließlich sind gewisse Bearbeitungs- und Postlaufzeiten einzukalkulieren, und die italienische Post gilt nicht gerade als die schnellste Europas.

*Marina Corta auf Lipari: Fischeridylle unter dem Burgberg*

Meist etwas flottere, jedoch nicht unbedingt so detaillierte Informationen erhält man bei Anfragen innerhalb Deutschlands, Österreichs und der Schweiz. Angesichts der Größe des Landes ist es durchaus verständlich, dass die Büros der Italienischen Zentrale für Tourismus ENIT nur selten mit speziellem Material zu einzelnen Orten dienen können.

● *Fremdenverkehrsamt der Liparischen Inseln* **Servizio Turistico Regionale n. 11 – Arcipelago Eolie,** Via Vittorio Emanuele 202, 98055 Lipari, Italien. Telefon ab der Heimat: ✆ 0039 090 9880095, 🖷 0039 090 9811190. Im Internet: **www.aasteolie.191.it**.

● *Informationsstellen in Deutschland* **www.enit-italia.de** **ENIT**, Prinzregentenstr. 22, 80538 München; ✆ 089/531317, 🖷 089/534527.

enit-muenchen@t-online.de. **ENIT**, Barckhausstr. 10, 60325 Frankfurt/Main; ✆ 069/237434, 🖷 069/232894. enit.ffm@t-online.de.

● *Informationsstellen in Österreich und Schweiz* **ENIT**, Kärntnerring 4, 1010 Wien, ✆ 01/ 5051639, 🖷 01/5050248. **www.enit.at**. **ENIT**, Uraniastr. 32, 8001 Zürich, ✆ 043/ 4664040, 🖷 043/4664041. **www.enit.ch**.

## Internet

Auch das Internet bietet gute Möglichkeiten, sich vorab über die Liparischen Inseln zu informieren. Viele Hotels, Agenturen, Fahrzeugvermieter etc. haben eigene Homepages angelegt, und es werden immer mehr. Und dann gibt es – für aktuelle Infos nach Redaktionsschluss dieser Auflage, aber auch für das schnelle Senden stets gern gesehener Lesertipps – natürlich noch die Seite unseres Verlags ...

● *Einige ausgewählte Sites* Im Folgenden einige interessante Seiten, weitere Adressen finden Sie unter den jeweiligen Themenbereichen.

**www.aasteolie.191.it**, die Site des Fremdenverkehrsamts der Inseln, unter ande-

rem mit einem aktuellen Übernachtungsverzeichnis.

**www.regione.sicilia.it/turismo**, die Website des sizilianischen Fremdenverkehrsamtes. Umfangreicher Index, sehr verschachtelt, zahlreiche Seiten. Auch auf Deutsch.

**www.stromboli.net**, die Site schlechthin für alle, die sich für den Stromboli interessieren. Fantastische Fotos, aktuelle Meldungen, virtuelle Gipfeltour und vieles mehr.

**www.vulcan-stromboli.de**, eine weitere schöne Seite zum Thema Stromboli.

**www.eoliehotel.com**, die Site des Hotelverbandes der Liparische Inseln erleichtert nicht nur die Suche und das Buchen von Unterkünften, sondern bietet darüber hinaus umfassende Infos zu Historie, Vulkanologie, Natur und Kultur der Eolie.

**www.siremar.it**, eine Fähragentur, die sowohl mit Autofähren als auch mit Aliscafi (Tragflügelboote) die Inseln bedient. Änderung nach einer eventuellen Privatisierung ist, wie mehrfach erwähnt, möglich.

**www.usticalines.it**, die Site der Ustica Lines, die ausschließlich mit Aliscafi (Tragflügelboote) die Inseln anfährt.

**www.ngi-spa.it**, die Seite der NGI, einer weiteren, selteneren bzw. nur eingeschränkt verkehrenden Fährgesellschaft.

**www.kataweb.it**, **www.meteo.it** und **www.tempoitalia.it**, detaillierte Wetterberichte auch für die Inseln. Leider nur in Italienisch.

**www.wetteronline.de/de/europa.htm**, aktuelle Klimadaten zu ganz Europa. Über Süd – Italien – Sizilien gelangt man an die Daten von Messina. Abrufbar ist das aktu-elle Wetter mit Wassertemperatur sowie einer 3-Tages-Vorhersage. Deutsch.

**www.lipari.biz** und **www.eolie.org**, kommerzielle Äolen-Portale mit aktuellen Hintergrundinfos und praktischen Tipps. Leider nur in Italienisch.

**www.estateolie.it**, Online-Ausgabe des praktischen, jährlich neu erscheinenden Gratis-Führers. Leider nur in Italienisch.

**http://notiziariodelleeolie.myblog.it**, Online-Ausgabe einer Insel-Zeitung. Leider nur in Italienisch.

**www.walksicily.de**, die private Homepage des Sizilienkenners, Fotografen, Autors und Reiseleiters Peter Amann, der zu diesem Reisehandbuch die jüngste Aktualisierung beigesteuert hat. Die Seite begleitet auch seinen im gleichen Verlag erschienenen Wanderführer Sizilien. Zahlreiche Links, unbedingt besuchenswert!

**www.italien-aktiv.info**, eine weitere Seite von Peter Amann mit zahlreichen Aktiv-Urlaubtipps für Sizilien mit Liparischen Inseln und Süditalien.

**www.michael-mueller-verlag.de**: unsere Seite, für aktuelle Infos nach Redaktionsschluss dieser Auflage (Reiseinfos und Reise-News klicken), aber auch für das rasche Senden Ihres Feedbacks – schauen Sie doch mal rein! Eine Fundgrube aktueller Infos ist auch das gut besuchte Süditalien-Forum.

# Klima und Reisezeit

Das Klima der Inseln entspricht dem mediterranen Typus mit warmen, trockenen Sommern und milden, feuchten Wintern. Zwar liegen die Inseln auf etwa demselben Breitengrad wie Athen und Alicante, doch sorgt die Lage mitten im Meer für ausgeglichenere klimatische Verhältnisse. Vor allem die sommerlichen Spitzenwerte sind niedriger als auf dem Festland. Frost gibt es auf Meereshöhe fast nie, und auch Schnee ist nur ganz gelegentlich auf den Gipfeln der höchsten Inselberge zu sehen, auf denen die Temperaturen generell durchschnittlich rund zehn Grad tiefer liegen als an der Küste. Insgesamt zählt das Klima der Inseln zu den wärmsten und trockensten in Europa – eine jährliche Sonnenscheindauer von 2745 Stunden spricht für sich ...

Ab Mitte Februar beginnt schon langsam der Frühling, der die Inseln mit einer Fülle von Blüten überzieht. Von Mitte Mai bis in den Oktober herrscht Sommer auf dem Archipel, Regenfälle sind dann extrem selten. Erst ab Oktober werden die vom ausgedörrten Land herbeigesehnten Niederschläge wieder häufiger. Die Winter sind regenreich und ausgesprochen mild. Die Winde wehen meist aus dem Nordwesten (*Mistral*) und aus dem Südosten. Zwischen Frühjahr und Herbst streicht aus dem nahen Afrika manchmal der Wüstenwind *Scirocco* herüber.

▶ **Reisezeit**: Die Saison beginnt an Ostern, wobei die Karwoche in vielen Hotels als Hochsaison betrachtet und berechnet wird. Im Lauf des Oktobers schließt die

*Ein Blütentraum: Frühling auf den Liparischen Inseln*

Wissenswertes von A bis Z

Mehrzahl der Betriebe. Am besten auf Reisende außerhalb der Saison eingestellt ist man noch auf Lipari, auch auf Salina haben mehrere Hotels ganzjährig geöffnet. Auf den kleineren Inseln ist dann praktisch nichts los, für Ruhesuchende, die dann aber manche Versorgungsengpässe einkalkulieren sollten, sicher ideal – sofern sie ein Quartier finden.

Die günstigste Reisezeit variiert nach Interessenlage. Für Wanderungen und Touren sind Frühling und Herbst sicherlich die schönsten Reisezeiten. Im Juli und stärker noch August hat der Reisende mit den bekannten Nachteilen der Hochsaison

## Klimadaten des Archipels

(Durchschnittswerte in Grad Celsius bzw. Tagen)

| Monat | Lufttemperatur | | Wasser | Regen-tage | Nieder-schlag in mm | Sonnen-std./Tag |
|---|---|---|---|---|---|---|
| | °max | °min | | | | |
| **Frühling** (März bis Mai) | 19 | 13 | 17 | 15 | 130 | 8 |
| **Sommer** (Juni bis August) | 29 | 22 | 26 | 5 | 30 | 11 |
| **Herbst** (Sept. bis Nov.) | 24 | 19 | 22 | 24 | 210 | 7 |
| **Winter** (Dez. bis Feb.) | 16 | 11 | 15 | 28 | 230 | 4 |
| Jahreswerte | 22 | 16 | 20 | 72 | 600 | 2745 |

(Regentage: Tage mit mindestens 0,1 mm Niederschlag)

zu kämpfen. Baden lässt es sich in Anbetracht der Luft- und Wassertemperaturen am angenehmsten von Juni bis einschließlich September, oft sogar noch bis weit in den Oktober hinein.

## Eine Reisesaison auf den Liparischen Inseln

**März/April/Mai**: Jetzt zeigen sich die Inseln herrlich grün und in voller Blüte. Mit dem einen und anderen Regenschauer ist aber immer wieder zu rechnen; im März und April kann es abends und nachts durchaus kühl werden. Warme Kleidung ist deshalb angebracht, ebenso die Frage nach einer Heizmöglichkeit bei der Unterkunftssuche. Auf den kleineren Inseln sind viele Hotels und Restaurants noch geschlossen. Die Badesaison beginnt erst ab Mitte Mai. Dennoch sind diese Monate, vor allem der Mai, eine gute Zeit für Entdeckungsreisen, zumal der Besucher noch alle Vorzüge der Nebensaison genießt.

**Juni**: Der Sommer gewinnt an Kraft und Beständigkeit. Es wird bereits heiß, doch hält die Blüte mancher Pflanzen besonders in höheren Regionen an. Hotels und Restaurants sind fast überall geöffnet. Das Meer erreicht Temperaturen, bei denen sich auch verfrorene Gemüter wohl fühlen können, die Preise liegen jedoch noch auf dem Niveau der Nebensaison: ein idealer Monat für Entdeckungs- und Badeferien.

**Juli/August**: Im Laufe des Juli rollen die Touristenscharen an, zuerst aus dem Ausland, ab Mitte des Monats dann auch aus Italien. Es wird eng auf den Fähren, in Hotels und Restaurants. Viele Herbergen verpflichten ihre Gäste zur teuren Halbpension. Hochsaisonpreise allerorten! Den Höhepunkt erreicht die Reisewelle im August – nun wird es sogar schwer, auf Campingplätzen unterzukommen. Immerhin: Schönes Wetter ist garantiert, badewannenwarmes Meer auch.

**September**: Am Wochenende nach Ferragosto (15. August) sind die ersten italienischen Gäste bereits wieder abgereist. Jetzt im September kehrt wieder Ruhe ein, die Preise sinken. Heiß ist es immer noch, das Meer herrlich warm. Ein schöner Monat für Wandertouren und Badeferien, mit nur kleinen Einschränkungen: Auf manchen Inseln schließen allmählich bereits die ersten Einrichtungen, und die Tage werden deutlich kürzer.

**Oktober**: Es gibt die ersten kühleren Tage und vor allem Abende, manchmal regnet es auch. Zwischendurch kehrt der Sommer jedoch zurück, und Baden lässt es sich allemal noch. Viele der Hotels und Restaurants gehen im Laufe des Monats jedoch in Winterpause – die Saison ist vorbei. Wer seine Reise gut plant und sich rechtzeitig um die Unterkunft kümmert, fährt zumindest in der ersten Oktoberhälfte jedoch nicht schlecht.

# Konsulate

Ansprechpartner im akuten Notfall – zuviel erwarten sollte man sich allerdings nicht. Immerhin gibt's bei Diebstahl oder Verlust aller Geldmittel meist die Bahnfahrkarte nach Hause plus etwas Verpflegungsgeld für unterwegs; selbstverständlich sind alle Auslagen zurückzuzahlen. Auf den Inseln selbst gibt es keine Konsulate, die nächstliegenden finden sich auf Sizilien. Die unten angegebenen Adressen können sich schon einmal ändern – bevor man also mit dem letzten Geldschein quer durch Sizilien anreist, empfiehlt es sich, die entsprechende Anschrift durch Anruf oder Nachfrage im Fremdenverkehrsamt gegenzuchecken. Konsulate sind in der Regel nur Mo–Fr Vormittag geöffnet.

• *Deutsche Konsulate* **Palermo**, Viale Francesco Scaduto 2 d, ✆ 091 6254660. **Messina**, Via S. Sebastiano 13, ✆ 090 671780. **Catania**, Via Milano 10a, ✆ 095 366928.

• *Österreichisches Konsulat* **Palermo**, Viale Leonardo da Vinci 145, ✆ 091 6825696.

• *Schweizer Konsulat* **Catania**, Viale Alcide De Gasperi 151, ✆ 095 386919.

## Kriminalität

Die Mafia braucht der Tourist, wie bereits erwähnt, nicht zu fürchten. Aber auch in punkto Eigentumskriminalität dürfen die Inseln als relativ sicheres Pflaster gelten. Die soziale Kontrolle – schließlich kennt auf den Inseln praktisch jeder jeden – funktioniert vor allem außerhalb der Saison, wenn die Zahl der Besucher sich in Grenzen hält. Im Hochsommer hingegen zieht der Sog des Fremdenverkehrs natürlich auch so manche lichtscheue Gestalt auf die Inseln. Doch selbst dann sind Übergriffe auf fremdes Eigentum eher selten. Dennoch kann Aufmerksamkeit nie schaden, und wäre es nur, um niemanden in Versuchung zu führen.

Echte Vorsicht geboten ist bei der Anreise, insbesondere in Neapel und den Städten Siziliens: Autos nach Möglichkeit nur in Garagen parken, ansonsten immer offensichtlich leer lassen (Handschuhfach offen!); Geld und Pass am Körper tragen, Fotoapparate lieber im abgewetzten Rucksack als in der auffälligen Fototasche transportieren, Handtaschen zur Häuserseite hin tragen, um das Wegreißen vom Motorrad aus zu vermeiden etc. Die finsteren Ecken der Großstädte sind in der toten Zeit zwischen 13 und 16 Uhr, wenn kaum ein Mensch auf der Straße ist, genauso ungemütlich wie in tiefer Nacht! Kleiner Trost: Trotz aller Schlagzeilen sind gewalttätige Überfälle auf Touristen sehr selten! Den Helden spielt man im Ernstfall jedoch besser nicht: Ganoven sind auf handgreifliche Auseinandersetzungen nun mal besser eingestellt (und darin geübter) als der Normalurlauber.

## Landkarten

Das Angebot an Landkarten der Inseln ist relativ gut, auch wenn keine der Karten hundertprozentig korrekt ist, was vor allem in Bezug auf Fußwege und Pisten gilt. Dennoch gibt es einige ganz passable Exemplare, die man sich durchaus auch schon in der Heimat besorgen kann, zum Beispiel in guten Buchhandlungen mit Schwerpunkt auf Reisen und Geographie.

**Carta escursionistica**, vom bekannten Kompass-Verlag, Karten-Nummer 693, „Isole Eolie o Lipari", Maßstab 1:25.000. Auf Basis einer topographischen Vorlage erstellt und deshalb relativ gut zum Wandern geeignet. GPS-tauglich.

**Carta turistica e nautica**, „Isole Eolie o Lipari", von Litografia Artistica Cartografica Firenze, Maßstab 1:25.000. Ebenfalls auf topographischer Basis erstellt und eine Alternative zur Kompass-Karte.

## Personaldokumente

Trotz des Schengener Abkommens benötigt man weiterhin Personalausweis oder Reisepass. Besser jedoch, man nimmt beide Personaldokumente mit: Der Pass bleibt im Hotel, der Ausweis kann dann beim Wechseln, der Automiete etc. vorgelegt werden. Autofahrer brauchen den nationalen Führerschein und den Kfz-Schein; dringend empfohlen wird die Grüne Versicherungskarte. Bei Verlust oder

Diebstahl der Dokumente sofort auf die italienische Polizei, dort werden dann kurzfristig gültige Ersatzpapiere ausgestellt. Das Verfahren beschleunigt sich, wenn man Fotokopien der Dokumente besitzt, was generell zu empfehlen ist: Wer weiß schon auswendig die Nummer seines Personalausweises oder das Ausstellungsdatum seines Führerscheins?

## Post

> **Postleitzahlen**: 98055 für Lipari, für alle übrigen Inseln 98050

Die Gebühren für Briefe und Postkarten ändern sich schon mal. Zu erfragen sind sie auch in einem der vielen *tabacchi* (Tabakgeschäfte), in denen es ebenfalls Briefmarken (*francobolli*) gibt. Lang sind die Laufzeiten bis in die Heimat. Briefe werden schneller befördert als Postkarten. Steckt man letztere in einen Umschlag, erreichen sie die Lieben daheim früher. Wer seine Post sicherer und schneller befördern lassen will, kann sich der natürlich etwas teureren *Posta prioritaria* bedienen, für die es eigene Briefmarken und einen separaten blauen Aufkleber gibt.

**Poste restante**: Die Möglichkeit, sich Briefe aufs italienische Postamt schicken zu lassen. Persönliche Erfahrungen lassen allerdings eher abraten...
**Tipp**: Falls der Beamte nicht fündig wird, auch mal unter dem Vornamen nachschauen lassen!

Zu adressieren nach folgendem Muster:
Name, Vorname
Poste Restante
PLZ/ Ort
Italien

## Rauchverbote

Seit dem 10. Januar 2005 ist das Rauchen in allen öffentlichen Gebäuden Italiens verboten. Das gilt auch für die Innenräume von Bars und Restaurants, die bestimmte, sehr hoch angesetzte und teuer zu realisierende Anforderungen nicht erfüllen. Die vom Staat festgelegten Geldstrafen sind so drastisch (bis zu 250 Euro für den Raucher, bis zu 2200 Euro für den Gastwirt), dass das Rauchverbot zur Verblüffung vieler ausländischer Beobachter auch tatsächlich strikt eingehalten wird – nun drängen sich die Raucher eben auch bei schlechtem Wetter vor der Tür.

## Reisegepäck

Die Liparischen Inseln sind kein exotisches Reiseziel, für dessen Besuch besondere Vorkehrungen nötig wären. Hier deshalb nur einige Anregungen: Eine *Taschenlampe mit Ersatzbatterien* macht Sinn, da es auf einigen der Inseln keine Straßenbeleuchtung gibt und diese Artikel natürlich gerade dort meist nicht ganz billig sind. Geld sparen lässt sich auch durch die Mitnahme von *Sonnenmilch* und *Kosmetika*. An steinigen Strandabschnitten verbessern *Badeschuhe* und eventuell eine *gepolsterte Liegematte* den Komfort erheblich. Ein leichter *Pullover* und eine *Windjacke* können sich auch im Hochsommer als nützlich erweisen, nicht zuletzt auch deshalb, weil in den Tragflügelbooten die Klimaanlage oft auf Hochtouren läuft. Nicht zu vergessen schließlich sind *Mückenschutzmittel* und vor allem persönliche *Medikamente*, da das Sortiment der Apotheken zumindest auf den kleineren Inseln recht eingeschränkt ist.

## Reisen mit Kindern

Italiener gelten als sehr kinderfreundlich, die Sizilianer und auch die Bewohner der Inseln machen da wahrlich keine Ausnahme. Die lieben Kleinen dürfen fast alles und müssen anscheinend nie ins Bett, schreiende Rabauken im Restaurant quittiert der Kellner nur mit nachsichtigem Lächeln. Kinderstühle gibt es in Lokalen eher selten, dafür ist es kein Problem, wenn man für kleinere Kinder nichts extra bestellt, sondern sie bei den Eltern mitessen lässt; ein Paradies sind natürlich die vielen Eiscafés und Pasticcerie. Für größere Kinder könnte der Besuch des Vulcano und erst recht des Stromboli zum Höhepunkt des Urlaubs werden.

## Reiseveranstalter

Zwar interessieren sich die Giganten der Tourismusindustrie zum Glück noch nicht für die Inseln, doch offerieren einige kleinere Spezialveranstalter durchaus geführte Touren auf dem Archipel. Je nach Anbieter liegt der Schwerpunkt dabei mal auf Wanderferien, mal auf Studienreisen. Zu den Firmen, die solche Fahrten durchführen und deren renommierte Namen Qualität garantieren sollten, zählen Studiosus (www.studiosus.com), Baumeler (www.baumeler.ch) und Wikinger (www.wikinger-reisen.de); ein engagierter Kleinveranstalter ist Siabella (www.siabella.de). La Mar (www.lamar-reisen.de), spezialisiert auf maritime Themen, bietet auf Salina kulinarische Genussreisen individuell oder für Gruppen an, sowie eine Cinema-Reise auf den Spuren des „Postino". Segeltörns auf einem alten Windjammer kann man auf der SV Florette (www.svflorette.com, auch über FTI) buchen. Kataloge und nähere Informationen erhält man in jedem guten Reisebüro.

**www.italienreiseveranstalter.de**, ein recht umfangreiches Verzeichnis von deutschen Reiseveranstaltern, die Italienreisen anbieten.

*In voller Fahrt: Die Inseln sind ein Spitzenrevier für Segler*

## Sport

Wassersport ausgenommen, sind die Inseln nicht gerade ein Dorado für Sportler, was angesichts des Klimas durchaus verständlich scheint.

**Segeln/Windsurfen**: Wassersportler finden rund um die Inseln natürlich prima Bedingungen, wobei man schon etwas Erfahrung mitbringen sollte – ein Anfängerrevier sind die Inseln nicht, zumal es kaum sichere Häfen gibt. Schiffe mit und ohne Kapitän lassen sich auf den meisten Inseln mieten, Verleihstationen von Boards gibt es auf Lipari, Vulcano und Stromboli.

**Tauchen**: Die Felsküsten um die Inseln sind ein reizvolles Revier für Taucher und Schnorchler – Brille, Flossen und Schnorchel also nicht vergessen! Als besonders lohnend gelten die Küsten von Filicudi sowie Panarea mit seinen vorgelagerten Inselchen; Tauchcenter und Nachfüllstationen für die Pressluftflasche finden sich jedoch auf fast jeder Insel.

## Strom

220/230 Volt sind Standard, Elektrogeräte mit dem flachen Eurostecker passen normalerweise. Wer auf Nummer Sicher gehen will, sollte sich dennoch einen Adapter mitnehmen, wie er auch auf den Inseln selbst erhältlich ist.

## Telefonieren

In Italien, früher eines der europäischen Katastrophengebiete in Sachen Telekommunikation, hat sich in den letzten Jahren vieles gebessert. Die Durchwahl in die Heimat ist von überall möglich. Probleme mit dem Durchkommen gibt es vor allem in den Spar-Zeiten am Abend.

▸ **Vorwahlen**: Italien hat die Vorwahlen de facto abgeschafft bzw. den jeweiligen Teilnehmernummern zugeschlagen, ausgenommen sind nur Telefonsonderdienste und Mobiltelefone. So beginnen innerhalb der Provinz Messina, zu der auch die Inseln zählen, alle Teilnehmernummern mit 090.

### Vorwahlen

**Von** Italien nach Deutschland 0049, nach Österreich 0043, in die Schweiz 0041. Immer gilt: die Null der Ortsvorwahl weglassen.

**Nach** Sizilien/Italien ab Deutschland 0039, Österreich 040, Schweiz 0039, dann die komplette Teilnehmernummer (Beispiel: 0039/090 1234567).

Für die ehemalige Teilnehmernummer 1234567 in Lipari wählt man, auch innerhalb der Stadt selbst, die 090 1234567. Falls Sie aus anderen Quellen noch eine alte, siebenstellige Telefonnummer besitzen sollten, wählen Sie einfach die 090 mit. Aus dem Ausland ist keine Vorwahl mehr nötig, stattdessen wird nach der Landesvorwahl 0039 die komplette Teilnehmernummer gewählt.

**Telefongesellschaften**: Der Telekommunikationsmarkt ist viel zu schnelllebig, um hier verlässliche Informationen über die günstigsten Anbieter für Gespräche Richtung Italien zu geben. Das gilt auch in der Gegenrichtung.

**Von Geschäften, Bars und Hotels**: Telefone gibt es überall dort, wo draußen das gelbe Wählscheiben-Symbol prangt. Teilweise besteht die Möglichkeit, erst nach dem Gespräch den verbrauchten Betrag zu bezahlen, mancherorts hängt auch nur ein normales Telefon, zu füttern mit Münzen oder (häufiger) Karte. Lästig, dass nur wenige Telefone abgeschirmt sind; Bargeplauder oder Verkaufsgespräche stören oft gewaltig.

**Telefonzellen** nehmen kaum noch Münzen an, stattdessen die **Telefonkarten** „Carta Telefonica", die man in der Post, den Büros der SIP und in den meisten Tabacchi erstehen kann. Vor dem Gebrauch muss die perforierte Ecke abgebrochen werden. Die verbrauchten Beträge liest der Apparat von der Karte ab, bis sie leer ist, eine zweite Karte lässt sich nachschieben, ohne dass das Gespräch unterbrochen wird.

**Calling Cards**: Erhältlich von den verschiedensten Gesellschaften, sind Calling Cards eigentlich nur eine Merkhilfe für eine Netzzugangsnummer, mit der man sich zu einem meist sehr günstigen Tarif bei der jeweiligen Telefongesellschaft einwählt. Abgerechnet wird über das Girokonto oder per Vorauszahlung (prepaid).

**Gebühren**: Von Calling Cards etc. abgesehen, ist es im Normalfall billiger, sich von der Heimat aus per Billigvorwahl anrufen zu lassen, was in den meisten Hotels und Campingplätzen möglich ist.

**Handys**: Die ganz große Abzocke ist vorbei: Durch eine EU-Verordnung wurden die Minutenpreise bei Auslandsanrufen auf maximal 46,4 Cent, bei angenommenen Gesprächen auf 17,9 Cent (beides gültig ab Juli 2010) gedeckelt. Das ist erheblich weniger als früher, und die Preise sollen per Gesetz weiter sinken. Für Vieltelefonierer geht es aber noch günstiger, beispielsweise durch die Buchung eines speziellen Auslandstarifs oder den Kauf einer internationalen oder italienischen Prepaid-Karte.

**www.teltarif.de/reise**: Nicht nur für Handynutzer eine nützliche Seite, die aktuelle Infos und Tipps zum Thema „Telefonieren im Ausland" bietet.

## Zeitungen und Zeitschriften

Zur Reisesaison sind vor allem auf Lipari die wichtigsten deutschsprachigen Zeitungen und Zeitschriften erhältlich, meist erreichen sie die Insel mit einem Tag Verspätung. Mit etwas Glück kommt man zur Saison auch auf Vulcano und Stromboli an entsprechende Ware, doch hängt dies vom Einsatz der dortigen Verkäufer ab. Wer Italienisch versteht, hat natürlich eine wesentlich breitere Auswahl.

*In praller Sonne: Trauben trocknen für den Malvasia*

## Zollbestimmungen

Seit 1. Januar 1993 ist im privaten Reiseverkehr der EU, also auch im Verkehr zwischen Deutschland und Italien, die Mitnahme von Waren zum eigenen Verbrauch unbegrenzt möglich.

Zur Unterscheidung zwischen privater und gewerblicher Verwendung wurden folgende Richtmengen eingeführt:
800 Zigaretten, 400 Zigarillos, 200 Zigarren, 1 kg Rauchtabak. 10 Liter Spirituosen, 20 Liter Zwischenerzeugnisse, 90 Liter Wein (davon maximal 60 Liter Sekt) und 110 Liter Bier.
Auch die Mitnahme höherer Mengen ist gestattet, sofern sie dem eigenen Verbrauch dienen – was bei eventuellen Kontrollen allerdings glaubhaft zu machen wäre.

Anders ist die Regelung weiterhin beim Transit durch das Nicht-EU-Land Schweiz. Hierzu wurde folgendes vereinbart: Sofern die vierfachen Nicht-EU-Freimengen (dazu zählen u. a. 200 Zigaretten, 2 Liter Wein, 1 Liter Spirituosen) nicht überschritten werden, gibt es keine Probleme. Bei Mitnahme höherer Mengen ist der Zöllner ungefragt (!) darüber in Kenntnis zu setzen; er entscheidet dann, ob für die Waren eine Transitkaution zu stellen ist, die bei der Ausfuhr wieder erstattet wird. Besonders für Freunde italienischen Schinkens ist darüber hinaus wichtig zu wissen, dass beim Transit durch die Schweiz schon kleinere Mengen von Fleisch- und Wurstwaren Ärger bescheren können.

*Der Schwerlasttransport mit Maultieren bleibt Alltag auf Alicudi*

# Liparische Inseln

▲ Panorama auf Tour 1: Lipari-Stadt, im Hintergrund Panarea und Stromboli

# Die Reiseziele

*Imposant: der Burgberg von Lipari-Stadt vor der Kulisse Vulcanos*

# Lipari

*Die ausgedehnteste, lebendigste und vielfältigste der Inseln. Liparis wechselvolle Geschichte reicht über viele Jahrtausende zurück und ist in einem ausgezeichneten Archäologischen Museum dokumentiert.*

**Dank ihrer guten Verkehrsverbindungen, der umfassenden Infrastruktur und dem breiten Angebot an Quartieren drängt sich die Hauptinsel des Archipels als Standquartier für Tagesausflüge zu den Nachbarinseln geradezu auf. Gleichzeitig glänzt Lipari mit herrlichen Landschaftsbildern, historischen Sehenswürdigkeiten und einem regen Kleinstadtleben. Strände gibt es zwar nicht gerade in Überzahl, doch finden sich hier immerhin zwei der schönsten der Inselgruppe.**

Mit einer Fläche von etwa 37,6 Quadratkilometern ist das antike *Meligunis* die größte der Inseln, mit einer Einwohnerzahl von rund 9500 Personen gleichzeitig auch die bevölkerungsreichste. Zum Vergleich: Selbst das fruchtbare Salina zählt gerade mal knapp 2400, Stromboli nur etwa 600 Einwohner. Folgerichtig bildet Lipari seit jeher die Hauptinsel der Gruppe, zu seiner Gemeinde gehören alle anderen Inseln mit Ausnahme von Salina. Lipari verfügt über das einzige Krankenhaus der Inseln und ist Sitz mehrerer Gymnasien.

Vor allem aber kann die Insel als einzige des Archipels mit einer Ansiedlung aufwarten, die die Bezeichnung „Stadt" verdient – einer ausgesprochen hübschen und durchaus lebendigen dazu. Im Juli und August herrscht Hochbetrieb, und auch in den

## Lipari im schnellen Überblick

**Fläche**: 37,6 Quadratkilometer; Länge etwa neun Kilometer, maximale Breite etwa sieben Kilometer.

**Bevölkerung**: rund 9500 Einwohner, genannt Liparoti, von denen gut 5000 in der Hauptstadt leben.

**Höchste Erhebung**: Monte Chirica (602 m), dicht gefolgt vom Monte San Angelo (594 m).

**Strände**: Vorwiegend im Norden und Osten. Lipari-Stadt besitzt nur einen kleinen, Canneto einen längeren Kiesstrand. Die beiden schönsten Inselstrände sind wohl die Spiaggia Bianca nördlich von Canneto und die Spiaggia Valle Muria unterhalb des Belvedere Quattrocchi, westlich von Lipari-Stadt.

**Hauptfeste**: Festività Patrono San Bartolomeo, Fest des Inselpatrons mit großer Prozession, an mehreren Tagen um den 24. August. Weitere Feierlichkeiten zu Ehren des Heiligen am 13. Februar (Fischer), am 5. März (Bauern) und am 16. November. Erlebenswert sind auch die Prozessionen zu Ostern.

**Inselverkehr**: Mitnahme des eigenen Fahrzeugs möglich, von Juli bis September offiziell jedoch nur bei einem Mindestaufenthalt von sieben Tagen, zu belegen durch eine schriftliche Reservierungsbestätigung. Passable Busverbindungen mit Ausgangspunkt Lipari-Stadt. Gute Straßenverbindung zwischen den einzelnen Orten durch die etwa 27 Kilometer lange, komplett asphaltierte Ringstraße; einige Stichstraßen führen zu kleineren Weilern. Fahrzeugvermieter gibt es in Lipari-Stadt, im Sommer auch in Canneto, Tankstellen nur in Lipari-Stadt.

den übrigen Monaten ist weit mehr los als auf den Nachbarinseln. Dennoch ist Lipari keine Touristenhochburg, die nur vom Fremdenverkehr lebt. Der Hauptort hat sich trotz reichlich vorhandener Boutiquen und Souvenirgeschäfte seine Identität weitgehend bewahrt. Frühmorgens entladen Fischer am Hafen ihre Boote, am Abend füllt sich die Hauptstraße mit der traditionellen Passeggiata der Einheimischen. Architektonische Exzesse sind ausgeblieben, die weißen Häuser wachsen nicht mehr als höchstens drei Stockwerke in den Himmel. Ruhiger gibt sich die zweitgrößte Siedlung der Insel. Das drei Kilometer entfernte Canneto ist zwar vom Ambiente her mit Lipari-Stadt nicht zu vergleichen, verfügt aber über den einzigen Campingplatz Liparis und liegt auch näher an guten Stränden. Weitere kleine Ortschaften, zum Teil nur aus weit verstreuten Häusern bestehend, reihen sich entlang der Ringstraße, die im Osten und Norden küstennah, im Westen dagegen inseleinwärts und hoch über dem Meer verläuft. Eine Tour entlang dieser Inselhauptstraße gestaltet sich höchst abwechslungsreich und ist unbedingt zu empfehlen.

Landschaftlich zeigt sich Lipari ausgesprochen vielfältig. Das überwiegend bergige Inselinnere ist vielfach mit dichter Macchia bewachsen und weitgehend unwegsam. Bei Wanderungen im südlichen Bereich trifft man auf vereinzelte Fruchtbäume und Weingärten, von denen einer sogar in einem erloschenen Vulkankrater angelegt wurde. Nördlich der Hauptstadt erstreckt sich beim Dörfchen Pirrera ein erstarrter Obsidianstrom bis hinab zu den Häusern von Canneto. Ein Stück weiter im Nordosten strahlt der schneeweiße Bimssteinhang des Monte Pilato so glänzend weiß, dass sein Anblick fast nur mit Sonnenbrille zu ertragen ist. Auf der gegenüberliegenden Seite der Insel liegt das weite, bäuerlich geprägte Gebiet von Quattropani. Ganz in der Nähe leuchtet in einer ehemaligen Kaolingrube vielfarbig geschichteter Stein. Hier an der steil abfallenden, felsigen und oft unzugänglichen Westküste ist Lipari einsam und fast menschenleer. Ebenen und damit landwirtschaftlich genutzt einzig im Gebiet der Hauptstadt und im Westen um Pianoconte und Quattropani.

> „Lipari ist die größte, bevölkertste, fruchtbarste und unstreitig auch die
> schönste Insel der Gruppe, der sie den Namen verleiht."
>
> *Erzherzog Ludwig Salvator*

Schöne Panoramen bietet die Insel gleich im Dutzend. Weithin bekannt ist die Aussicht vom Belvedere Quattrocchi („Vier Augen") auf das benachbarte Eiland Vulcano. Mindestens ebenso reizvoll ist jedoch der Blick auf die Meerenge und die Krater vom weit weniger frequentierten Alten Observatorium an der Südspitze der Insel, von der Hauptstadt auf einer angenehmen Nachmittagswanderung oder auch mit dem Fahrzeug leicht zu erreichen. Und im Norden lockt an mehreren Aussichtspunkten ein Panorama, das gleich fünf der sechs Nachbarinseln umfasst. Lipari – ein Fest fürs Auge.

# Geschichte

**In Liparis Hauptstadt bewegt man sich auf wahrhaft uraltem Siedlungsgebiet: Die Akropolis ist seit über fünf Jahrtausenden kontinuierlich bewohnt. Die Geschichte der menschlichen Besiedelung der Insel reicht aber sogar noch länger zurück.**

Wie alle anderen Inseln des Archipels ist auch Lipari vulkanischen Ursprungs. Der älteste Teil der Insel liegt im Westen und besteht aus Überresten von Strato-Vulkanen wie dem 356 Meter hohen Timpone Ospedale, in dessen Umgebung noch heute Fumarolen relativ niedriger Temperatur ebenso von vulkanischer Aktivität künden wie die heißen Quellen der weiter südlich gelegenen Thermen von San Calogero. Die ältesten Oberflächengesteine in diesem Bereich der Insel sind rund 220.000 Jahre alt. Weit weniger lang zurück liegt die letzte Phase von Eruptionen auf Lipari, die vor etwa 10.000 Jahren begann und bis ins frühe Mittelalter etwa der Zeit um 700 n. Chr. reichte.

▸ **Vorgeschichte:** Auf der Westseite der Insel landeten mit ihren einfachen Booten auch die ersten Bewohner, die vielleicht aus Sizilien kamen und sich Ende des fünften oder Anfang des vierten Jahrtausends v. Chr. im Gebiet von Castellaro Vecchio auf der Hochebene von Quattropani niederließen – etwa fünf Jahrhunderte vor der Besiedlung der natürlichen Festung auf dem Stadtberg von Lipari durch andere, neu zugewanderte Völkerschaften. Rund ein Jahrtausend sollte es dauern, bis auch die übrigen Inseln des Archipels besiedelt wurden. Die Neulinge, ein bäuerliches Volk, das von Landwirtschaft und Viehzucht lebte, kamen in der Hoffnung auf ein besseres Leben. Auf Lipari nämlich gab es ein seltenes, glasartiges Vulkangestein, das der Monte Pilato möglicherweise erst vor relativ kurzer Zeit ausgespien hatte und das zu jener Zeit hoch begehrt war: Obsidian.

Als etwa um 2500 v. Chr. die Kunst der Metallverarbeitung entdeckt worden war, nahm die Herrlichkeit allmählich ein Ende. Auf Lipari wechselte man deshalb die Branche: In der Bronzezeit fungierte die Insel dank ihrer günstigen Lage als Umschlagplatz für Waren und als Stützpunkt für Handelsschiffe der hoch entwickelten Zivilisationen des östlichen Mittelmeers. Besonders intensiv waren die Kontakte mit der Kultur von Mykene. Bei Ausgrabungen fanden sich große Mengen bemalter mykenischer Keramik, und die Thermen von San Calogero

## Obsidian, das „Schwarze Gold" Liparis

Plinius d.Ä. zufolge wurde Obsidian von dem römischen Reisenden Obsius entdeckt und nach ihm benannt. Das glänzende, meist schwarze, aber auch dunkelgraue oder dunkelbraune, häufig geflammte oder gestreifte Gesteinsglas entsteht bei schneller Erstarrung der sogenannten rhyolithischen Lava und enthält Gasreste, aber ungewöhnlich wenig Wasser, nämlich unter drei Prozent. Obsidian wird nicht von jedem Vulkan produziert. Entsprechend rar und gesucht war das äußerst harte Material in den Zeiten, als die Verarbeitung von Metallen noch unbekannt war. Mit dem nötigen Geschick ließen sich aus einem Obsidianblock sehr scharfkantige Rohlinge schlagen, die dann zu Messerklingen, Äxten und anderen Waffen und Werkzeugen feinbearbeitet wurden. Dabei musste sorgfältig vorgegangen werden: Obsidian ist zwar sehr hart, bricht aber auch recht leicht. Über mehr als 1500 Jahre hinweg verdankten die Siedler von Lipari dem wertvollen Gesteinsglas einen für die damalige Zeit außergewöhnlichen Wohlstand. Obsidian aus Lipari wurde nach Sizilien und Süditalien exportiert, aber auch in Ligurien, der Provence und an der dalmatinischen Adriaküste entdeckt, Beleg für die bereits damals weit reichenden Handelsbeziehungen, die Lipari später noch zum Vorteil gereichen sollten. Heute schmücken viele Liparoten ihre Vorgärten mit großen Stücken des dekorativen Materials, das in den Geschäften des Hauptortes als Souvenir verkauft wird, vor allem im Nordosten der Insel jedoch auch selbst gesammelt werden kann. Dabei ist jedoch etwas Vorsicht geboten: An besonders scharfen Kanten kann man sich schon mal böse schneiden.

weisen eindeutige Zeichen mykenischer Architektur auf. Lipari blieb wohlhabend genug, um für Kolonisten interessant zu sein. Verschiedene Völker versuchten deshalb, die Herrschaft über die einheimische Bevölkerung zu gewinnen. Erfolgreich waren die Ausonier aus Mittelitalien, die etwa gegen 1200 v. Chr. auf Lipari landeten, der Sage nach angeführt von ihrem König *Liparos*, dem Namenspatron der Insel. Über mehrere Jahrhunderte sonnte sich die Insel in Frieden und Wohlstand. Um etwa 850 v. Chr. jedoch wurde die Hauptstadt von unbekannten fremden Eindringlingen praktisch dem Erdboden gleichgemacht. Möglicherweise kam auch noch eine Naturkatastrophe vollendete. Jahrhundertelang blieb Lipari fast entvölkert, und oft genug wurden die wenigen verbliebenen Einwohner auch noch Opfer etruskischer Piraten.

▶ **Griechische Blütezeit auf Lipari**: Erst während der 50. Olympiade um 580 v. Chr. – auf dem nahen Sizilien gab es schon seit Jahrhunderten blühende griechische Kolonien – interessierten sich wieder Siedler für die Insel. Und dabei war Lipari nicht einmal ihre erste Wahl gewesen: Die neuen dorischen Einwohner, aus Knidos und Rhodos stammend, hatten unter ihrem Anführer Pentathlos vorher vergebens versucht, in Lilybacum (dem heutigen Marsala) eine Kolonie zu gründen und sich dabei von den Elymern aus Segesta und den mit ihnen verbündeten Karthagern blutige Nasen geholt. Lipari war leichter einzunehmen. Im Lauf der Zeit vermischten sich die Eroberer mit den spärlich vorhandenen Einwohnern. Und einmal mehr erwiesen sich die Griechen als fähige Kolonisatoren. Mit der Anlage einer Burg auf dem Stadtfelsen und dem Aufbau wirkungsvoller Seestreitkräfte wehrten sie sich immer erfolgreicher gegen die etruskische Piratenplage. Bald erlebte das fast demokratisch geführte, politisch unabhängige und ab 427 v. Chr. durch einen Bund mit dem starken Stadtstaat Syrakus zusätzlich geschützte Gemeinwesen einen Aufschwung, in dessen Folge auch die Künste blühten. Erhalten aus jenen glücklichen Jahrhunderten blieben neben Münzen, einigen Skulpturen und einer Reihe von Grabinschriften vor allem jene mehrfarbig bemalten Keramiken und tönernen Statuetten und Theatermasken, die heute den wohl größten Schatz des Museums von Lipari bilden.

Beliebtes Souvenir: Kopien griechischer Theatermasken

Freilich lebten die Einwohner Liparis nicht nur vom Handel und der Landwirtschaft. Ihre schnellen Schiffe konnten auch zu anderen Zwecken als nur der Verteidigung eingesetzt werden, wie der historisch belegte erfolgreiche Überfall auf ein römisches Schiff 393 v. Chr. beweist. Als Dank für ihre Erfolge errichteten die Kolonialgriechen im Apollo-Heiligtum von Delphi insgesamt über 40 Votiv-Denkmäler, großteils aus Bronze, zum Teil angeblich jedoch sogar auch aus purem Gold. Unterbrochen wurde diese glückliche Phase nur durch gelegentliche Angriffe fremder Großmächte, die die Insel wohl auch wegen ihres Bundes mit Syrakus erleiden musste. So griffen zunächst Streitkräfte aus Athen, später dann mehrfach Schiffe aus Karthago Lipari an. Schwere Folgen blieben jedoch meist aus, manchmal konnten sich die Einwohner auch durch Zahlung einer Geldstrafe freikaufen und bald wieder ihren Wohlstand genießen. Die gedeihliche Koexistenz nahm ein jähes Ende, als 304 v. Chr. Agathokles, Tyrann von Syrakus, seine Verbündeten überfiel. Zwar hatte er an seiner Beute nicht viel Freude – der empörte Windgott Aiolos ließ die Schiffe des Tyrannen auf der Rückfahrt allesamt in einem gewaltigen Sturm sinken –, die Liparoten hatten jedoch von Syrakus genug: Sie schlossen einen Bund mit der ewigen Rivalin von Syrakus, mit Karthago. Dadurch wurde Lipari im *Ersten Punischen Krieg* (264–241 v. Chr.) ein wichtiger Flottenposten der Nordafrikaner, die sich 257 v. Chr. in den hiesigen Gewässern eine furchtbare Seeschlacht mit den letztlich siegreichen Römern lieferten. Lipari geriet so zwangsläufig ins Visier der Herren vom Tiber, die mehrfach versuchten, die Insel zu erobern, zunächst jedoch vergeblich.

▶ **Der Niedergang unter den Römern**: 252–251 v. Chr. standen die Römer wieder ante portas – und diesmal nahmen sie den Burgberg ein. Es folgte ein schauriges Gemetzel unter der Bevölkerung, ein Schlag, von dem die Insel sich so leicht nicht wieder erholte. Zwar florierte die liparische Wirtschaft weiterhin, dank der Alaunindustrie auf dem nahen Vulcano, für die Lipari ein Monopol besaß. Die heißen Quellen der Nachbarinsel wie auch die von San Calogero waren zudem als Thermalbad geschätzt und lockten reiche Römer zur Kur. Dennoch ging es mit Lipari bergab, zumal die Insel auch noch in den Bürgerkrieg zwischen Octavian und dem Herrn Siziliens, Sextus Pompeius, geriet. Von Pompeius befestigt, wurde Lipari 36 v. Chr. durch Octavians General Agrippa angegriffen und erobert.

### Ein Apostel als Schutzheiliger: Lipari und der Heilige Bartholomäus

Der Heilige Bartholomäus, in Italien San Bartolomeo genannt, stammte aus Galilea und war einer der Zwölf Apostel Jesu. Der Legende zufolge wirkte er in Indien oder Armenien und erlitt dort das Martyrium auf denkbar schaurige Weise: Ihm wurde bei lebendigem Leib die Haut abgezogen. Den Sarkophag mit seinen Gebeinen warf man ins Meer, doch versank er nicht, sondern trieb umher, bis er schließlich an Liparis Küste strandete. Und dort wurde er, nach immerhin fast sechs Jahrhunderten, von keinem Geringeren entdeckt als dem damaligen Bischof, der sie sofort als Bartholomäus´ heilige Überreste identifizierte (kritische Geister merken hierzu an, dass der Bischof den fabulösen Fund seinerzeit wohl ganz gut habe brauchen können, um seine etwas wacklige Position Rom gegenüber zu festigen). Die Reliquien des Heiligen wurden in eine Krypta verbracht, über der der Bischof eine Kirche bauen ließ. Zwar wurden sie nach einem Piratenüberfall im 9. Jh. auf das italienische Festland verschifft oder, einer anderen Version zufolge, vom osmanischen Piraten Ariadeno Barbarossa bei seinem Überfall auf Lipari im Sommer 1544 ins Meer geworfen, doch haben die Liparoten „ihren" Bartolomeo hier nicht vergessen. Sie feiern ihn nicht nur am Tag des Heiligen, dem 24. August, sondern noch gleich drei weitere Male im Jahr. Außerdem trägt ein guter Teil der männlichen Bevölkerung den Namen Bartolo. Und das Wappen der Stadt, dessen Motiv bis auf die Normannen zurückgeht, zeigt neben einer stilisierten Burg auch den Schutzheiligen: in der einen Hand seine Haut, in der anderen das Messer, das sie ihm vom Leib schnitt.

Während der römischen Kaiserzeit (1.–4. Jh.) war Lipari so unbedeutend, dass kaum Aufzeichnungen über das Schicksal der Insel vorliegen. Bekannt ist nur, dass Kaiser Caracalla seine unliebsame Ehefrau Plautilla ebenso dorthin verbannte wie deren kaum mehr geschätzten Bruder Plautius. Nachdem er vorher bereits seinen Schwiegervater hatte ermorden lassen, wurde er gleich die gesamte angeheiratete Verwandtschaft los. So waren damals eben die Zeiten …

Abgelegen und provinziell wie Lipari war, fand doch das Christentum seinen Weg auch hierhin. Vielleicht schon seit dem 4. Jh. war die Stadt Bischofssitz. Ende des 6. Jh. gelangte die Insel auf wundersame Weise in den Besitz der Reliquien des Apostels Bartholomäus, bis heute der Schutzpatron Liparis.

Während der byzantinischen Zeit blieb Lipari unbedeutend, ebenso unter den Arabern ("Sarazenen"), die ab dem 9. Jh. die Insel besetzt hielten und einen Großteil der Bevölkerung in die Sklaverei verschleppten. Jahrhundertelang blieb Lipari fast menschenleer. Erst die Normannen verhalfen der Insel zu neuer Blüte.

▶ **Nordländer auf Lipari – die Normannen:** 1061 landeten die Normannen unter Roger (Ruggero) I. auf Sizilien und vereinnahmten in der Folge auch Lipari. Sie erwiesen sich als behutsame und weitgehend uneigennützige Förderer des Gemeinwesens. 1080 berief Roger I. den Benediktinerabt Ambrogio mit dem Auftrag nach Lipari, die Insel wiederzubevölkern. 1083 wurde unter Ambrogios Leitung ein Benediktinerkloster gegründet, das bald auch gesetzgebende Funktion erhielt. Wenig später begann man mit dem Bau einer Kathedrale. Wirtschaft und Kultur erwachten von Neuem. Allmählich wuchs um das Kloster wieder eine Stadt. Am 9. Mai 1095 verabschiedete Ambrogio mit dem *Constitutum* ein Dokument, das den Ankauf und die Wiederverteilung des Bodens an die neue Bevölkerung regelte; eine Kopie ist im Archäologischen Museum zu sehen. Abt Ambrogio starb 1122 nach über vier Jahrzehnten als Klostervorsteher und Leiter des Wiederaufbaus; er darf wohl als eine der wirklich großen Persönlichkeiten in der Geschichte der Insel gelten. Nicht zuletzt durch seine Tätigkeit genoss Lipari nun fast völlige Eigenständigkeit. Die Insel bildete ab 1131 zusammen mit Patti auf Sizilien eine Diözese und florierte prächtig.

▶ **Wechselnde Herren:** Als im 13./14. Jh. sich die französischen Anjou mit dem spanischen Haus Aragón um Süditalien rauften, wechselte Lipari zwar mehrfach den Besitzer, gehörte mal zu Neapel und dann wieder zu Sizilien. Doch litt die Insel darunter nicht sonderlich – die jeweiligen Herren überboten sich vielmehr geradezu im Gewähren von Privilegien, die bis hin zur völligen Steuerbefreiung reichten. Es waren gute Jahrhunderte für Lipari.

▶ **Ein Piratenüberfall und die Folgen:** Ende Juni 1544 schaukelte die geballte Flotte des osmanischen Piraten Cheir-ed-Din vor Lipari. Die Bewohner waren in heller Panik – und hatten allen Grund dazu: Cheir-ed-Din, im Westen wegen seines roten Bartes bekannt als Ariadeno Barbarossa, galt als der gefürchtetste Pirat seiner Zeit, hatte 1515 von Spanien Algerien erobert und 1519 Tunis eingenommen. Mittlerweile als oberster Admiral in Diensten des türkischen Sultans stehend, schreckte er selbst vor kriegerischen Auseinandersetzungen mit Karl V. von Spanien nicht zurück. Und tatsächlich musste sich der mächtige Herrscher, in dessen Reich die Sonne nicht unterging, mehrmals dem Piraten geschlagen geben – freilich auch deshalb, weil der Großteil von Karls Flotte permanent damit beschäftigt war, die aus den überseeischen Kolonien geraubten Reichtümer nach Spanien zu schleppen und insgesamt vier Kriege gegen die Franzosen zu führen. Dennoch war Barbarossa ein wirklich brandgefährlicher Mann. Und dass die Liparoten den Kanonen von 150 Kriegsschiffen nichts entgegenzusetzen hatten, war leider allzu offensichtlich. Verzweifelt geführte Verhandlungen scheiterten. Am Morgen des 11. Juli fielen die türkischen Piraten in das vorher sturmreif geschossene Kastell ein. Es folgte ein furchtbares Gemetzel an der unglücklichen Einwohnerschaft. Die Stadt ging in Flammen auf. Wer nicht unter den türkischen Säbeln sein Leben ließ, wurde in die Sklaverei verschleppt. Als Barbarossa abzog, war Lipari – wieder einmal – fast menschenleer.

▶ **Spanier, Savoyer, Österreicher, Bourbonen:** Karl V. von Spanien, seinerzeit Herrscher auch über Lipari, förderte den Wiederaufbau der Insel mit großzügigen

*Vom Burgberg aus betrachtet: das „Inselchen des Fegefeuers"*

Privilegien. Auf Lipari trafen Hunderte von Neusiedlern ein, der Großteil aus dem nahen Sizilien. Das Kastell erhielt neue Mauern und damit jene Form, die es heute noch weitgehend unverändert zeigt. Die zerstörte Kathedrale entstand von Neuem. Um sich vor weiteren Überfällen zu schützen, wurde auf den Anhöhen ein System von Wachposten eingerichtet, dem der Monte Guardia („Wachtberg") im Süden seinen Namen verdankt. Während Stadt und Insel allmählich wieder aufblühten, wechselten die politischen Herren in rasanter Folge. Erst 1860 befreite Garibaldis „Zug der Tausend" Lipari, das danach dem Königreich Italien angehörte. Mittlerweile war wieder ein geordnetes Alltagsleben auf der Insel eingekehrt, hatten Landwirtschaft, Handel und die Funktion als Versorgungsbasis an neuen Schifffahrtslinien bescheidenen Wohlstand gebracht. Gleichzeitig war Liparis Einwohnerzahl stark gewachsen und sogar weit höher als heute. Längst hatte die Hauptstadt die engen Grenzen des Burgbergs gesprengt und sich in die tiefer gelegenen Bereiche ausgedehnt. Piratengefahr war nicht mehr zu fürchten, die Bedeutung des Kastells sank. Ende des 19. Jh. wurde die Militäranlage in ein Gefängnis umgewandelt.

▶ **Das 20. Jahrhundert**: Die große Auswanderungswelle, die nach dem Erdbeben von Messina 1908 ihren Höhepunkt erreichte und bis zum ersten Weltkrieg über eineinhalb Millionen Sizilianer in die Ferne spülte, erfasste auch die Liparischen Inseln. Etwa 10.000 Einwohner des Archipels suchten ihr Heil in Übersee, die meisten in den USA. Ab den Zwanzigerjahren diente die weitgehend entvölkerte und verarmte Insel den Faschisten Mussolinis als Verbannungsort für politische Gefangene und Kriminelle. Einen Aufschwung brachte erst wieder der Mitte der Fünfzigerjahre einsetzende Tourismus, ausgelöst vor allem durch den Film „Stromboli, Terra di Dio" von Roberto Rossellini mit Ingrid Bergman in der Hauptrolle.

*Aus jeder Richtung bezaubernd: Blick auf Lipari-Stadt*

# Lipari-Stadt

**Schon bei kurzer Bekanntschaft erweist sich die „Metropole" der Insel als heimeliges, gemütliches Städtchen im genau richtigen Format. Mit seinen etwa 5000 Einwohnern ist Lipari klein genug für schnelle Orientierung und kurze Wege, andererseits ausreichend groß, um auch außerhalb der Saison ein eigenes Stadtleben aufzuweisen.**

Einerlei, ob man sich per Fähre oder per Aliscafo dem Städtchen nähert, bereits der erste Anblick ist bezaubernd: Lipari schmiegt sich um einen mächtigen, 60 Meter hohen Felsklotz aus Lavagestein, der einem Bühnenbild gleich fast senkrecht aus dem Meer aufsteigt und die wuchtigen Mauern des alten Kastells aus spanischer Zeit trägt. Hier, auf dem schon in der Vorgeschichte besiedelten und seit Jahrtausenden durchgehend bewohnten Stadtberg, liegen die Wurzeln der Siedlung, und hier oben findet sich auch die größte Sehenswürdigkeit der Inseln: Das Archäologische Museum Museo Archeologico Eoliano gehört von der Präsentation und den Exponaten her zu den schönsten Museen Italiens. Das Alltagsleben findet dagegen eine Etage tiefer statt. Der dann für den Verkehr gesperrte Corso erwacht allabendlich aus seinem Nachmittagsschlummer, sobald die *passeggiata* einsetzt, der rituelle italienische Spaziergang. Später am Abend trifft man sich am Hafen Marina Corta, dessen Bars bis in die Nacht geöffnet haben. Auch an Restaurants und Geschäften herrscht kein Mangel. Viel Flair bietet das Städtchen abseits der Hauptwege: enge Gassen, in denen Oleanderbüsche blühen, stille kleine Kirchplätze, hübsch mit Blumen geschmückte Hausfassaden. Reich an optischen Reizen zeigt sich auch die unmittelbare Umgebung, sei es nun der herrliche Ausblick vom Kirchlein Sant Bartolo al Monte oder die faszinierende Aussicht vom

Alten Observatorium an der Südspitze der Insel, das mit dem Fahrzeug oder auf einer kurzen Wanderung erreicht werden kann.

**Erste Orientierung**: Lipari-Stadt besitzt gleich mehrere Häfen. Fährschiffe und Aliscafi landen an der zweckbetonten *Marina Lunga* (auch: Porto Sottomonastero) im Norden. Die hübsche *Marina Corta* im Süden des Felsens, ein beliebter Treffpunkt, beherbergt Sport- und Ausflugsschiffe. Der dritte Hafen *Porto Pignataro*, der etwas außerhalb des Ortes in der Nähe des Tunnels nach Canneto liegt, ist nur für Fischer und Sportbootkapitäne von Bedeutung. Etwas inseleinwärts der beiden Haupthäfen verläuft parallel zur Küste die meist kurz *Corso* genannte, schnurgerade Hauptstraße *Corso Vittorio Emanuele*, die von Cafés, Restaurants und Boutiquen gesäumt wird.

> Die Ziffern hinter den Namen von Hotels, Restaurants etc. beziehen sich auf den Stadtplan in der vorderen Umschlaginnenseite.

**Lipari**
Karte Umschlagklappe hinten

## *Information/Wichtige Adressen*

• *Information* **Servizio Turistico Regionale n. 11 – Arcipelago Eolie**, am Corso Via Vittorio Emanuele 202, 98055 Lipari; ✆ 090 9880095, ✉ 090 9811190, www.aasteolie.191.it. Gut ausgestattetes Büro, beste Informationsquelle auch für die übrigen Inseln des Archipels. Neben einem Hotelverzeichnis und Übersichten der Abfahrtszeiten von Fähren und Aliscafi etc. sind hier auch Details über Verkehrsverbindungen auf Sizilien erhältlich. Öffnungszeiten von Mo–Fr 8.30–13.30, 16.30–19 Uhr, im Juli/August auch länger und zusätzlich am Wochenende geöffnet.
**Centro Servizi Turismo CST**, „Informations- und Servicezentrum für Tourismus", Via Maurolico s/n, Nähe Kasbah Café; ✆ 090 9811692. Privatwirtschaftlich organisiertes Büro, gibt Auskunft, vermittelt Unterkünfte und Wanderführer, einige der Mitarbeiterinnen sprechen Englisch. Geöffnet Mo–Sa 9–12.30, 17–20.30, So 17–20.30 Uhr.
• *Ärztliche Versorgung* **Hospital**, Via Santa Anna, im Gebiet südwestlich des Zentrums, ✆ 090 98851.
**Erste Hilfe**: Pronto Soccorso, ✆ 090 985267.
**Guardia Medica**, ärztlicher Notdienst, in der Via Garibaldi, Nähe Aufstieg zum Kastell, ✆ 090 9885426.
• *Post* Via Vittorio Emanuele 207; geöffnet Mo–Fr 8–18.30 Uhr, Sa nur 8–12.30 Uhr.
• *Internet-Zugang* **Netc@fe**, Via Garibaldi 61, Nähe Via Maurolico, einer Bar-Paninoteca angeschlossen. www.netcafelipari.com.
**Internet-Point**, gleichzeitig Immobilienagentur, trockener Bürocharme, kein Café. An der Treppengasse, die vom Hafen zum Kastell hoch führt. Salita Meligunis 18, Zugang auch vom Vico Rodi 29, www.eolianweb.it.
• *Zwei Reisebüros* **Menalda Tours**, Corso Vittorio Emanuele 235, ✆ 090 9880573, ✉ 090 9880159. www.menaldatours.it.
**Travel Reality**, Corso Vittorio Emanuele 61, gut für Fährtickets, Flüge etc., aber auch für Unterkünfte. ✆ 090 9880640, ✉ 090 981 2793, www.realitytravel.it.

## *Schiffsverbindungen*

Als Drehkreuz des Schiffsverkehrs bietet Lipari hervorragende Verbindungen zu allen anderen Inseln. Eine Fahrplanübersicht ist beim Fremdenverkehrsamt erhältlich. Die Agenturen der Reedereien liegen jeweils nahe der Abfahrtsstellen und haben ihre (manchmal kurzfristig geänderten) Fahrpläne ausgehängt.
**Fährbüros** der SIREMAR ( ✆ 090 9811312) und NGI ( ✆ 090 9811955) im Umfeld des großen Hafens Marina Lunga nördlich des Zentrums.
**Aliscafi-Büros** der SIREMAR (✆ 090 9812200) und der USTICA-LINES (✆ 090 9812448) im kioskähnlichen Gebäude direkt bei der Abfahrtsstelle, die ebenfalls an der Marina Lunga liegt; hier auch Gepäckaufbewahrung.

*Schiffsausflüge*

Eine gute Gelegenheit, die vielfältigen, von Land aus zum Teil unzugänglichen Küstenstriche des Archipels kennen zu lernen. Mehrere Agenturen präsentieren sich an der Marina Corta, am Aliscafo-Anleger an der Marina Lunga, sowie am Corso und in der Via Maurolico. Sie veranstalten Ausflugsfahrten zu den anderen Inseln und Rundtouren um Lipari; Badestopps in abgelegenen Buchten sind meist eingeplant. Einige Preisbeispiele (Nebensaison): Vulcano 15–20 €, Salina inklusive Lipari-Umrundung 25–30 €, Panarea und Stromboli 40–45 €, Filicudi und Alicudi etwa 40 €. Mittlerweile werden auch Touren nach Stromboli angeboten, die mit einer geführten Vulkanbesteigung kombiniert sind, Preisbeispiel: 70–80 €. Erkundigen Sie sich in diesem Fall jedoch unbedingt genau über die aktuelle Lage auf Stromboli, nicht alle Unternehmen weisen auf etwaige Einschränkungen (Sperrungen etc.) hin. Buchung jeweils bei den Agenturen an der Marina Corta oder über Reisebüros. Beim Vergleich sollte man nicht nur auf die Preise achten, sondern sich auch über den schwimmenden Untersatz informieren. Erkundigen Sie sich zudem möglichst bei neutraler Stelle (Vermieter etc.) nach den Wetterverhältnissen: Auch wenn Scirocco vorhergesagt ist, denkt kaum eine Agentur daran, deswegen auf den Kartenverkauf zu verzichten, ebensowenig aber auch an eine Rückerstattung für den (nicht unwahrscheinlichen) Fall, dass die Fahrt dann abgebrochen werden muss.

**Gruppo di Navigazione Regina**, Zusammenschluss mehrerer Gesellschaften um bewährte, recht große Ausflugsschiffe wie z.B. die „Viking" oder „Regina dei Mari". Agenturen bzw. Info-Kioske an der Marina Lunga am Corso, in der Via Maurolico und an der Marina Corta, ℡ 090 9822237, Mobil- ℡ 339 7486560, www.navigazioniregina.com.

**Da Massimo – Dolce Vita Group**, Vermittlung von Fahrten mit großen und kleinen Schiffen sowie exklusiv Bootsausflüge nach Stromboli inkl. Kraterbesteigung in Kooperation mit Magmatrek. Außerdem Verleih von Booten mit und ohne Fahrer. Via Maurolico 2, ℡ 090 9813086, Mobil- ℡ 338 3694404, www.damassimo.it.

**Ausflüge mit Fischerbooten** sind eine intensivere Form des Küstenerlebnisses, gehen in aller Regel aber auch mehr ins Geld. Viele Anbieter haben einen Kiosk an der Marina Lunga bzw. an der Marina Corta oder der nahen Salita di San Giuseppe, z.B. „Amici delle Eolie" (www.amicidelleeolie.it), „Amici del Mare Eoliano" (www.isoleolie. eu/amicidelmareeoliano) oder „Popolo Giallo" (www.popologiallo.it). Bei Privat-Fahrten mit Fischern gilt es, Fahrtziel, Route, Badestopps und Dauer vorher möglichst genau festzulegen. Alle späteren Abweichungen können zusätzlich kosten, ebenso wie die manchmal angebotenen Picknicks in abgelegenen Buchten.

**Bootsdienst zur Spiaggia Valle Muria**: Von der Marina Lunga, etwa auf Höhe der Bushaltestelle, fährt die grün-gelbe „Valle i Muria" zum schönen, gleichnamigen Strand unterhalb des Belvedere Quattrocchi. Abfahrten von Mitte Mai bis etwa Ende Oktober, je nach Wetterlage, einfach 7 €, hin und zurück 10 €. Eigner Barnj veranstaltet auch Schiffstouren, zum Beispiel eine sehr schöne Fahrt entlang von Liparis Nordwestküste. Zu erreichen ist er unter Mobil- ℡ 360 289141, 349 1839555 und 339 8221583. Sein „Assistent" Valerio wartet oft beim Fahrkartenkiosk der Busgesellschaft auf Kundschaft.

*Inselverkehr*

• *Busse*    **Urso Guglielmo** betreibt einen sehr effektiven und preiswerten Bus-Service, Abfahrt Nähe Fährhafen Marina Lunga. Häufige Stadtbusse zur Marina Corta, ebenso von und nach Canneto (zur HS auch nachts), weiter zur Spiaggia Bianca und nach Acquacalda 10-mal täglich, von Juli bis September noch häufiger; zum Inlandsdörfchen Pirrera 3-mal täglich. Busse Richtung Quattrocchi, Pianoconte und Quattropani fahren 10-mal täglich, zur Spiaggia Valle Muria 3-mal. Sonntags ist der Fahrplan besonders zur NS eingeschränkt. Generelles Manko: keine Verbindung zwischen Acquacalda und Quattropani – Rundtouren sind also nicht bzw. nur mit einem Fußmarsch von rund sechs Kilometern entlang der Straße möglich. Im Juli/August werden jedoch 3-mal täglich Inselrundfahrten angeboten. Wenn sich mindestens 10 Personen zusammenfinden, ist auch das Chartern eines Kleinbusses mög-

*Stopp zur Badepause: Ausflugsschiff beim Campo Bianco*

lich. Tickets (es gibt auch Mehrfahrtentickets) am Kiosk bei der Haltestelle, beim Fahrer oder im Büro bei der Esso-Tankstelle am nördlichen Ende des Corso, unweit der Haltestelle. ☎ 090 9811026, ✆ 090 9811835, www.ursobus.com.

● *Taxi* Für Lipari-Stadt sind Taxis unnötig und angesichts der kurzen Distanzen absolut überteuert. Der Preis für Inselrundfahrten ist Verhandlungssache und auch von der Dauer der Tour abhängig. Standplätze finden sich an der Marina Lunga, am Corso und an der Marina Corta. Die meisten Hotels bieten ihren Gästen gratis einen Hafen-Shuttle an.

● *Auto* Parkplätze im Stadtzentrum sind rar, zumal der Corso (Juni bis September ohnehin autofrei) und manche Seitenstraßen zu bestimmten Zeiten für den Verkehr gesperrt werden – besser in den Außenbezirken parken. Bei der Via Cappuccini gibt es ein gebührenpflichtiges Parkhaus.

● *Fahrzeugvermietung* Im Juli und besonders im August nach Möglichkeit schon Tage vorher festmachen. Ratsam, den Zustand der Fahrzeuge zu prüfen (Bremsen!). Achtung: Scooter werden generell ohne Vollkasko-Versicherung vermietet, bei Autos sollte man sich genau erkundigen. Besonders Fahrräder sind oft in schlechtem Zustand.

**Roberto Foti** bietet in zwei Filialen ein breites Angebot an Fahrzeugen. Preisbeispiele zur Nebensaison: Kleinwagen, für die paar Kilometer voll ausreichend, pro Tag ab etwa 35 €; Automatic-Scooter mit 50 ccm pro Tag ab etwa 15 €; Motorboote je nach Größe, Power und Saison ab 70 € pro Tag. Fahrräder gibt es ab etwa 10 € pro Tag. Die meisten Mieter sollen allerdings wegen der satten Höhenunterschiede an der Küstenstraße schon nach einer halben Stunde wieder zurück sein... Zur HS steigen die Preise deutlich, ein Scooter ist im August nicht unter 30 € zu haben. Bei längerer Anmietung außerhalb der Hochsaison kann man dagegen mit Rabatt rechnen. Ganzjährig geöffnet. Via Francesco Crispi 31, an der Uferstraße nördlich des Zentrums, ☎ 090 9811370, ✆ 090 9811627, www.robertofoti.it.

**Einige weitere Vermieter: Aveden**, Via Capuccini, bei der Esso-Tankstelle und dem Urso-Busunternehmen, auch Apartmentvermietung; ☎ 090 9811026, ✆ 090 9811835, www.aveden.it.

**Da Marcello**, direkt am Fährhafen, von Lesern wiederholt als „freundlich und preiswert" empfohlen, Via Sottomonastero, ☎ 090 9811234, www.noleggiodamarcello.com.

**Rent Scooter**, ebenfalls am Fährhafen, am Beginn des Treppenweges. Die Fahrzeuge sind neu und gut in Schuss. Salita Meligunis

1, ℘ 090 9812280. Zweigstelle an der Uferstraße Via F. Crispi 110, ℘ 090 9812813, www.rentscooterlipari.com.

**Da Tullio**, in der Nähe, V. Tenente M. Amendola 22, ℘ 090 9880540, Mobil 338 3014344. Zweigstelle an der Uferstraße Via Francesco Crispi.

## *Über*nachten: *H*otels *(siehe *K*arte *U*mschlagklappe vorne)*

Lipari-Stadt bietet die mit weitem Abstand größte Quartierauswahl aller Inselorte, von der einfachen Pension bis zum Luxushotel. Dennoch sind im Winter, das heißt von November bis Ostern, nur sehr wenige Unterkünfte geöffnet. Zur Hochsaison ist längerfristige Reservierung sehr ratsam, im italienischen Urlaubsmonat August sogar praktisch unabdinglich. Im Juli und August ist auch fast überall Halbpension Pflicht.

● *Hotels* **★★★★★ Hotel Tritone (48)**, 2004 eröffnetes Hotel in Fußentfernung außerhalb des Zentrums, inzwischen ein Fünf-Sterner mit zivilen Preisen und ganzjährig geöffnet. Im Besitz des „Filippino"-Imperiums, das seinen Ausgangspunkt im gleichnamigen Restaurant (siehe unten) hat. Clou der gepflegten Anlage ist die eigene, 47 Grad warme Thermalquelle, die einen kleinen Pool und ein Wellnesscenter speist. DZ/F nach Saison 120–200 €, im August 220–300 €. Via G. Rizzo, ℘ 090/℗ 9811595, www.bernardigroup.it.

**★★★★ Hotel A'Pinnata (5)**, hoch über dem Fischer- und Sporthafen Porto Pignataro, etwa 1,5 km außerhalb des Zentrums. 2002 eröffnet und unter selbem Besitz wie das „Tritone". Zehn Zimmer, komfortabelschlicht eingerichtet, alle mit kleiner Terrasse und Blick über das Meer auf die Altstadt. Die Aussicht ist prima, ein eigenes Fahrzeug allerdings wohl zu empfehlen. Geöffnet April bis Oktober. DZ/F nach Saison 150–210 €, im August 270 €. Nur Frühstück, auf Wunsch auch mit HP im Ristorante Filippino bzw. E Pulera (zusätzl. 35 € p.P.). Baia Pignataro, ℘ 090 9811697, ℗ 090 9814782, www.pinnata.it.

**★★★★ Hotel Villa Meligunis (40)**, Nähe Marina Corta. Eines der Spitzenhäuser der Inseln, vom renommierten Führer Guida dell´Espresso zu den 200 besten Hotels Italiens gezählt. Untergebracht in einem restaurierten Palazzo des 18. Jh., der mit Stilmöbeln und allem Komfort ausgestattet ist. Die besonders am Abend sehr lauschige Dachterrasse bietet eine ausgesprochen reizvolle Aussicht auf die Akropolis, und auch von den meisten der nur 32 Zimmer genießt man einen schönen Blick. Gute Küche, Pendeldienst zum Strand von Canneto. DZ/F rund 135–295 €, HP p.P. zusätzlich 35 €. Via Marte, ℘ 090 9812426, ℗ 090 9880149, www.villameligunis.it.

**★★★★ Grand Hotel Arciduca (47)**, 2004 eröffnetes Haus unweit der Marina Corta, benannt nach dem weit gereisten Erzherzog Ludwig Salvator, einem Liebhaber der Eolie. Hübsche Anlage mit knapp 40 Zimmern, die den eolischen Stil spiegeln sollen und teilweise mit Antiquitäten ausgestattet sind; auch ein kleiner Pool ist vorhanden. Geöffnet Dreikönig bis kurz vor Weihnachten. Infos auch im Reisebüro Menalda Tours. DZ/F nach Ausstattung und Saison 100–220 €, im August bis 300 €; auch Suiten. Via G. Franza, ℘ 090 9812136, ℗ 090 9811387, www.arciduca.it.

**★★★★ Hotel Aktea (1)**, etwas außerhalb nordwestlich der Marina Lunga, noch in Fußwegentfernung. 2006 eröffnet, modern und gepflegt. Geräumige Zimmer mit guten Betten, alle mit kleinen Balkonen. Zusatzbetten möglich, dann ideal auch für Familien mit Kindern. Großer Garten mit Pool und Blick aufs Kastell. 40 Zimmer, davon 3 Suiten. Geöffnet März bis Ende Oktober. DZ/F nach Saison und Lage 120–160 €, im August nur mit HP. Via Falcone e Borsellino, ℘ 090 9814234, ℗ 090 9814261, www.hotelaktea.it.

**★★★★ Hotel Bougainville (2)**, gefälliger Neubau in der Nähe, vom Lungomare auf Höhe der Bar Manhattan auf einem Schleichweg zu erreichen. 35 komfortable Zimmer, verteilt auf drei Kuben im gefälligen, wenn auch etwas artifiziellen Inselstil. Helle, komfortable Zimmer (Aufpreis für Meerblick). Großer Garten mit Pool. Keine Pensionsverpflichtung, dennoch ist HP im Ristorante Al Pescatore möglich; Shuttle-Bus an die Marina Corta. Geöffnet April bis Ende Oktober. DZ/F nach Saison und Lage 100–160 €, im August 160–230 €. Via Balestrieri, ℘ 090 9812757, ℗ 090 9813417, www.hotelaktea.it.

**★★★★ Hotel Carasco (53)**, im Süden des Ortes, hoch oberhalb der Küste hinter dem kleinen Stadtstrand Porto delle Genti. Weitläufiger Bau in schöner Lage, von den meisten Zimmern reizvolle Aussicht aufs Meer, hübscher Meerwasserpool. Englisch-italienische Besitzerfamilie, seit dem Generationenwechsel mit mehr Schwung. Insgesamt 89 geräumige Zimmer, z.T. frisch renoviert. Shuttle-Service, viele Möglichkeiten für einen Aktiv-Urlaub. Geöffnet April bis November. DZ/F nach Saison, Lage und Aufenthaltsdauer 80–260 €, es gibt auch Suiten. Via Porto delle Genti, ℡ 090 9811605, ℡ 090 9811828, www.carasco.it.

**\*\*\* Gattopardo Park Hotel (29)**, etwas oberhalb des Zentrums, noch in Fußwegentfernung. Geschmackvolle und geschickt möblierte Anlage um eine Villa des 18. Jh., aufgelockert mit viel Grün. Großer Pool. Teilweise schöner Blick aufs Kastell. Zimmer in Bungalows oder im Haupthaus. Das engagierte Management spricht Deutsch. Geöffnet März bis Oktober, 53 Zimmer. HP mit Menü à la carte nach Saison und Lage p.P. etwa 60–120 €. Viale Diana, ℡ 090 9811035, ℡ 090 9880207, www.gattopardoparkhotel.it.

**\*\*\* Hotel Villa de Pasquale (15)**, in ähnlicher Lage noch etwas weiter vom Zentrum entfernt, ein vor wenigen Jahren eröffnetes Quartier in einer umgebauten Villa. Zehn gut ausgestattete Zimmer, acht davon mit Blick aufs Kastell. Kleiner Pool. Geöffnet Anfang April bis Ende Oktober. Keine Pensionsverpflichtung, HP in befreundeten Restaurants jedoch möglich. DZ/F 110–160 €, im August bis 220 €. Via Zinzolo 12, ℡/℡ 090 9813453, www.hotelvilladepasquale.it.

**\*\*\* Hotel Villa Augustus (7)**, ausgesprochen zentral in einer Seitenstraße des nördlichen Corso. Verschachtelte Anlage um einen üppig begrünten, palmenbestandenen Innenhof; aber Achtung: die Zimmer nach hinten zur Straße sind laut. Gute Betten, keine Pensionsverpflichtung, umfangreiches Frühstück bis 12 Uhr. Schöne Dachterrasse mit Dusche. Offen von März bis Oktober. DZ/F nach Saison etwa 100–140 €, im August 180 €. Via Ausonia 16, ℡ 090 9811232, ℡ 090 9812233, www.villaaugustus.it.

**\*\*\* Hotel Poseidon (8)**, ganz in der Nähe des Hotels Augustus. Gefällige, verwinkelte Anlage, zwei Terrassen, Innenhof. Die geschmackvoll möblierten Zimmer fallen in der Größe sehr unterschiedlich aus und gehen ruhig auf einen schattigen Innenhof. Kein Restaurant. Offen Mitte März bis Mitte November. DZ/F 75–120 €, im August 130–150 €. Via Ausonia 7, ℡ 090 9812876, ℡ 090 9880252, www.hotelposeidonlipari.com.

**\*\*\* Hotel Giardino sul Mare (49)**, architektonisch noch akzeptabler Bau Nähe Marina Corta. Der „Garten über dem Meer" glänzt seinem Namen gemäß mit schöner Lage über der Küste und viel Grün. Meerzugang, Salzwasserpool und diverse Terrassen. Auch von einem Teil der insgesamt 41 Zimmer genießt man einen tollen Blick. Geöffnet ab etwa einer Woche vor Ostern bis Anfang November. Fast durchgängig mit HP obligatorisch, p.P. nach Zimmerlage und Saison 60–135 €, in der Dependance günstiger. Via Maddalena 65, ℡ 090 9811004, ℡ 090 9880150, www.giardinosulmare.it.

**\*\*\* Hotel Rocce Azzurre (51)**, nur ein paar Schritte weiter. Ähnlich schön gelegen, allerdings ohne den Pool und die reizvollen Terrassenanlagen des Nachbarn. Meerzugang vorhanden. Freundliche Besitzer. 2009/10 komplett renoviert, 33 schön möblierte Zimmer. In der Regel ganzjährig geöffnet. DZ/F nach Saison etwa 150–170 €, im August 210 €. Via Maddalena 69, ℡ 090 9813248, ℡ 090 9813247, www.hotelrocceazzurre.it.

**\*\*\* Hotel Filadelfia (18)**, unweit der Nekropolis, durch die Straße nicht immer ganz ruhig, aber freundlich und familiär geführt, zudem eines der wenigen ganzjährig geöffneten Hotels der Insel. 30 Zimmer, kleiner Pool. Restaurant, aber keine Pensionsverpflichtung. DZ/F nach Saison 95–146 €, im August 180 €. In der Nähe liegt eine **Dependance (18)** mit 22 Zimmern und identischen Preisen. Via Madre Florenzia Profilio, ℡ 090 9812795, ℡ 090 9812486, www.lafiladelfia.it.

**\*\*\* Hotel Oriente (26)**, etwas westlich des Zentrums. Hübsches Hotel mit großem Garten, in dem einige Bungalows stehen; Parkplatz. Dass der englischsprachige Besitzer Antiquitätenfan ist, merkt man den Gemeinschaftsräumen an, die Zimmer sind eher zweckmäßig eingerichtet. Kein Pensionszwang. DZ/F etwa 70–95 €, im August satte 130 €. Via G. Marconi 35, eine Seitenstraße des südlichen Corso, ℡ 090 9811493, ℡ 090 9880198, www.hotelorientelipari.com.

**\*\* Hotel Villa Diana (25)**, ein echter Tipp, was das Preis-Leistungs-Verhältnis betrifft, von mehreren Lesern gelobt (vereinzelt gab es aber auch Kritik an der Führung). Oberhalb der Stadt in toller Lage, etwa 200 Meter vom Hotel Gattopardo entfernt. Alte Villa und Nebengebäude, Stilmöbel, viele Gemälde, Dachbalken. Freundliche Leitung. Superblick von der großen Terrasse in Gesellschaft des wohl runden Dutzends Katzen,

*Kunst oder Kitsch? Laden in der Via Garibaldi*

die sich in und um das Haus tummeln. Außen herum ein großes Gartengelände, in dem jetzt ein Anbau entstanden ist. Die Bilder im Haus stammen vom Schweizer Maler Edwin Hunziker (1901–1986), der hier viele Jahre lang lebte; seine Enkelin Clelia führt heute mit ihrem Mann das Quartier. Keine Pensionsmöglichkeit bzw. -verpflichtung, geöffnet April bis Oktober. DZ/F 80–100 €, im August 145 €. Via Tufo 1, ☏/✆ 090 9811403, www.villadiana.com.

## Übernachten: Apartments/Privatvermieter/Jugendherberge/Camping

In der Nebensaison warten viele Vermieter bereits beim Einlaufen der Schiffe auf Kundschaft. In der Hochsaison dagegen ist wie bei den Hotels längerfristige Reservierung ratsam. Wer nicht fündig wird, kann sich auch an die A.A.S.T. wenden oder in Reisebüros und Geschäften herumfragen. Die Preise für Privatzimmer liegen je nach Saison und Ausstattung zwischen etwa 40 und 100 € fürs DZ; Zweier-Apartments kosten ab etwa 50 bis weit über 100 €, wobei die Höchstpreise jeweils im August fällig werden.

● *Ferienhäuser, Apartments und Studios*

**Vivileeolie**, engagiertes Ein-Frau-Unternehmen, das Apartments und Häuser auf allen Inseln des Archipels vermittelt. Mariolina Alessandro spricht Deutsch und gibt auch gern Tipps für die Anreise. Via F. Crispi 7, I-98055 Lipari, ☏ 090 9817006, ✆ 090 9814081, www.vivileeolie.it.

**La Nassa Vacanze (45)**, dem gleichnamigen Restaurant zugehörig. Vermietung von Apartments für zwei bis sechs Personen unweit des (wenig attraktiven) Stadtstrands Porto delle Genti, Besitzer Bartolo Matarazzo vermietet zudem Villen und Häuser, hat beispielsweise zwei schöne Altstadthäuser in der stillen Via Maddalena komplett restauriert. Infos im Restaurant La Nassa (siehe unten). Apartment für zwei Personen pro Woche nach Saison etwa 280–600 €, im August 900 €, Halbpension im Restaurant La Nassa ist möglich. Pauschalangebote für Taucher. Via G. Franza 36, Mobil- ☏ 335 526966, ✆ 090/ 9812257, info@lanassa.it, www.eolieturismo.com.

**Residence Mendolita (41)**, dem Imperium des Restaurants Filippino angeschlossen, das auch noch die Hotels Tritone und A'Pinnata umfasst. Kleine Reihenhäuschen im Inselstil mit Terrasse, Halbpension in den Restaurants „Filippino" und „E Pulera" möglich. DZ/F 70–100 €, im August 170 €. Auch wochenweise Vermietung von Villen und Apartments in anderen Regionen der Insel. Via G. Rizzo, ☏ 090 9812374, ✆ 090 9812878, www.bernardigroup.it.

**Res. Villa Fiorentino (46)**, schöne kleine Anlage, relativ zentral Nähe Marina Corta, neben dem zugehörigen Grand Hotel Arciduca. Ruhig, mit Garten. Zu buchen auch über das Reisebüro Menalda Tours, siehe oben im Abschnitt „Reisebüros". Preis für Zweipersonenapartments je nach Saison etwa 420–950 € pro Woche. Via G. Franza 9, ☎ 090 9812136, 🖷 090 9880159, www.villafiorento lipari.it.

**Residence Baia Portinenti (52)**, neuere Anlage am nördlichen Ende der Bucht Porto delle Genti, vom Kiesstrand zurückversetzt. Große Zimmer, einige mit Küchenzeile, von den Terrassen z.T. Seitenblicke aufs Meer. DZ 100–120 €, im August 180–220 €. Ganzjährig geöffnet. Via Porto delle Genti, ☎ 090 9814232, 🖷 090 9814628, www.baiaportinenti.it.

**Costa Residence Vacanze (19)**, gefällige Apartmentsiedlung auf einem Hügel, etwa einen Kilometer vom Zentrum, mit weiter Aussicht über die Stadt. Studios/Apartments für zwei bis sechs Personen, Preisniveau günstig, 2 Personen ab 50 €, im August 160 €. Via San Leonardo 7, ☎ 090 9880740 und 090 9812577, 🖷 090 9811784, www.costaresidence.it.

**Residence Alberghiero Eolie (21)**, vor wenigen Jahren eröffnete, hotelähnliche Anlage in absolut zentraler Lage direkt am Corso. Die Balkone dorthin bieten hohen Unterhaltungswert; wer es ruhig liebt, ist mit den Räumen nach hinten wohl besser beraten. Geräumige Studios, Apartments und Suiten in einem restaurierten alten Gebäude, Dachterrasse mit Aussicht. Ganzjährig. Mindestaufenthalt drei Tage, zwei Personen zahlen bei Saison inklusive Frühstück im nahen Caffè Subba 80–120 €, im August bis 150 € pro Tag. Corso Vittorio Emanuele 101, ☎ 090 9817047, 🖷 090 9814761, www.residenceeolie.it.

**Residence Sopra La Civita (11)**, ebenfalls zentral, aber hoch oben im Ort an der Rathauspiazza wenige Schritte vom Ristorante Filippino. Caterina Cusolito hat in ihrem Elternhaus eine piccobello Etagenpension geschaffen mit sechs bestens eingerichteten Zimmern mit Bad und Küche, die auch zu größeren Apartments kombiniert werden können. Der Clou ist die große Dachterrasse mit Grill. Ein Treppenweg führt zum Fährhafen. Mindestaufenthalt 3 Tage, man bleibt aber auch gerne länger. DZ in der Nebensaison auch schon ab 30 €, im August bis 100 €. Piazza Mazzini 25,

☎/🖷 090 9811975, Mobil- ☎ 347 6299339, www.sopralacivita.com.

● *Bed&Breakfast/Privatzimmer/Studios:* **Bed & Breakfast Casa Mafalda (42)**, modern eingerichtetes B&B im Gebiet südlich der Marina Corta. Vier der fünf Zimmer sind zweigeschossig, die verglaste Dachterrasse bietet eine schöne Aussicht auf Kastell und Meer. Gute Ausstattung, neue Betten, Klimaanlage, Kühlschrank, TV etc. Ganzjährig geöffnet. DZ/Bad kosten inkl. Frühstück 80–110 €, im August bis 170 €, etwas günstiger in der Dependance. Via Maddalena 15, ☎/🖷 090 9812599, www.casamafalda.it.

**Casa Vacanze Morfeo 33 (39)**, ebenfalls nahe Marina Corta. Der junge Betreiber, gleichzeitig Eigentümer des Café du Port, legt viel Wert auf Stil. Acht geräumige und in reizvollen Farben gehaltene Zimmer, zum Teil mit Küche, hochwertig und puristisch (keine Schränke) möbliert; die Lichtgestaltung stammt vom Innenarchitekten. Dachterrasse, Klimaanlage etc. vorhanden. Anfragen vor Ort im Café du Port an der Marina Corta, wo auch das Frühstück serviert wird. DZ/Bad 60–80 €, im August bis 120 €. Vico Morfeo 31–37, ☎/🖷 090 9811624, www.morfeo33.it.

**Piccolo Hotel Casa Matarazzo (43)**, geschmackvoll eingerichtetes Quartier mit zumeist recht geräumigen, hellen und komfortabel ausgestatteten (Klimaanlage, TV, Kühlschrank, Klappsofa für Kinder) Zimmern. Ein Manko ist die Lage an der Straße, der Verkehr bleibt trotz der Lärmschutzfenster leider oft hörbar. DZ/Bad kosten 80–100 €, im August 130 €. Via G. Franza 44, Mobil- ☎ 333 2321082, 329 5633375, www.casa matarazzo.it.

**B&B Diana Brown (33)**, in einem winkligen Gässchen inseleinwärts des Corso, geführt von der freundlichen Mrs. Brown. Insgesamt zwölf zentral gelegene, komplett renovierte, komfortable und ruhige Zimmer und Studios mit Klimaanlage, Kühlschrank und Heizung. Der durchdachten Ausstattung, den vielen Ablagemöglichkeiten und dem Service (u. a. Waschmöglichkeit in der Maschine) merkt man an, dass sie von jemandem konzipiert wurden, der selbst viel in der Welt herumgekommen ist. Immer wieder von Lesern gelobt. DZ/Bad etwa 40–80 €, im August bis 100 €. Frühstück auf der Dachterrasse geht extra. Vico Himera, ☎ 090 9812584, 🖷 090 9813213, www.diana brown.it.

**Affittacamere Enzo il Negro (31)**, Nähe Marina Corta. Acht blitzsaubere Zimmer mit

Bad, Kühlschrank, TV und Klimaanlage, ausgesprochen schön gelegene Dachterrasse mit prima Aussicht. Von Lesern gelobt. Ganzjährig geöffnet mit Ausnahme des Dezembers. DZ ab etwa 60 € aufwärts, im Juli und August bis 130 €, Frühstück geht extra. Via Garibaldi 29, ✆/☏ 090 9813163, enzoilnegro @libero.it, www.enzoilnegro.altervista.org.

**Affittacamere Le Terrazze (3)**, an der Uferstraße im Norden, vom Hafen etwa 700 Meter Richtung Canneto; die Vermieterin ist meist mit ihrem Kleinbus bei Ankunft der Fähren und Aliscafi präsent. Ordentliche Zimmer und Apartments mit Aircondition, jeweils mit Terrasse oder kleinem Balkon; wegen der nahen Straßen bis etwa Mitternacht nicht ganz ruhig. Ein Scooter- und Bootsverleih ist angeschlossen. DZ/Bad oder Zweier-Apartment nach Saison 40–60 €, im August bis 100 €; auch Drei- und Vierbettzimmer. Laut einer Leserzuschrift kann sich Handeln schon mal lohnen. Via Francesco Crispi 135, ✆ 090 9812386, Mobil- ✆ 338 5858821, ☏ 090 9880540, www.eoliecasevacanze.com.

**Affittacamere Villa Rosa (4)**, direkt benachbart und dem „Le Terrazze" verwandtschaftlich verbunden: Die beiden Besitzerinnen sind Schwestern. Geräumige Zimmer, ordentliche Bäder, insgesamt etwas einfacher und zur HS etwas günstiger als „Le Terrazze". Auch Drei- und Vierbettzimmer. DZ/Bad 40–60 €, im August 90 €.Via F. Crispi 134, ✆ 090 9812217.

**Affittacamere Lo Nardo (12)**, im Ortskern nahe Fährhafen, von dort über den Treppenweg Salita Meligunis, aber auch vom Corso aus zu erreichen. In dieser Kategorie ein Tipp: Sechs sehr gepflegte und blitzsaubere Apartments mit Klimaanlage und Kochmöglichkeit, sehr freundliche Leitung durch die Besitzerin Maria Lo Nardo, Waschmaschine. Dachterrasse mit schöner Aussicht. Ruhige Lage in einem Gässchen. Auch Apartments an der Uferstraße. Ganzjährig geöffnet, beliebt und oft belegt, Reservierung ratsam. DZ/Bad 40–80 €, im August 90 €. Vico Ulisse 34, ✆ 090 9880431, Mobil- ✆ 368 3605136, www.lonardo.it.

**Affittacamere Bartolo Villini (6)**, fast direkt am Hafen Marina Lunga. Zwei Studios mit Klimaanlage/Heizung, nach vorne mit Lärmschutzfenstern. Große Dachterrasse mit schönem Hafenblick, Tischen und Stühlen. Weitere Zimmer im ruhigen Vico Stromboli, einer Quergasse des Corso, neu und gut ausgestattet die beiden

Apartments im Vico Montebello 28. Bartolo Villini selbst wohnt am Corso Vittorio Emanuele 233, im Hof schräg gegenüber der Infostelle, ist bei Schiffsankunft aber oft am Hafen anzutreffen. Ganzjährig. DZ/Bad 40–60 €, im August 90 €. Via Tenente M. Amendola 8, ✆/☏ 090 9812720, Mobil- ✆ 368 675400, www.bartolovillini.it.

**B&B Enza Marturano (27)**, gepflegtes und günstiges Quartier über den Dächern von Lipari. 3 Zimmer, jeweils mit kleiner Terrasse und eigenem Bad. Enza liefert ihren Gästen die Zutaten fürs Frühstück, zur Zubereitung und Aufbewahrung steht eine Küchenzeile mit Kühlschrank zur Verfügung. DZ/F ab 35 €, im August steigen die Preise auf 100 €. Via Maurolico 35, Mobil- ✆ 368 3224997, ☏ 090 9880592, www.enzamarturano.it.

**B&B Agata (16)**, Signora Agata vermietet ein großes, neu eingerichtetes Apartment etwas oberhalb des Ortes auf dem Weg zum Hotel Villa de Pasquale. Ein Lesertipp von Verena Ochsner. DZ/F ab 40 €, im August steigen die Preise auf 100 €. Via Torrente S. Lucia 36, ✆ 090 9813045, Mobil- ✆ 339 2725650, www.agatabb.it.

**Case Vacanza Villa Hermes**, ein Lesertipp von Luise Pfaelzer. Oberhalb von Lipari-Stadt gelegen, ohne Auto oder Scooter nur schlecht zu erreichen. Die freundlichen Besitzer holen ihre Gäste am Hafen ab. Sechs vollkommen ruhig gelegene Ferienhäuser im Äolen-Stil, gut ausgestattete Apartments mit privaten Terrassen. Wochenpreise für 2 Peronen ab 250 €, im August 700–1000 €. Contrada Lipari-Monte, Mobil- ✆ 338 9362860, 333 7001916, www.villaeolie.it.

● *Agriturismo* **Monte delle Cristule**, absolut einsam im Südwesten der Insel gelegen; Traumblick von oben aufs Meer, die Nordküste Siziliens mit dem Etna und auf die Inseln Alicudi und Filicudi. Anfahrtsskizze auf der Website, am besten lässt man sich am Hafen abholen, zur Fortbewegung empfiehlt sich ein Scooter – direkt vom Haus kann man auch zu kürzeren oder längeren Wanderungen aufbrechen. Im Äolenstil 2006 neu errichtete, schöne Gebäude mit 4 Gästezimmern, eines mit acht Betten, einige mit eigener Küche. Im Freien auch Grillplätze. Die Besitzer sprechen Englisch. Es ist möglich, im benachbarten Agriturismo La Dolce Vita (www.ladolcevitalipari.it) zu Abend zu essen. Mit Ausnahme des Weihnachtszeit ganzjährig geöffnet. DZ/F 50–70 €. Località Monte Gallina, ✆ 090 9812110, Mobil- ✆ 334 3643980, 3393144847, www.agriturismolipari.it.

*Liebevolle Dekoration: Essepiù*

• *Jugendherberge* Der Minibus der privaten JH im nahen Ort Canneto (siehe dort) steht oft schon bei Ankunft der Schiffe im Hafen bereit.

• *Camping* ** **Camping Baia Unci**, im etwa drei Kilometer nördlich gelegenen Canneto, siehe dort. Busverbindung nach Canneto mit Urso Guglielmo.

*Essen (siehe Karte Umschlagklappe vorne)*

Für einen doch relativ kleinen Ort ist die Auswahl an guten Restaurants erstaunlich groß. Enttäuschungen kann man manchmal am Corso erleben, insbesondere zur Hauptreisezeit, wenn es überall recht hektisch zugeht. Die angenehmeren Lokale liegen meist etwas abseits. Generell gilt: Gutes Essen hat seinen Preis.

• *Restaurants* **Ristorante Filippino (13)**, an der dem Stadtberg nördlich vorgelagerten Piazza Mazzini. Das Traditionsrestaurant der Inseln – 1910 gegründet und in zahllosen Gourmetführern begeistert erwähnt. Die Küche ist tatsächlich hervorragend, und auf der Terrasse vor dem alten Haus sitzt es sich, umsorgt von einer ganzen Armada von Kellnern, durchaus angenehm. Menü mit Fisch ab etwa 35 € aufwärts, mit Fleisch etwas günstiger. Ganzjährig offen, im Winter Mo Ruhetag; ℰ 090 9811002.

**Ristorante La Nassa (44)**, ebenfalls eine erste Adresse für Feinschmecker, von diversen Restaurantführern gepriesen. Besitzerin Donna Teresa bietet „das Beste aus dem Meer", so die nicht einmal übertriebene Eigenwerbung der „Reuse" (La Nassa, siehe auch die Lampen im Restaurant), aber auch die Gerichte auf Gemüsebasis

können sich schmecken lassen – fantasievolle, ambitionierte Küche. Hübsche Terrasse. Gute Weinauswahl, exquisiter Malvasia, preislich etwa wie oben. Bei ihrem Sohn Bartolo Matarazzo kann man auch Häuser und Apartmens mieten, siehe „Übernachten". Via Franza 36, ℰ 090 9811319.

**Ristorante E Pulera (30)**, etwas westlich außerhalb des Zentrums, ab dem Corso beschildert. Die Tochter des „Filippino"-Besitzers führt dieses lauschige Restaurant und empfiehlt es besonders für „verliebte Pärchen". Die sitzen dann unter Bastdächern in einem dichten grünen Garten, umgeben von Kakteen, Hibiscus und Pampelmusenbäumen und freuen sich an sizilianischer Live-Musik (2- bis 3-mal wöchentl.) und an der köstlichen Küche. Auch der Atmosphäre wegen immer wieder von Lesern gelobt. Die Preise fürs Menü (Fisch! Süßspeisen!)

liegen etwa wie oben. Geöffnet Mai bis Oktober; nur abends und dann bis nach Mitternacht. Reservieren! Via I. Conti-Vainichier, ☎ 090 9811158.

**Ristorante Grotta del Saraceno (50)**, ein Lesertipp von Ingrid Schulte: „Ein Traum ist die riesige Restaurantterrasse an der Steilküste mit Blick aufs offene Meer. Der Service ist nett, aufmerksam und bemüht, die Preise sind wie überall auf der Insel, wenn man gut essen möchte (Anmerkung: also nicht gerade niedrig)." Das Restaurant öffnet von Ostern bis Anfang September. Luca Manello vermietet auch gut ausgestattete Apartments in schön restaurierten Eolenhäusern im Zitronengarten direkt gegenüber. Via Maddalena 69, ☎ 090 9811744, www.grottadelsaraceno.com

**Ristorante Il Pescatore (35)**, nobles Lokal direkt an der Marina Corta. Die (vorwiegend maritime) Küche wurde von mehreren Lesern gelobt, der Service nicht unbedingt: „Der männliche Teil der Bedienung wirkte etwas gelangweilt", so Leser Sven Holtermann. Menü à la carte ab etwa 25 € weit aufwärts.

**Ristorante-Pizzeria La Piazzetta (22)**, an einem kleinen Platz nahe dem Corso. Hübsch herausgeputzt, optisch fast schon Richtung „Touristenfalle", im Inneren zahlreiche Autogramme italienischer Prominenz. Die Küche ist gut, insbesondere der Pizzabäcker versteht sein Handwerk. Hier sollte jeder seine Lieblingspizza finden – es gibt 40 Sorten. Menü à la carte ab etwa 25 € aufwärts. Piazza Luigi Salvatore d´Austria, ☎ 090 9812522.

**Trattoria Nenzyna (37)**, ein paar Schritte von der Marina Corta. Ein kleiner Familienbetrieb, zwei Räume beiderseits der Straße, im Angebot vor allem Fisch vom Grill. Spezialität sind die Tagliatelle „Totanata" mit Tintenfisch. Menü à la carte 25–30 €. Geöffnet April bis Mitte Oktober. Via Roma 4, ☎ 090 9811660.

**Ristorante Kasbah Café (28)**, nur ein paar Schritte vom Corso in der Via Maurolico 25. Früher ausschließlich ein orientalisch angehauchtes In-Café, jetzt auch Restaurant. Nach hinten finden sich feine Plätzchen in einem langgezogenen, idyllischen Zitronengarten, wie man ihn hier in der Stadt kaum vermuten würde. Sehr gute Küche, feine Antipasti. Menü à la carte ab etwa 25 €, auch gute Pizza. Nur abends geöffnet, dann aber lange. Mi Ruhetag, im Winter geschlossen. ☎ 090 9811811.

**Caffè La Vela (36)**, eines der zahlreichen Lokale an der Marina Corta, ein Lesertipp von Irmi Breinbauer: „Eine echte Oase für den Vitaminhunger. Riesensalat-Teller unterschiedlichster Art, die echt schmecken und satt machen für jeweils zehn Euro." Ausprobiert – stimmt.

**Ristorante La Cambusa (24)**, auf dem Weg von der Marina Corta ins Zentrum. Ein paar kleine Tische auf der Straße, gut besucht und oft belegt. Sehr ordentliche sizilianische Küche mit Schwerpunkt auf Fischgerichten, Menü à la carte etwa 25 €. Via Garibaldi 72, Mobil- ☎ 349 4766061. Geöffnet Ostern-Anfang November.

**Trattoria A'Sfiziusa (38)**, ebenfalls nahe der Marina Corta. Einfach und preiswert, dabei recht ordentlich; an der Gasse ein paar Blechtische und Plastikstühle. Menü à la carte ab etwa 20 €. Via Roma 29, ☎ 090 9811216. Im Winter Fr Ruhetag.

**Osteria Mediterranea (17)**, direkt am Corso, mit Tischen zur Flaniermeile. Ein Ableger des „Kasbah-Café". Durchaus solide Küche, der Service war bei unserem Besuch allerdings noch am Üben... Vereinzelt auch Leserkritik. Menü à la carte ab etwa 20 €. Via Vittorio Emanuele 134, ☎ 090 9880026.

**Ristorante Pizzeria Martino (23)**, in der Nähe des Ristorante E Pulera. Tavola calda mit Riesenauswahl, köstliche Blechpizza auch auf die Hand. Im dazugehörigen kleinen Restaurant wird man für 15–20 € aufs Feinste satt. Via I. Conti-Vainichier 10, Ecke Via Diana, ☎ 090 9811288.

**Ristorante Pizzeria Pescecane (10)**, ebenfalls am Corso, mit Tischen im Freien auf der gegenüberliegenden Straßenseite. Als Pizzeria trotz der Lage eine echte Empfehlung, gute und große Pizze ab etwa 6 €. Corso Vittorio Emanuele 223, im nördlichen Bereich, ☎ 090 9812706.

**Caffetteria Sacha (9)**, ganz in der Nähe vom Pescecane, ebenfalls mit Tischen zum Corso. Modernes Speisecafé des „Kasbah"-Besitzers mit schmackhafter Bistroküche zum günstigen Preis (Hauptgerichte um die 7 €). Wenn die Musik nicht wäre... Via Vittorio Emanuele 242, ☎ 090 9811463.

● *Imbiss* **Gilberto e Vera (32)**, beachtliche Weinauswahl nebst guter Beratung; legendäre Panini. Via Garibaldi 22, wenige Schritte von der Marina Corta, ☎ 090 9812756.

**Vecchia Lipari (34)**, eine alteingeführte Weinhandlung (siehe „Einkaufen"), die in ihrem kleinen Garten auch eolianische Kleinigkeiten zu essen anbietet, darunter Arancine, Caponata, Bruschette etc. Via Vittorio Emanuele 43, am oberen Corso, ☎ 090 9811052.

*Kleiner Fischerhafen: Porto Pignataro*

**Mancia e Fui (20)** bietet eine gute Auswahl an leckeren Pizze, Calzone, Arancine (auch mit Tomaten, Thunfisch und Kapern!) etc. zum Mitnehmen an, dazu Flaschenbier. Abends ein beliebter Treff der Einheimischen, freundlicher Besitzer. Via Vittorio Emanuele 94.

**Pizza** (nach Gewicht) verkaufen auch mehrere Bäckereien am Corso.

● *Eis/Süßes* Gute Cafés, beliebt besonders am Abend, auch an der Marina Corta.

**Caffè Il Gabbiano**, ebenda, neben La Vela. Zu empfehlen sind hier das prima Eis, die exquisite Granita in vielen unterschiedlichen Geschmacksrichtungen und all die anderen süßen Happen. Hier erfand der geschätzte Kollege Peter Amann den Kaperncocktail „Jenny Bond". Freundlicher Besitzer, der (wie die halbe männliche Bevölkerung) natürlich Bartolo heißt.

**Pasticceria Oscar**, am Corso, nahe Ecke Via Maurolico, bietet ebenfalls gutes Eis und eine große Auswahl an Süßem. Nicht weit entfernt und durchaus eine Konkurrenz: **Pasticceria Subba 1930**.

**Ritrovo Sottomonastero**, ein Bar-Restaurant am Corso nahe der Infostelle, wird von den Einwohnern insbesondere für seine typischen Süßigkeiten gerühmt.

### Kneipen & Nachtleben

Liparis Nachtleben ist zwar das intensivste des Archipels, echter Betrieb herrscht allerdings auch hier nur im Sommer. Relativ viel los ist immer in den Straßencafés an der Marina Corta, die bis etwa gegen Mitternacht geöffnet haben.

**Kasbah Café**, nicht nur ein gutes Restaurant (siehe oben), sondern später in der Nacht auch eine beliebte Music-Bar. Lange Öffnungszeiten, im Sommer bis drei Uhr morgens, breite Auswahl an Alkoholika, empfehlenswerte Cocktails, oft Live-Musik. Via Maurolico 25, nur zur Saison geöffnet, Mo Ruhetag.

**Wine Bar L´Approdo**, gleich gegenüber. Der „Landungsplatz" bietet eine gute Auswahl verschiedener Weine auch im Glas und veranstaltet gelegentlich entsprechende Themenabende; es gibt auch Snacks. Innen dank Klimaanlage schön kühl, die Terrasse ist aber begehrter.

**Chitarra-Bar**, nahe der Marina Corta. Lange eingeführtes Lokal, in dem Lucio Dalla während seiner Lipari-Urlaube Stammgast sein soll. Angenehme Atmosphäre. Gute Musik, teils live, und bis in den Morgen geöffnet.

Ein paar Tische an der Gasse, nachts geht's ins Innere, um Konflikte mit der Nachbarschaft zu vermeiden. Salita San Giuseppe 5.
**Marina Pub**, fast am entgegengesetzten, dem Kastell zugewandten Ende der Marina Corta. Bis drei Uhr morgens geöffnete Cocktail-Bar.

**Eden Bar**, direkt am Corso auf Nummer 133. Hier sitzen morgens die Einheimischen beim traditionellen Inselfrühstück: Granite (Wassereis) mit süßem Brötchen. Am Abend verwandelt sich das freundlich geführte Lokal in einen der beliebtesten Treffpunkte am Corso.

## Einkaufen

Haupteinkaufszonen sind der Corso und die von der Marina Corta aufwärts führende Via Garibaldi. Für die Verhältnisse auf den Inseln bietet die Stadt breite Auswahl: Wer etwas Bestimmtes sucht und hier nicht fündig wird, dürfte nirgendwo auf dem Archipel Erfolg haben. Ein neuer Filter für die Kamera lässt sich ebenso auftreiben wie Angelzubehör, bunte Keramik, ein schöner Bikini oder einfach ein Pfund Kapern. Allerdings: Wie überall auf den Inseln liegt das Preisniveau höher als auf dem italienischen Festland, zum Teil sogar deutlich.

• *Supermarkt*  **SISA** mit gutem Angebot (auch Kapern etc.) und vergleichsweise moderaten Preisen am Corso Vittorio Emanuele 212, nahe dem Fremdenverkehrsamt.

• *Inseltypische Produkte* **Vecchia Lipari**, Weinhandlung mit Verkauf von Malvasia, auch Imbiss (siehe oben). Im südlichen Bereich der Hauptstraße, Via Vittorio Emanuele 43.

**Essepiù**, liebevoll dekorierter Laden mit guter Auswahl an Weinen, Likören, Kapern, Süßigkeiten, aber auch Keramik etc. Am Fährhafen, Via T. Amendola.

**Fratelli Spada**, originelle Kopien griechischer Theatermasken und Statuetten, wie sie im hiesigen Museum zu sehen sind. Am

Corso, Via Vittorio Emanuele 199.
**Adriana Salvini**, südlich der Marina Corta, von Leserin Ingrid Schulte empfohlen: „Geschmackvoller Schmuck mit Obsidianen, zum Beispiel Ohrstecker, außerdem ausgefallene Kleidung und Kunstgewerbe. Via Marte 5."

• *Buchhandlung* **Belletti**, am Corso gegenüber der Post. Große, gut sortierte Buchhandlung, das deutschsprachige Angebot allerdings noch ausbaufähig. Via Vittorio Emanuele 203.

• *Deutschsprachige Presse* Zeitungen und Zeitschriften aus der Heimat in der Buchhandlung Belletti oder in der Zeitschriften-Filiale an der Via Garibaldi 9, nahe der Marina Corta.

## Sport/Veranstaltungen

• *Sport* **Tennisplätze** an der Via Balestieri 6, Nähe Fußballplatz. Info und Buchung unter ☎ 090 9880280.
**Tauchbasen:** La Gorgonia, Salita San Giuseppe 8, bei der Marina Corta, ☎/℻ 090 9812060, Mobil- ☎ 335 5717567. Eine zweite Basis existiert auf dem Gelände des Camping Baia Unci in Canneto. www.lagorgoniadiving.it.
Lipari Diving Center, an der Straße Richtung Canneto, Mobil- ☎ 339 6472272, ℻ 091 2515002, www.liparidivingcenter.it.

• *Veranstaltungen* Vor allem im Sommer breites Programm. Das Fremdenverkehrsamt informiert, auch auf seiner Website, über das aktuelle Geschehen und genaue Termine. Hier nur eine Auswahl.
**La Settimana Santa**, die Osterwoche. Feierliche Prozessionen unter Leitung der ver-

schiedenen Bruderschaften am Karfreitag und Ostersonntag.
**Estate Eoliana**, von Juli bis September. „Eolischer Sommer" mit Theater, Jazz, Klassik, Folklore etc. im Amphitheater auf dem Stadtfelsen; Eintritt bislang noch frei. Zum Programm gehören auch das Filmfest „Un Mare di Cinema" im Juli und August, das ebenfalls im Amphitheater stattfindet, sowie der Wettbewerb „Eolie in Video".
**Festività Patrono San Bartolomeo**, Fest des Inselheiligen, an mehreren Tagen um den 24. August, an dem eine große Prozession stattfindet. Weitere Feierlichkeiten zu Ehren von San Bartolomeo am 13. Februar, 5. März und 16. November.
**Settimana Enogastronomica Eoliana**, die „Woche des Weins" an wechselnden Terminen im Oktober.

# Die Akropolis

**Die Highlights von Lipari-Stadt konzentrieren sich – wie praktisch – auf dem faszinierenden Stadtberg, Sitz der antiken Akropolis.**

Er bildet eine natürliche Festung, die seit der Steinzeit kontinuierlich besiedelt war. Dank besonders günstiger natürlicher Voraussetzungen erfüllte sich hier oben der Traum jedes Archäologen: Über die Zeiten hinweg hatte der Wind, der von den umgebenden Höhen heranwehte, große Mengen von Sand abgelagert, der die Relikte einer kulturellen Epoche nach der anderen zudeckte und konservierte. Seit den Anfängen der Siedlung erhöhte sich auf diese Weise das Bodenniveau um mehr als neun Meter! Die Funde aus den verschiedenen Schichten ergaben eine lückenlose chronologische Dokumentation der Lebensbedingungen vom 4. Jahrtausend vor Christus bis in die Römerzeit und bilden den größten Schatz des hiesigen Museums.

**Il Castello**: Erklimmen lässt sich die Akropolis auf zwei Wegen. Einer führt vom Corso aus auf der Via XXIV Maggio bergwärts zur abends besonders friedvollen Piazza Mazzini, an der sich der alte Haupteingang zur Castello genannten Burg öffnet. Die andere Möglichkeit, auf die Akropolis zu gelangen, ist die Via del Concordato, ein Treppenweg, der von der Via Garibaldi direkt auf die Kathedrale zu-

**Archäologisches Museum**
1. Prähistorische Sektion
2. Klassische Sektion
3. Epigraphische Sektion
4. Sektion der Kleineren Inseln
5. Museo Alfredo Rittmann
14. Tickets fürs Museum

**Kirchen**
6. Kathedrale
7. Chiesa Immacolata
8. Chiesa Addolorata
9. Chiesa S. Caterina
10. Chiesa Madonna delle Grazie
11. Archäologische Zone
12. Parco Archeologico
13. Kreuzgang

*Akropolis (Lipari-Stadt)*

führt. Er wurde erst Anfang des 20. Jh. angelegt und durchbrach die bis dahin intakten Mauern des Kastells. Die heutige Festung entstand zum Großteil unter den Spaniern, als Konsequenz aus dem blutigen Piratenüberfall Barbarossas. Viele Grundmauern und einige Türme sind jedoch weit älter, reichen bis in römische und teilweise sogar griechische Zeiten zurück – einer der Türme stammt aus dem 4. Jh. v. Christus. Oben angekommen, braucht es nicht viel Phantasie, um sich die Anlage der antiken Stadt vorzustellen, die aus Nord-Süd-Achsen (decumani) und rechtwinklig dazu stehenden Ost-West-Achsen (cardini) aufgebaut war.

**La Cattedrale**: Das mächtige Gotteshaus ist die wichtigste und größte der insgesamt fünf überwiegend säkularisierten und teilweise in den letzten Jahren restaurierten Kirchen des Burgbergs. Geweiht ist sie dem Inselheiligen San Bartolo

(Bartolomeo), Namenspatron etwa der halben männlichen Bevölkerung. Die heutige Kathedrale steht an der Stelle ihrer 1084 unter den Normannen errichteten Vorgängerin, die 1544 durch die Piraten Barbarossas weitgehend zerstört worden war. 1654 wurde die Kirche neu aufgebaut und 1861 mit einer neuen Fassade versehen. Das barocke Innere glänzt in Schmuck aus Fresken und Stuck des 18. Jh. Durch einen Zugang rechts des Hauptportals gelangt man in den normannischen *Kreuzgang* aus dem 12. Jh., der – seinerzeit eine archäologische Sensation – erst in den 70ern wiederentdeckt wurde und einst einen Teil des von Abt Ambrogio gegründeten Klosters bildete. Wie sich herausstellte, wurden bei seinem Bau Reste der griechischen Stadtmauern und Teile römischer Häuser verwendet – keine der Säulen gleicht der anderen.

*Uralt: Detail einer Säule ...*

*Öffnungszeiten* Kathedrale und Kreuzgang täglich 9–13 Uhr; Eintritt zum Kreuzgang 0,50 €.

## Museo Archeologico Regionale Eoliano „Luigi Bernabò Brea"

Die mit weitem Abstand interessanteste Sehenswürdigkeit der Stadt verteilt sich auf mehrere Gebäude, die alle im Umfeld der Kathedrale (6) liegen.

● *Öffnungszeiten* Mo–Sa 9–13.30 Uhr, am Nachmittag öffnet von 15–19 Uhr leider nur die klassische Sektion, So 9–13.30 Uhr. Eintritt 6 €.

● *Führungen* Ute Krohmer, eine auf Lipari ansässige Deutsche, veranstaltet „lebendige, exzellente Führungen in deutscher Sprache" (Leserbrief von Ulla Schabel-

Reichmann) durch das Museum (Karte S. 129). Sie bemüht sich, die Preise so zu gestalten, dass sie auch für Paare oder Einzelpersonen bezahlbar bleiben – sehr zu empfehlen. Zu erreichen ist Frau Krohmer unter ☎ 090 9813208, Mobil- ☎ 333 3170620, utekrohmer@gmail.com.

▸ **Prähistorische Sektion (1)**: Im Bischofs-
palais des 17. Jh., rechts (südlich) der
Kathedrale gelegen, sind hauptsächlich
Funde aus der reichen Vorgeschichte
des Stadtbergs untergebracht. Zu sehen
sind Werkzeuge, Waffen, Keramik,
Schmuck, Statuetten etc., datiert von
der Altsteinzeit bis zum 6. Jh. v. Chr.,
außerdem einige griechische und römische Exponate.

**Saal 1** (*Erster Stock*): Mittleres Neolithikum. Relikte der Kultur von Castellaro
Vecchio (4. Jahrtausend v. Chr.) aus der
Anfangsphase der Besiedlung der Insel,
insbesondere zwei- und dreifarbig bemalte Keramik.

**Säle 2 und 3**: Funde aus dem 4. und
dem frühen 3. Jahrtausend v. Chr., darunter mit ausgefeilten Spiralmotiven
bemalte Keramik.

**Säle 4 und 5**: Kulturen von Piano Conte
(frühe Kupferzeit, etwa 2500 v. Chr.)
und Piano Quartara (mittlere bis späte
Kupferzeit, etwa 2000 v. Chr.). Die qua-
litativ geringwertigen Funde weisen auf
erste Zeichen des Niedergangs hin, ausgelöst durch die Entdeckung der
Metallverarbeitung und die damit nach-
lassende Bedeutung des Obsidians.

*... im Kreuzgang*

**Saal 6**: Kultur von Capo Graziano (Fili-
cudi), beginnende Bronzezeit, etwa 1800–1400 v. Chr.; Kultur von Capo Milazzese
(Panarea), mittlere Bronzezeit, 1400–1270 v. Chr. Import-Keramiken aus Mykene
und anderen Regionen der Ägäis belegen die weit reichenden Handelsbeziehungen,
die bereits zu Anfang der Bronzezeit bestanden.

**Saal 7** (*Erdgeschoss*): Kultur von Ausonia I aus der späten Bronzezeit, etwa 1250–
1150 v. Chr.

**Saal 8**: Kultur von Ausonia II vom Ende der Bronzezeit, 1150–850 v. Chr., außerdem nuraghische Keramik aus Sardinien.

**Saal 9**: Ende der Kultur von Ausonia II. Bei ihrer Zerstörung durch unbekannte
Fremde wurde die Siedlung in Brand gesteckt.

**Saal 10**: Keramik der griechischen und römischen Epoche aus dem Stadtgebiet von
Lipari. Prunkstück ist der um 550 v. Chr. gefertigte Lava-Deckel mit dem Motiv
eines liegenden Löwen. Er verschloss einen auf dem Burgfelsen entdeckten Opfer-
schacht, der möglicherweise Aiolos gewidmet war. Beachtenswert ist auch die eine
Wand des Saales selbst, die aus den Resten eines Normannenpalasts besteht, der wiederum aus griechischem Baumaterial errichtet worden war. Vom Garten gelangt
man in den Saal 11, die Epigraphische Sektion. Wer den Besuch chronologisch fort-
setzen möchte, sollte als nächstes die Klassische Sektion besichtigen.

▸ **Epigraphische Sektion (3) (Saal 11)**: Zahlreiche Inschriften griechischer und römischer Herkunft auf Säulen und vor allem auf Grabsteinen, die in der Nekropole im Ortsteil Diana entdeckt wurden.

▸ **Sektion der kleineren Inseln (4) (Säle 12–15)**: Im Gebäude gegenüber der Prähistorischen Sektion. In der erst jüngst modernisierten Abteilung sind Funde des Neolithikums und der Bronzezeit versammelt, die von den „Isole minori" Panarea, Filicudi, Alicudi, Salina und Stromboli stammen.

▸ **Museo Alfredo Rittmann (5)**: Die vulkanologische Sektion des Museums ist leider nicht immer für die Öffentlichkeit zugänglich, darf häufig nur von Gruppen besucht werden. Benannt ist sie nach Alfred Rittmann (geboren 1893 in Basel, gestorben 1980 in Piazza Armerina auf Sizilien), einem der großen Pioniere der Vulkanologie. Nach langen Jahren des Aufbaus vorläufig fertiggestellt, gliedert sie sich in drei Stockwerke. Im Erdgeschoss findet sich neben einem Verkaufsstand auch eine Sammlung vulkanischer, vom Menschen genutzter Produkte wie Obsidian, Schwefel oder Bimsstein. Der erste Stock befasst sich mit allgemeinen Phänomenen des Vulkanismus. Im zweiten Stock ist jeder der Inseln ein eigener Raum gewidmet, in dem anhand von Fotografien, Tabellen, Karten etc. die vulkanische Entstehungsgeschichte und Gegenwart der einzelnen Eilande dargestellt wird. Leider ist die gesamte Ausstellung wie üblich nur in italienischer Sprache dokumentiert.

▸ **Klassische Sektion (2)**: Die wohl reizvollste und reichste Abteilung liegt nördlich der Kathedrale, untergebracht in einer umgebauten, ehemaligen Haftanstalt für politische Gefangene aus der Zeit Mussolinis. Der Name „Klassische Sektion" führt

etwas in die Irre, wurden hier doch auch vorgeschichtliche Fundorte, darunter ein Friedhof mit mehreren Gräbern, detailgetreu nachgestellt. Weitere, diesmal wirklich „klassische" Highlights sind eine Sammlung wunderschöner Vasen, eine wohl absolut einmalige Ausstellung von Theatermasken und Statuetten sowie der Saal für Unterwasserarchäologie.

**Säle 16 und 17** (*Erdgeschoss, links*): Rekonstruierte Gräber sowie Grabbeigaben aus der mittleren Bronzezeit, dem 12.–10. Jh. v. Chr. und dem 8.–5. Jh. v. Chr. Bemerkenswert ist im hinteren Saal 16 besonders die Nekropole der Kultur von Capo Milazzese aus dem 14. Jh. v. Chr., die so wiederaufgebaut wurde, wie sie bei den Ausgrabungen entdeckt worden war.

**Säle 18 und 19** (*Erdgeschoss, rechts*): In Saal 18 ist eine Nekropole aus der Zeit von Ausonia II (1150–850 v. Chr.) nachgestellt, die 1953 mitten im Zentrum von Lipari entdeckt wurde, nämlich an der heutigen Piazza Luigi Salvatore

*Steil: Anstieg auf den Kastellberg*

*Querschnitt durch die Zeiten: die archäologische Zone*

d´Austria, nur zwei Schritte vom Corso. Saal 19 beherbergt vor allem griechische und römische Sarkophage, die aus der Nekropole im Ortsteil Diana stammen.

**Säle 20 bis 25** (*Erster Stock*): Grabfunde aus der griechisch-römischen Nekropole im Ortsteil Diana. Die systematische Erforschung von etwa 2500 Gräbern erbrachte eine Fülle an wunderbaren Kunstwerken (insbesondere detailliert bemalten Vasen), deren älteste bis in die Zeit kurz nach der Gründung der griechischen Kolonie um 580 v. Chr. zurückreichen. Wie auch die wertvollen Grabbeigaben jener Zeit zeigen, erreichte die Griechensiedlung den Höhepunkt ihrer Blüte im 4. Jh. v. Chr. Aus jenem Jahrhundert stammen unter anderem eine Schale mit der Darstellung einer Episode der Odyssee, eine Schauspielszene mit dem auch für das Theater zuständigen Gott Dionysios als Zuschauer und eine weitere Schale, die den Mythos des Hippolytos zeigt. Herausragend sind auch die Arbeiten jenes unbekannten und deshalb schlicht als „Meister von Lipari" bezeichneten Künstlers, der in der zweiten Hälfte des 4. Jh. v. Chr. auf der Insel lebte. Bezeichnend für seine Werke, die meist Frauengestalten (und damit auch die Offenherzigkeit der Damenmode jener Zeit) zeigen, ist ihr Farbenreichtum. Das bedeutendste Glanzstück des Museums bildet die weltweit einmalige Sammlung von Theatermasken und kleinen Theaterstatuetten aus griechischer Zeit, die Figuren aus Stücken von Sophokles, Aristophanes und Euripides darstellen, darunter solche aus mittlerweile verschollenen Komödien und Tragödien. Sie sind zum Teil in kleinen Bühnen angeordnet und für jeden Liebhaber des griechischen Theaters eine interessante Demonstration.

**Saal 26** (*Erdgeschoss Mitte*): Die Abteilung für Meeresarchäologie enthält Funde, die in den letzten Jahrzehnten bei der Erforschung gesunkener Schiffe der Antike gemacht wurden. Durch die felsigen, bizarr geformten Küsten der Inseln kam es damals zu einer Vielzahl an Schiffbrüchen, insbesondere vor Filicudi und Panarea.

**Lipari**
Karte Umschlagklappe hinten

Zu sehen sind nautisches Material wie Anker etc., Handelsware (vor allem Keramik) sowie ganze Reihen von Amphoren, die zum Transport von Wein und Öl verwendet wurden.

▸ **Archäologische Zone (11):** Gegenüber der klassischen Sektion liegt eine Ausgrabungsstätte mit Resten von Bauwerken, die von der Bronzezeit bis zur römischen Ära reichen und auf Schautafeln an den Schutzmauern klassifiziert sind. Gut zu erkennen ist die unterschiedlich hohe Schichtung der Grundmauern.

▸ **Parco Archeològico (12):** Am südlichen Ende der Via Castello, die zwischen den einzelnen Abteilungen des Museums hindurchführt. In dem hübsch begrünten Areal sind einige griechische und römische Sarkophage aufgestellt. Außerdem steht hier der Nachbau eines antiken Theaters, der bei Aufführungen und Kinoabenden, wie sie hier unter anderem im Rahmen des „Eolischen Sommers" stattfinden, einen wirklich hübschen Hintergrund abgibt. Noch reizvoller freilich ist die Aussicht, die man vom Rand des Parks auf die tief unten liegende Marina Corta und auf den südlichen Bereich der Siedlung genießt: besonders am späten Nachmittag und frühen Abend ein Plätzchen, das wirklich zum Verweilen einlädt.

*Öffnungszeiten des Parks* Wie Museo Archeologico, Eintritt frei.

# Die Unterstadt

**An Sehenswürdigkeiten im engeren Sinn ist hier wenig geboten. Statt dessen erfreut die Unterstadt mit regem Alltagsleben.**

**Marina Lunga:** Der „Lange Hafen", wegen seiner Lage unterhalb des ehemaligen Klosters (heute Rathaus) auf dem Stadtfelsen auch „Porto Sottomonastero" genannt, zeigt sich nüchtern und normalerweise eher wenig belebt. Interessante Beobachtungen lassen sich hier jedoch bei Ankunft besonders der größeren Schiffe machen, wenn nämlich Liparis Privatvermieter den Neuankömmlingen ihr Quartier schmackhaft machen wollen. Die Ansprache muss schnell vonstatten gehen,

---

### Fare una bella figura – das Ritual der Passeggiata

Innerhalb des Archipels ist Lipari-Stadt der mit Abstand beste Ort, um das italienische Ritual der Passeggiata kennenzulernen. Nun ist die hiesige Einwohnerzahl so hoch auch wieder nicht, weshalb sich der Auftrieb außerhalb der Saison in relativ engen Grenzen hält. Im Hochsommer jedoch, wenn die Italiener mit Kind und Kegel auf Lipari urlauben, ist der Unterhaltungswert der Passeggiata jedem Kinoprogramm ebenbürtig. Dann wird der Corso, etwa in der Zeit zwischen Dienstschluss und dem Abendessen, zur Bühne, auf der die Akteure gleichzeitig auch Zuschauer sind. Schließlich handelt es sich um viel mehr als nur um einen „Spaziergang", so die wörtliche Übersetzung. Die Passeggiata ist Kontaktbörse und Ehe-Institut, eine gute Figur zu machen, *fare una bella figura*, deshalb unabdinglich. Und so sind die meist jugendlichen Grüppchen, die den Corso auf und ab promenieren, höchst fein herausgeputzt. Auch so manche Dame und so mancher Herr in mittleren Jahren hält bei diesem Schauspiel der kleinen Eitelkeiten noch gerne mit. Die Alten, die über so etwas längst hinaus sind, beobachten das Hin und Her genau, manchmal belustigt, immer aber exakt registrierend, wer nun wem einen verstohlenen oder auch forschen Seitenblick zugeworfen hat.

*Gut bewacht: Die Häuser der Unterstadt drängen sich an die Burgmauern*

Lipari
Karte Umschlagklappe hinten

denn aus dem Bauch der Fähre drängen die Reisenden und die Fahrzeuge. Die Identifikation der Neulinge ist für die erfahrenen Vermieter kein Problem: Auch Insassen von Mietwagen mit italienischem Nummernschild werden sofort als Touristen erkannt. Ersichtlich schwerer fällt den schüchterneren Naturen dagegen das Ansprechen der Besucher – manch besonders zurückhaltender Vermieter geht da schon mal wieder nach Hause, ohne auch nur einen Versuch gemacht zu haben.

**Il Corso**: Der Corso Vittorio Emanuele bildet die Lebensader der Stadt. Besonders in seinem nördlichen Abschnitt reihen sich Läden, schicke Boutiquen, Banken, Bars, Cafés und Restaurants. Abends wird die Hauptstraße für den Verkehr gesperrt: dann kommt die Zeit der Passeggiata.

**Parco Archeològico della Contrada Diana**: Nur ein kleines Stück westlich, also inseleinwärts des Corso, erstreckt sich eine recht weitläufige Ausgrabungsstätte, aus der viele der Funde im hiesigen Museum stammen. Während des Neolithikums besiedelt, lag in griechischer und römischer Zeit hier die Nekropolis. Neben den Ruinen eines griechischen Turms, der einst zur Stadtbefestigung gehörte, fand man hier auch Teile der Mauern, die Sextus Pompeius während des Bürgerkriegs gegen Octavian hatte errichten lassen. Zwar ist das Gelände vormittags zugänglich, doch wird es von den wenigsten Besuchern Liparis beachtet. Ähnliches gilt für das noch weiter westlich gelegene, meist abgesperrte Gebiet der *Sarcofagi Greci*. Immerhin sind die hier aufgestellten griechischen und römischen Sarkophage von der Via Marconi aus zu betrachten.

**Marina Corta**: So zweckbetont und nüchtern der Fährhafen wirkt, so heimelig zeigt sich der „Kurze Hafen" mit der Statue des Inselpatrons San Bartolomeo. Im Schutz des geschichtsträchtigen Stadtfelsens, dessen mächtige Felsmauern gleich hinter dem Hafenplatz ansteigen, bildet die Marina Corta das gemütliche Wohnzimmer Liparis. Seit der umstrittenen Entscheidung des Bürgermeisters im Jahr 2004, die

Anlegestelle der Aliscafi von hier zur Marina Lunga zu verlegen, ist es freilich etwas ruhiger geworden an der Marina Corta, sicher nicht zur Freude der vielen Bar- und Café-Besitzer. Ihre Lokale sind gleichwohl ein schöner Platz für einen Schluck am Abend; ebenso, um einmal das typische Frühstück der Insulaner zu versuchen: *granite*, das halbfeste Wassereis in Geschmacksrichtungen von Zitrone über Erdbeere bis hin zu Kaffee, wahlweise mit oder ohne Sahne serviert und mit einem weichen, leicht süßlichen Brötchen aufgestippt. Solchermaßen gestärkt und erfrischt zugleich, kann man getrost das Panorama auf sich wirken lassen, zumal auch das lange Zeit völlig baufällige Kirchlein mit dem anheimelnden Namen *Anime del Purgatorio* („Seelen des Fegefeuers") zumindest oberflächlich restauriert wurde; irgendwann, so heißt es, könnte dort sogar ein Meeresmuseum entstehen.

# Umgebung von Lipari-Stadt

▸ **Altes Observatorium**: Hoch über der Südspitze der Insel, etwa vier Straßenkilometer südlich des Zentrums, besetzt das ehemalige Geophysikalische Observatorium, von den Liparoten *Semaforo* („Ampel") genannt, einen fantastischen Aussichtsposten, der ein schönes Ausflugsziel abgibt und auch von Einheimischen gern aufgesucht wird. Besonders im Abendlicht ist der Blick von hier hinüber nach Vulcano, auf die Meerenge zwischen den beiden Inseln und in die Krater von Vulcanello, einfach berückend. Zu späterer Stunde sollte man sich hier jedoch vielleicht nicht mehr aufhalten, aus Rücksicht auf die Pärchen, die sich an diesem Treffpunkt für Verliebte gern „in die Büsche schlagen".

Fußgänger müssen für Hin- und Rückweg etwa zwei Stunden einkalkulieren; die Wegbeschreibung ist der unten aufgeführten Tour 1 zu entnehmen. Mit dem Fahrzeug zu erreichen ist das Observatorium über die südwärts aus Lipari in Richtung des Weilers Capistello führende Straße. Kurz vor dem derzeitigen Ende des Asphalts zweigt rechter Hand eine sehr steile Zementstraße ab, an deren Ende das unscheinbare Gebäude steht.

▸ **San Bartolo al Monte**: Ein kleines Kirchlein an den Hängen westlich oberhalb der Stadt, auf einer Höhe von 157 Metern über dem Meer. Das schlichte Gotteshaus birgt keine kunsthistorischen Schätze, bietet aber eine wunderbare Aussicht auf Lipari-Stadt und Umgebung. Auch San Bartolo al Monte wird auf Tour 1 berührt. Der direkte Weg von der Stadt führt über einen leider zuletzt sehr vernachlässigten Treppenpfad, der bei einem Neubaugebiet südlich der Hauptstraße nach Pianoconte beginnt. Auf dieser Hauptstraße geht es zunächst stadtauswärts, in einer scharfen Rechtskurve dann links abwärts, durch die Wohnsiedlung hindurch, unten rechts und nach etwa hundert Metern links in den Weg, siehe dazu auch den Stadtplan in der vorderen Umschlagklappe. Folgt man der schmalen Asphaltstraße rechter Hand des Kirchleins Richtung Belvedere Quattrocchi (siehe „Rund um die Insel"), lässt sich in insgesamt etwa einer anstrengenden Stunde von Lipari-Stadt aus auch der Strand Spiaggia Valle Muria (siehe „Badestrände auf Lipari") unterhalb des Belvedere erwandern, kürzer und sicher angenehmer als auf der Hauptstraße. Wer San Bartolo mit dem Fahrzeug anfahren möchte, nimmt die umgekehrte Richtung: Man biegt stadtwärts des Belvedere Quattrocchi von der Inselringstraße in den asphaltierten Fahrweg ein und folgt diesem bis zur Kirche.

▸ **Monterosa**: Der knapp 240 Meter hohe Hügel auf der Halbinsel nördlich von Lipari-Stadt bietet ebenfalls ein schönes Panorama. Die Wanderung zum Gipfel und

*Vulcano im Blick: Aussicht vom alten Observatorium*

zurück dauert ab dem Zentrum etwa zwei Stunden; zuletzt wurde der Weg etwas verbreitert. Der leicht zu findende Aufstieg beginnt an der Straße Richtung Canneto, in der Nähe des Tunnels und etwa 1,5 Kilometer vom Zentrum. Dort geht es wenige Meter vor der Zufahrt zum Fischer- und Sporthafen bei einer Wasserabfüllanlage links in ein sehr steiles Betonsträßchen, das sich nach etwa zehn Minuten Aufstieg hart nach rechts wendet. Ein paar hundert Meter weiter endet das Sträßchen an einer Gabelung; hier links. Nach 50 Metern verwandelt sich der Weg bei einem Neubau in einen Fußpfad, der an einer Hausruine vorbei in weitem Rechtsbogen auf die Nordseite des Berghangs führt. Etwa eine Viertelstunde lang geht es nun aufwärts, bald begleitet von einer schönen Sicht auf Canneto, dann wendet sich der Pfad zunächst wieder abwärts, auf eine Art Sattel zu. Kurz nachdem der Weg erneut ansteigt, muss man ihn bei einem kleinen schwarzen Mäuerchen nach links oben verlassen und sich einen Zickzack-Weg zum Gipfel suchen. Dort steht ein älteres kleines Kirchlein mit einer später angebauten Fassade, überragt von einem großen Leuchtkreuz, das von Solarenergie gespeist wird. Der Blick von hier umfasst Canneto mit den dahinter liegenden Bimssteinhängen, Lipari-Stadt und Vulcano, das beste Fotolicht ergibt sich am Morgen.

▶ **Forgia Vecchia:** Beim Dörfchen Pirrera (Busverbindung) oberhalb der Siedlung Canneto liegen die Überreste eines alten Obsidianstroms, der sich auf einer maximalen Breite von 700 Metern steil hangabwärts Richtung Meer wälzte, es aber aufgrund seiner Zähflüssigkeit nicht erreichte. Der leicht rötliche, über die Zeiten verwitterte Strom ist mit wehrhaftem Gesträuch bewachsen, aus dem scharfkantige Klippen ragen – es wirkt, als habe ein Riese mit Gesteinsblöcken Kegeln gespielt. Begehbar ist dieses Durcheinander kaum, man belässt es besser bei einem Blick vom Rand des Stroms. Die Anfahrt erfolgt von Lipari-Stadt über die alte Straße nach Canneto, also nicht über die Verbindung durch den Tunnel. Hinter einem kleinen Pass zweigt die Straße nach Pirrera ab. Dort parkt man am besten bei der Kirche und folgt der Straße bergwärts, bis wenig später kurz vor dem Ortsende rechter Hand der (undeutlich) beschilderte und kurz danach neu hergerichtete Weg zur Forgia Vecchia abzweigt, dem man noch etwa einen Kilometer weit bis zu einer Aussichtsplattform folgt. Unterwegs bieten sich, wieder einmal, bezaubernde Ausblicke.

● *Abstieg nach Canneto* Wer mit dem Bus gekommen und mit gutem Schuhwerk ausgestattet ist, kann auf einem alten Fußweg entlang des „Vallonaccio" nach Canneto absteigen und dort auf einen der häufigen Busse nach Lipari warten. Aus Richtung der Forgia Vecchia kommend, geht der Weg links auf Höhe der Kirche von Pirrera ab. „Er führt den Bergrücken zwischen dem Tal rechts und der Schlucht links entlang und ist die ersten 200 bis 300 Meter eine normale kleine Straße mit Häusern auf der linken Seite. Dann beginnt der alte Weg, der hinter den Häusern an der Schlucht entlang führt. Er endet nach ca. 150 Metern auf einer neuen Betonstraße, die ins rechte Tal führt. Man folgt ihr bis zur ersten Rechtskurve, geht aber dann geradeaus weiter.

Nun wird die Macchia dichter und der alte Weg zu einem ausgeschwemmten Pfad, der lange Hosen und gutes Schuhwerk fordert. Er verläuft fast gerade und führt auf das Ende des Felsrückens. Dann erscheint wieder die alte gepflasterte Straße und führt abwärts durch ein Wohngebiet. Man kommt in Canneto auf der Via Torrente Boccetta heraus, biegt links ein und steuert auf eine quer verlaufende Brücke zu, die den Durchgang zur Strandstraße nur sehr gebückt erlaubt. Kurz davor rechts hoch ist die Via Cesare Battisti. Man geht hoch, überquert die Straße und kann auf der anderen Seite wieder hinab auf die Via Torrente Boccetta und bis zur Strandstraße gehen. Die Bushaltestelle ist dann rechts." (Leserbrief von Norbert Konkol).

# Badestrände auf Lipari

*Urig: Barnj ...*

Um Lipari-Stadt sind die Möglichkeiten nicht so anziehend wie an anderen Stellen der Insel. Der schmale, kiesige *Porto delle Genti* im Süden, knapp zehn Fußminuten von der Marina Corta, ist der einzige echte Stadtstrand, jedoch schmal und leider oft verdreckt. Wer schönere Fleckchen sucht, muss sich schon in den Bus begeben, ein Fahrzeug mieten oder marschieren. Die Mehrzahl der reizvollen Badeplätze liegt im Osten der Insel. Da die Strände meist aus ziemlich kantigem Kies bestehen, können Badeschuhe und eine Iso-Matte als Unterlage nicht schaden. Hier eine Kurzbeschreibung der Inselstrände, die gegen den Uhrzeigersinn verläuft.

**Canneto**: Ortsstrand aus Kies, mit Fischerbooten gesprenkelt, im Rücken die Häuserzeile und die Uferstraße. Es gibt nettere Strände auf Lipari, für ein paar Stunden Sonnenbad und einen kurzen Sprung in die Fluten ist der hie-

*... und sein Boot „Valle i Muria"*

sige Strand aber allemal ausreichend. Auch der schöne Ausblick Richtung Panarea und Stromboli ist nicht zu verachten.

**Spiaggia Bianca**: Der Hauptstrand von Lipari liegt etwa einen Kilometer nördlich des Ortsrands von Canneto und ist über Treppen ab der Küstenstraße zu erreichen (Busverbindung); es gibt jedoch auch einen Fußweg ab Canneto, der ganz am hinteren Ende der Uferstraße beginnt. Die Spiaggia Bianca leuchtet nicht etwa weiß, wie der Name suggeriert, sondern besteht aus dunklem Kies, teilweise mit Sandpartien durchsetzt – der leichte weiße Bimsstein, dem er seinen Namen verdankt, wurde schon längst weggeschwemmt. Begrenzt wird der Strand von Felsen, ein gutes Revier für Schnorchler. Im Norden gibt es einige winzige Buchten, die nur schwimmend zu erreichen sind. Während der Saison öffnen Strandbars.

**Porticello**: Kleiner Kiesstrand am nördlichen Ende des Bimsgebietes, die Umgebung immer noch weiß. Der Strand ist in der Saison recht voll, zwei urige Bars bieten Speis und Trank.

**Acquacalda**: Langgezogener Ortsstrand aus dunklem Kies, sauberes Wasser und schöner Blick hinüber nach Salina, im Rücken allerdings Häuser und Küstenstraße. Hinter Acquacalda sieht es mit Badefreuden dann eher düster aus. Die Straße verläuft abseits der Küste, wer sich auf Feldwegen vorpirscht, wird an Steilabstürzen unsanft gestoppt – das Meer liegt unerreichbar ein ganzes Stück tiefer.

**Spiaggia Valle Muria**: Des Autors Favorit auf Lipari erstreckt sich unterhalb des Belvedere Quattrocchi. Ein kurzer Fußmarsch führt hinab zu einer schmalen, halbmondförmig ausgedehnten Bucht, die teils mit fußballgroßen Steinen, teils mit Lavakieseln, an einigen Stellen auch mit feinem dunklen Lavasand bestückt ist. Nach den Winterstürmen sieht der Strand in jedem Frühjahr anders aus. Der südliche, linke Teil jenseits des Felssturzes ist übrigens zwar verlockend einsam, aber von Steinschlag bedroht – siehe das Foto ganz vorne im Buch. Im zentralen

Bereich des Strands hat der findige Liparote Giuseppe Manfrè, genannt „Barnj", in einer aus dem Fels geschlagenen Höhle eine kleine Bar eröffnet, vermietet im Hochsommer Kajaks und Tretboote, betreibt einen Bootspendeldienst vom Fährhafen und veranstaltet auch empfehlenswerte Ausflugsfahrten. Ab und an, auf Vorbestellung auch für kleinere und größere Gruppen, grillt Barnj auch schon mal Fisch nebst Beilagen, und dies gar nicht einmal teuer. Am Strand selbst vermitteln einige Stroh-Sonnenschirme (Gebühr) fast Hawaii-Feeling, den tollen Blick auf die Steilküste und auf Vulcano gibt es umsonst – den anstrengenden Aufstieg zurück zur Straße auch.

● *Wegbeschreibung* Von Lipari (Busverbindung) kommend etwa 300 Meter vor dem Belvedere Quattrocchi links und der Zementstraße folgen. Bei einem kleinen Parkplatz rechts den steilen Weg bergab, noch etwa ein Kilometer. Der Aufstieg retour ist nicht ganz leicht, dafür ist unten auch in der Saison relativ wenig Betrieb.

● *Bootsdienst* Barnjs grün-gelb gestrichenes Schiff, die „Valle i Muria", legt an Liparis Fährhafen Marina Lunga ab, etwa auf Höhe der Bushaltestelle. Fahrten von Mitte Mai bis etwa Ende Oktober, je nach Wetterlage, einfach 7 €, hin und zurück 10 €. Barnj veranstaltet auch Schiffstouren, zum Beispiel eine sehr schöne Fahrt entlang von Liparis Nordwestküste, mit Badestopps und Blick auf Meeresgrotten; Abfahrt ab Strand i.d.R. gegen 13.30 Uhr. Zu erreichen ist Barnj unter Mobil- ☎ 360 289141, 349 1839555 und 339 8221583.

## Tour 1: Rundwanderung um den Monte Guardia

● **Route**: Lipari – Altes Observatorium – San Salvatore – Fossa di Monte Giardina – San Bartolo al Monte – Lipari. ● **Reine Wanderzeit**: 2,5 bis 3 Stunden.

Eine reizvolle Rundwanderung durch wenig besiedeltes, teilweise landwirtschaftlich genutztes Gebiet im Süden der Insel. Unterwegs bieten sich faszinierende Panoramen, besonders schön am späten Nachmittag. Wer dagegen morgens startet, kann auf einer Variante zum schönen Strand Spiaggia Valle Muria (siehe „Baden") gehen und später wahlweise ab dem Belvedere Quattrocchi mit dem Bus zurückfahren oder zu Fuß über San Bartolo al Monte zurück nach Lipari wandern. Als Alternative zum ersten Abschnitt durch das schattige Tal besteht auch die Möglichkeit, mit schönerer Aussicht auf der Küstenstraße zu gehen.

Im Zentrum Liparis hält man sich am südlichen Ende des Corso links auf die Via Roma zu, geht dort rechts und nach 30 Metern wieder links in die Via Santa Anna und über die Via Franza hinweg; siehe auch Stadtplan auf der Umschlaginnenseite. Nun dem Gässchen geradeaus folgen, vorbei am Hospital, zunächst Richtung Hotel Carasco. An einer Gabelung bzw. Abzweigung bei einer Art Wellblechhütte geht es schräg rechts in einen Sandweg (zur besseren Orientierung: die Stromleitung führt an dieser Stelle links weiter), der bald die besagte Straße von Lipari nach Süden unterquert und leicht ansteigend in ein grünes und schattiges, leider durch Bootsparkplätze und Gewerbegrundstücke nicht unbedingt verschöntes Tal hineinführt. Nach insgesamt etwa 20 Min. hält man sich an einer Gabelung links bergauf (rechts geht es zu einem Steinbruch) und trifft schließlich auf die Asphaltstraße; knapp 50 Meter weiter zweigt rechts die steile Zementstraße zum Observatorium ab. Schöner ist jedoch ein kleiner, landschaftlich reizvoller Schlenker von etwa einer halben Stunde. Dazu muss man direkt an der Einmündung die Asphaltstraße überqueren und hinter der Leitplanke dem zunächst etwa parallel zur Straße nach Süden führenden Betonweg folgen. Er verwandelt sich in einen schmaleren, im Bogen verlaufenden Pfad mit Aus-

*Der „Wachtberg" von Lipari-Stadt: Monte Guardia*

Lipari
Karte Umschlagklappe hinten

sicht auf Vulcano, der nach etwa 20 min. (hier auch schöner Blick auf die Felsnadeln der Faraglioni) plötzlich zu enden scheint, tatsächlich jedoch hart nach rechts aufwärts abzweigt. In steilem Aufstieg über eine Art Grat, dann links an einem eingezäunten Grundstück vorbei, erreicht man schließlich über einen Sand- und Betonweg die oben erwähnte Zementstraße, auf der man nach links bald zum *Alten Observatorium* (siehe „Umgebung von Lipari-Stadt"), kommt, das eine wunderbare Aussicht auf die Krater von Vulcano und der Halbinsel Vulcanello bietet.

Auf dem Weiterweg folgt man zunächst der Zementstraße zurück und ein Stück abwärts, biegt dann bei einer Kreuzung mit begrünter Verkehrsinsel in der Mitte nach links in eine für die Durchfahrt gesperrte Betonstraße ab. Dieser folgt man etwa fünf Minuten lang bis zum kleinen Kirchlein *San Salvatore*, erbaut Anfang des 19. Jh.

Hinter der Kirche wendet sich der Weg hart nach links. Rechts öffnet sich ein

> Trotz wiederholter Bitten bei Fremdenverkehrsamt und Kommune um Ausbesserung ist der kurze Wegabschnitt unmittelbar nach der Chiesa San Salvatore leider seit Jahren zugewachsen, ein Abschnitt der Trockensteinmauer, über die der Pfad führt, verfallen und damit fast unpassierbar. Vielleicht geschehen ja noch Zeichen und Wunder, und der Weg ist zur neuen Saison wieder frei. Eine weitere Problemstelle gab es bis zuletzt im Vallone Ponte nach dem Abstieg von der Kirche S. Bartolo al Monte.

Taleinschnitt, der jeden Laut mit einem beeindruckenden Echo beantwortet, manchmal auch das Bellen des ungefährlichen, da eingesperrten Hundes im Haus an der Ecke. Von hier hat man einen recht hübschen Blick auf Lipari-Stadt. Bald verwandelt sich der Betonweg in einen ansteigenden Erdpfad, der zuletzt mit Schilf zugewuchert war (siehe Kasten), sich hinter dem Kopf der

Schlucht aber wieder öffnet und gut erkennbar fortsetzt. Wenig später bietet sich links ein Blick auf das tief unten liegende Meer. Der Weg steigt, teilweise über Reste eines Pflasters, zunächst weiterhin an und führt später in leichtem Auf und Ab im Bogen um den 369 Meter hohen „Wachtberg" *Monte Guardia* herum, dessen Gipfel man auf einem rechts abzweigenden Pfad in etwa einer halben Stunde auch besteigen könnte. Der Hauptweg hingegen trifft bald auf ein verlassenes und verfallenes Bauernhaus linker Hand; im Hintergrund sind die Häuser von Pianoconte und das Meer unterhalb des Belvedere Quattrocchi zu erkennen. Kurz darauf verwandelt sich der Weg bei einem eisernen Tor in ein Betonsträßchen, das jedoch wenig später wieder in einen Feldweg übergeht. Links sieht man nun den ehemaligen Vulkankrater *Fossa di Monte Giardina*, der heute als Weingarten dient. An seinem Südostrand trifft man auf eine leicht versetzte Kreuzung. Der Weg, der hier links abzweigt, führt am Kraterrand entlang zur Häusergruppe von Quattrocchi und trifft kurz davor auf einen Parkplatz, von dem man zur Spiaggia Valle Muria absteigen kann; wer noch etwas länger wandern und dabei den schönen Ausblick genießen möchte, könnte den Weg zum Strand aber auch erst vom Kirchlein San Bartolo al Monte einschlagen.

Zurück nach Lipari-Stadt hält man sich an der versetzten Kreuzung geradeaus. Bald darauf verwandelt sich der Weg wieder in ein Betonsträßchen, von dem man erneut ein fulminantes Panorama genießt: Lipari-Stadt mit dem Kastell, Panarea und Basiluzzo, im Hintergrund der rauchende Stromboli ... In Serpentinen geht es nun bergab, vorbei an einigen Häusern. Bald steht man vor dem weißen *Kirchlein San Bartolo al Monte*,

einem Rastplatz mit hübscher Aussicht. Von hier geht es nun auf einem steil bergab führenden und leider ziemlich vernachlässigten Weg direkt auf die Stadt zu. Mal aus Beton, mal ein fast schon überwucherter Pflasterpfad, windet sich der Weg in Serpentinen meerwärts – bis er am Ortsrand von Lipari unvermittelt an einer neuen Siedlung endet, die das gesamte gewachsene Umfeld zerstört hat. Hier geht es rechts, nach hundert Metern wieder links und oben an der Hauptstraße erneut rechts, zurück ins Zentrum von Lipari-Stadt.

# Rund um die Insel

**Eine etwa 27 Kilometer lange Ringstraße erschließt den größten Teil der Insel. Diese Beschreibung folgt ihr gegen den Uhrzeigersinn, angefangen mit Liparis Nachbardorf Canneto.**

## Canneto

**Die zweitgrößte Siedlung der Insel ist nicht direkt eine Schönheit, wirkt aber sympathisch und besitzt eine gute Infrastruktur.**

Canneto liegt etwa drei Kilometer nördlich von Lipari-Stadt und ist von dort am schnellsten durch einen Straßentunnel zu erreichen. Das Ortsbild stellt an sich wirklich keine Offenbarung dar – ein langer, schmaler Häuserschlauch zwischen der Uferpromenade und einer landeinwärts verlaufenden Parallelstraße. Doch hat man sich in den letzten Jahren deutlich bemüht, Canneto aufzuwerten. Der Hauptplatz und ein Teil der Uferstraße wurden gepflastert, neue Quartiere und Restaurants eröffnet, eine Anlegestelle für Ausflugsschiffe gebaut. Zudem besitzt die Siedlung auch ein gewisses Alltagsleben abseits des Fremdenverkehrs, bietet außerdem alles Notwendige für die Bewohner des hiesigen Campings, der Hotels und Apartments. Wer gerne strandnah wohnt, ist hier deshalb an keiner schlechten Adresse, zumal auch die schöne Spiaggia Bianca noch in Fußentfernung liegt. Im Sommer herrscht entlang der Hafenstraße denn auch mehr Betrieb, als man angesichts der immer noch bescheidenen Hotelkapazität annehmen sollte – des Rätsels Lösung sind die recht zahlreichen, teilweise in Privatbesitz von Norditalienern befindlichen Ferienwohnungen. Außerhalb der Hochsaison geht es in Canneto dagegen deutlich ruhiger zu.

● *Übernachten* **\*\*\* Hotel Casajanca**, 1998 eröffnetes, praktisch direkt am Hauptplatz gelegenes Haus. Sehr hübsche, familiäre Anlage mit nur zehn Zimmern, engagiert und freundlich geführt. Stilvoll eingerichtete, geräumige Zimmer, zwei sind behindertengerecht ausgestattet. Insgesamt ein sehr angenehmes Quartier mit ausgespro-

chen persönlicher Note. Ganzjährig geöffnet. DZ/F nach Saison etwa 80–160 €, im August 220 €. Marina Garibaldi 115, ✆ 090 9880222, ✉ 090 9813003, www.casajanca.it.

**\*\*\* Hotel Odissea**, einige Parallelstraßen landeinwärts der Uferfront. Vor einigen Jahren erweiterter Bau; große, gut möblierte Zimmer. Nur von Juni bis Mitte Oktober

*Vogelperspektive vom Monte Rosa: Canneto*

geöffnet. DZ/F 70–100 €, im August 130 €. Via N. Sauro 12, ℡ 090 9812337, 📠 090 9880721, www.hotelodissea.it.

**\*\*\* Hotel Mocambo**, 200 m weiter ortsauswärts. Gut in Schuss gehalten, jährlich renoviert. Geöffnet etwa April bis Ende Oktober. DZ 70–140 €, im August 170 €. Via C. Battisti 192, ℡ 090 9811442, 📠 090 9811062, www.hotel-mocambo.it.

**Residence Oltremare**, in der Nähe. Neue, noch etwas steril wirkende Anlage im Beton-Äolen-Stil mit schönem Blick aufs Meer. Freundliche Leitung, 15 gut ausgestattete Apartments mit ein bis drei Zimmern und Küchenzeile. Preise für zwei Personen 400–770 €/Woche, im August bis 980 €. Località Calandra, ℡ 090 9880567, 📠 090 9811269, www.oltremare.info.

**Apartamenti Cannetomare**, insgesamt 14 Apartments unterschiedlicher Größe. Apartment für zwei Personen je nach Saison etwa 260–850 €/Woche, im August bis 1300 €. Via Marina Garibaldi, an der Uferstraße Nähe Camping Baia Unci, ℡ 090 9811542, 📠 090 9812508, www.cannetomare.com.

**Mistral Residence**, ebenfalls an der Uferstraße. Geöffnet April bis Mitte/Ende Oktober. Studios und Apartments für zwei bis fünf Personen, bei Zweierbelegung je nach Lage und Saison ab etwa 380 €/Woche; im August steigen die Preise für zwei Personen bis auf 965 €. Via Marina Garibaldi 23, ℡ 090 980683, 📠 090 9812124, www.mistralresidence.com.

**Residence La Villetta**, oberhalb der Straße Richtung Porticello, vor dem Ortsausgang Richtung Spiaggia Bianca. Freundliche Leitung, Apartments mit Terrasse und Klimaanlage. Preise für zwei Personen pro Woche 420–700 €, im August bis 945 €; zur NS geht's auch tageweise, zwei Personen etwa 60 €. Via Calandra Coste 1, ℡ 090 9813000, 📠 090 9880716, www.lavilletta.it.

**Bed & Breakfast Frajmari**, beim Hotel Casajanca und diesem verwandtschaftlich verbunden. Ähnlicher Stil, die Preise für die drei Zimmer auch nicht viel niedriger: DZ ab 60 €, im August 200 €. Marina Garibaldi 115, ℡/📠 090 9813003, www.frajmari.it.

**Affittacamere Giallo Rosso**, an der Uferstraße im Zentrum. Geräumige Zimmer und Apartments mit Klimaanlage, z.T. mit Küche, überall gute Betten. Geführt von einer deutsch-italienischen Familie, Sprachprobleme gibt es mit dem netten Vermieter Marco Scoglio nicht. Stören könnte einzig das Glockengeläute (vom Band!) der nahen Kirche. Geöffnet April bis Oktober, wenn jemand anwesend ist, auch im Winter. DZ/F nach Saison etwa 50–80 €, im August 100–120 €, dann aber durch Stammgäste stets belegt. Via Marina Garibaldi, Rezeption um die Ecke in der Via Risorgimento, ℡ 090 9811298, 📠 090 9811358, www.giallorossolipari.it.

**Jugendherberge Ostello Baia Unci**, direkt neben dem gleichnamigen Camping und von dessen freundlichen früheren Eigentümern betrieben. 2001 eröffnete halbprivate JH, kein offizieller Ausweis nötig; es gibt auch Apartments für bis zu sechs Personen. Bett im Schlafsaal p.P. nach Saison 15–20 € (zur NS sind die Bungalows auf dem Camping einen Preisvergleich wert), DZ mit Bad und Küche etwa 30–50 €. Man vermietet auch günstig Motorroller. Geöffnet März bis Oktober. Marina Garibaldi, ℘ 090 9811540 oder 090 9812527, ℘ 090 9814323, info@liparicasevacanze.it, www.liparicasevacanze.it.

● *Camping* ** **Camping Baia Unci**, am südlichen Ortsrand, durch die Uferstraße vom Meer getrennt. Hübscher Platz; eben, sehr schattig, ordentliches Restaurant, in der Umgebung gute Einkaufsmöglichkeiten. Auch in der Nebensaison herrscht meist lebendiger Betrieb, im Hochsommer wird es oft sehr voll. Kochen vor dem Zelt ist tabu (nur noch im Bereich der großen Bar gestattet), die gepflegten Sanitäranlagen sind mit Duschen-Stehtoiletten-Kombinationen ausgestattet, die zwar durchaus hygienisch, aber dennoch gewöhnungsbedürftig sind. Jeder Gast ist zudem verpflichtet, permanent ein buntes Plastikarmband („braccialetto") à la All-Inclusive-Hotel zu tragen, das nicht abgenommen werden kann – vielleicht helfen ja immer wiederkehrende Proteste gegen diese Unsitte. Offen etwa von Mitte März bis Mitte Oktober, je nach Geschäftsgang. Bei Ankunft Abholservice vom Hafen Lipari möglich. Auf dem Gelände befindet sich eine Tauchschule. Preis p.P. inkl. kleinem Zelt je nach Saison 8–14 €. Mit großem Zelt/Wohnmobil etc. p.P. etwa 7–10 €, zuzüglich 5–12 € für den Stellplatz. Auch Vermietung kleiner Bungalows, zur NS recht günstig. Marina Garibaldi, ℘ 090 9811909, ℘ 090 9811715, baiaunci@tele2.it, www.baiaunci.com.

● *Essen* Auch das Camping-Restaurant „Ristorante del Pescatore" lohnt einen Versuch. Außerhalb der Saison bleibt allerdings so manche Restauranttür verschlossen.

**Ristorante-Pizzeria La Bussola**, an der Uferstraße nicht weit vom Camping. Das gehobenste Restaurant des Ortes, à la carte muss man deshalb auch mindestens 30 € anlegen. Abends auch Pizza. Via Archimede 2, ℘ 090 9880881.

**Ristorante-Pizzeria Calandra**, an der Uferstraße im äußersten nördlichen Ortsbereich, auch in der NS meist geöffnet. Menü ab etwa 20 €, auch ganz passable Pizze. Marina Garibaldi, ℘ 090 9811676.

**Bar Tavola Calda Papisca**, wiederum an der Uferstraße zwischen Zentrum und Camping. Leckere Kleinigkeiten, die traditionsreichen hiesigen Süßwaren gelten gar als die besten der ganzen Insel. Man kann aber auch zu recht günstigen Preisen komplette Vorspeisen und Hauptgerichte bekommen, ebenso nahrhafte Focacce und Ähnliches. Marina Garibaldi 67, ℘ 090 9812302. Di Ruhetag.

**Piccolo Bar**, direkt am Hauptplatz. Freundliche kleine Bar, in der es auch Kleinigkeiten zu essen gibt, ein beliebter Treffpunkt und auch in der Nebensaison ganz gut besucht.

● *Nachtleben* **Sea Light**, eine Openair-Disco über dem Meer südlich der Bucht (nicht allzu weit vom Camping) ist neu und war bislang nur zur Saison in Betrieb.

● *Mietfahrzeuge* **Foti**, Filiale des Unternehmens aus Lipari-Stadt, nur zur Saison geöffnet. An der Uferstraße nahe Camping; Via Marina Garibaldi, ℘ 090 9880825.

**Da Lorenzo**, ebenfalls an der Uferstraße, etwas näher am Ortskern, Mobil- ℘ 338 2402055.

● *Schiffsausflüge* Die Brüder **Fratelli Rizzo**, pittoreske Typen im Piratenlook, nutzen ein kleineres Boot „Luna" als Strandtaxi, während die etwas größeren Schiffe „Brigitte" und „Iana" Ausflüge zu den Nachbarinseln unternehmen. Abfahrten am Kai von Canneto, Preisbeispiel (Nebensaison): Salina inklusive Essen 25 €.

**Weiter an der Hauptstraße**: Hinter Canneto steigt die Küstenstraße in Serpentinen an, führt durch die kleine Häusersiedlung oberhalb des hübschen Strands *Spiaggia Bianca* (Badepause...) und erreicht dann die weißen Bimssteinhügel des Campo Bianco.

# Cave di Pomice/Campo Bianco

Etwa einen Kilometer nördlich der Spiaggia Bianca ändert sich das Landschaftsbild plötzlich. Dort durchquert die Straße das Gebiet der Bimssteinwerke Cave di Pomice („Bimssteingruben"), die an den zum Meer hin abfallenden Hängen des 476 Meter hohen *Monte Pilato* liegen. Hier wurde Bimsstein im Tagebau gewonnen, der

*Ungewöhnlicher Anblick: der Bimsberg Monte Pilato*

**Ende eines Industriezweigs: Bimssteinabbau auf Lipari**

Fast ein Viertel (22,4 %, entspricht 8,4 qkm) der Inseloberfläche Liparis besteht aus dem weißen, porösen Material, das so leicht ist, dass es im Wasser schwimmt. Bimsstein ist wie Obsidian ein vulkanisches Produkt, entstanden aus demselben sauren, beim Auswurf durch Gasbläschen stark aufgeschäumtem und glasigem Magma. Die einzelnen Steine erreichen Größen zwischen der eines Getreidekorns und (selten) der eines Handballs. Das auf Lipari abgebaute, als ausgesprochen hochwertig geltende Material stammt aus mehreren Eruptionen des Monte Pilato, deren vorletzte um 3000 v. Chr. stattfand. Eine weitere, quantitativ jedoch wenig bedeutende Eruption muss sich um etwa 600 n. Chr. ereignet haben, da man bei Ausgrabungen der griechisch-römischen Nekropole von Diana auf eine bis zu 25 Zentimeter dicke Bimsschicht stieß, die auch die spätrömischen Gräber bedeckte.

Verwendung findet Bimsstein in erster Linie als Polier- und Schleifmittel für Metalle, Stein, Glas, Holz, Leder oder andere Materialien, ebenso als Filterstoff. Viele Putz- und Scheuermittel enthalten ebenfalls feinen Bimsstaub, und auch die „Stone-Washed"-Optik mancher Jeans ist auf den Einsatz dieses Materials zurückzuführen. Bimsstein isoliert jedoch auch sehr gut und ist gleichzeitig relativ elastisch, weshalb er sich auch als Baumaterial (zum Beispiel als Beimischung für Beton) bestens eignet, insbesondere zur Errichtung erdbebensicherer Häuser.

Trotz der anerkannt guten Qualität des Bimssteins von Lipari ging der Abbau seit den 1970er-Jahren konstant zurück. Damals arbeiteten etwa 500 Menschen in dieser einzigen Industrie der Insel, Ende der 1990er Jahr war es kaum noch ein Fünftel. Wichtigster Grund waren die hohen Lohnkosten der personalintensiven Förderung, denn auch Italien kann auf diesem Gebiet schon lange nicht mehr mit Billiglohnländern konkurrieren. Nicht zuletzt auf Betreiben der UNESCO-Kommision wurde der Bimssteinabbau 2007 endgültig eingestellt. Die Gesundheitsämter wird das freuen. Der feine Staub, der beim Abbau entsteht, ist nämlich für eine spezifische Lungenkrankheit verantwortlich: Die Silikose (eine Form der Staublunge), auch „Liparose" genannt, brachte früher vielen Arbeitern der Bimssteinwerke den frühen Tod.

praktisch die gesamte Ostseite des Monte Pilato angefressen hat. Genannt wird diese Zone treffend Campo Bianco – „Weißes Feld". Ende 2007 wurde der Bimssteinabbau endgültig eingestellt. Direkt neben der Straße fällt ein Hügel aus mittlerweile steinhart gewordenem Bims unglaublich steil zum Meer hin ab. Entstanden ist er einst durch Lkw, die hier den weißen Abraum der umliegenden Bergwerke abkippten. Nach Protesten von Umweltschützern, die die Fische am Fuße des Bimshügels gefährdet sahen, hatte man diese Praxis jedoch eingestellt. Das Meer unten am Hang leuchtet durch Bodenablagerungen türkisfarben, allmählich verfallende Verladestege sorgen zusätzlich für skurrile Optik. Besonders eindrucksvoll ist der Blick von der Meerseite her, zum Beispiel von einer Fähre oder auch von einem der Ausflugsschiffe aus, die häufig unterhalb des Campo Bianco zu einem kurzen Sprung ins Wasser stoppen.

**Rocche Rosse**: Hinter dem Ende des Bimsgebiets durchquert die Straße die „Roten Felsen". Es handelt sich um einen leicht rötlichen bis dunklen Obsidianstrom des Monte Pilato, der auf einer maximalen Breite von knapp einem Kilometer fast bis zum Dorf Acquacalda reicht. Bei seinem Ausfluss drang er nahezu einen halben Kilometer weit ins Meer vor und bildete so das Vorgebirge der *Punta della Castagna* im äußersten Nordosten der Insel.

## Porticello

Die kleine Siedlung Porticello besteht praktisch nur aus den recht weitläufigen Anlagen der Bimssteinwerke und einigen Häusern am Hang oberhalb davon. Der hiesige Strand ist oft überfüllt und nicht allzu reizvoll. An Sommerwochenenden und zur Hochsaison lässt sich hier das Strandleben der Insulaner und der italienischen Gäste hautnah beobachten. Die beiden einander gegenüberliegenden, originellen Strandbars kommen dann erst so richtig in Schwung.

Hinter Porticello durchquert die Inselringstraße zunächst den bereits oben erwähnten Lavastrom der Rocche Rosse und erreicht dann bald die ersten Häuser der Siedlung Acquacalda.

## Acquacalda

**Das „warme Wasser" an der Nordküste Liparis bietet einen schönen Blick auf Salina und Panarea, an klaren Tagen bis nach Stromboli.**

Acquacalda, ein langgezogenes, aber schmales Dorf, erstreckt sich entlang der Straße und eines feinen schwarzen Kieselstrands. Von Fremdenverkehr ist hier nicht viel zu spüren; die meisten Einwohner verdienten ihr Geld noch bis vor einigen Jahren in den Bimssteinwerken, von denen eines direkt im Ort lag. Der lange Anleger, von dem der Bimsstein verschifft wurde, ist nicht zu übersehen.

● *Essen* **Ristorante Da Lauro,** kurz nach dem Ortseingang oberhalb der Straße. Das früher beliebte Feinschmeckerlokal scheint in den letzten Jahren etwas nachgelassen zu haben. Innenraum in kühler Eleganz, strohgedeckte Terrasse mit schönem Blick. Menü um 35 € (einige Leser fanden dies für das Gebotene zu teuer), im Winter Mo Ruhetag. Gruppen ab etwa vier Personen können sich im Sommer kostenlos in Lipari abholen lassen. ✆ 090 9821026.

**Ristorante Tre Archi,** an der Hauptstraße, von Porticello kommend in einem der ersten Häuser. Einfaches, familiäres Lokal, einige Tische im Freien. Rustikale Inselküche, zu den Spezialitäten zählen Spaghetti mit Kapern und gefüllte Tintenfische. Menü um die 25 €. Außer zur HS ist montags geschlossen. ✆ 090 9821003.

**Ristorante L'Anfora,** am westlichen Ende der Uferstraße, 2007 eröffnet. Hohes Gewölbe, im Sommer Tische an der Straße

*Langgestreckt und schmal, mit Blick nach Salina: Acquacalda*

und auf der Dachterrasse. Gehobene Fischküche, abends auch Pizza. Fischmenü etwa
35 €. Gratis-Shuttle für Gäste von/nach Lipari.
Via Lungomare, ✆ 090 9821014. Mi Ruhetag.

**Bar Aurora**, an der Uferstraße, von Lesern
wegen der „grandiosen Granita" empfohlen. Man kann hier jedoch auch gut (und
sogar ziemlich günstig) essen. Ein paar Schir-
me und Liegen am Strand gibt es ebenfalls.

Hinter Acquacalda steigt die Ringstraße wieder an und entfernt sich von der Küste.
In einer Kurve, in der sich auch ein kleiner Parkplatz findet, bietet sich ein weites
Panorama: Bei klarem Wetter sieht man alle anderen Inseln außer Vulcano. Ab hier
verläuft die Straße inseleinwärts; die Küste ist zwar über Feldwege zu erreichen,
fällt aber steil ab.

## Quattropani

**Ein ausgedehntes, dabei sehr locker gebautes Dorf, das sich in immerhin et-
wa 300 Meter Höhe über dem Meer erstreckt.**

Zwischen den einzelnen Häusern liegen Gemüsegärten, das verwirrende Geflecht
kleiner und kleinster Sträßchen abseits der Inselringstraße verläuft oft zwischen
hohen Trockenmauern. Das Gebiet, den meist von Westen kommenden Regenfällen stärker ausgesetzt als der Rest der Insel und deshalb erstaunlich grün, bildet
zusammen mit dem weiter südlich gelegenen Pianoconte gewissermaßen das Land-
wirtschaftszentrum der Insel. Das handtuchschmale Format der Felder, Weingärten
und Ölbaumkulturen, die sich in Terrassen bis hinunter zur Steilküste erstrecken,
verdeutlicht den geringen Stellenwert der Landwirtschaft auf Lipari. Für die fast
immer älteren (Nebenerwerbs-) Bauern der Dörfer besitzt sie freilich durchaus hohe Bedeutung ...

• *Übernachten/Essen* **Agriturismo Tivoli**, in
ruhiger Lage am Ortsrand in Richtung
Acquacalda. Erster Agriturismo der Insel,

1997 eröffnet, ein Landwirtschaftsbetrieb
mit Tierhaltung etwas abseits der Wohnge-
bäude. Drei solide eingerichtete, geräumi-

ge Zimmer und mehrere Apartments; in letztere muss man Bettwäsche und Handtücher selbst mitbringen. Gegessen wird bei gutem Wetter auf einer fantastisch gelegenen Terrasse mit herrlichem Panorama; viele Zutaten sind aus eigener Produktion, die Portionen üppig. Wer nur zum Essen kommt, zahlt komplett etwa 25 €, sollte sich aber vorher anmelden. Achtung, die Zufahrt ist sehr schmal und wird immer schmaler, besser oben am Rand der Kurve am Ortsausgang parken. DZ/F 40–70 €, im Apartment für zwei Personen (ohne F) 40–60 €, HP kostet p.P. 45–70 €. Via Quartara, ℅/℡ 090 9886031, Mobil-℡ 333 1942649, www.agriturismolipari.com.

**Ristorante Pizzeria A Menza Quartara**, an der Hauptstraße im südlichen Siedlungsbereich, der mit einem kleinen Laden, zwei Bars und eben diesem Restaurant quasi das Ortszentrum bildet. Relativ großes Lokal, kleinere Terrasse mit schönem Panorama aufs Meer. Zu den Spezialitäten zählen „Antipasto locale" und Kaninchen süßsauer (coniglio in agrodolce), beides nur auf Vorbestellung; abends gibt es auch Pizza. Menü ab etwa 20 €, Di Ruhetag, zur NS nur Sa/So geöffnet. ℡ 090 9886236. Direkt nebenan liegt eine kleine Bar mit wenigen Tischen, von denen man z.T. ebenfalls eine schöne Aussicht genießt.

▸ **Chiesa Vecchia**: Vom nördlichen Ortsbereich von Quattropani führt eine anfangs sehr breite, dann immer schmalere und mit „Santuario Chiesa Vecchia" beschilderte Straße zu dieser Kirche aus dem Jahr 1646, die in ihrer strahlend weißen Schlichtheit fast kykladisch wirkt. Leider wurde das Umfeld Ende der 90er-Jahre übersaniert und ein großer Parkplatz vor die Kirche gesetzt – „die natürliche Schönheit ist dahin", wie es eine Einwohnerin von Quattropani formulierte. Der Ausblick vom Kirchlein auf die Küste und alle umgebenden Inseln mit Ausnahme von Vulcano ist jedoch immer noch fantastisch – ein wunderbarer Platz für eine Rast.

▸ **Weiter auf der Hauptstraße**: Südlich von Quattropani durchquert die Inselringstraße das durch seine vorzeitlichen Funde bekannt gewordene Gebiet von Castellaro und erreicht dann die fast ineinander übergehenden Orte Varesana und Pianoconte. Für Liebhaber schöner und origineller Landschaften lohnt sich gleich südlich von Quattropani jedoch ein Abstecher zu den Kaolingruben Cave di

*Schlicht und strahlend weiß: Chiesa Vecchia*

**Lipari**
Karte Umschlagklappe hinten

Caolino. Erweitern lässt sich dieser Ausflug zu einer Wanderung zu den Thermalquellen von San Calogero.

## Cave di Caolino

**Küstenwärts des südlichen Siedlungsbereichs von Quattropani liegt eines der ungewöhnlichsten und schönsten Gebiete Liparis.**

*Vielfarbig: Cave di Caolino*

Bei den Cave di Caolino handelt es sich um eine ehemalige, seit vielen Jahren nicht mehr genutzte Abbaustätte von Porzellanerde (Kaolin), die in der keramischen Industrie, aber auch zur Herstellung von Katalysatoren etc. Verwendung findet. Der kleine, wenig besuchte Talkessel liegt in etwa 300 Metern Höhe über dem Meer. In seiner Nähe zeugen dampfende Fumarolen, die nur mehr Temperaturen von etwa 80 bis 90 Grad erreichen, von verblassender vulkanischer Aktivität. Richtung Meer erhebt sich der 356 Meter hohe Kegel des Timpone Ospedale, südlich der 336 Meter hohe Timpone Pataso, beides ehemalige Stratovulkane – hier bewegt man sich im ältesten Teil der Insel. Das Panorama auf die tief unten liegende Küste ist einmal mehr hinreißend. Die Kaolingruben selbst liegen östlich der Zufahrt, zu erreichen über einen durch den weichen Fels gehauenen Pfad. Das geschichtete Gestein leuchtet in Tönen, die von fast Weiß über Sandfarben, Gelb und Ocker bis hin zu Orange, Purpur, Zinnober und sogar tiefem Schwarz reichen. Im Frühsommer setzt blühender Ginster zusätzliche Farbtupfer.

**Anfahrt**: In Richtung Lipari-Stadt fahrend, zweigt das beschilderte Nebensträßchen zu den Kaolingruben im südlichen Ortsbereich von Quattropani, hinter einem Taleinschnitt kurz nach dem Restaurant „A Menza Quartara", in einer Linkskurve rechter Hand (küstenwärts) ab, dann geht es etwa einen Kilometer weit immer geradeaus.

### Tour 2: Von den Kaolingruben zu den Terme di San Calogero

• **Route**: Quattropani – Cave di Caolino – Terme di San Calogero – Pianoconte.
• **Reine Wanderzeit**: etwa 2,5 Stunden

Eine Wanderung durch den dramatischen „Wilden Westen" Liparis, fern aller Ansiedlungen. Landschaftlich ungemein reizvoll, bietet sie fantastische Aus-

blicke auf die zerklüftete Küstenlinie mit ihren vorgelagerten Inselchen; geologisch geschulte Augen werden zudem eine Reihe von interessanten Phänomenen entdecken. Gutes Schuhwerk ist ein Muss, verlaufen kann man sich mit etwas Orientierungssinn kaum.

Da es sich nicht um eine Rundwanderung handelt, bietet sich zur An- und Rückreise der Inselbus an. Wer sein Fahrzeug in Quattropani geparkt hat, kann jedoch auch entlang der normalerweise wenig befahrenen Küstenstraße dorthin zurückgehen; die Distanz verlängert sich dadurch um etwa vier Kilometer.

Von Quattropanis Restaurant „A Menza Quartara" geht man zunächst Richtung Lipari. Nachdem die Straße ein enges Tal überquert hat, wendet sie sich nach links. Hier zweigt im Scheitelpunkt der Kurve das beschilderte Sträßchen zu den Cave di Caolino nach rechts ab; auf Wunsch halten die Inselbusse auch genau an dieser Stelle. Man folgt dem Fahrweg immer geradeaus, über eine Kreuzung hinweg, und

Lipari
Karte Umschlagklappe hinten

**Tour 2** --------
*Von den Kaolingruben zu den Terme di San Calogero*

erreicht nach etwa einer Viertelstunde das Gebiet der Kaolingruben. Dort setzt sich das Sträßchen als steil bergab führender und mit scharfkantigen Steinen gespickter Schotterweg fort, der sich in Serpentinen Richtung Küste schlängelt. Infolge von Regenfällen ist der Weg stark ausgewaschen.

Im oberen Drittel passiert man eine warme Quelle, das leise Plätschern des Rinnsals ist deutlich zu hören. Unten auf etwa 50 Metern Höhe über der Küste angekommen, hält man sich an der Gabelung links (rechts und bald darauf wieder küstenwärts links abzweigend, ließe sich ein Abstecher zur Punta Palmeto unternehmen, benannt nach den zahlreichen Zwergpalmen, die dort wachsen). Der Weg verläuft nun ohne große Höhenunterschiede immer etwa parallel zum Meer durch karg bewachsene, aber grandiose Landschaft landeinwärts etwas oberhalb der Küste. Hier herrschen Ruhe und tiefer Frieden. Gelegentlich kreist ein Bussard oder ein Rabe in den Lüften, manchmal weiden Ziegen oder Schafe auf den nur im Frühjahr saftig grünen Hängen, vielleicht holpert einem auch ein alter Fiat 500 mit einem wagemutigen Lenker entgegen, der die für Ortsfremde ganz sicher nicht zu empfehlende Auffahrt hinauf zu den Gruben unter die Räder nehmen will. Etwa auf Höhe der Bucht Cala Fico wendet sich der Weg wieder inseleinwärts und verwandelt sich schließlich in eine Zementstraße, die bald die Thermen von San Calogero (s. u.) erreicht. Diese sind von Mai bis September zwar als Stopp der Inselbusse ausgewiesen, verlassen sollte man sich darauf jedoch sicherheitshalber nicht: Mancher Fahrer spart sich gern mal den Schlenker hinab zu den Thermen. Besser, man steigt noch die etwa zwei Kilometer hinauf bis Pianoconte: Gleich hinter dem Wendeplatz beginnt rechts ein alter Pflasterpfad, markiert durch einen roten Punkt.

Er steigt in weiten Serpentinen durch Olivenhaine an, verwandelt sich nach einer knappen Viertelstunde in einen Betonweg und führt bald an einem einzelnen Haus vorbei. Kurz darauf beschreibt die Betonpiste in einem Talkopf eine deutliche Rechtskurve und erreicht fünf Minuten später vor einer hohen Mauer eine Gabelung; hier geht es rechts. Immer geradeaus gehend, erreicht man in gut zehn Minuten und nach einem letzten steilen Anstieg schließlich in Pianoconte die Inselringstraße. Direkt an der Kreuzung ist die Bushaltestelle; für Wartezeiten empfiehlt sich die 50 Meter linker Hand gelegene und mit einem auffälligen Wandgemälde versehene Bar „Cin Cin".

• *Weiter zur Spiaggia Valle Muria und/oder nach Lipari-Stadt* Überquert man an der Kreuzung bei der Bushaltestelle die Inselringstraße und hält sich geradeaus in das Pflastersträßchen mit dem Schild „Einfahrt Verboten", an der nächsten Kreuzung dann rechts, erreicht man die Kirche von Pianoconte. Hier bieten sich mehrere Möglichkeiten, die teilweise auch auf einer Wandertafel dokumentiert sind. Vor der Kirche links geht es direkt nach Lipari-Stadt, ein kurzes Wegstück auf der Hauptstraße ist bei dieser Route allerdings unvermeidlich. Schöner ist die Variante über Quattrocchi, den Parkplatz beim Strand Valle Muria und das Kirchlein San Bartolo. Dazu geht man über den Kirchplatz hinweg, rechts an der Kirche vorbei Richtung Süden und immer geradeaus. Beim Haus „Villa Emilia" hält man sich rechts (der linke, steil abfallende Weg endet bald), 150 Meter weiter erneut rechts, und gelangt so im Bogen zu einem Friedhof. Am Ende der Friedhofsmauer geht es links, hinab zur Inselringstraße und zum Aussichtspunkt Quattrocchi. Hier läuft man ein ganz kurzes Stück entlang der Straße Richtung Lipari, bis in einer Linkskurve schräg rechts ein Weg abzweigt, markiert mit je einem roten und gelben Punkt und einem roten Pfeil. Diesem Betonweg folgen, aber schon nach zehn Metern rechts auf einen schmalen, steilen Minitrampelpfad abbiegen; er führt hinab zu einem weiteren Betonweg, der einen an ein Asphaltsträßchen bringt, dort rechts. Falls der Trampelpfad zu überwachsen sein sollte,

*Ausblick (nicht nur) auf Salina: auf dem Monte St. Angelo*

Lipari
Karte Umschlagklappe hinten

muss man zurück zur Hauptstraße Richtung Lipari und dieser – vorsichtig – ein paar hundert Meter weit folgen, bis das erwähnte Asphaltsträßchen rechts abzweigt.

Das Sträßchen führt bergab zum Parkplatz beim Strand Spiaggia Valle Muria und weiter zum Kirchlein San Bartolo al Monte (vgl. Tour 1), bei dem man nach Lipari-Stadt absteigt.

## Varesana und Pianoconte

**Beide Orte sind locker bebaut und fast zusammengewachsen, werden ähnlich wie Quattropani von lokaler Landwirtschaft geprägt.**

Der Schwerpunkt der Landwirtschaft von Varesana und Pianoconte liegt auf dem Anbau von Gemüse, Wein und Oliven. Eben aufgrund dieser fruchtbaren Umgebung war das Gebiet von Pianoconte schon früh besiedelt. Die hiesigen Funde aus der Zeit um 2500 v. Chr. gaben der Kultur von Piano Conte ihren Namen.

• *Übernachten/Essen* **Agriturismo U Zu Peppino**, neben der Hauptstraße im nördlichen Siedlungsbereich von Pianoconte, aus Richtung Quattropani kurz hinter dem Ortsanfang rechts. Fünf gute Zimmer, zwei Apartments (Bettwäsche vorhanden). Prima Küche, Käse und viele andere Sachen selbst hergestellt. Auswärtige Essensgäste zahlen etwa 20 € (ohne Wein), müssen aber reserviert haben. Preise seit Jahren unverändert! Ü/F für zwei Personen 50–70 €, HP p.P. 45–50 €. Via Quattropani 21, ✆/📠 090 9822330, Mobil 338/5241593, www.uzupeppino.com.

**Agriturismo Casa Gialla**, unterhalb der Hauptstraße, vom Agriturismo U Zu Peppino noch etwa 200 Meter weiter Richtung Quattropani, auf der gegenüber liegenden Straßenseite. Das „Gelbe Haus" ist eine ausgesprochen hübsche Anlage mit Garten und insgesamt acht ordentlichen Terrassenzimmern, darunter auch solche für Familien. Wie bei den anderen Agriturismi ist aufgrund der Lage ein Mietfahrzeug natürlich eine echte Bereicherung. Geöffnet Ostern bis September, Auch Trekkingangebote. DZ/F 50–70 €, im August 100 €; gute Küche, d.h. HP ist empfehlenswert! Località Pianoconte, ✆/📠 090 9817017, Mobil ✆ 339 4740902, www.casagialla.it.

**Ristorante I Tre Delfini**, unterhalb der Chiesa di S. Croce, auf einer Stichstraße zu erreichen. Neueröffnung im Sommer 2009 inmitten einer größeren Apartmentanlage mit toller Aussicht. Das Restaurant selbst bietet etwas weniger Belvedere, dafür aber exzellente Fischküche. Menü ab etwa 30 €. Ganzjährig geöffnet, nur abends. Via Santa Croce, ✆ 090 9886033.

**Ristorante Le Macine**, an der Hauptstraße von Pianoconte, ein Stück ortseinwärts des Agriturismo U Zu Peppino. Hübsches Restaurant in einem alten Anwesen, sehr gute lokale Küche nach alten eolischen Rezepten, Menü ab etwa 30 €. Auch Pizza. Im Winter nur Fr–So geöffnet, sonst (außer zur HS) Di Ruhetag. Via Stradale, ✆ 090 9822387.

**Ristorante La Ginestra**, im unteren Ortsbereich von Pianoconte. Tische sowohl innen als auch auf der Terrasse unter einem Schatten spendenden Strohdach. Bekannt gute, lokal gefärbte Küche mit Schwerpunkt auf frischen örtlichen Produkten und Antipasto-Büffet. Menü ab etwa 20 €, Mo Ruhetag. Pianoconte, Via Stradale, ✆ 090 9822285.

**Ristorante Pizzeria L'Orchidea**, etwas oberhalb und ebenfalls zu empfehlen. Familiengeführte Groß-Trattoria, das Gemüse stammt z.T. aus eigenem Anbau. Abends auch Pizza. Menü mit Fleisch etwa 25–30 €, mit Fisch 40 €. Do Ruhetag. Via Stradale, ✆ 090 9822989.

▶ **Aufstieg auf den Monte San Angelo**: Mit 592 Metern ist der zweithöchste Berg der Insel kaum niedriger als der nördlich gelegene, wegen der dichten Macchia kaum zu besteigende Monte Chirica (602 m).

*Betoniert: die „Zisterne"*

Ein großer Teil des Gipfelhangs wurde betoniert und mit Ablaufrinnen in eine riesige „Zisterne" zum Auffangen von Regenwasser verwandelt. Seit die Meerwasser-Entsalzungsanlage in Canneto in Betrieb genommen wurde, scheint man auf diese Form der Wassergewinnung jedoch weniger angewiesen zu sein, denn die Anlage wirkt etwas vernachlässigt. Der Aufstieg beginnt am nördlichen Ortsanfang von Pianoconte in der Nähe des „Gelben Hauses" Casa Gialla (Bushaltestelle in der Nähe). Hier geht man bei der kleinen Kapelle auf die Nebenstraße und folgt ihr etwa 800 Meter weit Richtung Norden, biegt dann vor einer Wandertafel rechts aufwärts ab. Nun geht es noch rund drei Kilometer dem Betonweg nach, dann auf dem Feldweg weiter um das Betonbecken herum. Bereits beim Aufstieg bietet sich ein weites Panorama auf Lipari-Stadt und Vulcano, bei gutem Wetter bis nach Sizilien. Vom Gipfel selbst, der mit großen Sendemasten bestückt ist, reicht der „Fünf-Inseln-Blick" bis Alicudi, Filicudi, Salina, Panarea und Stromboli; gut zu erkennen sind auch die Bimsabbaugebiete an den Hängen des Monte Pilato im Nordosten von Lipari.

## Terme di San Calogero

**Die berühmten Thermen von San Calogero wurden Jahrtausende lang genutzt und liegen in sehr schöner Landschaft.**

Zu erreichen sind sie über ein etwa zwei Kilometer langes Nebensträßchen, das in Pianoconte von der Inselrundstraße abzweigt. Die Thermen gehören zu den ältes-

*Grandiose Landschaft: Liparis Wilder Westen*

ten bekannten Kuranlagen überhaupt. Vor nicht allzulanger Zeit wurde hier der Kuppelbau eines sogenannten *tholos* entdeckt, der aus der Zeit um 1500 v. Chr. stammt und mit seiner mykenischen Architektur einmal mehr die bereits in der Bronzezeit bestehenden Beziehungen nach Griechenland belegt.

Auch die Griechen und nach ihnen die Römer nutzten die knapp 60 Grad heißen Quellen, deren in Rinnen kanalisiertes Wasser bei Rheuma und Arthritis helfen soll. Benannt ist die Quelle nach dem heiligen Calogero, der sie nach ihrem Versiegen im 6. Jh. wieder sprudeln ließ. Übrigens war dieser Heilige auch noch für weitere Wunder verantwortlich: So soll es ihm gelungen sein, die Teufel mitsamt ihrem Höllenfeuer von Lipari zu vertreiben, woraufhin jene nach Vulcano übersiedelten – mancher Forscher bringt diese Legende mit dem letzten Vulkanausbruch auf Lipari in Verbindung, der sich etwa zu Lebzeiten Calogeros ereignet haben muss.

Neben dem historischen Thermalbad wurde 1867 ein neues Kurhaus errichtet, das jedoch seit fast drei Jahrzehnten außer Betrieb ist. Zwar wurde das Gebäude restauriert und macht von außen mittlerweile wieder einen einwandfreien Eindruck, doch wagt auf Lipari kein Mensch zu sagen, wann – und ob überhaupt – es wieder eröffnet werden wird. Für einen geregelten Kurbetrieb scheint die Quelle nicht mehr genug Wasser zu liefern, Gerüchten zufolge soll in dem Bau stattdessen eine Schönheitsfarm eingerichtet werden. Die Restaurierung des alten Kuppelbaus lässt leider ebenfalls seit vielen Jahren auf sich warten, weshalb das Gelände eingezäunt und der Zugang verboten ist. Zur Saison warten trotzdem oft ein oder zwei findige Liparoten am Parkplatz, die gegen ein Trinkgeld (nicht unbedingt legale) Führungen anbieten. Auch amtlicherseits gestattet ist es dagegen, den teilweise ausgebauten, hübschen Spazierweg zu nutzen, der von den

Kuranlagen in Richtung der Steilküste verläuft und in der Gegenrichtung einen Abschnitt unserer Tour 2 bildet.

## Quattrocchi

**Die „Vier Augen" sind einer der schönsten und meistbesuchten Aussichtspunkte der an solchen gewiss nicht armen Insel.**

Quattrocchi liegt etwa fünf Kilometer vor Lipari-Stadt und besitzt eine eigene Bushaltestelle. Der Name „Vier Augen" soll daher rühren, dass man sich bei diesem Panorama zwei zusätzliche Augen wünscht – sagt man jedenfalls auf Lipari. Einer anderen, weniger populären Version zufolge bildet Quattrocchi einen für Hochzeitsfotos höchst beliebten Hintergrund, und so ein Brautpaar hat nun einmal vier Augen... Einerlei, woher der Name nun wirklich stammen mag – besonders bei Sonnenuntergang bietet sich hier tatsächlich ein Bild fast märchenhafter Schönheit: Über zweihundert Meter tiefer verläuft die gezackte Steilküste, Segelyachten kreuzen auf dem tiefblauen Wasser zwischen den hoch aufragenden Faraglioni-Felsen, die einer Legende zufolge zwei Finger des zu Stein erstarrten und versunkenen Windgottes Aiolos darstellen. Im Hintergrund dampft der Krater von Vulcano, und am Horizont erstreckt sich, so weit das Auge reicht, Sizilien. Bei besonders klarem Wetter erkennt man sogar den dampfenden Etna – einer jener Momente, die man nicht so leicht vergisst.

In Ruhe verarbeiten lässt sich das Gesehene am schönsten Strand Liparis, der tief unterhalb des Aussichtspunktes gelegenen Spiaggia Valle Muria, die im Kapitel „Badestrände auf Lipari" näher beschrieben ist.

*Zwischen Lipari und Vulcano ragen die Faraglioni aus dem Meer*

*Nur scheinbar sanftmütig: Der nächste Ausbruch kommt bestimmt*

# Vulcano

*Schon an der Anlegestelle weht Schwefelgestank um die Nase. Anzeichen vulkanischer Aktivität allerorten. Höhepunkt eines Besuchs in der „Schmiede der Götter" ist der Aufstieg zum auffällig rauchenden Gran Cratere, einem beliebten Kletterziel.*

**Es brodelt im Meer, Gase und Dämpfe strömen aus Erdspalten, der Boden schwitzt Schwefel aus. Der Vulkan, der all diese Phänomene verursacht, gilt als der gefährlichste der Inselgruppe: Er ruht nur und kann jederzeit wieder ausbrechen. Trotz dieser permanenten Bedrohung zählt Vulcano zu den meistbesuchten Inseln des Archipels.**

Die letzte Eruption liegt schon über ein Jahrhundert zurück. Mancher Vulkanologe erwartet deshalb bald einen erneuten und dann sicher verheerenden Ausbruch, vielleicht schon in den nächsten Jahren oder Jahrzehnten. Dennoch entstanden seit den 1970er-Jahren ganze Kolonien von Hotels und Ferienhäusern – die Lockung des Lavasandstrands überwiegt offensichtlich die Furcht vor der Gefahr. Ernsthafte Sorge um Leib und Leben scheint allerdings auch wirklich fehl am Platz: Die vulkanische Aktivität der Insel steht unter steter Kontrolle. Ein ausgedehntes Netz von Messinstrumenten überwacht Erdbewegungen und die Temperaturen des Kraterbodens sowie der Gas- und Dampfquellen. Die Wissenschaftler sind deshalb zuversichtlich, Anzeichen einer bevorstehenden Eruption rechtzeitig erkennen zu können. Evakuierungspläne für den Fall des Falles wurden natürlich längst ausgearbeitet. Dennoch bleibt zu hoffen, dass der Vulkan, wenn es denn einmal soweit sein

## Vulcano im schnellen Überblick

**Fläche**: 21,2 Quadratkilometer; Länge etwa acht Kilometer, maximale Breite etwa vier Kilometer.

**Bevölkerung**: ca. 860 Einwohner, genannt Vulcanari.

**Höchste Erhebung**: Monte Aria (500 m) im Süden.

**Strände**: Schwarzer Lavasand prägt den schönsten Inselstrand bei Porto di Ponente, ebenso den kleinen Strand von Gelso im äußersten Süden.

**Inselverkehr**: Mitnahme des eigenen Fahrzeugs möglich, von Juli bis September offiziell jedoch nur bei einem Mindestaufenthalt von sieben Tagen und mit einer Reservierungsbestätigung über diese Zeit. Das Straßennetz ist dünn, besteht neben dem Sträßchen nach Vulcanello praktisch nur aus der Hauptstraße von Porto di Levante via Piano nach Gelso. Busverbindungen Richtung Piano existieren nur im Sommer. Fahrzeugvermieter finden sich in Porto di Levante.

sollte, nicht ausgerechnet im Hochsommer ausbricht, wenn sich die Einwohnerzahl der Insel vervielfacht.

Vulcano, durch den knapp einen Kilometer breiten Kanal *Bocche di Vulcano* von Lipari getrennt, ist mit einer Fläche von 21 Quadratkilometern die drittgrößte Insel des Archipels, gleichzeitig die Sizilien am nächsten gelegene. Die kurze Überfahrt, die faszinierenden Vulkanerscheinungen und die guten Strände locken im Sommer viele Tagesausflügler nach Vulcano. Hinzu kommt, vorwiegend in den Monaten Juli und August, eine große Zahl vorwiegend italienischer Strandurlauber. Der starke Fremdenverkehr blieb nicht ohne Auswirkungen auf das Inselleben. Noch vor wenigen Jahrzehnten war Vulcano eine Insel der Bauern und Winzer. Heute findet sich kaum jemand mehr, der diese mühsamen Tätigkeiten ausüben will. Der Tourismus bringt mehr und schnelleres Geld. Eine deutsche Urlauberin, die Vulcano schon seit Jahrzehnten besucht, brachte die allmählichen Veränderungen einmal so auf den Punkt: „Damals gab es hier Dutzende von Eseln und ein Auto. Heute gibt es Dutzende von Autos und einen Esel." Dass das Geschäft mit den Fremden zum Haupterwerbszweig wurde, merkt man schon bei der Ankunft in Porto di Levante. Vulcanos Hafenort ist ein einziges Sammelsurium von Boutiquen, Schnellrestaurants, Souvenirgeschäften und Hotels: im Sommer bunt und belebt, im Winter fast menschenleer. Westwärts wuchert eine ausgedehnte Siedlung von Ferienhäusern, verbunden durch ein Netz schachbrettartig angelegter Straßen. Auch das nördliche Halbinselchen Vulcanello ist mit Villen und Apartmentkomplexen fast schon gepflastert, ebenso das Hinterland der westlich der Meerenge gelegenen Strandbucht Porto di Ponente.

Doch obwohl die touristische Erschließung nicht immer ganz geschmackvoll ablief, ist Vulcano einen Besuch allemal wert, und sei es nur auf einem Tagesausflug. Der Aufstieg auf den Gran Cratere garantiert fast surrealistische Atmosphäre und weite Panoramen, der schwarze Strand bei Porto di Ponente gehört zu den schönsten der Inseln. In eine ganz andere Welt führt ein Abstecher zur Hochebene von Piano, auf deren grünen Weiden sich Rinder, Schafe und Ziegen tummeln. Abgeschieden im äußersten Südosten liegt der winzige Weiler Gelso, der praktisch nur aus einem Leuchtturm, einer Fischer-Trattoria und einem kleinen Strand besteht. Nicht zuletzt interessieren auch die vulkanischen Aktivitäten beim Strand von Porto di Levante. Wieder ein ganz anderes Gesicht zeigt Vulcano bei einer Inselumrundung,

*Schon von Ludwig Salvator besucht: die „Pferdehöhle" Grotta del Cavallo*

wie sie von Agenturen vor Ort, aber auch von den auf Lipari stationierten Ausflugsgesellschaften angeboten wird. Highlight ist ein Halt bei der „Pferdehöhle" Grotta del Cavallo, einer tief in den Fels eingeschnittenen Meereshöhle.

Angesichts der vielfältigen Phänomene passt es ins Bild, dass die Elektrizitätsgesellschaft ENEL sich Vulcano als Experimentierfeld für alternative Energien ausgeguckt hat. So ist auf der Hochebene von Piano ein allerdings recht kleines Solarkraftwerk in Betrieb, das etwa 80 Kilowatt liefert; natürlich wird auch mit der Gewinnung geothermischer Energie experimentiert. Das Kraftwerk ist allerdings im Normalfall nicht zu besichtigen, im Gegensatz zur Informationsausstellung, die die Wissenschaftler der „Gruppo Nazionale Vulcanologia" GNV in ihrem Institut unweit des Strands von Porto di Ponente eingerichtet haben.

Die engere Reisesaison auf Vulcano beginnt kaum vor Mitte Mai und endet im Laufe des Oktobers. Im Juli und August sind Hotels und Apartments zum Platzen gefüllt, sonst geht es eher beschaulich zu. Zwischen November und April wirkt die Insel dagegen fast schon verlassen, haben viele Restaurants und Geschäfte ihre Pforten geschlossen. Dann fällt auch erst so richtig auf, wie dünn besiedelt Vulcano tatsächlich ist. Obwohl nicht wesentlich kleiner als Salina, besitzt die Insel mit 860 Seelen kaum mehr als ein Drittel der dortigen Einwohnerzahl.

● *Verbindungen* Einziger Inselhafen ist Porto di Levante. Sowohl per Fähre als auch per Aliscafo häufige Verbindungen nach Lipari (4,70 bzw. 5,50 €) und Milazzo (10 bzw. 15 €), zu den übrigen Inseln deutlich seltener.

● *Übernachten* Überwiegend Quartiere gehobener Kategorien. Das Preisniveau auf Vulcano zählt zu den höchsten der Liparischen Inseln, wird nur noch von Panarea übertroffen. Ganzjährig sind nur sehr wenige Hotels geöffnet. Es gibt auch einen inoffiziellen Campingplatz, der aber jederzeit geschlossen werden kann.

● *Medizinische Versorgung* Guardia Medica, im ehemaligen ENEL-Pavillon in Hafennähe, ✆ 090 9852220.

## Geschichte

Vulcano setzt sich aus vier deutlich abgegrenzten geologischen und morphologischen Bereichen zusammen. *Alt-Vulcano* entwickelte sich aus einem sehr alten Stratovulkan und umfasst den gesamten Süden mit der Hochebene von Piano und den sie umgebenden Bergen wie Monte Aria (500 m) und Monte Saraceno (481 m). In späterer Zeit entstand im Nordwesten ein weiterer, kleinerer Stratovulkan, dessen Reste nach dem gleichnamigen, 187 Meter hohen Gipfel als Lentìa-Komplex bezeichnet werden. Durch den Einsturz dieses Vulkans, der in zwei Phasen vor etwa 16.000 bis 13.000 Jahren stattfand, bildete sich ein großer, vom Meer überfluteter Kessel, die sogenannte „Fossa-Caldera". Etwa in der Mitte dieses „ertrunkenen" Einsturzkessels wuchs in den letzten 10.000 Jahren ein neuer Vulkan, der im Laufe der Zeit mit dem Rest der Insel verschmolz: die *Fossa*, der heute noch aktive Vulkan, der wiederum aus zwei sich überschneidenden Kegeln besteht: „Fossa I", deren Tätigkeit in der zweiten Hälfte des 6. Jh. endete, und die weiter westlich gelegene „Fossa II" unserer Zeit. Letzter im vulkanischen Bunde ist *Vulcanello* – der „Kleine Vulkan" erhob sich erst 183 v. Chr. aus dem Meer.

Die vulkanischen Aktivitäten der Fossa beschäftigten schon die Fantasie der alten Griechen. Vulcano galt, wie auch Stromboli, als Sitz des Windgottes Äolos. Vor allem aber vermutete man hier die Werkstatt des Feuergottes Hephaistos, der mit seinen Gesellen, den einäugigen Zyklopen, den Göttern und Helden schimmernde Waffen schmiedete. Dem Geschichtsschreiber Thukydides zufolge wurde die Insel deshalb bereits im 5. Jh. *Hierà* genannt. Auch andere antike Namen Vulcanos beziehen sich auf das feurige Erscheinungsbild: *Thermessa*, die „Heiße", und *Therasia*, die „heiße Erde". Die Römer benannten die Insel nach ihrem Feuergott, dem Nachfolger des Hephaistos, als *Vulcanus*.

*Fernblick: Lipari, vom Capo Grillo aus gesehen*

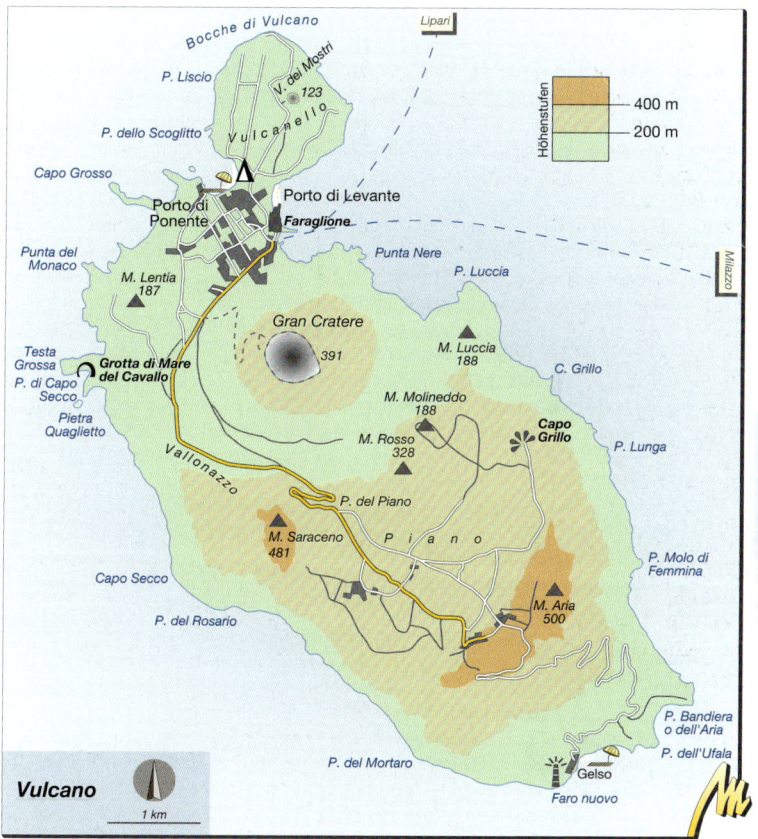

Bocche di Vulcano
Lipari
P. Liscio
V. dei Mostri
• 123
Vulcanello
P. dello Scoglitto
Capo Grosso
Höhenstufen
400 m
200 m
Porto di Levante
Porto di
Ponente
Faraglione
Punta del
Monaco
Punta Nere
P. Luccia
Milazzo
M. Lentia
187
Gran Cratere
Testa
Grossa
Grotta di Mare
del Cavallo
• 391
M. Luccia
188
C. Grillo
P. di Capo
Secco
Pietra
Quaglietto
M. Molineddo
188
Capo
Grillo
M. Rosso
328
P. Lunga
Vallonazzo
P. del Piano
M. Saraceno
481
P i a n o
P. Molo di
Femmina
Capo Secco
M. Aria
500
P. del Rosario
P. Bandiera
o dell'Aria
P. dell'Ufala
P. del Mortaro
Gelso
**Vulcano**
Faro nuovo
1 km

**Vulcano**
Karte Seite 161

Besiedelt war Vulcano in der Antike jedoch nie, ebensowenig im Mittelalter. Eine
Reihe künstlicher Grotten auf der Hochebene von Piano lässt zwar manchen
Historiker vermuten, Vulcano habe einst als Begräbnisstätte gedient. Doch so nahe
der ständigen Bedrohung leben, das wollte niemand, zumal der Krater des Vulkans
im Mittelalter auch als Pforte zur Hölle angesehen wurde. Noch 1788 konstatierte
der Naturwissenschaftler Lazzaro Spallanzani, die Insel sei weder bewohnt, noch
habe er Kenntnis, dass sie es jemals war. In jenem Jahrhundert zeigte der Vulkan
eine besonders starke Aktivität. Ab 1727 ereignete sich eine Folge von Ausbrüchen,
die 1739 mit einer enormen Eruption und dem Ausfluss eines Obsidianstroms an
der Nordwestseite des Vulkans endete, der *Pietre Cotte* („Gekochte Steine") genannt wird. 1771 kam es zu einer weiteren Serie von Eruptionen: „Der Vulkan
schleuderte mächtige Blöcke aus, die samt dem entsetzlichen Getöse die Liparoten
in fortwährender Angst hielten ... Der Südwind trug die dichte, von Blitzen oft
durchleuchtete Aschenwolke gegen Lipari, so dass sich dort der Himmel verfins-
terte, während ein andauernder, reichlicher Aschenregen niederging" (Bergeat, zitiert
nach Pichler 1981). Doch so abschreckend der Vulkan auch wirkte, so scheint die

Armut auf Sizilien letztlich noch drückender gewesen zu sein: Zu Beginn des 19. Jh. zogen Bauern aus dem Gebiet von Patti nach Vulcano, um im Weiler Gelso und auf der fruchtbaren Hochebene von Piano zu siedeln.

Auf die nützlichen Produkte der vulkanischen Tätigkeit hatten schon die Römer nicht verzichten wollen. Von Lipari aus begannen sie als erste mit der Förderung von Schwefel und von Alaun, der insbesondere in der Gerberei und als Blut stillendes Mittel Verwendung fand und damals sonst nur noch auf der griechischen Insel

## Die Rache des Vulkans: Der Ausbruch von 1888–1890

Nachdem die Bourbonen 1860 von Garibaldis „Zug der Tausend" besiegt worden waren, erwarb der Schotte James Stevenson einen ausgedehnten Teil der Insel, den er später durch weitere Käufe noch vergrößerte. Von Anfang an gerierte sich der Brite, als wäre er König von Vulcano. Die Sträflinge, aber auch die freien Bauern von den Nachbarinseln, die sich aus schierer Not bei ihm verdingten, behandelte der Brite gemäß kolonialem Brauch als Leibeigene. Sein schwer bewachter, sorgfältig eingezäunter Besitz durfte von keinem Fremden betreten werden. Dieser für die Arbeiter demütigende Zustand fand am 3. August 1888 ein rapides Ende.

Schon in den Wochen zuvor hatten sich die Anzeichen für einen baldigen Ausbruch vermehrt, war die Temperatur und Heftigkeit der Fumarolen am Krater deutlich gestiegen. Kurz nach Mitternacht begann das Feuerwerk mit einer zunächst noch schwachen Reihe von Explosionen. In aller Eile flohen die meisten Bewohner der Insel per Schiff. Zurück blieben die Sträflinge, die in den Stollen des Faraglione Schutz suchten. Gegen vier Uhr morgens erschütterte eine gigantische Eruption den Boden Vulcanos. Große glühende Gesteinsblöcke wurden bis zu drei Kilometer weit geschleudert, trafen auch die Fabrik und setzten den dort gelagerten Schwefel in Brand. Diese erste Ausbruchsphase endete am 5. August. Die folgende Stille war jedoch trügerisch, denn bereits am 18. August begann eine weitere Serie von schweren Eruptionen. Am folgenden Tag konnten die beiden Naturwissenschaftler Silvestri und Mercalli, die im Auftrag der italienischen Regierung den Ausbruch untersuchten, über Vulcano eine rund vier Kilometer hohe Eruptionssäule beobachten, deren Asche bis nach Sizilien, Stromboli und Kalabrien regnete. Mit kürzeren Unterbrechungen dauerte der Ausbruch noch über eineinhalb Jahre. Während besonders heftiger Eruptionen spie der Vulkan dabei bis zu fünf Meter große, wegen ihrer einem Brotlaib ähnelnden Form so genannte „Brotkrustenbomben" aus. In einem Fall flogen nussgroße Fragmente sogar bis hinüber zur sieben Kilometer entfernten Stadt Lipari. Erst am 22. März 1890 endete das urweltliche Schauspiel. Bemerkenswert an diesem Ausbruch und typisch für die Tätigkeit der Fossa ist die Tatsache, dass es sich dabei um sogenannte „phreatische" Explosionen handelte, die keine Lava fördern, sondern vergleichsweise kühles Nebengestein. Sie entstehen durch Eindringen von Grund- oder Meerwasser, das sich in der Nähe der Magmakammer erhitzt und dadurch ausdehnt, bis es zur Explosion kommt. Und Stevenson? Der selbsternannte Herrscher von Vulcano hatte sich natürlich gleich zu Beginn des Desasters abgesetzt und war nach Schottland zurückgekehrt. Seine einstige Prachtvilla, im Gebiet nahe der Vasca di Fanghi gelegen und „Castello Inglese" genannt, beherbergt heute unter anderem eine Disco.

*Gran Cratere: großes Vulkanerlebnis für Groß & Klein*

Milos zu finden war; heute wird Alaun meist durch das preiswertere Aluminium-sulfat ersetzt. Zu Anfang des 19. Jh. wurde unter dem bourbonischen General Nun-ziante der Abbau intensiviert. Schwefel wurde vor allem im Krater selbst gewonnen, Alaun auf Vulcanello und beim Faraglione di Levante, einem großen, in vielen Farb-tönen schimmernden und von tiefen Abbaustollen durchzogenen Felsen. In seiner Nähe, nahe des Hafens von Porto di Levante, lag auch die Fabrik, in der das Roh-material weiterverarbeitet wurde. Rund 450 Arbeiter, überwiegend Sträflinge, schufteten unter elenden Verhältnissen in den Gruben. Der Schriftsteller Alexandre Dumas d. Ä., der Mitte des 19. Jh. auf seiner „Reise zu den Äolen" auch Vulcano be-suchte, äußerte sich empört über die Lebensbedingungen dieser Unglücklichen, die in einfachsten Quartieren direkt im Krater hausen mussten und unter dem bunten Staub, der sie als Folge ihrer Tätigkeit von Kopf bis Fuß bedeckte, kaum noch als menschliche Lebewesen zu erkennen gewesen sein sollen. Auch der Niedergang der bourbonischen Herrschaft brachte den Sträflingen von Vulcano keine Besserung ih-rer Lage. Dafür sorgte erst die bislang letzte Ausbruchsphase des Vulkans in den Jahren 1888–1890, die sämtliche Förderanlagen zerstörte.

Nach dem Schock, den der Ausbruch und die völlige Zerstörung der Anlagen hin-terlassen hatte, wurde der Abbau von Alaun und Schwefel auf Vulcano fast völlig ein-gestellt. Die Schäfer und Bauern von Gelso und Piano jedoch kehrten, verstärkt durch Neusiedler von den Nachbarinseln, schließlich wieder in ihre Dörfer zurück. Bis zum Einsetzen des Fremdenverkehrs blieben der Anbau von Wein und Getreide sowie die Produktion von Schafs- und Ziegenkäse die Haupterwerbsquellen der zu jenen Zeiten etwa drei- bis vierhundert Menschen zählenden Einwohnerschaft von Vulcano.

Die vulkanische Aktivität der Insel beschränkt sich seit der letzten Eruptionsphase auf Fumarolen. Diese heißen Quellen von Gas- und Wasserdampf finden sich auf Vulcano vor allem in zwei Zonen: An der Nordseite des Kraters sowie im Gebiet nördlich des Faraglione von Porto di Levante. Stärke, Temperatur und chemische Zusammensetzung der Fumarolen ändern sich dabei recht häufig – auch ein Anzeichen, dass der Vulkan sich noch keineswegs beruhigt hat.

# Porto di Levante und Porto di Ponente

**Die beiden Siedlungen liegen im Umfeld der Landenge, die Vulcano mit der Halbinsel Vulcanello verbindet und sind längst zu einer einzigen Ortschaft zusammengewachsen.**

So etwas wie ein Zentrum wird man vergebens suchen, sowohl in Porto di Levante, dem „Osthafen", in dem auch die Schiffe anlegen, als auch in der Strandsiedlung Porto di Ponente. Auf die einstmalige Existenz verschiedener Orte weisen allenfalls die beiden Konzentrationspunkte von Geschäften hin. In den Läden dort ist so ziemlich alles zu haben, was des Touristen Herz zu begehren scheint, angefangen von Badeschlappen bis hin zu hochwertigem Schmuck. Doch so belanglos die Orte, so interessant sind die vulkanischen Phänomene, die sich im Umfeld von Porto di Levante geradezu gebündelt finden. Aus dem Boden dampft es, Steine und Felsen glänzen von bunten Ablagerungen, die Luft „duftet" bedenklich nach Schwefel. Im Meer brodeln Fumarolen, gleich nebenan wälzen sich Leiber in ganzjährig heißem Schlamm. Und wer einfach nur baden will, ist am schönen, wenn auch im Sommer sehr gut besuchten Strand von Porto di Ponente genau richtig. Die reizvolle Bucht schwingt sich in weitem Halbkreis, der feine Sand entstammt schwarzer Lava, und der Blick reicht weit bis hinüber nach Lipari, bei gutem Wetter auch bis Salina.

## *Information/Verbindungen*

• *Information* **Centro Operativo GNV**, Via Porto di Ponente, ℘ 090 9852528, www.ingv.it. Vulkanologisches Info-Zentrum, Schautafeln auch auf Englisch. Juni-September tägl. 9.30–12.30, 17–20 Uhr.

• *Verbindungen* **Schiff**: Agenturen nahe dem Hafen, alle im Umkreis von 50 m. Fähren der NGI (℘ 090 9852401) und SIREMAR (℘ 090 9852149); Aliscafi der USTICA LINES (℘ 090 9852230) und der SIREMAR (Tickets für Fähren und Tragflügelboote im gleichen Büro). **Inselbusse**: Abfahrt der Gesellschaft SCAF-FIDI nahe beim NGI-Schalter, zur Sommersaison Abfahrten nach Piano 7-mal, Gelso 3-mal täglich.

• *Leihfahrzeuge* Auch hier gilt der Rat, die Fahrzeuge vor Anmietung unbedingt auf ihren Zustand zu überprüfen (Bremsen!). Wer auf die Hochebene oder gar nach Gelso will, ist mit einem Scooter besser bedient als mit einem Rad.

**Da Paolo**, in Porto di Levante, hinter der Bar Ritrovo Remigio, ℘ 090 9852112, Mobil-℘ 338 1392809, vermietet Fahrräder ab 5 € und Automatic-Scooter für etwa 15 € (August: bis 35 €!) pro Tag, bei Miete ab drei Tagen Rabatt. Auch Cabrios.

**Nolo Sprint** liegt gleich um die Ecke von Paolo, ℘ 090 9852208, Mobil-℘ 347 7600275. Ähnliches Preisniveau, zudem sehr freundliche und kompetente Leitung durch den deutschsprachigen Luigi, der auch viele Tipps zu Vulcano auf Lager hat. Von Lesern gelobt.

• *Geldautomat* Der Geldautomat nahe der Cantina Stevenson ist ganzjährig in Betrieb. Vorsichtshalber sollte man dennoch genügend Bargeld mitführen, auch wenn Lipari nur ein paar Aliscafo-Minuten entfernt liegt.

## *Übernachten*

Ganzjährig haben nur sehr wenige Hotels geöffnet, die Mehrzahl der Quartiere dagegen nur von April bis Oktober. Halbpension ist im Juli/August fast überall obligatorisch. Angesichts der hiesigen Preise dürften die Hoteliers von Lipari vor Neid erblassen – die meisten Besucher belassen es deshalb auch bei einem Tagesausflug. Wasser ist Mangelware auf Vulcano: Bei hoher Auslastung tröpfelt so manche Dusche deshalb nur oder stellt gar für eine Weile den Betrieb ein.

\*\*\*\* **Les Sables Noirs**, das Tophotel von Porto di Ponente, neben der Straße Richtung Vulcanello. Hübsch angelegter Komplex mit geringer Zimmerzahl, eigenem

*Bizarre Lava-Formationen: Felsen beim Ponente-Strand*

Strandabschnitt, Pool, Panoramarestaurant etc. Geöffnet Mitte Mai bis Anfang Oktober. DZ nach Ausstattung etwa 150–220 €, im August bis 260 €. ℡ 090 9850, ✆ 090 9852454, www.framonhotels.com.

**\*\*\*\* Hotel Eros**, ebenfalls in diesem Gebiet, rechter Hand der Straße nach Vulcanello. Noch recht junger Viersterner mit 30 Zimmern, hübscher Pool. Geöffnet etwa Mitte April bis September. DZ/F nach Saison 190–270 €, im August bis 300 €, keine Pensionsverpflichtung. Via Porto Levante 64, ℡ 090 9853265, ✆ 090 9853377, www.eroshotel.it.

**\*\*\* Hotel Garden Vulcano**, isoliert im Grünen und abseits vom Trubel. 1997 nach längerer Zeit wieder in Betrieb genommen und 2007 komplett renoviert (steht unter gleicher Leitung wie das Hotel Eros). 36 geräumige Zimmer, alle mit Terrasse, die Deko nimmt Anleihen bei der Antike. Geöffnet von Ostern bis Ende September. Vom Hafen zunächst rechts, der nördlichen der beiden Hauptstraßen folgen, nach einem Kilometer dann rechts Richtung Porto di Ponente. DZ/F je nach Saison etwa 120–170 €, im August bis zu 230 €. Via Porto Ponente 64, ℡ 090 9852106, ✆ 090 9853342, www.hotelgardenvulcano.com.

**\*\*\* Hotel Rojas**, in zentraler Lage unweit des Schlammbads Vasca di Fanghi. Erst wenige Jahre alt, Zimmer mit teilweise recht großer Terrasse. Nur von Juni bis September geöffnet, zur HS Störung durch die nahe Disco Il Castello möglich. DZ/F etwa 90–110 €, im August bis zu 160 €. ℡ 090 9852080, ✆ 090 9852080, www.hotelrojas.com.

**\*\*\* Hotel Orsa Maggiore**, ruhige Lage im hinteren Bereich von Porto di Ponente. Sehr freundlicher Empfang in einem schön restaurierten Hotel, besonders gute Küche. Thermalpool im Garten. Geöffnet April bis Ende Oktober. DZ/F etwa 100–180 €, HP 65–100 € p.P. Via Porto Ponente, ℡ 090 9852018, ✆ 090 9852415, www.orsamaggiorehotel.com.

**\* Hotel Torre**, eine erfreuliche Ausnahme angesichts der Preistreiberei auf Vulcano. Acht einfache, aber ordentliche und in Schuss gehaltene Zimmer mit guten Bädern, Klimaanlage, TV und Heizung; die Disco Il Castello ist laut einer Leserzuschrift leider auch hier zu hören. Ganzjährig geöffnet außer zu Restaurierungsarbeiten im Winter. In einer Seitengasse etwa 200 m nordwestlich der Anlegestelle, bei einem Supermarkt und einer Apotheke. Reservierung ratsam. DZ 50–60 €, im August 80 €, dann aber natürlich meist belegt. Via Favaloro, ℡/✆ 090 9852342, Mobil-℡ 333 9207465.

**\*\*\* Hotel Aura**, ein kleineres Quartier abseits des Trubels. Vor einigen Jahren nach

*Andächtige Blicke in die Ferne: Besuchergruppe auf dem Kraterrand*

einem Umbau recht hübsch mit Pool und Whirlpool gestaltet. Geöffnet etwa April bis September/Oktober. DZ/F 90–130 €, im August bis 200 €. Via Eucaliptus, inseleinwärts von Porto Ponente, Nähe Kirche, ✆ 090 9853454, ✆ 090 9853705, www.aurahotel.it.

**\* Pensione La Giara**, an der von Piano kommenden Einbahnstraße Via Provinciale. Nur zehn Zimmer, hübsch, aber teilweise recht eng, manche sind mit Stockbetten versehen. Klimaanlagen oder Ventilatoren sorgen für Kühlung, die Bäder sind in Ordnung. Offen von Ende März/Anfang April bis Mitte Oktober. DZ/F etwa 66–85 €, im August bis zu 145 €. Auch wochenweise Vermietung von Apartments. ✆ 090 9852229, ✆ 090 9852451, www.pensionelagiara.it.

**Selfotel Eden Park**, im hinteren Bereich von Porto di Ponente, teilweise als Campingplatz ausgeschildert. Einfache, aber relativ preiswerte Studios, immerhin mit Küche und Bad. Internationale, kommunikative Atmosphäre; der hilfreiche und humorvolle Besitzer Rino Giuffrè spricht Deutsch. Im gepflegten Garten besteht auch Campingmöglichkeit für einige wenige Zelte, einfache Sanitärs vorhanden. Geöffnet März bis November. Zweier-Apartments nach Saison etwa 50–80 €, im August bis 130 €. Weiterhin gibt es sehr einfache „Economic"-Zimmer mit Stockbetten, DZ 36–

60 €, im August bis 80 €. Der Besitzer legt Wert auf ruhige Gäste, die oben genannten Preise dienen deshalb auch der „Abschreckung" — wer die aktuelle Ausgabe dieses Reisehandbuchs vorweist, erhält ab zwei Nächten 20 Prozent Rabatt. ✆ 090/9852120, www.isolavulcano.it.

● *Privatzimmer* Offiziell nur wenige Vermieter, tatsächlich jedoch schon einige mehr. Lassen Sie sich aber nicht einfach vom Hafen abschleppen, viele Privatquartiere sind fast über Nacht errichtete Schwarzbauten und bieten nur miese Qualität. Am besten in Geschäften, Bars etc. herumfragen und sich das Zimmer vor Anmietung ansehen. Zur Hochsaison sind allerdings selbst die Problemfälle fast grundsätzlich belegt.

● *Camping* Offiziell ist Camping auf Vulcano wegen angeblich möglicher Schwierigkeiten bei der Evakuierung im Fall eines Ausbruchs verboten. Der derzeit einzige echte Platz kann also jederzeit geschlossen werden, existiert unter diesem Vorzeichen aber schon seit einer ganzen Reihe von Jahren. Platz für einige Zelte hat auch das „Selfotel Eden Park", siehe oben.

**Camping Togo Togo**, inoffizieller, recht schön gelegener, aber auch etwas in die Jahre gekommener Platz an der Bucht von Porto di Ponente. Schwarzer Lavasandboden, nur teilweise Schatten durch Eukalyptusbäume. Sanitäres nicht erhebend; Restaurant, Bar mit Lebensmittelverkauf. Zum Meer 50 m. Offen von April bis September. Etwa 12 € p. P., Zelt und Auto inklusive. Auch Bungalowvermietung. ✆ 090 9852303

und 090 9852128, www.campingvulcano.it.

**Selfotel Eden Park**, Zeltmöglichkeiten auf dem gepflegten Hotelgelände (siehe oben), für eine Person 10–12 €, im August bis 20 €.

## *Essen/Nachtleben/Sport&Wellness*

Vulcano verfügt über eine breite Auswahl an Lokalen, darunter wegen der hohen Zahl an Tagesausflüglern viele Self-Services. Eine Spezialität der Insel ist der lokale *pecorino*, ein Käse aus der Milch der Schafe von Piano.

• *Essen* **Ristorante Da Vincenzino**, in Hafennähe, neben dem ehemaligen ENEL-Zeltpavillon. Großer Betrieb mit vielen Plätzen, kein besonders reizvolles Ambiente, dafür jedoch ordentliche Küche mit Schwerpunkt auf Fisch. Abends ist die Auswahl größer. Menü à la carte etwa 30 €. Via Porto Levante 25, ✆ 090 9852016.

**Ristorante Spaghetteria Al Cratere**, an der von Piano kommenden Einbahnstraße Via della Provincia, etwa 400 m vom Hafen. Hübsche Dachterrasse mit Blick auf beide Küsten und den Krater. Betrieben von einem ehemaligen Fischer, dessen Frau in der Küche steht; ordentliches Preis-Leistungs-Verhältnis. Nur zur HS geöffnet.

**Pizzeria A Zammara (da Conti)**, in Strandnähe beim Hotel Conti. Gute Pizze, angenehme Atmosphäre und vor allem besonders lange Öffnungszeiten: Im Sommer schließt A Zammara erst gegen zwei Uhr morgens. ✆ 090 9852012, Mobil-✆ 339 7890932.

**Ristorante-Pizzeria Il Palmento**, unweit des Castello Inglese, serviert laut einer Leserzuschrift ebenfalls ganz ordentliche Pizza. Die Tische stehen unter einer Weinpergola, beim Gebäude handelt es sich um eine alte Weinkelter. Mittleres Preisniveau. Von Ostern bis Ende Oktober ohne Ruhetag mittags und abends. Piazzetta del Faraglione, 090 9852552.

**Ristorante La Forgia-Maurizio**, im Ortsbereich an der von Piano kommenden Einbahnstraße. Das neue Lokal von Maurizio, der vor einigen Jahren sein renommiertes „Ristorante Da Maurizio" aufgegeben hat (es existiert unter diesem Namen zwar weiter, ist aber nicht mehr das, das es einmal war). Gute und günstige Mahlzeiten; nettes Interieur mit Orienteinschlag, der sich in einigen der Gerichte wiederfindet. Verarbeitet werden v.a. frische lokale Produkte, auch vegetarische und glutenfreie Küche. Ganzjährig ohne Ruhetag mittags und abends geöffnet! Strada Provinciale 45, Mobil-✆ 339 1379107.

• *Nachtleben* Ein Nachtleben im üblichen Sinn existiert auf Vulcano nur zur italienischen Urlaubssaison. Im Juli und vor allem im August sind die Nightlife-Spots **Maracuja** und **Il Castello** (Open Air bei der Schottenvilla Castello Inglese) auch bestens besucht. Außerhalb dieser Zeiten ist dagegen meist wenig los – sofern überhaupt geöffnet wird.

**Cantine Stevenson**, in Hafennähe. Das einzige Lokal, in dem auch zur Nebensaison gewisser Betrieb herrscht. Mittags gibt es Salate und andere Kleinigkeiten. Über 80 Cocktails, freundliche Bedienung, gemütliche Atmosphäre. Auf das Kleingedruckte achten: Bedienungsaufschlag 20%, bei Live-Musik sogar 40%! Via Porto di Levante.

• *Sport&Wellness* **Piscine Geotermiche** (L´ Oasi della Salute), in Porto di Levante an der Straße Richtung Porto Ponente. Aus drei Pools unterschiedlicher Temperatur (28–37 Grad) bestehende Anlage, die aus noch wesentlich wärmerem Tiefenwasser gespeist wird. Nichts zum Schwimmen (dafür sind die Becken zu klein), sondern mehr zum entspannten Plantschen inkl. Hydromassage etc. Zwei Stunden nach Saison 10–15 €, vier Stunden 14–20 €. Diverse Wellness-Angebote (Massagen etc.) gibt es auch. Juni bis September geöffnet etwa 10-18 bzw. 19 Uhr. ✆ 090 9852093, www.oasidellasalute.it.

**Centro Thalasso Wellness**, beim Camping Togo Togo, neben dem Club Nautica. Hammam, türkisches Bad, Massagen etc. Zur Saison täglich 9–19 Uhr geöffnet, ✆ 090 9852602.

**Diving Center Saracen**, Tauchcenter und Verleih von Ausrüstung Nähe Porto Ponente, Mobil 347 728 33 41, www.divingcenter saracen.com. April bis Ende Oktober.

**Vulcano**
Karte Seite 161

## Sehenswertes

**Il Faraglione di Levante**: Gleich nördlich der Anlegestelle von Porto di Levante erhebt sich dieser 56 Meter hohe Vulkanfelsen, der im Laufe der Zeiten durch die in der Umgebung ausströmenden heißen Gase in seiner Zusammensetzung völlig verändert wurde und nun hauptsächlich aus Schwefelverbindungen besteht. Eben deshalb leuchtet er auch in einer bunten Farbpalette von fast reinem Weiß über giftige Gelbtöne bis hin zu tiefem Zinnober. Das Innere des Faraglione durchziehen tiefe Stollen, die sogenannten „Grotte d'Allume", in denen bis zum Ausbruch von 1888–1890 vorwiegend Alaun abgebaut wurde, die mittlerweile aber teilweise eingestürzt sind. Eigentlich lässt sich der Felsen von der rückwärtigen Seite bei der Vasca di Fanghi leicht besteigen, doch ist dies nur noch auf Führungen gestattet. Die geringe Anstrengung wird durch einen guten Überblick auf das Treiben im Schlammpfuhl und in der angrenzenden Fumarolenzone im Meer belohnt.

*Aufstieg*   Anfragen beim Kiosk der Vasca di Fanghi (siehe unten), geöffnet wie diese, Eintrittsgebühr 2,50 € (inkl. Besuch der Schlammtümpel).

**Vasca di Fanghi**: Der seichte, nicht gerade anziehend riechende Schlammtümpel an der Westseite des Faraglione bietet dem Beobachter ein amüsantes Schauspiel. Fast

rund ums Jahr aalen sich Badende in dem von heißen Schwefelgasen auf angenehme Temperatur erhitzten und ganz entgegen seines Aussehens sehr reinen Schlammwasser, das sich aus einer Vielzahl kleiner Quellen speist. Bei vielen Besuchern schauen wie Bojen nur die Köpfe heraus, auch sie oft noch mit Schlamm beschmiert und durch Mützen vor der Sonne geschützt. Der spaßige Anblick hat einen therapeutischen Hintergrund: Das Schlammbad und die Fangopackungen besitzen eine heilfördernde Wirkung bei Hautkrankheiten, Rheuma, Arthritis und anderen Leiden. Wer sich auch einmal so richtig nach Herzenslust suhlen will, sollte darauf achten, den schwefelhaltigen Schlamm nicht in die Augen zu bekommen (er brennt wie Feuer) und bedenken, dass ein allzulanger Aufenthalt im Tümpel ungesunde Auswirkungen nach sich ziehen kann. Kinder und Schwangere sollten auf ein Bad völlig verzichten. Auch auf Schmuck aus Leder, Silber und manchen anderen Metallen hat der Schlamm höchst verderbliche Auswirkungen, während der Schwefelgeruch sich ausdauernd an der Badekleidung und auch der Haut festsetzt. Vor anderen „Beimischungen" braucht man sich weniger zu sorgen, denn der Inhalt des Fangotümpels erneuert sich innerhalb einer Stunde komplett.

Nach dem schlammigen Vergnügen gönnt man sich am besten ein Bad am nahen, leider steinigen Strand. Doch Vorsicht, auch das Meer zeigt auf Vulcano manchmal ganz ungeahnte Seiten – siehe dazu weiter unten.

*Öffnungszeiten* Geöffnet ist der Schlammtümpel von April–Oktober täglich 7–20 Uhr, zur HS auch länger; Eintritt 2 €. Am Eingangskiosk kann man auch sein Gepäck lagern, es gibt Duschen und Umkleidekabinen.

*Kuren à la Vulcano: Vasca di Fanghi*

## Der Kampf ums Schlammloch – Schluss mit freiem Fango

Der Fangotümpel war seit jeher frei zugänglich. Seit dem Jahr 2000 allerdings ist dem nicht mehr so. Damals ließ die Gesellschaft „Geoterme", die die Rechte an dem Schlammloch besitzt, das Gebiet einzäunen und beauftragte eine Kooperative junger Leute, das Umfeld sauber zu halten und im Gegenzug einen „freiwilligen" Beitrag zu kassieren. Die Emotionen auf Vulcano brandeten hoch. Viele Einwohner vermuteten in der Initiative nur den Einstieg in einen institutionalisierten Kurbetrieb zu dann deutlich höheren Gebühren, was sich bislang freilich nicht bewahrheitet hat. Sie veranstalteten schon im Vorfeld Unterschriftensammlungen und klagten, dass wieder einmal die Reichsten der Reichen, „denen halb Vulcano gehört", den Reibach machten – „Geoterme" ist in der Tat in der Hand einiger sehr wohlhabender Leute, darunter zum Beispiel Besitzer großer Hotels. Andere fanden, dass die Zustände rund um den Fangotümpel zumindest im Hochsommer wirklich irgendeine Art von Aufsicht nötig gemacht hätten und versicherten, dass die neue Sauberkeit ihr Geld durchaus wert wäre. Aus Sicht des Urlaubers ist gegen die Eintrittsgebühr wohl auch wirklich nicht viel einzuwenden, die Tatsache, dass damit auch der freie Zugang zum Faraglione di Levante eingeschränkt wurde, schon ärgerlicher.

Vulcano
Karte Seite 161

*Vorsicht, heiße Füße: Zona delle Acque Calde*

**Zona delle Acque Calde**: Wenn die See ruhig, die Umgebung ganz still ist und wenn man genau hinhört, dann wird es deutlich – das Meer in der Nähe des Schlammpfuhls gurgelt und blubbert vernehmlich. Grund sind unterseeische Fumarolen, die Gase und Dampf ausstoßen und dadurch dem umgebenden Meerwasser nicht nur eine weißliche Tönung verpassen, sondern es auch zum Teil bis fast an den Siedepunkt erhitzen. Badeschuhe sind an diesem Strand also wichtig ... Bekannt und für heiße Meerbäder genutzt war die nicht umsonst und fast untertreibend so genannte „Zone der warmen Wasser" übrigens schon zur Zeit der Römer. Auch im Hinterland des Strands gibt es Fumarolen, die wie diejenigen im Meer ihren Austrittsort immer wieder mal wechseln. Das Gebiet dort ist praktisch bar jeder Vegetation und heißt deshalb auch treffend „Totes Feld".

## Vulcanello

Erdgeschichtlich gesehen hat die kleine Halbinsel im Norden Vulcanos erst gestern das Licht der Welt erblickt. Wie Strabon und Plinius der Ältere unter Berufung auf Polybios (200–120 v. Chr.) berichten, tauchte sie 183 v. Chr. unter gewaltigem Fauchen als Inselchen aus dem Meer auf. Trotz seiner geringen Größe bildete der Vulkan insgesamt drei Kegel, den letzten im 6. Jh. nach Christus. Bis etwa gegen 1550 war Vulcanello die achte Insel des Archipels, denn erst dann hatte sie sich mit dem größeren Nachbarn Vulcano durch die allmähliche Anhäufung von Lavaschlacke verbunden. Dieser Isthmus ist nur etwa einen Meter hoch und wird bei höherem Seegang deshalb gelegentlich überflutet. Seit der „Kleine Vulkan" sich aus dem Meer erhob, hat sich auf ihm einiges geändert: Die grüne Halbinsel wurde zum bevorzugten Baugrund für Ferienhäuser der noblen Kategorie wie auch für gesichtslose Apartmentsiedlungen. An Exkursionen bietet sich auf Vulcanello der Aufstieg zum gleichnamigen, 123 Meter hohen Hauptkraterchen mit seinen bunten Ausfärbungen an. Der steile, rutschige Erdweg hinauf zweigt rechter Hand des Sträßchens zum Valle dei Mostri ab, kurz hinter dem letzten Haus.

**Valle dei Mostri**: Das kleine „Tal der Monster" im Nordosten der Halbinsel bildet die auch von Reisegruppen viel besuchte Hauptattraktion von Vulcanello. Der Weg vom Hafen hierher nimmt etwa eine Dreiviertelstunde in Anspruch. Er führt über die Verlängerung der Straße, die den Isthmus, vorbei an der Abzweigung zum Camping Togo Togo, überquert und dann zwischen edlen, abgeschirmten Grundstücken ansteigt. Im Umfeld einer Ferienwohnanlage geht es schließlich über einen rechts abzweigenden Fußpfad hinab in das Tal. Seinen kuriosen Namen verdankt es den bizarren, von Wind und Wetter geformten Lavafiguren, die der Fantasie reichen Spielraum lassen. Bekannteste der fotogenen Formationen und an jedem Postkartenstand präsent ist „Il Orso", der tatsächlich einem Bären ähnelt.

*Durch vielfarbigen Fels: Aufstieg zum Krater*

Vulcano
Karte Seite 161

## Tour 3: Auf den Gran Cratere

Der Aufstieg zum 391 Meter hohen Vulkan bildet natürlich den Höhepunkt eines Besuchs auf Vulcano. Nicht nur der Blick hinein in den Krater, auch die weißen Dampffahnen und schwefelgelben Ablagerungen der Fumarolen lohnen den Weg. Und die Aussicht hinab auf Vulcanello und hinüber nach Lipari ist einfach fantastisch. Bei gutem Wetter erkennt man sogar Alicudi, Filicudi, Salina, Panarea und Stromboli.

• **Route**: Porto di Levante – Straße Richtung Piano – Krater; zurück auf demselben Weg. • **Reine Wanderzeit**: etwa 2 Stunden. Der Zugang kostet 3 € Gebühr (wird i.d.R. von Mitte Juni bis Ende September erhoben), die unter anderem für die Instandhaltung des Wegs verwendet werden sollen.

Die Tour hinauf dauert bei gemächlichem Tempo knapp eine Stunde, der Abstieg nur eine halbe Stunde. Für den Aufstieg zum höchsten Punkt des Kraterrandes sollte man eine weitere halbe Stunde rechnen, inklusive etwaiger Aufenthalte insgesamt also rund 2,5–3 Stunden. Besondere bergsteigerische Erfahrung ist für den Aufstieg nicht vonnöten, dennoch zahlen sich feste (Turn-)Schuhe aus. Die besten Zeiten für die Exkursion sind der frühe Morgen und der späte Nachmittag, da es tagsüber ungemütlich heiß werden kann. Besondere Risiken muss man nicht befürchten: Der Vulkan wird ständig überwacht, sein Zugang bei erhöhter Aktivität gesperrt, weshalb der Aufstieg ungefährlich ist, sofern man die im Zweifelsfall deutlich erkennbaren Absperrungen nicht ignoriert.

Vom Hafen aus hält man sich links, entlang der Hauptstraße, und folgt der Straße gegen die Einbahn-Richtung. Nach etwa einer Viertelstunde zweigt am Ortsrand bei einem Schild, das vor den Gefahren des Vulkans warnt, links der Weg zum Krater ab. Er führt über offenes Gelände, anfangs zwischen kugeligen, im Frühjahr herrlich gelb blühenden Ginsterbüschen hindurch, später über Aschefelder. Zunächst bleibt der Anstieg mäßig, nach der ersten Spitzkehre geht es dann steiler bergan bis zum Kraterrand. Unterwegs wechselt an einer Stelle die Farbe des Felsens schlagartig von Grauschwarz zu einem Rotbraun, das in der Abenddämmerung fast à la „Ayers Rock" leuchtet, später dann ebenso rapide wieder zu Schwarzbraun. Schließlich erreicht der Pfad den Grat, der sich rings um den Krater zieht. Der Gran Cratere ist geradezu ein Bild von einem Vulkan. Etwa 500 Meter Durchmesser misst der kreisrunde Höllenschlund, in den noch ein kleinerer, während der letzten Ausbrüche der Eruptionsphase von 1888–1890 entstandener Krater eingeschnitten ist. Bei genauem Hinsehen erkennt man im Osten auch die Reste des älteren, mittlerweile durch Erosionsmaterial weitgehend aufgefüllten Vorgängers, der ersten Fossa.

Oben auf dem Grat und auf den nördlichen Kraterhängen dampft es gen Osten besonders kräftig: Hier vor allem treten die heißen Gase der Fumarolen an

*Heiß: schweflige Erdspalte*

*Nichts als Steine, Felsen, Schwefel: Hang am Gran Cratere*

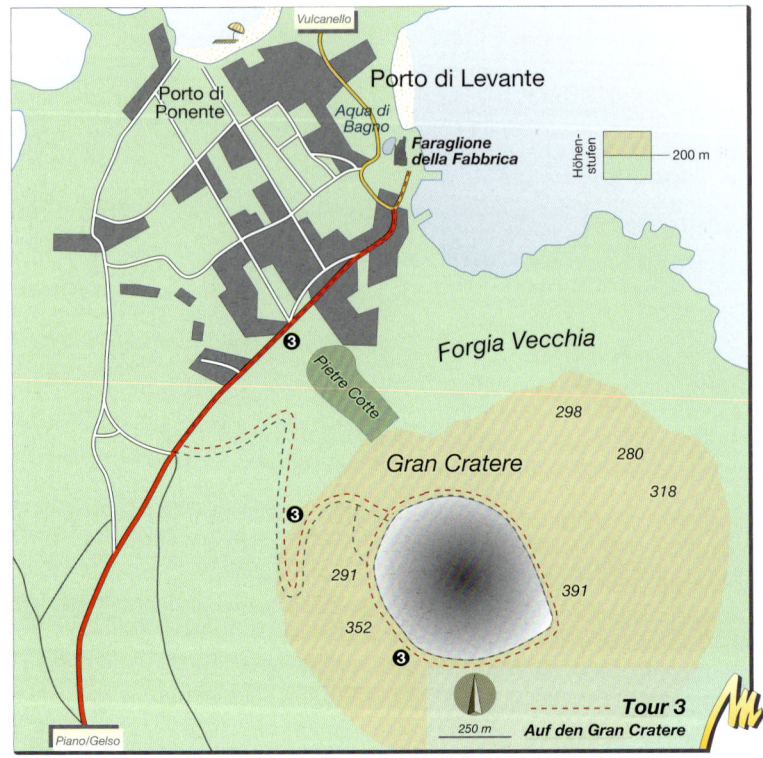

die Oberfläche, die aufgrund ihrer chemischen Zusammensetzung auch als Solfataren bezeichnet werden, benannt nach den ähnlichen Gasquellen von Solfatara bei Pozzuoli, Nähe Neapel. Die Temperatur in den schwefelgelb leuchtenden Erdspalten bewegt sich zeitweise bei mehreren hundert Grad – Vorsicht vor Verbrennungen! Sollte man in den Qualm geraten, ist es ratsam, die Luft anzuhalten oder notfalls durch ein Taschentuch zu atmen, denn das Zeug beißt kräftig in den Lungen. Hinsetzen sollte man sich besser nicht: Der Schwefel frisst beachtliche Löcher, die sich erst nach einiger Zeit zeigen.

Unbedingt verzichten sollte man auch darauf, entgegen des Verbots zum ebenen Boden des Kraters hinabzusteigen – bei ungünstigen Bedingungen können sich am Kraterboden lebensgefährliche „Seen" von farb-, geruch- und geschmacklosem Kohlenmonoxid bilden. Der mit 391 Metern höchste Punkt des Kraterrands wird in seinem Südosten erreicht. Von hier oben ist die Sicht besonders berückend: Sie reicht bei klarem Wetter bis nach Sizilien, bei sehr guten Verhältnissen sogar bis zum Etna. Nach der kompletten Kraterumrundung geht es auf demselben Weg zurück.

# Piano

**Grüne Weiden, windzerzauste Bäume, alte Bauernhöfe: Bei einem Ausflug zur Hochebene von Piano bietet sich ein völlig neues Bild der sonst recht kahlen Insel.**

Die Auffahrt auf der guten Asphaltstraße säumen rosa, rot und weiß blühende Oleanderstäucher und gelbe Ginsterbüsche. Piano selbst bildet die größte Ebene der Liparischen Inseln. Hier oben, auf gut 300 Metern Höhe, ist es im Jahresmittel deutlich kühler als unten am Meer, die Niederschlagsraten sind höher, die Böden fruchtbarer. Oft hängen Wolkenfetzen in den umgebenden Hügeln. Verständlich, dass die ersten Siedler auf Vulcano, die ja vorwiegend Bauern waren, sich gleich heimisch fühlten. Auch heute noch machen die Hochebene und das gleichnamige, weit verstreute Dorf einen ländlichen Eindruck. Deutlich wird auch die geringe Besiedlung der Insel – Menschen sind kaum zu sehen, schließlich ballt sich alles in den Küstenorten. Ein sehr häufiger Anblick sind dagegen Hühner, Schafe, Ziegen und auch Kaninchen: Autofahrer sollten etwas Vorsicht walten lassen.

● *Übernachten/Essen* Zur Nebensaison ist es ratsam, vor einem Besuch anzufragen, ob die Küche überhaupt arbeitet – echter Betrieb herrscht in den hiesigen Restaurants meist nur am Wochenende und im Hochsommer. Italiener nämlich wissen die kulinarischen Spezialitäten Pianos zu schätzen. Empfehlenswert im Bauernland sind natürlich lokale Produkte, insbesondere also Fleischgerichte.

**Trattoria Affittacamere Maria Tindara**, an der Hauptstraße, sozusagen im Zentrum von Piano. Recht großes, dennoch familiäres Restaurant. Prima Küche mit Schwerpunkt auf hausgemachten Tagliatelle, Lamm und Kaninchen, Fisch gibt es aber auch; Menü etwa 20 €. Selbst gemachter roter Hauswein. Eine besondere Spezialität wird jeweils am Mi-Abend und am Sa-Abend angeboten: „Pasta fagiole e cozze", Nudeln mit roten Bohnen und Muscheln. Zu vermieten sind sechs ordentliche Zimmer mit Bad, schlicht und sauber. DZ/F etwa 50–70 €, im August mit der dann obligatorischen

**Vulcano**
Karte Seite 161

*Verlassen: Haus auf der Hochebene Piano*

Halbpension 50 € p.P. Ganzjährig geöffnet. Via Provinciale 38, ☎ 090 9853004, 📠 090 9853011, maria.tindara@tiscali.it.

**Ristorante Il Diavolo dei Polli**, linker Hand des Seitensträßchens Richtung Capo Grillo. Der Name des Restaurants („Teufel der Hühner") wurde von einer Hühnerbraterei übernommen, die die Familie früher unten am Meer besaß. Huhn zählt natürlich auch weiterhin in den Spezialitäten, ebenso jedoch Kaninchen und Lamm. Normales Preisniveau, im Winter nur am Wochenende geöffnet. Località Cardo ☎ 090 9853034.

**Ristorante Belvedere**, am südlichen Rand der Hochebene, neben der Straße Richtung Gelso, beschildert. Auf rund 400 Meter Höhe gelegen, macht das weithin gerühmte Lokal seinem Namen Ehre, bietet eine schöne Aussicht aufs Meer und die Nachbarinseln. Spezialität sind auch hier lokale Fleischgerichte, gewürzt mit wilden Kräutern. Komplettes Menü mit Inselwein etwa 30 €. Außerhalb der Hochsaison kann sich eine Anfrage lohnen, ob überhaupt geöffnet ist: ☎ 090 9853047, Mobil-☎ 338 3796489. Im Dezember und Januar geschlossen.

**Capo Grillo:** Ein guter Eindruck von der Hochebene ergibt sich bei einem Abstecher zum sogenannten „Grillenkap" an ihrem nordöstlichen Rand. Von der Zufahrtsstraße vom Hafen folgt man dabei dem links abzweigenden, zum Ristorante Diavolo dei Polli führenden Sträßchen. Nun geht es immer geradeaus zu dem insgesamt etwa drei Kilometer von der Hauptstraße entfernten Aussichtspunkt, von dem sich ein weiter Blick über Vulcanello nach Lipari bietet, bei klarem Wetter auch bis Panarea und Stromboli.

# Richtung Gelso

Hinter Piano fällt die Straße in schier unzähligen Serpentinen zur Südküste der Insel ab und durchquert dabei meterhohes Rohr, das sich allmählich auch durch den Asphalt arbeitet. Fast scheint es, als hole sich die Natur den ihr durch die Straße genommenen schmalen Streifen Erde langsam wieder zurück.

**Spiaggia dell'Asino:** Etwa einen Kilometer vor Gelso führt ein Fußweg hinab zu diesem schönen schwarzen Lavastrand, an dem es im Sommer Liegen und Sonnenschirme zu mieten und auch eine Pizzeria sowie einen Kiosk gibt. Ein Schild markiert den Zugang, meist sieht man auch einige Autos oder Roller an der Straße parken. Der Rückweg hinauf wird anstrengend.

**Gelso:** Der kleine Weiler Gelso („Maulbeerbaum") selbst ist trotz seines unscheinbaren Aussehens die älteste Ansiedlung der Insel, mit fruchtbaren Böden gesegnet und so weit wie möglich vom Krater entfernt gelegen. Hier steht denn auch die erste Kirche Vulcanos, der Madonna delle Grazie geweiht und alljährlich Mitte Juli immer noch Ziel einer farbenprächtigen Wallfahrt. Gelso besteht gerade mal aus einer Handvoll Häuser, die außer zur Sommerzeit praktisch unbewohnt sind, einem Anlegekai und der Trattoria „Da Pina". Ein Stück westlich erhebt sich ein Leuchtturm, der ganz im Gegensatz zu seinem Namen „Faro Nuovo" in ziemlich üblem, restaurierungsbedürftigem Zustand ist, und gleich östlich des Örtchens lockt ein kleiner schwarzer Lavasandstrand – das war's, ein angenehm ruhiger Kontrast zum sommerlichen Tumult von Porto di Levante und Ponente.

● *Übernachten* **Bed & Breakfast La Casa delle Stelle**, meerseitig der Straße zwischen km 3 und 4 gelegen, betrieben vom netten Paar Maria und Sauro, den es 1965 als Leuchtturmwärter nach Gelso verschlagen hatte. Isoliert gelegenes Haus mit herrlichem Meerblick. Zwei Zimmer mit gemeinsamen Bad, Pinienholzmöbel, gute Betten; Küche. Ein eigenes Fahrzeug ist hier, etwa 10 km von Vulcano Porto, eigentlich unabdingbar, der Linienbus kommt selbst zur Saison nur 3-mal am Tag vorbei. Geöffnet Mai bis Mitte Juni und September bis Mitte Oktober. DZ/F 50–80 €. Contrada Gelso, Mobil-☎ 3473626382, 347 9063689, simobon@hotmail.com.

*Die Berge oft in Wolken: Blick von Lipari auf Salina*

# Salina

*Die Ortschaften klein und überschaubar, gering die Zahl der Quartiere. Natur und unverbaute Landschaft prägen das Bild. Strände sind eine Seltenheit, wilde Steilküsten die Regel. Berühmt ist der Wein der Insel, der honigfarbene Malvasia.*

**Die zweitgrößte Insel des Archipels ist eine Ausnahmeerscheinung: Wasserreich, grün und fruchtbar, kann Salina seine rund 2300 Einwohner leicht selbst versorgen. Tourismus spielt hier, nach der Landwirtschaft, höchstens die zweite Geige.**

Einerseits scheinen die Bewohner über diese Entwicklung nicht eben unglücklich, denn auf Massentourismus verzichtet man hier gern – was nicht heißen soll, dass Besucher unfreundlich aufgenommen werden, ganz im Gegenteil. Andererseits nämlich sind die Menschen von Salina zu Recht stolz auf die Schönheit ihrer Insel und empfinden es als etwas ungerecht, dass sie als Reiseziel oft unterschätzt wird. Deshalb freuen sie sich auch über jeden Gast, der bereit ist, einmal die Badehose mit den Wanderschuhen zu vertauschen und auf Entdeckungstour zu gehen.

Eigenwillig waren die Bewohner Salinas schon immer. Bereits 1867, also nur kurz nach dem „Risorgimento", der Vereinigung Italiens im Jahr 1860, pochte man hier auf seine Selbständigkeit, wollte sich nicht der Verwaltung Liparis unterwerfen. Und während alle anderen sechs Inseln des Archipels unter Führung der Hauptinsel gerade mal eine einzige Gemeinde bilden, zählt Salina seit 1911 gleich deren drei, auch wenn sie zu den kleinsten ganz Italiens gehören. Auf Lipari verstand man diese Unabhängigkeitserklärung seinerzeit als deutlichen Affront, bis heute Grund für das schon traditionell gespannte Verhältnis zwischen den beiden größten Inseln der Gruppe.

## Salina im schnellen Überblick

**Fläche**: 26,8 Quadratkilometer; Länge etwa sieben Kilometer, maximale Breite etwa fünfeinhalb Kilometer.

**Bevölkerung**: ca. 2300 Einwohner.

**Höchste Erhebung**: Monte Fossa delle Felci (962 m), gefolgt vom Zwillingsbruder Monte dei Porri (860 m).

**Strände**: Bescheidene Strände bei Santa Marina, Malfa und Rinella. Der schönste Badeplatz liegt unterhalb von Pollara.

**Hauptfeste**: Sagra del Cappero, in der Regel am ersten Wochenende im Juni; große Feier in Pollara, Veranstaltungen aber auch in anderen Inselorten. Festa di Santa Marina, am 17. Juli in Santa Marina Salina. Festa Madonna del Terzito, am 23. Juli, berühmte Wallfahrt zum Heiligtum von Valdichiesa. Festa di San Bartolomeo, am 26./27 August in Lingua.

**Inselverkehr**: Mitnahme und Betrieb des eigenen Fahrzeugs sind bislang uneingeschränkt möglich. Die Hauptstraße zwischen den Ortschaften ist gut ausgebaut, jedoch bestehen keine Verbindungen entlang der West- und der Südküste. Tankstellen in Santa Marina und Malfa, Fahrzeugvermietung in Santa Marina und Malfa, im Sommer auch in Rinella.

Auch landschaftlich hebt sich Salina von den anderen Inseln ab. Seiner markanten Form wegen tauften die Griechen das Eiland Dydime, „Zwilling", benannt nach den beiden imposanten Zwillingskegeln des 860 Meter hohen Monte dei Porri im Westen und des Monte Fossa delle Felci im Osten, mit 962 Metern die höchste Erhebung der gesamten Inselgruppe, höher noch als der Stromboli. Unschwer zu erkennen ist der vulkanische Ursprung beider Berge, die mit weiteren vier Vulkanen einst Salina formten. Alle Krater sind jedoch längst erloschen, die letzte Eruption auf der Insel fand vor etwa 13.000 Jahren statt. Dank unterirdischer Wasseradern herrscht kein Mangel an lebensspendendem Nass. Die Vegetation sprießt deshalb reichlich: Nicht umsonst wird Salina auch „Garten der Liparischen Inseln" und „Grüne Insel" genannt. Ausgedehnte Wälder aus Stein- und Korkeichen, Kastanien und Kiefern bedecken die Hänge, letztere beiden Arten wohl schon von den Römern hier eingeführt, um Holz für den Schiffsbau zu gewinnen. Erst in jüngeren Jahren auf Salina eingetroffen sind Eukalyptusbäume, die aufgrund ihres schnellen Wuchses gern zur Wiederaufforstung gepflanzt werden. Im Schatten der Baumwipfel erreichen Farne, von denen der Monte Fossa delle Felci seinen Namen trägt, gigantische Größen, ebenso die Erbeerbäume, die hier wahre Wälder bilden. Die landwirtschaftlich genutzten Gebiete, insbesondere das Hochtal Valle di Chiesa zwischen den beiden Gipfeln, werden von weitflächigen Weingärten bedeckt, aus denen der Malvasia stammt, das wohl bekannteste Erzeugnis der Insel. Salina ist der richtige Ort, um einmal diesen süßen und starken, honiggelben Wein zu kosten; anders als auf den Nachbarinseln kann man hier sicher sein, ein authentisches Gewächs und nicht einen Import aus Sizilien zu erhalten. Zweites Hauptprodukt der hiesigen Landwirtschaft sind die viel gerühmten Kapern, die zu den besten überhaupt zählen. Alljährlich Anfang Juni findet sogar ein großes Fest rund um die Blütenknospen des Kapernstrauches statt.

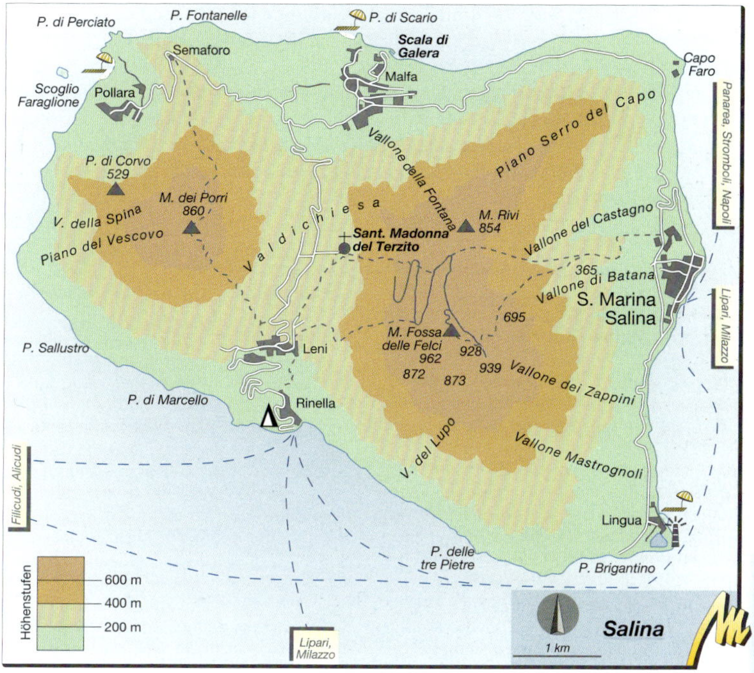

Salinas Tierwelt zeigt sich zwar nicht ganz so vielfältig wie die Flora, doch ist der Artenreichtum hier immer noch deutlich größer als auf den anderen Inseln. Vor allem Vögel sind in hoher Zahl vertreten, darunter eine berühmte Kolonie von Eleonorenfalken. Die seltene Spezies, auch „Falco della Regina" genannt, verbringt den Winter auf Madagaskar und kehrt jedes Frühjahr nach Salina zurück, wo sie in unzugänglichen Felshängen an den Westflanken des Monte dei Porri brütet. Auf dem Inselchen Scoglio Faraglione in der Bucht von Pollara lebt zudem eine fast völlig schwarze Eidechsenart, die es nur hier gibt.

Beruhigend zu wissen, dass der Großteil der Insel seit geraumer Zeit unter Naturschutz steht. Die Regionen um die beiden Hauptgipfel wurden schon 1981 zur Riserva Naturale Orientata erklärt, meerwärts vorgelagerte Bereiche zum Vorreservat. Vom Naturschutz ausgenommen sind damit praktisch nur noch relativ schmale Zonen beiderseits der Inselhauptstraße und der Kessel von Pollara. Rücksichtsvolle Besucher sind jedoch auch in den Reservaten willkommen. Es wird sogar für sie gesorgt: Ein dichtes Netz von gepflegten und teilweise recht gut beschilderten Wander- und Forstwegen durchzieht das Gebiet um den Monte Fossa delle Felci. Eine Badeinsel ist Salina hingegen nicht, auch wenn der schmale Strand unterhalb von Pollara zu den schönsten des Archipels zählt. Überwiegend bestimmen steile Felsabstürze das Küstenbild der Insel. Strände sind rar und bestehen fast ausschließlich aus mehr oder weniger groben Steinen. Taucher kommen jedoch im fischreichen Meer voll auf ihre Kosten. Der Mangel an Stränden besitzt auch seine Vorzüge, hat er doch Salina vor einer übermäßigen Erschließung à la Vulcano bewahrt. Die durch eine U-förmige Straße verbundenen Gemeinden Santa Marina Salina, Malfa und Leni konnten ihre Eigenständigkeit erhalten. Der Fremdenverkehr ist nicht mehr als ein angenehmes Zubrot. Gerade deshalb ist die Insel für den, der für ein paar Tage auf ausführliches Strandleben verzichten kann, eine angenehme Abwechslung. Sonst hat Salina viel zu bieten: schöne Landschaften, freundliche Leute und weitgehend unverfälschtes Inselleben. Und wenn man sich auch nicht überall am Sandstrand aalen kann: Ein kurzer Sprung ins kühle Nass ist allemal drin.

• *Verbindungen* **Schiff**: Salina besitzt zwei Häfen, die von Autofähren und manchen Aliscafi nach dem Entweder-Oder-Prinzip angelaufen werden. Also vorher aufpassen, wo man landet! Der größere von beiden liegt im Hauptort Santa Marina Salina an der Ostküste, der andere im winzigen Dörfchen Rinella, an der Südküste unterhalb von Leni. Wegen wiederholter Schäden an der Hafenmole legten die Napoli-Fähren (nicht die Aliscafi) zuletzt nur in Rinella an, doch könnte sich das wieder ändern – informieren Sie sich bitte vor Ort. Die Fähre von oder nach Lipari kostet etwa 7 €, ein Aliscafo 9 €, von/nach Milazzo 14 bzw. 19 €.

**Bus**: Ganzjährig gutes Busnetz der Firma CITIS, abgestimmt auf die Fahrpläne der Aliscafi. Zur HS ab Ende Juli/Anfang August fahren die Busse bis nach Mitternacht; Fahrpläne hängen in den Bars, Alimentari und am Hafen aus. Den Bus per Handzeichen zu stoppen ist problemlos möglich. Zusätzliche Verbindungen zwischen Santa

Marina und Rinella bestehen per Aliscafo: flott, aber etwas teurer als der Bus. www.trasportisalina.it.

• *Übernachten* Erfreulich das Fehlen von Bettenburgen, die Hotels sind klein und angenehm, das Preisniveau ist jedoch fast generell hoch angesiedelt. Im Juli/August wie überall auf den Inseln ausgelastete Kapazitäten und fast generell Pflicht zur Halbpension. Nach der Hochsaison ist die touristische Jahresernte eingefahren, mancher Hotelier deshalb verhandlungsbereiter. Viele der Hotels haben ganzjährig geöffnet. Privatvermietung ist verbreitet, wegen verschärfter Kontrollen durch die Finanzpolizei sind die „schwarzen" Vermieter allerdings vorsichtiger geworden. Vermittlung über das Fremdenverkehrsamt in Lipari oder über Didyme Viaggi in Santa Marina. Dort kommen die Vermieter auch oft direkt zum Hafen.

• *Camping* Ein ganz ordentlicher Platz liegt in Rinella, geöffnet etwa Mitte Juni bis Ende September.

# Geschichte

Vor allem wohl mangels wichtiger Bodenschätze erreichte Salina nie den Rang von Lipari, auch wenn sich die Geschichte beider Nachbarinseln in ihren Grundzügen natürlich ähnelt. Spektakuläre Funde aus der Vergangenheit gibt es jedenfalls nicht zu vermelden. Wie Lipari war auch Salina wohl bereits Ende des fünften, Anfang des vierten Jahrtausends v. Chr. bewohnt. Die erste bekannte Siedlung der Insel lag an der Südküste auf dem Gebiet des heutigen Dörfchens Rinella. Neben einer Hütte entdeckten Archäologen hier ein Lager von liparischem Obsidian, der von den Bewohnern offensichtlich zu Werkzeugen weiterverarbeitet wurde. Während der Bronzezeit existierten mehrere Dörfer an der Ostküste, die im 13. Jh. v. Chr. allesamt durch fremde Eindringlinge zerstört und in Brand gesetzt wurden. Danach scheint die Insel bis zur Ankunft der griechischen Kolonisten im 6. Jh. v. Chr. menschenleer gewesen zu sein. Während der griechischen, römischen und byzantinischen Zeit war Salina durchgehend besiedelt; den Römern verdankt die Insel auch ihren heutigen Namen, der von einem Salzgarten an der Südostspitze stammt. Gegen 838 überfielen die Araber Salina, metzelten einen Teil der Bevölkerung nieder und verschleppten den Rest in die Sklaverei. Viele Jahrhunderte lang blieb die Insel nun erneut fast unbewohnt. Erst als die Gefahr der Piratenüberfälle allmählich nachließ, wagten sich wieder Siedler nach Salina. Sie gründeten eine Reihe von

Dörfern, Vorläufer der heutigen Gemeinden Santa Marina, Malfa und Leni. Fischerei und Seehandel, vor allem aber der Anbau von Malvasia-Wein, Kapern und Oliven sorgten für einen bescheidenen Wohlstand, die Bevölkerung wuchs allmählich. Eine Volkszählung ergab 1891 die stattliche Einwohnerzahl von 7200 Personen, also mehr als das Dreifache der heutigen Zahl. Nur wenige Jahre später jedoch traf ein vernichtender Schlag die Landwirtschaft der Insel: Die Reblaus war eingeschleppt worden und zerstörte rund 90 Prozent der Reben. Viele Insulaner sahen keinen anderen Ausweg, als ihr Heil in der Emigration zu suchen. Der folgende Niedergang fand erst gegen Ende der Sechzigerjahre ein Ende, etwa zeitgleich mit den ersten zaghaften Regungen des Fremdenverkehrs.

## Santa Marina Salina

**Seit der Wiederbesiedelung Salinas die inoffizielle „Hauptstadt" der Insel und heute gleichzeitig ihr wichtigster Hafen, ist Santa Marina Salina dennoch dörflich geblieben.**

Im Vergleich zu Lipari-Stadt wirkt die gepflegte Siedlung zumindest außerhalb der Saison sogar regelrecht verschlafen. Der angenehmen Atmosphäre ist das durchaus förderlich, Trubel würde hier nur stören. Oberhalb des Hafens beginnt die Hauptstraße Via Risorgimento, die sich parallel zur Küste erstreckt. Hier finden sich fast alle Geschäfte des Ortes, darunter mittlerweile auch schon die eine oder andere Boutique. Von dieser Hauptstraße, eigentlich eher eine etwas breitere Gasse, ziehen sich schmale Seitengässchen Richtung Meer und Berghang. Zwischen den kleinen Häusern leuchten Blumenbeete und Gemüsegärten, ein paar alte, halbverfallene Villen verschwinden fast unter wuchernden Pflanzen. Romantiker werden sich in Santa Marina wohlfühlen.

**Salina**
Karte Seite 179

*Inoffizielle „Hauptstadt" der Insel: Santa Marina Salina*

## Information/Verbindungen/Adressen

• *Information* **Info Point**, Tourismusbüro im Rathaus an der Hauptstraße Via Risorgimento. ✆ 090 9843021, www.comune.santamarina-salina.me.it. In der Saison geöffnet Mo–Sa 9–15, 16–22 Uhr, sonst nur eingeschränkt.
**Didyme Viaggi**, eine Alternative. Kompetent in allen Fragen betreffend Salina, von der Vermittlung von Privatzimmern, Apartments und Häusern über Ausflüge mit Fischerbooten bis zu Busfahrplänen, außerdem Zugreservierung und Flugtickets. In der Hauptstraße Via Risorgimento, der ersten Parallelstraße oberhalb des Hafens, ✆ 090 9843310, 🖷 090 9843078.
**Riserva naturale orientata**, das Büro der Parkverwaltung liegt in Hafennähe direkt neben dem Kindergarten. Hier erhält man mit etwas Glück eine Gratis-Wanderkarte und bekommt Auskunft über den aktuellen Wegezustand. Via Risorgimento, ✆ 090 9843454, Mobil-✆ 345 3661475.
• *Verbindungen* **Schiff**: Agenturen an der Piazza Marina vor dem Hafen: SIREMAR, ✆ 090 9843004; USTICA LINES, ✆ 0909843003, NGI, ✆ 090 9843078.

**Bus**: CITIS-Busse fahren nach Malfa 10-mal, Pollara 7-mal, Leni/Rinella 9-mal und Lingua 10-mal täglich, zur HS noch häufiger. Die Route über Pollara und zurück gibt eine schöne Inselrundfahrt ab. Abfahrt bei den Fährbüros in Hafennähe.
• *Fahrzeugvermietung* **Antonio Bongiorno**, 200 m südlich des Hafens, oberhalb der Tankstelle an der Straße nach Lingua. Ganzjährig geöffnet, guter Service, im Notfall Betreuung rund um die Uhr. Die Preise liegen teilweise deutlich höher als auf Lipari oder Vulcano, ein wenig zu verhandeln kann deshalb nicht schaden: Scooter ab etwa 26 €/Tag, einer der wenigen Leihwagen ab etwa 60 €/Tag, Mountainbikes ab etwa 11 €/Tag – die Schaltung wird man angesichts der reichlichen Höhenunterschiede gut gebrauchen können ... Von Juni bis September steigen die Preise nochmals, ab einer Mietdauer von drei Tagen aufwärts gibt es Rabatt. Via Risorgimento 240, ✆ 090 9843409, 🖷 090 9843656. www.noleggiobongiorno.it.
• *Medizinische Versorgung* Pronto Soccorso, ✆ 090 9844005 oder 090 9843064.
• *Tauchen* Amphibia, in Hafennähe, Mobil-✆ 335 1245332. www.amphibia.it.

## Übernachten/Essen/Diverses

\*\*\* **Hotel Bellavista**, über dem Sporthafen, vom Zentrum ein paar hundert Meter Richtung Lingua. Recht großer, 1980 errichteter und 1995 renovierter Bau. Angenehme Atmosphäre, das freundliche deutsch-italienische Besitzerpaar Eva und Oreste Buccafusca ist sichtlich stolz auf sein Haus. 12 komfortable Zimmer, teilweise mit Terrasse und Meerblick, die nach hinten gelegenen Räume dafür mit Klimaanlage; Sonnenterrasse auf dem Dach. Geöffnet etwa April/Mai bis September. DZ/F nach Saison 90–150 €, im August 190 €. Via Risorgimento, ✆/🖷 090 9843009, hbellavista@aruba.it, www.hbellavista.me.it.
\*\*\* **Hotel Mamma Santina**, mitten im Ort, geführt vom englischsprachigen Besitzer Mario Gullo. Vor einigen Jahren von der gemütlichen (aber bereits nicht billigen) Pension zum Hotel umgebaut. Schönes Gebäude im traditionellen Stil, mehrere Terrassen, Hängematten, Garten und Pool. Geräumige, schlicht-hübsche Zimmer, große Bäder. Das Restaurant bietet ordentliche Küche: Pasta aus Topf und Ofen, Fisch nach Fang und Coniglio (Kaninchen) alla

Mamma. Geöffnet April bis Oktober. DZ/F nach Saison und Lage 110–190 €, im August bis 230 €; HP (häufig obligatorisch) p.P. 35 € Aufschlag. Via Sanità 40, der beschilderten Abzweigung im hinteren Teil der Via Risorgimento bergwärts folgen, ✆ 090 9843054, Mobil-✆ 339 5798394., 🖷 090 9843051, www.mammasantina.it.
\*\*\* **Hotel Mercanti del Mare**, in Hafennähe unweit der Kirche. 2005 eröffneter Dreisterner, Zimmer mit dem klassenüblichen Komfort, hübsche Terrasse. Nur 9 Zimmer. Ganzjährig geöffnet. Die Rezeption ist besetzt von 8–12.30, 16.30–20.30 Uhr. DZ/F 120–150 €, im August ab 200 €. Piazza Marina 9, ✆ 090 9843536, 🖷 090 9843004, www.hotelmercantidimare.it.
\*\*\* **Hotel I Cinque Balconi**, am verkehrsfreien Hauptcorso; sollte die Rezeption (8–13, 17–20 Uhr) geschlossen sein, nebenan im Lebensmittelladen Carpe Diem nachfragen. Das schmucke 10-Zimmer-Hotel, erst 2007 eröffnet, entwickelte sich aus der sorgfältigen Renovierung zweier benachbarter Häuser reicher Händler und Reeder des 19.

Jahrhunderts. Kleiner Garten im Innenhof. Geöffnet von Mitte April bis Ende Oktober. DZ/F 100–150 €, im August bis 160–180 €. Via Risorgimento 36, ☎ 090 9843508, 📱 090 9843517, www.icinquebalconi.it.

**Bed & Breakfast Da Sabina**, Sabina Giuffrè vermietet in ihrer modernen Villa am nördlichen Ortsrand vier gut ausgestattete Zimmer, eines davon mit Küche. Das Frühstück mit selbst gekochten Marmeladen, frischem Obst und auf Wunsch gutem Käse wird auf der großen Aussichtsterrasse serviert. Geöffnet April bis Oktober. DZ/F 70–100 €, im August bis 140 €. Via Risorgimento 5/c, ☎ 090 9843134, Mobil-📱 333 2726025, www.bbsalina.it.

**Catena e Salvatore de Pasquale**, vermieten von Ostern bis Mitte Oktober anständige Zimmer mit Bad, meist auch mit eigener Terrasse und Küche. DZ etwa 60–90 €, im August bis 130 €. Via Francesco Crispi 15, eine Seitenstraße bergwärts im nördlichen Bereich der Via Risorgimento, noch hinter der Abzweigung zum Hotel Mamma Santina, ☎ 090 9843094, Mobil-📱 3387362094, www.eoliecase.com.

**Giovanna Jacono**, gleich nebenan, hat gepflegte Zimmer in ähnlicher bis günstigerer Preislage, jedoch ganz überwiegend ohne Bad. Via Francesco Crispi 13, ☎ 090 9843096.

**Villa Loredana**, etwas oberhalb auf der anderen Straßenseite. Signore Marino Mandile offeriert gute Apartments zu sehr vernünftigen Preisen, die etwa auf dem genannten Niveau liegen. Via Francesco Crispi 20, ☎ 090 9843322, Mobil-📱 368 7076275, marinomandile@alice.it.

**Haus- und Apartmentvermittlung: Arcangelo – Case per Vacanze,** Arcangelo Nicotra, der auch als Immobilienhändler tätig ist, vermittelt das ganze Jahr über Häu-

ser und Apartments. Er holt die Gäste am Hafen ab und bringt sie in das Ferienobjekt. Die meisten der Häuser liegen mitten im Ort, einige in Meeresnähe – alle mit Terrassen, je zwei Apartments teilen sich eine Küche. Es empfiehlt sich vorab Informationen über die Ausstattung der Häuser einzuholen, nicht alle entsprechen mitteleuropäischem Standard. Arcangelo spricht ein bisschen Englisch und Französisch. Zwei Personen zahlen im Mai etwa 300 € pro Woche, im August bis zu 700 € pro Woche und mehr. Via Francesco Crispi 40, ☎/📱 090 9843240, www.eolievacanze.it.

Auch im Hotel Mamma Santina (siehe oben) kann man wegen Apartments nachfragen.

● *Essen* **Ristorante Portobello**, am Hafen Nähe La Cambusa, mit Terrasse und reizvoller Aussicht. Der „Schöne Hafen" gilt als das feinste Restaurant des Ortes, weshalb ein Menü auch kaum unter etwa 30 € zu haben ist. Die lokal gefärbte Küche kann sich aber auch wirklich schmecken lassen. Nicht verschwiegen werden sollte, dass es zur Nebensaison auch schon mal Leserkritik an der Frische der Zutaten gab. Via Bianchi 1, ☎ 090 9843125, geöffnet Ostern bis Ende Oktober.

**La Cambusa**, Multifunktionsunternehmen oberhalb des Hafens. Große Terrasse. Restaurant, Pizzeria, Tavola Calda etc. Ein beliebter Platz, um auf die Fähre zu warten oder sich Sportübertragungen anzusehen.

● *Feste* **Festa di Santa Marina**, am 17. Juli, das Fest der Schutzpatronin des Ortes, die bei der Wiederbesiedelung Santa Marinas aus Sizilien „importiert" wurde.

● *Baden* Ein ganz passabler schwarzer Kiesstrand liegt am nördlichen Ortsende in Richtung Malfa, in der Nähe des Friedhofs.

*Salina — Karte Seite 179*

▸ **Von Santa Marina Richtung Malfa**: Unterhalb der Straße nach Malfa liegt in der Nordostecke der Insel mit Capo Faro ein sehr edles Siedlungsfleckchen. Sophia Loren pflegt hier ihre Ferien zu verbringen, auch der inzwischen verstorbene Vittorio Mezzogiorno besaß hier ein Haus. Inzwischen hat hier die sizilianische Winzerfamilie Tasca d'Almerita inmitten neu angelegter Weinberge das gleichnamige Fünf-Sterne-Resort (www.capofaro.it) eröffnet.

# Lingua

Etwa drei Kilometer südlich von Santa Marina in der Südostecke der Insel und direkt gegenüber von Lipari gelegen, bildet das winzige Dörfchen Lingua fast einen Vorort der größeren Siedlung. Sein gemütlicher, vor einigen Jahren neu gestalteter Lungomare ist mit einer Handvoll Restaurants vor allem an Wochenenden ein beliebtes Ausflugsziel der Insulaner, das nahe Kirchlein dann oft Treffpunkt von

*Vor der Kulisse von Lipari: Linguas Saline und der Leuchtturm*

Hochzeitsgesellschaften. Auch wegen des schmalen Kiesstrands zeigt sich Lingua im Sommer recht belebt. Wer zum Baden hierher kommt, sollte nicht vergessen, in der kleinen Bar da Alfredo eine Granita (Mandeln!) zu schlürfen, die beste der ganzen Insel; ebenso köstlich ist übrigens Alfredos üppig garniertes Brot „Pane cunzato". Stolz ist man in Lingua auch darauf, dass sich ausgerechnet hier die zwei berühmten Regisseurs-Brüder Taviani („Padre Padrone", „Kaos") ein Ferienhaus zugelegt haben. Vielleicht auch deshalb wird in Lingua jeden August ein Open-Air-Kino eingerichtet. Die gezeigten Filme sind zwar nicht unbedingt die jüngsten, die Atmosphäre aber ist toll.

Im Winter hingegen wirkt der Ort wie ausgestorben. Vom Lungomare abgesehen besteht Lingua auch nur aus den Resten einer Fischersiedlung sowie einigen schönen Villen, Erinnerung an glanzvollere Tage. Die „Laghetto" genannte kleine Saline in der Nähe des halb verfallenen Leuchtturms nämlich, die schon von den Römern genutzt wurde und der Insel seinerzeit auch ihren Namen gab, ist längst außer Funktion – der Betrieb des Salzgartens lohnte sich schlicht nicht mehr. Der eingezäunte, ziemlich flache Teich dient heute nur noch Zugvögeln, die ihn während ihrer Wanderzeiten im Frühjahr und Herbst als Rastplatz nutzen.

In manchen älteren Karten ist noch ein Fußweg eingezeichnet, der von Lingua oberhalb der Küste nach Rinella führt und dabei auch das einsame „Wolfstal" (Valle del Lupo) durchquert. Dieser Weg ist zwar schon seit vielen Jahren zugewuchert und nicht mehr begehbar, ein knapp halbstündiger Abstecher in Richtung Rinella ist jedoch immer noch drin; der einsame Pfad führt durch interessante Terrassierungen und duftende Macchia, bietet dabei immer wieder schöne Ausblicke auf Lipari. Auch der Aufstieg auf den Monte Fossa delle Felci ist von Lingua aus prinzipiell möglich, der Weg freilich nicht in bestem Zustand. Er beginnt an der von Santa Marina kommenden Hauptstraße beim Stoppschild; hier rechts auf den steilen Betonweg und an dessen Ende vor dem Wasserwerk rechts die Treppen hoch.

• *Übernachten/Essen* **** **Hotel La Salina Borgo di Mare**, neueres Haus direkt am Meer, gleich hinter der Saline. 24 komfortable Zimmer unterschiedlicher Kategorien, Pool geplant. Geöffnet Ostern bis Oktober. Der Besitzerfamilie gehört auch das empfehlenswerte Ristorante Gambero im Norden des Salinensees. Standard-DZ/F 130–160 €, im Juli/August 200 €; für die Superior- und Deluxe-Kategorie legt man mehr an, ebenso natürlich für die Suiten. ✆/✉ 090 9843441, www.lasalinahotel.com.
*** **Pensione Il Delfino**, direkt am Lungomare. Fünf große, saubere und frisch renovierte Zimmer mit Kühlschrank etc., zum Teil mit Meerblick und von Lesern gelobt. Ein neuer Flügel mit elf ruhigen, freundlichen Zimmern liegt hinter dem Restaurant. Ansprechendes Menü mit vielen Zutaten aus Eigenproduktion ab etwa 20–25 €, gut

unter anderem die Tintenfische „Calamaretti al Malvasia". DZ/F etwa 70–100 €, Mitte Juli und August 150 €, HP ist durchaus zu empfehlen. Via Marina Garibaldi 5, ✆ 090 9843024, ✉ 090 9843298, www.ildelfinosalina.it.
* **Pensione A Cannata**, in der Nähe der Hauptstraße und der Kirche. Acht Zimmer, ganzjährig geöffnet. Freundliches Personal. Im Restaurant gibt es gute Nudel- und Fischgerichte, Menü ab etwa 30 €. DZ/F 70–100 €, im Juli und August nur mit HP, p.P. etwa 100 €, auch Vermietung von Apartments. ✆/✉ 090 9843161, Mobil-✆ 339 5754240, www.acannata.it.
**Ristorante Pizzeria Il Gambero**, wiederum am Lungomare. Alteingesessenes Lokal, von Lesern sehr gelobt wegen der guten Küche, insbesondere Pasta und Fisch. Menü ab etwa 25 €.

**Museo Civico**: Das gemeindeeigene Museum, vor einigen Jahren von Santa Marina nach Lingua umgezogen, liegt in der Nähe der Saline. Nach dem Motto „klein, aber fein" gliedert es sich in eine vulkanologische und eine volkskundliche Sektion, in der unter anderem eine alte Ölpresse zu sehen ist. 2009 wurde die „Sezione Archeologica" in ein restauriertes Nachbargebäude ausgelagert.

• *Öffnungszeiten* Mo–Sa 10–13, 16–19 Uhr – soweit die offiziellen, im Sommer gültigen Zeiten. Falls geschlossen, kann man sich in der Pizzeria Marinara (bei der Saline) oder im Ristorante Il Gambero (am Lungomare) nach dem Kustoden erkundigen. Eintritt frei, Spende für den Unterhalt gern gesehen.

## Tour 4: Auf den Monte Fossa delle Felci

• **Route**: Santa Marina Salina – Monte Fossa delle Felci (962 m) – (Valdichiesa) – Leni – Rinella (leichtere Variante: Valdichiesa – Monte Fossa delle Felci – Valdichiesa). • **Reine Wanderzeit**: etwa 5–6 Stunden (Variante: 3,5–4 Stunden).

Der höchste Berg der Liparischen Inseln verlockt natürlich zum Aufstieg. Es gibt eine ganze Reihe von Möglichkeiten, den ehemaligen Vulkan anzugehen. Die hier beschriebene Route ab Santa Marina verlangt reichlich Kondition und Ausdauer. Zwar muss nirgendwo richtig geklettert werden, doch ist dieser Abschnitt wegen des teilweise starken Anstiegs und manchmal rutschigen Bodens dennoch nicht ganz unproblematisch. Aus denselben Gründen ist diese Route als Abstieg nicht zu empfehlen; dies gilt laut einer Leserzuschrift übrigens auch für die noch recht neue, zum Teil steile und rutschige Variante nach Malfa. Vom Gipfel geht man stattdessen hinab zu dem im Hochtal von

Valdichiesa (Bushaltestelle) gelegenen Heiligtum Santuario della Madonna del Terzito und weiter nach Leni und Rinella, wo man entweder ein Schiff oder einen Bus zurück nach Santa Marina besteigen kann. Eine kürzere (3,5–4 Stunden) und deutlich leichter zu begehende Variante dieser Tour beginnt auch den Aufstieg beim Heiligtum der Madonna del Terzito, das immerhin auf rund 300 Meter Höhe liegt. Wichtig sind in jedem Fall gutes und festes Schuhwerk, Sonnenschutz, Proviant und vor allem ein reichlich bemessener Wasservorrat – zwei bis drei Liter pro Kopf sind sicher nicht zuviel. Auch wegen der Hitze sollte man früh aufbrechen.

**Salina**
Karte Seite 179

*Sanft gerundet: Monte dei Porri, gesehen vom Monte Fossa delle Felci*

In Santa Marina Salina geht es zunächst in etwa nördlicher Richtung entlang der Hauptstraße Via Risorgimento. Etwa 100 Meter hinter dem zum Hotel „Mamma Santina" weisenden Schild und nach der Filiale eines Lebensmittelgeschäfts mit dem hübschen Namen „Alimentari Carpe Diem" (es gibt zwei davon im Ort) hält man sich links in die Via Francesco Crispi und dort ein ganzes Stück geradeaus aufwärts. An der ersten Kreuzung, die nach einigen hundert Metern erreicht ist, hält man sich rechts und folgt der Umgehungssssstraße etwa fünf Minuten lang. Kurz vor der Brücke biegt man bei einem Holzschild „Rifugio Monte Rivi" (sinnigerweise nur aus der Gegenrichtung zu erkennen) links ab; 15 Meter weiter steht ein Schild „Monte Fossa delle Felci". Bald geht die Straße nun in einen breiten Erdweg über, der in Kurven durch das Tal Vallone del Castagno führt und nach einer Weile einen Steinbruch passiert. Knapp 5 Minuten dahinter wird der nun schon schmalere Talweg wegen dichter Vegetation unpassierbar; hier

geht es hart links aufwärts auf einen schmalen, in Serpentinen steil ansteigenden Erdweg. Infolge starker Regen-

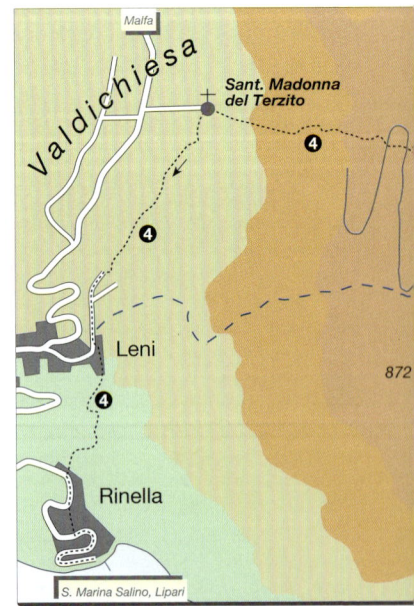

fälle sind die Erdstufen tief ausgewaschen. An einer Weggabelung bereits auf dem Grat Serro Favorolo halten wir uns links; der rechte, zunächst abfallende Weg war bei Redaktionsschluss durch einen Erdrutsch im Vallone Castagno unterbrochen. Der Anstieg erfolgt jetzt deutlich steiler, aber immerhin im Schatten hoher Macchia-Büsche; die Erdstufen sind größtenteils ausgewaschen. Von unten trifft man auf eine querende Piste, die nach rechts zum Sattel zwischen Monte Fossa und Monte Rivi führt. Nach nur wenigen Schritten setzt sich linker Hand der steile Aufstieg fort.

Insgesamt gut 2,5 Stunden nach Beginn der Wanderung trifft man auf das Rifugio Monte Fossa (ein renovierter, steingemauerter Unterstand). Mit der Piste gegen den Uhrzeigersinn sanft ansteigend, gelangt man zum Gipfel. Die höchste Stelle des Kraterrandes markiert eine Steinpyramide, die nach insgesamt etwa 3 Stunden erreicht ist.

Besonders weit reicht die Aussicht vom 962 Meter hohen Monte Fossa in Richtung Westen, vorbei am Kegel des Monte dei Porri bis nach Filicudi und Alicudi. Im Süden ist der direkte Blick nach Lipari teilweise versperrt (vom südlichen, etwas niedrigeren Nachbargipfel würde man auch dorthin blicken können), gut zu erkennen dagegen Vulcano. Und an klaren Tagen sieht man leicht bis zur sizilianischen Küste, mit viel Glück sogar bis zum rauchenden Etna ...

Beim Abstieg folgt man dem Pfad über die breite Feuerschutzschneise talwärts, die sich zwischen Monte Fossa und Monte Rivi in Süd-Nordrichtung zieht. Im Sattel hält man sich links Richtung Valdichiesa (beschildert), vorbei am Rifugio Monte Rivi; hier gibt es laut einer Leserzuschrift auch eine Pumpe mit gutem Trinkwasser. Etwa 15 Minuten weiter besteht beim Schild „Val di Chiesa" die Möglichkeit, den Forstweg steil nach rechts unten zu verlassen und

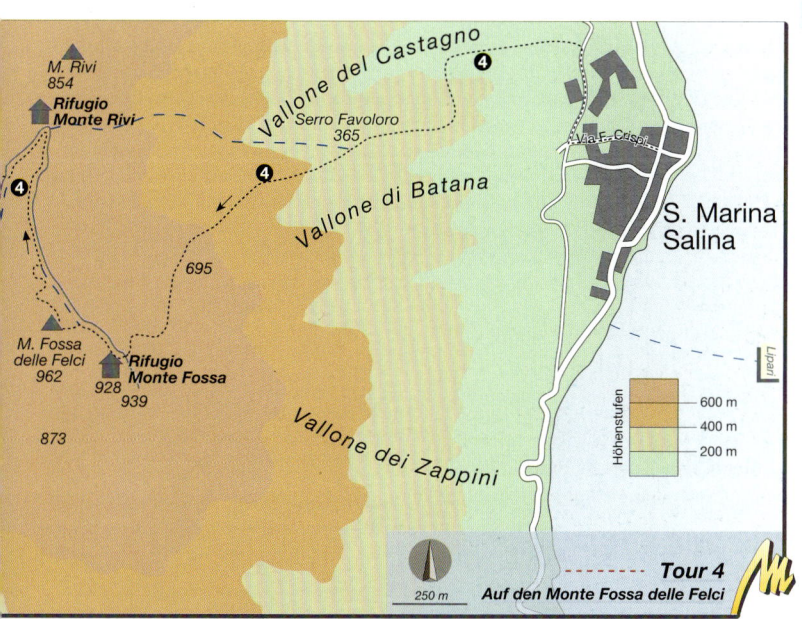

so in etwa einer Stunde die Wallfahrtskirche Santuario della Madonna
del Terzito zu erreichen (Bushaltestelle
an der Hauptstraße; von der Kirche selbst gibt es auch einen Fußweg nach Leni, der parallel zur Hauptstraße verläuft). Will man dagegen direkt nach
Leni absteigen, folgt man dem in weiten
Kurven verlaufenden Forstweg noch für
etwa 25 Minuten, bis in einer Rechtskurve der beschilderte Fußweg hinab
abzweigt. Bis zum Ortsrand von Leni
sind es nun noch 45 Minuten steiler

Abstieg auf einem alten Stufenweg. Erst
einmal auf Asphalt angekommen, hält
man sich meerwärts bergab, lässt den
Ortskern von Leni rechts liegen und
folgt für eine Weile der linken Seite eines Entwässerungskanals. Am Knick
der Straße nach rechts geht man weiterhin geradeaus und gelangt so auf den
alten Pflasterpfad hinab nach Rinella,
dessen Hafen, zwischen Häusern hindurch, nach weiteren etwa 20 Minuten
erreicht wird.

## Malfa

**Mit knapp 900 Einwohnern bildet Malfa die größte Siedlung der Insel, dank der hiesigen Bank, einer Tankstelle und einem kleinen Supermarkt auch das lokale Zentrum der Nordküste.**

Der Ort wirkt recht locker gebaut. Die einzelnen Häuser wahren respektvollen Abstand zueinander, und den freien Raum füllen landwirtschaftlich genutzte Grundstücke aus. „Herz der Landwirtschaft und der örtlichen Tradition" nennt sich das ausgedehnte Dorf in einem Prospekt. Ein kleines *Museo Eoliano dell'Emigrazione* (offizielle Öffnungszeiten: Juni bis September Mo–Sa 9–13, 16–19.30 Uhr, sonst auf Anfrage Mo–Sa 9–13 Uhr; Infos auch im Hotel Signum) widmet sich der Geschichte der Auswanderung, das *Erbario Eoliano* (Mo–Sa 9–13 Uhr) der getrockneten Pflanzenwelt der Inseln.

Malfa strahlt etwas Nostalgisches aus, eine wehmütige Erinnerung an die Vergangenheit – vielleicht liegt es an den alten Villen in ihren verwilderten Gärten, vielleicht an der friedlichen Stimmung auf der gemütlichen kleinen Piazza, die zusammen mit der pfirsichfarbenen Kirche hoch über dem Meer thront. Auch der winzige, aber farbenfrohe, „Scala di Galera" genannte Hafen unterhalb des bescheidenen Ortskerns hat sicher schon lebendigere Zeiten erlebt. Weiter westlich liegt in der Nähe des Kaps Punta di Scario ein hübscher kleiner Strand mit schwarzem Lavakies und kristallklarem Wasser, die beste Bademöglichkeit weit und breit. Der Abstieg dorthin beginnt in der Nähe des Hotels Punta Scario.

● *Medizinische Versorgung* Guardia Medica, ✆ 090 9844005.

● *Mietfahrzeuge* **Antonio Bongiorno**, Filiale des Unternehmens in Santa Marina Salina. Via Provinciale 6/8, an der Zufahrt zum Ort, ✆ 090 9844143. www.noleggiobongiorno.it.

**Tourist Service**, bei der Tankstelle. Via Roma 112 a, ✆ 090 9844034.

● *Übernachten/Essen* **\*\*\*\* Hotel Signum**, im oberen Ortsteil, wohl das schönste Hotel der Insel. Eine ausgesprochen reizvolle, dezentrale Anlage, mehrere Häuschen in einem großzügigen Garten, toller Blick. Pool und ein sensationelles neues Spa. Beste Küche, große Weinkarte. Die Besitzerin Clara Rametta fungiert praktisch als inoffizielle Tourismusmanagerin Salinas, kennt ihre Insel bestens und bemüht sich um den Ausbau des immer noch sehr bescheidenen Fremdenverkehrs. Geöffnet etwa von April bis Ende Oktober. DZ/F nach Saison und Ausstattung etwa 130–250 €, im August 280–330 €, etwas teurer sind die Deluxe-Zimmer. Via Scalo 15, ✆ 090 9844222, 📠 090 9844102, www.hotelsignum.it.

*Farbenfroh: der Hafen von Malfa*

*Hoch über dem Meer: Kirche in Malfa*

**\*\*\*\* Hotel Principe di Salina**, erst 2005 eröffnetes Quartier unterhalb der Hauptstraße, von Santa Marina kommend noch vor der Abzweigung zum Ortskern. Zimmer zum Meer ausgerichtet, Pool, freundliche Führung. Geöffnet etwa Mitte April bis Oktober. DZ/F 140–190 €, im August 250 €. Via Nazionale 3, ☎ 090 9844415, ✉ 090 9844421, www.hotelprincipedisalina.it.

**\*\*\*\* Hotel Santa Isabel**, nicht weit vom Hotel Signum entfernt. In traumhafter Lage hoch über dem Meer, von der Lounge und dem Restaurant fantastische Aussicht. 2002 komplett renoviert. Puristisch-elegantes Interieur, die zehn Suiten erstrecken sich jeweils über zwei Ebenen. Geöffnet etwa Mitte Mai bis Mitte Oktober. DZ/F 120–160 €, im August 180 €, oft Angebote auf der Webseite. Via Scalo 12, ☎ 090 9844018, ✉ 090 9844362, www.santaisabel.it.

**\*\*\* Hotel Punta Scario**, ganz in der Nähe. Verschachtelte Anlage in wunderbarer Lage hoch über dem Meer beim gleichnamigen Kap; Treppen zum Strand. Die meisten der Zimmer besitzen umlaufende Balkone, von denen sich ein fantastisches Panorama bietet. Deutschsprachige Besitzerin. Von Lesern gelobt. Geöffnet April bis Oktober. DZ/F je nach Lage und Saison 110–200 €. Via Scalo 8, ☎ 090 9844139, ✉ 090 9844077, www.hotelpuntascario.it.

**Bed & Breakfast Il Gelso Vacanze**, oberhalb des Hotels Punto Scario gelegen, das Ortszentrum ist zu Fuß schnell erreicht und CITIS-Busse halten vor dem Haus. Luciano Sangiolo hat eine Gruppe alter Eolenhäuser geschmackvoll renoviert und darin hübsche, geräumige Zimmer ausgebaut. Das Frühstück wird zur einer großen Terrasse serviert. Etwas einfacher sind die ansonsten durchaus sehr empfehlenswerten Apartments mit Küche. DZ/F 80–130 €. Ganzjährig geöffnet. Strada Il Nilo, ☎/✉ 090 9844090, Mobil-☎ 339 4447656, www.ilgelsovacanze.com.

**Ristorante Pizzeria A´Lumeredda**, oben im Ort, in einem Gässchen unterhalb der Tankstelle. Hübsche Terrasse, gute Küche mit Schwerpunkt auf Gemüsegerichten („sensationell", so ein Leserbrief), exquisite hausgemachte Antipasti; Kapern, Cucunci (Kapernfrüchte) auch zum Mitnehmen. Menü ab etwa 20 €. Besitzer Renato Galletta vermietet auch Privatzimmer und Apartments, p.P. etwa 25–35 €, zur NS Verhandlungssache. Geöffnet etwa Mitte April bis Oktober, ☎ 090 9844130, zu Hause 090 9844047, Mobil-☎ 333 2150489.

**Pane, amore e ... fantasia**, oben im Ort an der Durchfahrtsstraße. Gegen kleinen Hunger gibt es köstliche Blechpizza und Focacce frisch auf die Hand. Via Roma 88.

●*Feste* Tavola di San Giuseppe, 19. März. Festa di San Lorenzo, 10. August.

●*Tauchen* Blu Dive Salina, Via Roma 30, Mobil-☎ 338 2794205, 333 9856266, www.bludivesalina.it.

● *Einkaufen* Das Gebiet um Malfa ist ein guter Ort, um die Spezialitäten Salinas zu erwerben, die von landwirtschaftlichen Betrieben im Direktverkauf vermarktet werden.

**Azienda Agricola Caravaglio**, besonders bekannt für hervorragenden Malvasia, aber auch andere, „biologisch" angebaute Weiß- und Rotweine, außerdem Olivenöl und Kapern. Via Nazionale 33, Capo Gramignazzi, ☎ 090 9844368.

**Supermercato 3A**, in Malfa, Via Roma 161. Auch hier gibt es eine recht gute Auswahl aller lokalen Produkte.

▶ **Weiter Richtung Süden und Westen**: Westlich außerhalb von Malfa teilt sich die Straße. Die Hauptroute führt hier gen Süden durch das Hochtal von Valdichiesa nach Leni und Rinella. Den Abstecher über eine wunderschöne, kurvige Panoramastraße zum weitläufigen Dörfchen Pollara sollte man jedoch nicht auslassen, zumal sich unterhalb der kleinen Siedlung der schönste Badeplatz der Insel befindet.

**„Il Semaforo"**: Noch vor Pollara selbst erhebt sich in 280 Meter Höhe dieser burgartige, Anfang des 20. Jh. errichtete und vor Jahren aufgegebene Beobachtungsposten der Marine. In seiner Umgebung bietet sich ein herrlicher Ausblick, der über den Ort und das Meer bis nach Filicudi und Alicudi reicht. Vorbei am Semaforo führt auch ein panoramenreicher, ausgeschilderter Wanderweg auf die Spitze des Monte dei Porri. Der Abstieg auf der anderen Seite nach Leni ist steil und rutschig, daher empfiehlt es sich auf demselben Weg, dabei neue Blicke genießend, zum Semaforo zurückzukehren.

## Pollara

**Die Lage der kleinen Siedlung ist einmalig, selbst für die idealen Verhältnisse auf den Liparischen Inseln.**

Das kleine Dorf besetzt das Halbrund eines zum Meer geöffneten, wie ein Amphitheater in die Hänge des Monte dei Porri eingeschnittenen Vulkankraters, der zur Küste hin steil abbricht. Dort unten auf dem Meeresgrund liegt der Rest jener Formation, die vor etwa 13.000 Jahren bei einer gewaltigen Explosion zerriss und teilweise ins Meer stürzte. Von der zweiten Kraterhälfte ragt nur mehr das vorgelagerte Inselchen Scoglio Faraglione aus dem Wasser.

Berühmtheit besitzt Pollara zum einen wegen seiner schönen Sonnenuntergänge, zum anderen bildet das völlig verschlafene Örtchen das Zentrum des Kapernanbaus von Salina. Die hiesigen Kapernfelder sind die ausgedehntesten der Insel, die zusammen mit der südlich von Sizilien gelegenen Vulkaninsel Pantelleria den Löwenanteil der italienischen Produktion stellt, wenn auch, in kleinerem Maßstab und zum Hausgebrauch, auf jeder der Liparischen Inseln Kapern kultiviert werden. Einmal jährlich wird in Pollara deshalb sogar ein großes Fest rund um die Kaper gefeiert. Mittlerweile ist noch eine weitere Attraktion hinzugekommen: Pollara war, worauf die Bewohner rechtschaffen stolz sind, Drehort des Films „Il Postino" (Der Postmann) mit den leider verstorbenen Schauspielern Massimo Troisi und Philippe Noiret. Das Haus, in dem Pablo Neruda im Film wohnte, kann man von der Richtung Meer gebauten Straße aus sehen, die übrigens mittlerweile auch offiziell „Via Massimo Troisi" heißt. Der Zugang zur unterhalb liegenden, von einer Felswand begrenzten Küste ist wegen Steinschlags offiziell gesperrt!

Hält man sich auf dem Sträßchen dagegen geradeaus, kann man wenig später über einen Treppenweg zu einer felsigen Badebucht absteigen. Mit ihren steinernen und in den Fels gehauenen Unterständen von Fischern ist sie vor allem im Abendlicht

**Salina** Karte Seite 179

ein besonders romantisches Fleckchen. Klettert man hier vorsichtig (!) und gut be-
schuht um die Ecke, sieht man im Meer den vielleicht schon von Postkarten
bekannten Felsbogen *Punta Perciato*, eines der Wahrzeichen Salinas.

● *Übernachten/Essen* Ein Mietfahrzeug ist
ratsam, da bis auf eine kleine Bar an
der Chiesa Sant'Onofrio kaum Versorgungsmöglichkeiten bestehen. Es halten allerdings auch CITIS-Busse.

**\*\*\*\* La Locanda del Postino**, am Ortsanfang gelegen, schönes Hotel mit Ökosiegel
und wunderbarem Ausblick. Nur zehn gemütliche Zimmer, alle mit großer Terrasse
und Hängematten, einige mit Meerblick.
Das ausgezeichnete Restaurant öffnet mittags und abends, alles wird frisch zuberei-
tet und für 20 € wird man bestens satt.
Mauro unternimmt für seine Gäste mit dem
eigenen Boot Ausflugsfahrten entlang der
Küste. DZ/F 120–200 €. Geöffnet Mai bis
Mitte Oktober. Via Picone 10, ✆ 090
9843958, www.lalocandadelpostino.it.

**Agriturismo Al Cappero**, in unmittelbarer
Nähe. Bodenständiger Agriturismo mit einfach möblierten Zimmern, alle mit Terrasse
und tollem Blick. In der Saison öffnet auch
ein Restaurant, Menü etwa 20–25 €. Geöffnet März bis Mitte November. DZ/F 40–70 €,
im August 80 €. Via Chiesa 40, ✆/🖷 090
9844133, 090 9843968, Mobil-✆ 333 5905155,
www.alcappero.it.

**Casa Fenicia**, zu erkennen am Schild „Affit-
tasi Villette". Einer der wenigen Privatanbie-
ter, im Angebot mehrere Apartments für
zwei bis fünf Gäste. Prinzipiell ganzjährig
geöffnet, doch ist man im Winter kaum auf
Gäste eingestellt. Die Besitzerin ist meist
zu den Essenszeiten anzutreffen. Zwei Personen zahlen zur HS im August rund 600 €
pro Woche, sonst etwa 250–500 €. Via Leni,
✆ 090 9843952 oder Mobil-✆ 333 6183678.

● *Feste*  **La Sagra del Cappero**, das Ka-
pernfest von Pollara, wird in der Regel am
ersten Wochenende im Juni abgehalten.
Zwar gibt es auch in anderen Inselorten
dann ähnliche Veranstaltungen, das Fest bei
der Kirche von Pollara bildet mit mehreren
hundert Teilnehmern jedoch den Höhepunkt.
Neben einer Art Messe, auf der sich die im
Kaperngeschäft tätigen Kapazitäten aus-
tauschen, findet auch ein Gottesdienst statt,
gefolgt von Musik und Tanz sowie einem
riesigen Schmaus, bei dem eine Fülle von
Kaperngerichten natürlich nicht fehlen darf.

*Wahrzeichen Salinas: Punta Perciato*

## Woher die kleinen Kapern kommen

Wer weiß schon, dass die köstlichen *capperi*, die fast jedem Salat und vielen Gerichten der Liparischen Inseln ihre besondere Geschmacksnote verleihen, nicht etwa die Früchte des Kapernstrauches sind, sondern dessen unreife Blütenknospen? Diese sind wesentlich verbreiteter als die olivgrünen, länglichen Früchte selbst, die als *cucunci* in Essig eingelegt und ebenfalls gern gegessen werden. Kapern dienen jedoch nicht nur kulinarischen Genüssen, sondern auch der Kosmetik und der Medizin: Bereits Hippokrates, aber auch Aristoteles und Theophrast lobten die therapeutischen Wirkungen der Kaper, der besonders bei Arthritis und bei Hautkrankheiten heilende Kräfte zugeschrieben werden.

Kaperngewächse (Capparacea) bilden eine Familie der Mohnpflanzen, die rund 800 Arten tropischer und subtropischer Herkunft umfasst. Von wirtschaftlichem Interesse ist jedoch nur der Echte Kapernstrauch des Mittelmeergebiets, *Capparis spinosa* genannt. Der dornige, immergrüne Strauch mit seinen fast kreisrunden Blättern ist anspruchslos, benötigt kaum Wasser und hält großer Hitze stand. Er besetzt deshalb auch Standorte, an denen sonst kaum etwas wächst, krallt sich besonders in Küstennähe mit seinen langen Wurzeln in Fels und kleinste Mauerritzen. Wenn die Knospen nicht geerntet werden, entfalten sie sich zu wunderschönen, filigranen Blüten von zartem Lila oder sanftem Rosa, die gerne als „Orchidee der Äolen" gepriesen werden.

Die Ernte der Knospen beginnt im Mai und dauert bis Ende August. Sie findet jeweils früh am Morgen statt, zum einen, um der Hitze auszuweichen, zum anderen, um das Aroma der Knospen möglichst intensiv zu erhalten. Jede Pflanze wird im Schnitt einmal wöchentlich abgeerntet und liefert auf diese Weise pro Erntezyklus zwischen eineinhalb und vier, manchmal sogar fünf Kilo Kapern. Gleich nach der Ernte werden die Knospen im Schatten gelagert und noch am gleichen Abend eingesalzen. Während der nächsten acht bis zehn Tage wird das Kapern-Salz-Gemisch einmal täglich umgefüllt, um es mit Luft anzureichern. Nach einer anschließenden „Reifezeit" von zwei Monaten, die die Kapern in großen Behältern von 150 oder 200 Kilogramm Fassungsvermögen verbringen, müssen sie noch nach Größe sortiert und verpackt werden – so halten sie sich rund drei Jahre lang. Die kleinsten Kapern mit einem Durchmesser von 6–7 mm gelten als die feinsten und teuersten, die größten mit bis zu 14 mm Durchmesser sind am preisgünstigsten. Verantwortlich für Pollaras Kapernproduktion zeichnet übrigens die Società S. Onofrio, die außer Kapern auch andere feine Sachen wie getrocknete Tomaten und Malvasia herstellt.

## Valdichiesa

Was Pollara für Kapern, das ist der Sattel zwischen den beiden höchsten Inselber-
gen für den „Nektar der Götter": Das Gebiet von Valdichiesa bildet die Haupt-
anbauzone des goldgelben Malvasia-Weins. Seinen Namen trägt Valdichiesa („Tal
der Kirche") nach der Wallfahrtskirche Madonna del Terzito links der Straße. Das
Kirchlein steht auf uraltem heiligem Boden, der schon zu Zeiten der Römer einen
Tempel trug. An genau der gleichen Stelle entstand viele Jahrhunderte später das
christliche Gotteshaus, eine durchaus übliche Besetzung „heidnischer" Stätten
durch die Kirche. Die Gründungslegende des Kirchleins, dem auch ein Kloster
angeschlossen ist, sieht das freilich anders: 1622, so wird berichtet, soll ein Liparote
hier beim Roden des Waldes plötzlich ein Glöckchen gehört haben. Dem süßen
Klange folgend, entdeckte er ein Bildnis der Jungfrau Maria. Noch im selben Jahr
wurde an der Fundstelle mit dem Bau eines Kirchleins begonnen, das 1630 fertiggestellt war. Kunsthistorisch ist das Gotteshaus wenig bemerkenswert. Wer Gelegenheit hat, sollte jedoch das Fest, das anlässlich der jährlichen Wallfahrt hierher stattfindet, nicht versäumen. Links neben dem Kirchlein beginnt der gut sichtbare Weg
zum Krater des Monte Fossa delle Felci, der von hier wesentlich schneller zu erreichen ist als von Santa Marina Salina, siehe hierzu auch Tour 4.

● *Feste* **Festa di Santissima Maria del Ter-**
**zito**, am 23. Juli, eventuell auch am nächstliegenden Wochenende – erkundigen Sie
sich vorab, jeder auf Salina weiß Bescheid,
die Infostellen auf Lipari ebenfalls. Großes
Fest, zu dem Wallfahrer auch von anderen
Inseln kommen, viele Verkaufsstände, Kapelle, Feuerwerk etc.

## Leni und Rinella

**Ein Doppeldorf in sehr unterschiedlichen Höhenlagen, dessen beide Teile**
**durch eine steile Panoramastraße miteinander verbunden sind.**

**Leni** ist der obere Ortsteil und Gemeindesitz. In dem noch recht traditionell wirk-
enden Dorf spielt sich das Alltagsleben der Einheimischen ab. Östlich des Ortskerns beginnt ein alter Treppenweg, der in vielen Stufen hinab nach Rinella führt.

*Mitten in Rinella warten nette Bars*

*Leni: Dorfidylle am Fuße des Monte dei Porri*

**Rinella** bildet den touristisch geprägten Küstenableger von Leni. Zwar besteht der kleine Ort nur aus einer Handvoll teilweise recht hübscher älterer Häuser sowie einigen Bars und Restaurants, doch stellt Rinella dank des Hafens, von dem zur Saison Bootsausflüge nach Stromboli und zu anderen Zielen veranstaltet werden, das sommerliche Zentrum der Gemeinde dar. Mittlerweile gibt es hier zur Saison sogar einen kleinen Scooter-Verleih, und in den Lokalen sitzt es sich oft recht hübsch mit Blick aufs Meer. Im August wird hier, ebenso wie in Lingua und Malfa, ein Filmfest abgehalten. Östlich des Hafens liegt ein kleiner Lavasandstrand, der sich vor allem an Wochenenden mit einheimischen Familien füllt, außerhalb der Monate Juli und August aber nahezu menschenleer ist.

• *Verbindungen* Schiff: Die Fährschiffe der NGI laufen Rinella nicht an, Siremar und Ustica Lines dagegen schon. Agenturen am Hafen: SIREMAR, ✆ 090 9809170 und USTICA LINES, ✆ 090 9809233.

**Fahrzeugverleih**: Eoliana Servizi, am Hafen von Rinella, ✆ 090 9809203. Da Enza, ebenfalls am Hafen, ✆ 090 9809408.

• *Medizinische Versorgung* Guardia Medica, ✆ 090 9844005 oder 090 9809186.

• *Übernachten/Essen* **** Hotel   L'Ariana, in Rinella. Elegante, innen renovierte Patriziervilla aus den Anfängen des 20. Jh. Geräumige und hübsch eingerichtete Zimmer, Meerblick-Terrasse, Restaurant mit guter lokaler Küche, Bar mit etwas gestyltem Publikum. Es gab auch schon mal Leserkritik. Das Hotel ist ganzjährig geöffnet, das Restaurant und die Bar nur von April bis Ende Oktober. DZ/F 80–140 €, im August bis 210 €, gesalzene Aufpreise für Meerblick und Terrasse. Via Rotabile 11, ✆ 090 9809075, ✆ 090 9809250, www.hotelariana.it.

*** Hotel Principe di Rinella, im oberen Ortsbereich von Rinella. Kleines, 2002 eröffnetes Hotel mit nur sieben individuell gestalteten Zimmern und großer Gemeinschaftsterrasse. Offiziell geöffnet etwa April bis Oktober, außerhalb der HS jedoch oft geschlossen; DZ/F 100–140, im August 180–220 €. Via San Gaetano 5, ✆ 090 9809308,  ✆ 090 9809556, principedirinella @hotmail.com,
www.principedirinella.com.

Bed & Breakfast La Praia di Rinella, 1960er-Haus über der kleinen Strandbucht von Ri-

nella. Drei Zimmer mit etwas zusammenge-
würfeltem Mobiliar, zwei Gemeinschaftsbä-
der. Sonnenterrasse mit Meer- und Etna-
blick. Eine kleine Renovierung täte dem
Haus gut. Umso herzlicher ist der Empfang
durch den Besitzer und Fotografen Francesco Ianello und dessen deutsche Lebensgefährtin Barbara Focke, die sich als
Reiseveranstalterin auch auf Salina engagiert und entsprechend gut auskennt.
Fotoausstellungen im Haus. März bis November, besser vorher anrufen. DZ/F 40–
70 €, im August 80 €. Via Rombo 41, ☎ 090
9809082, Mobil-☎ 347 9425251,
www.lamar-reisen.de/lapraiadirinella.

**Pizzeria da Marco**, im Gebiet oberhalb des
Hotels L´Ariana, macht sehr gute Pizza zu
zivilen Preisen; besonders empfehlenswert
ist die „Pizza Monte Fossa".

**Pizzeria 3 Pietre**, im oberen Ortsteil von Rinella an der Durchfahrtsstraße. Mittags auf
Wunsch auch nur leckere Kleinigkeiten,
abends auch Holzofenpizza. Pasta und
Fisch von Lesern gelobt. Menü etwa 20–
25 €. Geöffnet März bis November. Via
Rotabile 72, ☎ 090 9809081.

**Bar Tavola Calda Chiofalo**, an der Hauptstraße von Leni. Eine Allround-Mischung
aus Bar, Gelateria, Rosticceria, Tavola
Calda etc., beliebt bei den Einheimischen.
Uriges Ambiente, solide Hausmannskost,
gute Portionen, sehr angenehme Preise.
Via Libertà 16.

● *Camping* **Camping Eolie**, am westlichen
Ortsrand von Rinella. Der einzige Platz der
Insel, nach Besitzerwechsel umbenannt
und im Winter 2009/10 renoviert. Im August
trotz beachtlicher Größe oft überfüllt, in der
Nebensaison nahezu leer. Recht guter
Schatten durch Mattendächer und Bäume;
auch Leihzelte und Bungalows. Große Pizzeria, Laden, Rollerverleih. Unterhalb ein
Strand mit mächtigen Steinbrocken, westlich führt ein Edel-Fußweg in zehn Minuten
zu einem schön gelegenen, ebenfalls steinigen Strand. Offen von April bis Oktober.
Zeltplatz p.P. (alles inkl.) 10–14 €, Zuschläge
für Hauszelte und Camper. Geöffnet Mitte
Juni bis Ende September. Via Rotabile,
☎ 090 9809052, ✆ 090 9809507,
www.campeggioeolie.it.

● *Tauchen* **Scuola Sub Salina**, in Rinella;
Mobil-☎ 338 4959080. Im Sommer Tauchschule; außerdem Verleih von Booten etc.,
www.salinadiving.com.

*Baden zwischen Booten: am Strand von Rinella*

*Gut erhalten: einer der vielen jahrhundertealten Treppenwege*

# Filicudi

*Nur eine einzige Straße, aber Treppenwege über Treppenwege. Besiedelt ist nur der Südosten der Insel, das jedoch schon seit Jahrtausenden: Das bronzezeitliche Hüttendorf von Capo Graziano zählt zu den bedeutendsten Ausgrabungsstätten der Liparischen Inseln.*

**Auf ihrem abseits der Hauptreiserouten gelegenen Inselchen führen die wenigen Einwohner von Filicudi ein ruhiges Leben. Selbst in der Hochsaison hält sich der Andrang hier in engen Grenzen. Quartiere allerdings sind Mangelware, Strände ebenfalls.**

Viel los ist auf Filicudi nicht. Außerhalb der Hauptreisezeit schrumpfen die ohnehin spärlichen Versorgungsmöglichkeiten in fast schon spartanische Bereiche. Etwas Bereitschaft zum Konsumverzicht sollten Besucher deshalb mitbringen, ebenso den Willen, sich dem gemächlichen Lebensrhythmus der Bewohner anzupassen. Die kleinen Einschränkungen werden mehr als ausgeglichen durch die schöne, unverbaute Landschaft und eine Küstenlinie, die an Abwechslungsreichtum ihresgleichen sucht. Vielleicht geht es einem dann ja wie Robert De Niro, der sich nach Berichten der italienischen Presse in die Insel geradezu verliebt haben soll: Eigentlich nur für eine Stippvisite mit seiner Charteryacht hier vor Anker gegangen, war der Hollywoodstar von Filicudi so entzückt, dass er sich flugs eine Villa mietete ...

## Filicudi im schnellen Überblick

**Fläche**: 9,5 Quadratkilometer; Länge etwa 5,5 Kilometer, maximale Breite etwa drei Kilometer.

**Bevölkerung**: knapp 300 Einwohner, genannt Filicudari.

**Höchste Erhebung**: Monte Fossa delle Felci (774 m).

**Strände**: Bescheidene Bademöglichkeiten im Umfeld der beiden Hafenorte.

**Inselverkehr**: Mitnahme des eigenen Fahrzeugs von Juli bis September für Ortsfremde verboten. Keine Busverbindungen, als Fortbewegungsmittel bleiben einzig die eigenen Füße. Sehr lohnend deshalb die Karte „Camminare a Filicudi", die auch die restaurierten Treppenwege enthält und vor Ort (z.B. bei „Da Nino sul Mare" in Filicudi Porto) gegen geringe Gebühr erhältlich ist.

Aus der Luft betrachtet, erinnert die knapp zehn Quadratkilometer große Insel entfernt an eine Hühnerkeule. Im Südosten liegen die beiden kleinen Hafenorte Filicudi Porto, in dem auch die Mehrzahl der Fährschiffe und der Aliscafi anlegt, und Pecorini a Mare. Höher am Berg trifft man auf einzelne Häusergruppen und den alten Siedlungskern von Valle Chiesa. Abgesehen von ganz wenigen baulichen Schandtaten, haben sich alle Ortschaften ihre typische Architektur bewahren können. Überhaupt wird die Tradition auf Filicudi groß geschrieben und nach Möglichkeit erhalten. Die alte Kunst, aus dem Lavafels Mühlsteine zu hauen, die früher geradezu ein Exportschlager der Insel waren, ist dennoch am Aussterben.

Der größte Teil Filicudis ist unbewohnt. Es gibt nur eine einzige, sieben Kilometer lange Asphaltstraße, die die einzelnen Ortschaften miteinander verbindet und kaum befahren ist – wenn man etwas Glück hat, hält vielleicht ein freundlicher Ape-Fahrer und nimmt den müden Wanderer mit. Bestens erhalten, zum Teil auch erst vor wenigen Jahren mit großem Aufwand restauriert, sind die alten Maultierpfade und Treppenwege der Insel, die das bergige Gelände durchziehen. Dort stößt man gelegentlich auf gut meterlange schwarze Schlangen, die sich auf den dunklen Steinen in der Sonne wärmen, beim Näherkommen aber sofort im Gebüsch verschwinden – nicht erschrecken, es sind harmlose Nattern.

Ganz so üppig wie in der Antike, als die Insel *Phenicusa* (je nach Deutung die „Farnenreiche" oder die „Palmenreiche") hieß, sprießt die Vegetation heute nicht mehr. Die Landwirtschaft, die auf den zahlreichen, mit Trockensteinmauern terrassierten Feldern einst Oliven, Wein, Obst und Gemüse in Hülle und Fülle produzierte, ist weitgehend zum Erliegen gekommen. Filicudi war von der Emigration besonders betroffen, und obwohl in den letzten Jahren die Bevölkerungszahl wieder etwas anstieg, mag doch kaum einer der Jungen mehr bei der Landarbeit den Buckel krumm machen. Ein Teil der Felder wurde aufgegeben, mancher frühere Gemüsegarten dient heute als Weide. Zug um Zug erobert die Macchia das ihr einst mühevoll abgerungene Terrain zurück. Ginsterbüsche und Erdbeerbäume, Feigenkakteen und Kapern, Johannisbrotbäume und duftende Wildkräuter aller Art sind bei Spaziergängen die steten Begleiter. Auch Farne gibt es übrigens noch zu sehen, vor allem hoch oben an den Hängen des eben deshalb so benannten Monte Fossa delle Felci, des mit 774 Metern höchsten Bergs der Insel. Und auch die eine oder andere Palme steht natürlich noch auf Filicudi ...

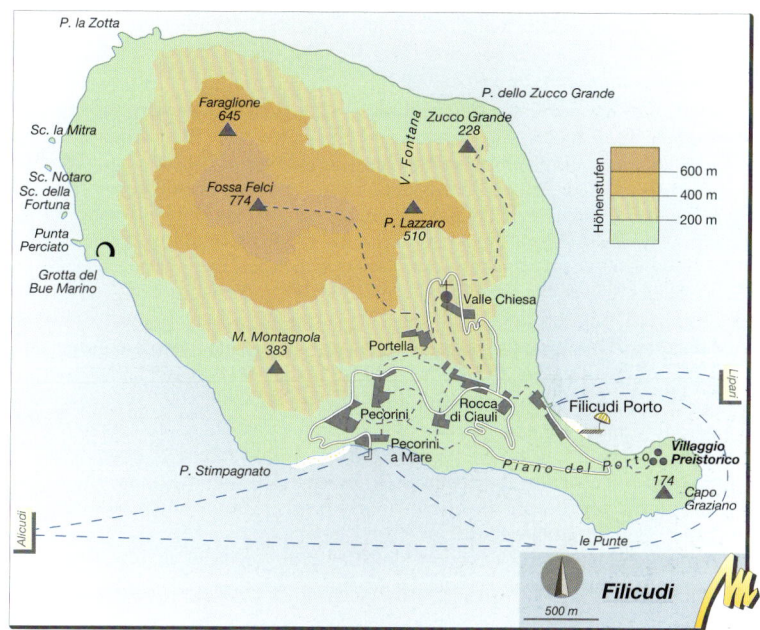

Die wunderschöne, vom Land her allerdings weitgehend unzugängliche Küste Filicudis besteht fast ausschließlich aus Steilküste und Felsklippen, die wenigen Strände meist aus kleineren bis mittelgroßen Steinen. Das schnell in große Tiefen abfallende Meer gilt als äußerst fischreich und ist ein Paradies für Taucher. Eine besondere Attraktion Filicudis sind die zahlreichen Meereshöhlen, die nur vom Boot aus zu erreichen sind, darunter die berühmte „Grotta del Bue Marino".

● *Verbindungen* Fähren der SIREMAR (Lipari 11 €, Milazzo 16 €) und selten auch der NGI sowie Aliscafi (Lipari 16 €, Milazzo 23 €) von USTICA LINES und SIREMAR. Die meisten Schiffe legen in Filicudi Porto an, bei ungünstigen Winden und Seegang wird manchmal Pecorini Mare angelaufen. Interessante Aliscafi-Verbindungen bestehen mit USTICA LINES zur Nordküste Siziliens: Die Fahrt nach Cefalù zum Beispiel kostet weniger als die Aliscafo-Verbindung nach Milazzo, und wer knapp 10 € drauflegt, ist schon in Palermo. Außerhalb der Sommermonate schrumpft die Schiffsfrequenz be-

trächtlich. Dann verkehrt auch die Fähre nach Milazzo nur mehr 4-mal pro Woche. Agentur am Hafen: USTICA LINES und im selben Büro SIREMAR, ☎ 090 9889975.

● *Übernachten* Bescheidene Quartierauswahl, darunter immerhin einige ganzjährig geöffnete Herbergen. Nach Privatzimmern kann man in Bars und Geschäften forschen. Ein Campingplatz existiert nicht, Wildcamping ist verboten.

● *Medizinische Versorgung* Guardia Medica, ☎ 090 9889961.

● *Geldautomat* Am Hafen beim Ticketbüro.

## Geschichte

Wie alle ihre Schwestern ist auch Filicudi vulkanischen Ursprungs. Insgesamt sechs Vulkane, heute zum Teil im Meer versunken, schufen einst die Insel. Die größte und ausgedehnteste der Formationen ist der Kegel der Fossa delle Felci. Das

Ende der vulkanischen Aktivität, die vor über 300.000 Jahren begann, liegt jedoch lange zurück – selbst der jüngste Vulkan der Insel, die 383 Meter hohe La Montagnola, erlosch bereits vor über 70.000 Jahren.

Anhand von Keramikfunden lässt sich mit einiger Sicherheit annehmen, dass Filicudi schon gegen 3000 v. Chr. besiedelt war. Zwischen dem 18. und dem 17. Jh. v. Chr. entstand auf der Landverbindung zur südöstlichen Halbinsel Capo Graziano ein Hüttendorf, das sich später auf das höher gelegene Plateau verlagerte. Die bedeutenden bronzezeitlichen Ausgrabungen auf der kleinen, unbedingt besuchenswerten Halbinsel gaben der Kultur von Capo Graziano ihren Namen. Typische Verzierungen auf hier entdeckter Keramik belegen die regen Handelsbeziehungen jener Zeit, die bis zu den Kykladen und nach Mykene reichten.

Die Kolonialgriechen hinterließen weit weniger umfangreiche Spuren. Aus römischer Zeit ist jedoch, neben einigen eher bescheidenen Funden, immerhin eine hübsche, wenn auch letztlich nicht bewiesene Legende überliefert: Filicudi, so heißt es, war um die Zeitenwende Verbannungsort einer Kaisertochter. Die junge Dame namens Julia hatte seinerzeit ihrem Vater Octavian, dem als Nachfolger Julius Cäsars vom Senat mit dem Ehrentitel Augustus („Der Erhabene") ausgezeichneten ersten römischen Kaiser, gewaltigen Ärger bereitet. Dreimal verheiratet, wollte ihr lockerer Lebenswandel nicht so recht zu seiner ernsthaften Politik passen. Und so verbannte der gottgleiche Kaiser im Jahre 2 v. Chr. seine einzige Tochter auf eine entlegene Mittelmeerinsel. Ob dies wirklich Filicudi war, bleibt dahingestellt – einsam und abgeschieden genug dürfte das Inselchen allemal gewesen sein.

## Filicudi Porto

**Die „Metropole" der Insel – wem schon Filicudi Porto zu ruhig erscheint, der sollte wohl besser gleich wieder das Schiff besteigen.**

Schließlich findet sich hier, neben einer Handvoll Häuser, die sich parallel zur Küste erstrecken, auch die umfangreichste Infrastruktur: Immerhin gibt es außer gleich zwei Lebensmittelgeschäften auch einen Tabakladen und eine Apotheke ... Das hiesige Hotel freilich hat den größten Teil des Jahres geschlossen, und in der Nebensaison wird es sogar schwierig, etwas zu Essen zu bekommen, sofern man nicht zur Selbstversorgung übergehen möchte. Auch beim „Archäologischen Museum" (neben Bar-Rist. Da Nino) steht man meist vor verschlossener Tür. Der lange Strand ist ziemlich steinig, das Wasser jedoch herrlich klar.

● *Übernachten/Essen* **\*\*\* Hotel Phenicusa**, nahe dem Hafen von Filicudi Porto. 1972 eröffnet und mit knapp 70 Betten das einzige größere Hotel der Insel, nur von Ende Mai bis etwa Ende September in Betrieb. Es lohnt sich, eins der teureren Zimmer zur Meerseite zu nehmen. Tauchcenter angeschlossen. DZ/F nach Lage und Saison 70–150 €, ab Anfang Juli bis etwa Ende August nur mit HP, p.P. 70–110 €. ℡ 090 /9889946, ☏ 090 /9889955, www.hotelphenicusa.com.

**\*\*\* Hotel La Canna**, im Bezirk Rocca Ciauli, hoch über Filicudi Porto. Etwa eine harte Viertelstunde Fußweg oberhalb des Hafens, sofern man den Treppenweg nimmt, der dort zwischen der Apotheke und dem Siremar-Büro beginnt und oberhalb des Hotels Phenicusa vorbeiführt. Entlang der Straße ist die Distanz wesentlich größer; Gäste können sich jedoch gratis am Hafen abholen lassen. Schöne Lage am Hang mit herrlicher Aussicht auf die Küste; ausgesprochen gute Küche und deshalb auch als Restaurant ein Tipp. Gute, geräumige Zimmer; wer es etwas abgeschiedener liebt, kann die beiden Zimmer wählen, die mit eigener Terrasse etwas abseits des Hauptgebäudes liegen. Fahrzeugverleih (Enzo fragen) nur für Gäste. Mitte November bis Mitte Dezember geschlossen. DZ/F 90–110 €, im Juli und August nur mit HP, p.P. 70–110 €. Via Rosa 43, ℡ 090 9889956, ☏ 090

*Reusen am Ortsschild: Ankunft in Filicudi Porto*

9889966, www.lacannahotel.it.

**Pensione Villa la Rosa**, ebenfalls im Gebiet von Rocca Ciauli, nur ein paar Meter oberhalb von La Canna; Gratis-Transfer ab Hafen. Mit Einkaufsmöglichkeit, sommerlicher Open-Air-Disco, Bar und einem der wenigen fast ganzjährig geöffneten Restaurants der Insel ein lokales Kommunikationszentrum. Ordentliche Zimmer in zwei etwas abseits des Hauptgebäudes liegenden Häusern, teilweise mit schöner Aussicht. Sehr gute, auch von Restaurantführern gelobte Küche. November geschlossen. DZ/F 60–100 €, HP p.P. etwa 60–90 €. ℘ 090 9889965, ℡ 090 9889291, www.villalarosa.it.

**Bar-Ristorante Da Nino sul Mare**, der Treffpunkt am Hafen schlechthin, ob auf einen Cappuccino oder ein komplettes Menü, für das etwa 25 € zu rechnen sind. Auch sieben Zimmer, p.P. mit HP rund 50–100 €. Geöffnet etwa April bis Oktober, ℘ 090 9889984, Mobil-℘ 338 6559226, www.filicudieolie.it.

• *Tauchen*  **Apogon Diving Center**, dem Hotel Phenicusa angeschlossen, ℘ 090 9889955, Mobil-℘ 347 3307185, www.apogon.it.

**Filicudi**
Karte S. 199

▶ **Capo Graziano**: Den relativ kurzen Abstecher von Filicudi Porto hinauf zu der prähistorischen Siedlung von Capo Graziano sollten sich auch Tagesausflügler nicht entgehen lassen. Von der einzigen, zunächst nach Südosten führenden Asphaltstraße zweigt wenige Minuten hinter dem Hafen bei einer Rechtskurve ein Fußweg ab, über den man in einer guten Viertelstunde zu dem etwa einhundert Meter hoch gelegenen Plateau aufsteigen kann. Die Atmosphäre hier oben ist von eigentümlichem Reiz, die Aussicht auf die Hänge von Filicudi und bis hinüber nach Alicudi einfach herrlich. Deutlich erkennbar sind die runden Grundmauern der Häuser des bronzezeitlichen Dorfes, das etwa im 16. Jh. v. Chr. errichtet wurde, nachdem die tiefer liegende Siedlung wohl aus strategischen Gründen aufgegeben worden war. Der Platz war gut gewählt, durfte man sich hier doch vor Entdeckung einigermaßen sicher fühlen und konnte im Notfall auch flüchten. Dennoch wurde das Dorf, vermutlich im 13. Jh. v. Chr., durch unbekannte Fremde zerstört. Die hier bei Ausgrabungen entdeckten Keramiken, die Handelsbeziehungen bis in die Ägäis belegen, sind im Archäologischen Museum von Lipari ausgestellt.

Dort finden sich in der Abteilung für Unterwasserarchäologie auch die zahlreichen Funde aus den Gewässern um das Kap. Unter Archäologen gilt das Gebiet geradezu als Schiffsfriedhof. Genau genommen begann hier sogar die systematische Erforschung der unterseeischen Schätze des Archipels, als nämlich 1960 der Journalist Gianni Roghi ein Wrack des 2. Jh. v. Chr. entdeckte. In der Folge fand man in den Untiefen um Capo Graziano eine ganze Reihe versunkener Kostbarkeiten, angefangen von antiken Frachtschiffen mit griechischen und römischen Amphoren an Bord bis hin zum spanischen Kanonenboot des 18. Jh. Übrigens stieß man bei der Suche auch auf zwei Wracks aus der Zeit des Kaisers Augustus ...

## Valle Chiesa

Auf rund 280 Meter Höhe gelegen, überragt Valle Chiesa, auch Val di Chiesa genannt, alle anderen Siedlungen Filicudis. Richtung Osten bietet sich von hier eine dementsprechend weite Aussicht. Valle Chiesa besteht nur aus der Kirche San Stefano und einigen Häusern. Manche von ihnen tragen noch Spuren eines Erdbebens von 1978. Erdbeben sind nicht gerade selten auf Filicudi; ein besonders schweres Beben in den Dreißigerjahren forderte sogar eine Reihe von Toten, darunter viele Kinder, die von den Trümmern ihrer Schule erschlagen wurden.

‣ **Zucco Grande**: Ein verlassenes kleines Dorf auf etwa 230 Meter Höhe im Nordosten der Insel, auf einem Fußweg von Valle Chiesa aus in etwa einer Dreiviertelstunde zu erreichen. Das Gebiet von Zucco Grande ist einer der wenigen Orte auf Filicudi, in denen man Siedlungsspuren der griechischen Zeit entdeckte.

‣ **Monte Fossa delle Felci**: Auch die Besteigung des höchsten Inselberges nimmt im Umfeld von Valle Chiesa ihren Anfang. Anhaltspunkt ist eine Votivkapelle ein paar hundert Meter südlich der Kirche. Hier führt ein Weg hinein in die Häusergruppe von Portella, den man an der zweiten Abzweigung nach rechts verlässt, um sich am

*Höchstgelegene Siedlung der Insel: Valle Chiesa*

westlichen Rand der kleinen Siedlung erneut rechts zu halten (Schild: „Fossa delle Felci"). Nach einigen Serpentinen folgt der Weg nun weitgehend einem Grat, ist aber oft bröckelig und durch häufig abzweigende Pfade nicht immer eindeutig zu bestimmen. Festes Schuhwerk, Sonnenschutz und genügend Wasser sind für die mindestens dreistündige Tour, auf der man keineswegs allein gehen sollte, unabdinglich.

## Pecorini

**Die dritte Ortschaft der Insel gliedert sich in zwei Siedlungsbereiche.**

**Pecorini Alta** liegt etwas oberhalb der Küste, ein kleiner Komplex von Häusern, die sich um eine Kirche scharen. Bei dem Gotteshaus beginnt ein alter Maultierpfad, der in etwa einer Viertelstunde hinab zum unteren Teil des Dorfes führt.

**Pecorini a Mare**, auch Pecorini Porto genannt, bildet den zweiten Hafen der Insel, an dessen kleinem Kai gelegentlich auch Fähren und Aliscafi anlegen. Weiterhin gibt es eine Erste-Hilfe-Station und nebenan die mittlerweile schon berühmte Bar namens „Saloon", deren

*Im Hintergrund Alicudi: Blick auf Pecorini a Mare*

**Filicudi**
Karte S. 199

Öffnungszeiten je nach Laune der Besitzer schwanken. Wie auch in Filicudi Porto präsentiert sich der hiesige Strand arg steinig, bietet dafür aber klares Wasser und gen Westen genügend Platz. Zur Nebensaison haben Hungrige schlechte Karten in Pecorini, denn die Restaurants „Invidia" (☎ 090 9889998) und „La Sirena" öffnen nur im Sommer einigermaßen regelmäßig ihre Pforten; das eher schlichte Ristorante-Rosticceria „La Scogliera" (☎ 090 9889016) ist immerhin von April bis Oktober in Betrieb.

• *Übernachten/Essen* * **Pension La Sirena**, in Pecorini a Mare direkt am Steinstrand. Vier angenehme, mit Antiquitäten eingerichtete Zimmer, kleinem Bad und Balkon direkt über dem Lokal, gute Küche. In Nachbarhäusern auch wochenweise Vermietung von Apartments mit Küche. Achtung: Der Transfer vom Hafen ist, anders als auf Filicudi sonst üblich, nicht gratis, sondern kostet nicht zu knapp extra. Gute Küche. Ganzjährig geöffnet. Alina Maslowski vermittelt auch Apartments und Ferienhäuser. DZ/F 70–100 €, Juli und August nur mit HP, p.P. 80–90 €. Via Pecorini Mare, ☎ 090 9889997, ✆ 090 9889207, www.pensionelasirena.it.

• *Fahrzeugverleih* **I Delfini**, Scooter und Boote, ☎ 090 9889077.

• *Fußweg nach Pecorini a Mare* Vom Hafen der Straße folgen, vorbei am Hubschrauber-Landeplatz. Nach knapp 1,5 km Aufstieg zweigt in einer scharfen Rechtskurve bei einem Trafohäuschen linker Hand ein Sandweg Richtung Meer ab. 100 Meter weiter erreicht man eine „Kreuzung" mit einem schmalen Pflasterpfad. Diesem Pfad nach rechts ein ganzes Stück weit bis zu einer Gabelung folgen; dort führt der linke Weg nach kurzer Zeit zu den steilen Treppen hinunter nach Pecorini a Mare.

## Schiffsrundfahrten um Filicudi

Eine interessante Sache, die man sich nach Möglichkeit nicht entgehen lassen sollte, denn die bizarre Schönheit der Lavaküsten von Filicudi eröffnet sich so richtig
erst vom Wasser aus. Besonders urig sind natürlich Touren mit Fischerbooten. Ansprechpartner findet man in den Hafenkneipen, aber auch die Pensionswirte kennen Fischer, die gerne auf diese Art etwas dazuverdienen. Weiterhin besteht die
Möglichkeit, von Lipari aus an einer der organisierten Schiffstouren teilzunehmen,
zu deren Programmen auch Filicudi zählt. Die landschaftlichen Höhepunkte der
Insel bündeln sich im rauen Westen, die Ostseite ist etwas sanfter. Hier nur eine
kleine Auswahl der Highlights, es gibt noch wesentlich mehr zu entdecken.

▶ **La Canna**: Der „Spazierstock" erhebt sich etwa 1,7 Kilometer westlich der Küste Filicudis, gut zu erkennen auch bei der Überfahrt nach Alicudi. Der Name kennzeich-
net die schlanke Form der 71 Meter hohen Nadel aus Lavagestein, die sich unter
dem Meeresspiegel noch rund 150 Meter tief fortsetzt. Auf ihrer Spitze thront eine
Madonnenstatue, die zu befestigen sicher nicht ganz einfach war: Die Canna ist ein
beliebter Treffpunkt von Felskletterern der Sonderklasse, ihre Erstbesteigung liegt
erst wenige Jahrzehnte zurück. In der Nähe ragen noch weitere, weniger hohe
Felsen aus dem Wasser, in deren Umfeld früher Korallenfischerei betrieben wurde.

▶ **Grotta del Bue Marino**: Die schönste der zahlreichen Meereshöhlen der Insel, wohl
die Hauptattraktion einer Rundfahrt um Filicudi. Mit kleineren Schiffen kann sogar
das Innere der knapp 40 Meter breiten, 30 Meter tiefen und 15 Meter hohen
„Höhle des Seeochsen" befahren werden, besonders reizvoll am Nachmittag, wenn
das Spiel von Licht und Schatten eigentümliche Reflexe zaubert und die Wände in
vielerlei Farbschattierungen leuchten lässt. In der Regel wird hier auch eine Badepause eingelegt. Die früher in der Höhle lebenden Mönchsrobben (ital. „Seeochsen"), denen die Grotte ihren Namen verdankt, sind mittlerweile wie an so vielen
Stellen im Mittelmeer leider ausgestorben.

▶ **Punta del Perciato**: Nicht weit von der Grotta del Bue Marino entfernt ragt dieses
Vorgebirge aus dem Meer. Der schwarz-graue Lavafelsen wurde über hunderttau-
sende von Jahren von der Erosion durchlöchert und formt so eine Art natürlichen
Triumphbogen.

*Manchmal legen die Schiffe in Filicudi auch in Pecorini a Mare an*

Karte S. 207

*Still und abgeschieden: Alicudi*

# Alicudi

Alicudi
Karte S. 207

*Die Insel der Stille: Keine Autos, keine Mopeds – nur ab und an der Schrei eines Maulesels, des einzigen Transportmittels.*

**Alicudi ist die westlichste und die entlegenste Insel des Archipels, 57 Kilometer von Lipari und über 110 Kilometer von ihrer Provinzhauptstadt Messina entfernt. Um sich hier wohl zu fühlen, sollte man schon Sinn für „splendid isolation" haben und über viel Selbstgenügsamkeit verfügen.**

Vom Meer aus betrachtet, besitzt das nur 5,2 Quadratkilometer kleine, fast kreisrunde Inselchen eine nahezu perfekte Kegelform. Alicudi besteht auch tatsächlich praktisch nur aus dem Stratovulkan Filo dell'Arpa, der sich aus einer Tiefe von etwa 1500 Meter unter dem Meeresspiegel bis zu der respektablen Seehöhe von 675 Meter erhebt. Auch Timpone della Montagnola genannt, hat er seine Tätigkeit jedoch schon vor Zehntausenden von Jahren eingestellt.

Während sich der steile Westen der Insel schroff, felsig und bar jeder Vegetation zeigt und so ihre vulkanische Vergangenheit deutlich widerspiegelt, wirkt der Osten sanfter. Von den höchsten Hängen bis hinab zum Meer zichen sich hier die mühsam aus Lavagestein errichteten Trockenmauern. Die Terrassenkulturen, die sie einst schützten, sind freilich überwiegend längst aufgegeben. Wie auf Filicudi holt sich auch hier die Macchia ihr Reich zurück, wuchern Kapern, Ginster und Feigenkakteen in ehemaligen Weingärten und zwischen verwilderten Ölbäumen. Allgegenwärtig sind Erikabüsche, denen die Insel ihren antiken Namen Ericusa verdankte und mit deren Zweigen früher die Dächer gedeckt wurden.

## Alicudi im schnellen Überblick

**Fläche**: 5,2 Quadratkilometer; Länge knapp drei Kilometer, maximale Breite kaum über zwei Kilometer.

**Bevölkerung**: ca. 130 Einwohner, genannt Alicudari.

**Höchste Erhebung**: Filo dell´Arpa (Timpone della Montagnola), 675 Meter.

**Strände**: Kieselstrand beim Hafenort, in Richtung der Pension Ericusa.

**Inselverkehr**: Mitnahme des eigenen Fahrzeugs von Juli bis Oktober für Ortsfremde verboten, mangels Straßen aber ohnehin unsinnig.

**Hauptfest**: San Bartolomeo, 24. August.

An der Ostküste liegt auch die einzige echte Ortschaft der insgesamt kaum über hundert Einwohner zählenden Insel. Alicudi Porto, aus der Ferne nicht mehr als ein Klecks pastellfarbener Häuser, bei näherer Bekanntschaft jedoch ein freundliches, sympathisches Örtchen, besitzt keine Bank und keine Polizeistation, geschweige denn Reiseagenturen oder Boutiquen. An den Hängen hoch über dem Hafendorf kleben einzelne Gruppen kleiner Häuschen und Gehöfte. Zu erreichen sind sie nur über Treppenwege, denn Straßen gibt es auf dem Inselchen nicht. Nächtliche Beleuchtung ebensowenig, weshalb Besucher unbedingt eine Taschenlampe im Gepäck haben sollten. Die Elektrizität immerhin hat Alicudi erreicht – seit Februar 1991.

Die größte Attraktion von Alicudi ist wohl die beschauliche Ruhe, die auf dem Inselchen herrscht. Zu schätzen wissen dies nicht nur deutsche „Aussteiger", die schon längst einige der alten Bauerngehöfte hoch oben auf den Höhen restauriert haben. Auch der Fremdenverkehr spielt eine, wenn auch bescheidene Rolle, ist ein willkommenes Zubrot zur Haupterwerbsquelle der Bewohner, dem Fang von Fischen und Langusten. Die Fahrt zu dem entlegenen Eiland braucht allerdings ihre Zeit: ab Milazzo zweieinhalb Stunden per Aliscafo, fünf per Fähre. Und die touristische Infrastruktur ist dem Inselcharakter entsprechend ausgesprochen bescheiden – es gibt nur eine Pension. Zwar vermieten manche Insulaner auch privat; dennoch sollte man vorsichtshalber zumindest im Sommer nicht ohne Reservierung anreisen, will man nicht unverrichteter Dinge mit dem nächsten, womöglich erst am folgenden Tag verkehrenden Schiff wieder abfahren müssen.

## Geschichte

Wegen seiner geographischen Abgeschiedenheit spielte Alicudi geschichtlich nie eine besondere Rolle. Archäologen haben in der Nähe des Hafens zwar neben römischen Relikten auch Reste einer Siedlung der Bronzezeit entdeckt, die etwa zeitgleich mit der Kultur von Capo Graziano auf Filicudi entstanden sein muss, doch waren die Funde sehr bescheidener Natur. Im Mittelalter war das Inselchen sogar jahrhundertelang fast völlig verlassen. Dass es dennoch einige Bewohner gegeben haben muss, zeigt der Name des Timpone delle Femmine, einer Art natürlicher Fluchtburg hoch oben auf dem Vulkan: Der Berg heißt deshalb so, weil sich die Frauen der Insel während der arabischen Piratenüberfälle hierher zurückzogen.

Unter spanischer Ägide erhöhte sich die Bevölkerungszahl durch neue Siedler wieder. Der Schriftsteller Alexandre Dumas d.Ä., der 1860 auf seiner „Reise zu den Äolen" auch Alicudi eine Stippvisite abstattete, glaubte sich dennoch am Ende der Welt: „Man kann sich nichts Tristeres, Düstereres, Desolateres vorstellen als diese

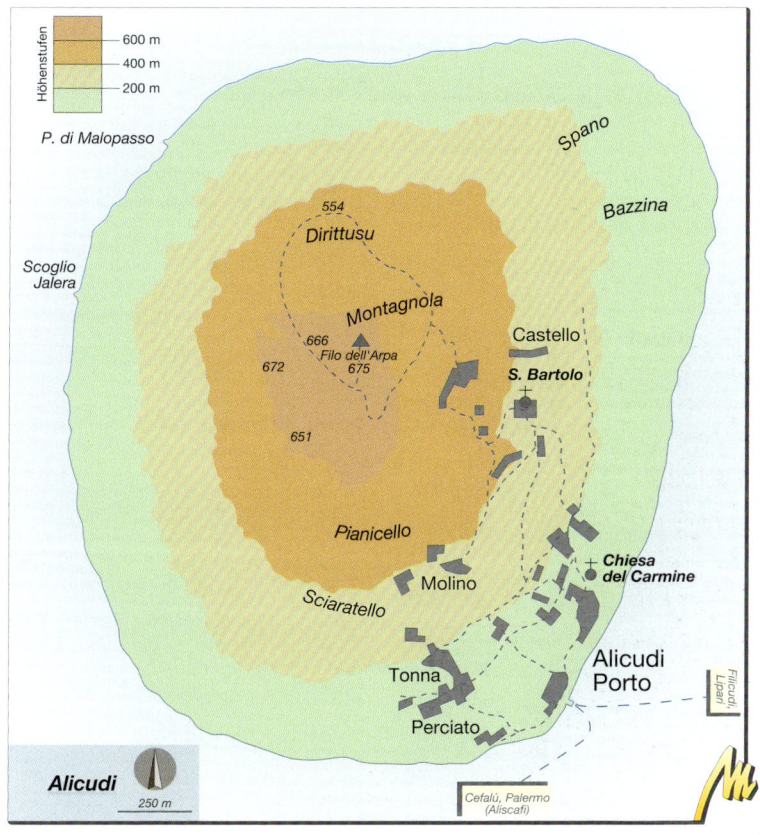

unglückselige Insel im Westen des Äolischen Archipels. Ein Winkel der Erde, den die Schöpfung übersehen hat und der im Chaos geblieben ist. Kein Pfad führt auf den Gipfel oder die Ufer entlang; ein paar vom Regenwasser ausgespülte Rinnen sind die einzigen Gänge, die die Insel den von scharfen Steinen und harter Lava gemarterten Füßen bietet. Kein Baum auf der gesamten Insel, nicht die geringste Vegetation zur Beruhigung des Auges; lediglich in ein paar der Felsspalten und in den Höhlen der Lavaschlacke sieht man noch das Gestrüpp jener Erikabüsche, deretwegen Strabo im Altertum die Insel auch ‚Ericusa' nannte. Heute erinnert dies alles mehr an den schauerlichen Weg Dantes in der ‚Göttlichen Komödie', auf dem der Fuß zwischen den Felsen und Steinbrocken nicht ohne die Unterstützung der Hände vorankommt. Doch trotz allem leben auf dieser geröteten Erde, in armseligen Hütten, hundertfünfzig oder zweihundert Fischer, die die wenigen der allgemeinen Zerstörung entkommenen Humusreste auszubeuten versuchen. Einer dieser armen Teufel kam gerade mit seinem Boot zurück; wir kauften ihm für drei Karline den gesamten Fang ab. Dann kehrten wir, das Herz schwer vom Anblick solchen Elends, auf unser Schiff zurück." Seine düsteren Betrachtungen schloss

Dumas mit der Überlegung, warum die Einwohner nicht einfach auswanderten: „Wer zwingt diese Leute auf den erloschenen Vulkan? Sind sie etwa genauso hier gewachsen wie die Erikabüsche, die der Insel den Namen gegeben haben? Aus welchen Gründen sollten sie diesen Platz nicht verlassen?" Genau das taten viele der Alicudari auch, als sich ihnen einige Jahrzehnte später denn erst einmal die Chance dazu bot, nämlich mit Beginn der großen Emigrationswelle Anfang des 20. Jahrhunderts, die das arme Eiland noch stärker entvölkerte als die anderen Inseln des Archipels.

● *Verbindungen*  Schiffsverkehr wie nach Filicudi, siehe dort. Die Fährpassage kostet ab Lipari etwa 14 €, ab Milazzo etwa 19 €, die Fahrt mit dem Aliscafo ab Lipari 19 €, ab Milazzo etwa 28 €. Günstiger sind die Aliscafo-Tickets nach Cefalù. Büro der SIREMAR und USTICA LINES, jeweils ☎ 090 9889795.

● *Übernachten/Essen*  * **Hotel Ericusa**, etwas südlich des Hafens, vom Anleger ca. 200 m nach links. Einziges Hotel der Insel, mit 21 zum Teil ausgerichteten Zimmern und Restaurantterrasse, freundlicher Wirt. Nur Anfang Juni bis Ende September geöffnet. Gute Küche, Schwerpunkt ist selbstverständlich Fisch, abhängig vom Tagesfang. Gelegentlich gibt es Langusten, eine Spezialität, die ihren Preis hat. HP p.P. 75–95 €. Località Perciato, ☎ 090 9889902, Mobil-☎ 328 7495992, 🖷 090 9889671, www.alicudihotel.it.

**Affittacamere Casa Mulino**, einer der wenigen offiziellen Privatvermieter. Schöne, küstennahe Lage im Ort, Studios und Apartments für zwei bis sechs Personen, mit eigener oder Gemeinschaftsterrasse. Handtücher müssen selbst mitgebracht werden. Geöffnet Mai bis Mitte September. 2er-Studio nach Saison 70–100 €. ☎/🖷 090 9889681, www.alicudicasamulino.it.

**Bed & Breakfast da Rosina „alla Mimosa"**, 2003 eröffnetes Quartier hoch oben am Hang (ca. 180 m über dem Meeresspiegel). Schlichte Ausstattung, mäßige Preise, großartige Sicht. Auch wer hier nicht übernachtet, kann zum Essen vorbeischauen. Geöffnet Mai bis Oktober, auf Anfrage ganzjährig. DZ/F 35–60 €. Via Vallone, ☎ 090 9889937, Mobil-☎ 368 3616511, www.rosina-barbuto.it.

**Inoffizielle Privatzimmer** gibt es daneben durchaus, Anlaufstelle für Nachfragen sind das Siremar-Büro und die beiden Läden. Hier kann man sich auch nach den privaten Mittagstischen erkundigen. Ein Anbieter ist auch der seit über 20 Jahren auf Alicudi lebende Deutsche Holger Stark, der schön restaurierte alte Häuser im 400 m hoch gelegenen Pianicello vermietet, Betriebszeit in der Regel von April bis Oktober. Die Häuser sind einfach eingerichtet und werden mit Solarstrom versorgt; das gute (!) Trinkwasser kommt aus der Zisterne. Günstig, man sollte allerdings wissen, auf welches Abenteuer man sich einlässt – dann wird der Aufenthalt im positiven Sinn auch zum unvergesslichen Erlebnis. ☎ 090 9889408, www.alicudi.de.

● *Medizinische Versorgung*  Guardia Medica, ☎ 090 9889913.

## Inseltouren

Der Aktionsradius auf Alicudi ist naturgemäß recht eng begrenzt. Das Netz der zahlreichen, meist gut erhaltenen Treppenpfade gibt dennoch ein schönes Revier für Streifzüge ab. Etwas Kondition ist aufgrund der oft sehr steilen Anstiege allerdings erforderlich, Sonnenschutz und ein ausreichender Wasservorrat ebenfalls, denn es gibt weder Schatten noch Quellen. Je höher man kommt, desto seltener begegnet man anderen Menschen, eher schon einer verwilderten Ziege oder einer Kuh.

▸ **Chiesa San Bartolo**: Das kleine, auf manchen Karten mit der tiefer gelegenen Chiesa del Carmine verwechselte Kirchlein schwebt in grandioser Lage rund 340 Höhenmeter über dem Meer und ist in etwa einer Stunde Aufstieg zu erreichen. Der Weg beginnt beim Hafen und führt über den kurioserweise „Via Roma" genannten Treppenpfad zunächst in etwa nordöstliche Richtung zur knapp 100 Meter hoch gelegenen und schon nach wenigen Wegminuten erreichten Kirche Chiesa del Carmine. Vorbei an den Sendeanlagen der Telefonstation, bei der sich der Weg nach rechts wendet, kommt allmählich San Bartolo in Sicht, doch dauert es noch eine ganze Weile, bis das Kirchlein schließlich erreicht ist. Bis 1935 fanden hier noch Gottesdienste statt, dann verlagerte sich mit dem alltäglichen auch das geistliche Leben küstenwärts. Vor der Kirche laden Bänke zur Rast und zum Genuss der Aussicht.

▸ **Filo dell'Arpa**: Von San Bartolo aus wäre eigentlich in etwa eineinviertel Stunden auch der Aufstieg in Richtung des höchsten Inselgipfels möglich. Leider erschweren jedoch die vielen Ziegenpfade im oberen Bereich nicht nur die Orientierung, sie sind auch fast völlig zugewachsen und kaum mehr begehbar. Wer es trotzdem versuchen möchte, sollte sich wenigstens mit festem Schuhwerk und langen Hosen wappnen. Kurz hinter dem Kirchlein verlässt man den Hauptweg nach links und erreicht nach einer Weile die Hochebene des Weilers Montagna. Die verstreuten Häuser hier sind zwar verlassen, die Felder werden aber noch kultiviert. Vor den letzten Häusern geht es links aufwärts, später durch ein Tor, an einer Mauer dann rechts, im Halbkreis um den Gipfel herum und schließlich hinauf. Auch ohne den letzten Aufstieg bis zum Gipfel lohnt die Wanderung, bereits von der Hochebene Dirittusu genießt man herrliche Ausblicke. Vorsicht, nicht zu nahe an die Geländekante treten, Abrutschgefahr!

▸ **Bootstouren**: Wie Filicudi glänzt auch Alicudi besonders an der Südküste und im rauen Westen mit steilen, vielfarbigen Felshängen, schroffen Klippen und mit Meeresgrotten, die allerdings weniger spektakulär ausfallen als die der größeren Nachbarinsel. Es dürfte nicht schwer fallen, am Hafen einen Fischer für eine Rundfahrt zu finden.

*Würfelhäuser, Boote, steiniger Strand: Alicudi Ort*

**Alicudi**
Karte S. 207

*Pflichtprogramm für Ästheten: Bilderbuchinsel Panarea*

# Panarea

*Der Millionärstreff der Liparen: Panarea ist das schicke Sommerquartier von Italiens Superreichen. Doch nicht nur Industriekapitäne, Filmstars und Politiker lieben das wunderschöne Inselchen.*

**Die älteste, kleinste und auch exklusivste Insel des Archipels, ein Traum aus schneeweißen Würfelhäusern, schmalen Gässchen und überbordendem Blumenschmuck. Die Schönheit hat in mehr als einer Hinsicht ihren Preis ...**

Im italienischen Urlaubsmonat August brodelt das kleine Eiland geradezu vor elegantem Leben. Auf Panarea treffen sich dann nicht irgendwelche Fiat-Arbeiter auf Werksferien, sondern die Reichsten der Reichen des italienischen Nordens. Zuerst waren es Künstler und Schriftsteller, die die Schönheit Panareas für sich entdeckten. Ihnen folgten Industrielle, Schauspieler, Models und Manager. Und alle kommen sie Jahr für Jahr wieder, um entweder im fast schon legendären Hotel Raya zu nächtigen oder gleich das eigene, natürlich aufs teuerste restaurierte und stets frisch geweißelte Inselheim zu beziehen. Die Auslagen der hiesigen Boutiquen und Juweliere brauchen denn auch keinen Vergleich mit denen von Mailand zu scheuen, und die Lebensmittelläden führen selbstverständlich die edelsten Tröpfchen und feinsten Konserven. Im Hafen und in den Buchten der Südostküste drängen sich die Nobelyachten. Doch selbst in Badehosen mögen deren Besitzer nur selten ganz von den Geschäften lassen: Dann hilft das „telefonino", das „Telefönchen" genannte Handy, den Kontakt zu Bankkonten und Transaktionen zu halten.

Man benötigt jedoch nicht unbedingt eine dicke Brieftasche oder eine Sammlung goldener Kreditkarten, um Spaß an Panarea zu haben. Weniger finanzkräftige Besucher belassen es zumindest zur Hochsaison allerdings wohl am besten bei einem Tagesausflug. Für Ästheten ist die Insel Pflichtprogramm: Enge Gässchen, weiße Häuser mit blau abgesetzten Fenstern und Türen, kubische und runde Formen und überall Blumen, Blumen, Blumen... Eine heile Welt dazu, kaum ein mehrstöckiges Gebäude, alles fast klinisch rein; die Taxis und selbst das Streifenmobil der Carabinieri sind mit Elektromotor unterwegs und nachts herrscht Fahrverbot. Sogar Wegweiser gibt es, schmuck gekachelt und mit der Angabe der ungefähren Gehzeit bis zum Ziel versehen.

---

### Panarea im schnellen Überblick

**Fläche**: 3,4 Quadratkilometer; Länge knapp drei Kilometer, maximale Breite 1,8 Kilometer.

**Bevölkerung**: gut 330 Einwohner, genannt Panarioti.

**Höchste Erhebung**: Punta del Corvo (421 m).

**Strände**: Gute Strände vor allem im Süden und Osten, teils Sand, überwiegend aber Kies.

**Inselverkehr**: Mitnahme des eigenen Fahrzeugs von Mai bis Oktober für Ortsfremde verboten, aber ohnehin sinnlos. Die Distanzen sind gering, und in den engen Gässchen können nur Mopeds und Dreiräder fahren.

---

Bewohnt ist nur der sanftere Osten der Insel, und das schon seit Urzeiten – die Siedlungsreste am Capo Milazzese stammen aus der Bronzezeit und gehören zu den wichtigsten archäologischen Stätten des Archipels. Heute gehen die Inseldörfer fast fugenlos ineinander über; ihre Grenzen werden jeweils von einer Kirche markiert. Hafenort und größte Siedlung ist San Pietro, im Norden liegt Ditella, im Süden Drauto. Der Westen Panareas besteht aus unzugänglicher Steilküste, an der Süd- und Ostseite finden sich einige teils sehr schöne Strände.

Das Privileg, der feinen Gesellschaft als Ferienspielwiese zu dienen (und gut daran zu verdienen), fordert allerdings seinen Tribut. Panarea lebt ganz überwiegend von norditalienischem Geld. Außerhalb der kurzen Urlaubssaison wirkt das nur 3,4 Quadratkilometer kleine Inselchen trotz seiner immerhin mehr als 300 Einwohner oft nahezu ausgestorben. Die Ferienhäuser der Schickeria stehen dann ebenso leer wie die meisten Hotelzimmer. Geschlossen ist auch ein guter Teil der Geschäfte. Und natürlich schlagen sich die Solvenz des sommerlichen Publikums und die Kürze der hiesigen Saison auch im Preisniveau nieder: Panarea ist die mit Abstand teuerste Insel des Archipels.

## Geschichte

Panarea stellt die älteste Vulkanformation der gesamten Äolen dar. Wissenschaftler sind der Ansicht, das Eiland habe einmal mit all seinen östlich vorgelagerten Inselchen wie Dattila, Lisca Bianca und Basiluzzo eine Einheit gebildet, die ihre jetzige Form erst durch geologische Verschiebungen und eine Reihe von Eruptionen erhielt, die bis in die antike Zeit angedauert haben könnten. Bis zu diesen Veränderungen war Panarea vielleicht sogar die größte Insel der Gruppe, anstatt wie heute deren kleinste. Vulkanische Phänomene lassen sich auf dem Eiland immer noch entdecken,

**Panarea**
Karte Seite 213

*Im Sommer viel besucht: Spiagetta dei Zimmari*

wenngleich die nur rund 50 Grad warme Thermalquelle bei San Pietro und die recht schwachen küstennahen Fumarolen von Calcara im Norden Ditellas mit den imposanten Erscheinungen von Stromboli oder Vulcano nicht zu vergleichen sind.

Besiedelt war Panarea bereits im 3. Jahrtausend vor Christus, wie Spuren auf der Punta del Corvo zeigen, die möglicherweise auf die Kultstätte eines Gottes verweisen. Weitere Relikte stammen aus der mittleren bis späten Kupferzeit (Piano Quartara, um 2000 v. Chr.) und der beginnenden Bronzezeit der Kultur von Capo Graziano auf Filicudi (1800–1400 v. Chr.). Berühmtheit verdankt Panarea jedoch dem Hüttendorf im äußersten Südosten des Inselchens, nach dem die *Kultur von Capo Milazzese* (1400–1270 v. Chr.) benannt wurde. Die zahlreichen Funde aus dieser Siedlung der mittleren Bronzezeit dokumentieren den hohen Zivilisationsstand jener Kultur, deren Handelskontakte bis in die Ägäis reichten.

Auch zur Zeit der Griechen und Römer war Panarea bewohnt. Unter den Griechen trug das Eiland den fröhlichen Namen „Euonymos", das „gute Vorzeichen". Römische Relikte fand man nicht nur auf der Hauptinsel: Ausgrabungen bewiesen, dass auf dem vorgelagerten Felsinselchen Basiluzzo damals ein ähnlicher Luxus geherrscht haben muss wie heute auf Panarea. Im Mittelalter teilte Panarea das Schicksal anderer Inseln des Archipels, war wegen der häufigen Piratenüberfälle nahezu menschenleer. Noch eine ganze Weile nach der Wiederbesiedelung durch Bauern aus Lipari durften sich wegen der immer noch drohenden Gefahren hier weder Frauen noch Kinder oder alte Leute aufhalten.

*V*erbindungen/*A*dressen

● *Verbindungen* Panarea liegt an der Linie nach Stromboli, die sowohl von Fähren als auch von Aliscafi im Sommer recht gut, in den Wintermonaten dagegen eher mäßig bedient wird. Fährticket ab Milazzo etwa 13 €, ab Lipari 7,50 €, Aliscafo 18 € bzw. 11 €.

Agenturen der SIREMAR, ☎ 090 983007 und der USTICA LINES, ☎ 090 983344, am Hafen.

● *Medizinische Versorgung* Guardia Medica, ☎ 090 983040.

● *Geldautomaten* Bankautomaten z.B. am Hafen, beim Hotel Cincotta und beim Hotel Lisca Bianca. Zur NS sollte man sich aber vielleicht vorsichtshalber nicht darauf verlassen, dass sie auch in Betrieb sind – und Panarea ist teuer ...

● *Tauchen* Amphibia, direkt oberhalb des Hafens, ☎ 090 983311.

## Übernachten/Essen

Beides verquickt sich oft, da viele Restaurants auch als Vermieter agieren. Die Preise entsprechen der Kaufkraft der meisten Gäste und sind dementsprechend die höchsten aller Liparischen Inseln. In der Hochsaison wird dann noch ein kleiner Aufschlag verlangt ... Pensionen und Hotels liegen ausschließlich im Hafenort San Pietro.

**\*\* Hotel Raya**, südlich des Hafens. Die zwei Sterne stapeln tief, denn der berühmte „Rochen" zählt eindeutig zu den hiesigen Spitzenadressen, ist tatsächlich fast schon eine Art „Kulthotel" und beliebtester Treffpunkt der Reichen und Schönen. „Raya ist wer es geschöpft hat", verriet dazu früher einmal der Hausprospekt. Der Hauptkomplex mit Rezeption, Bar, Disco, einer bekannten Boutique etc. liegt Nähe Hotel Cincotta;

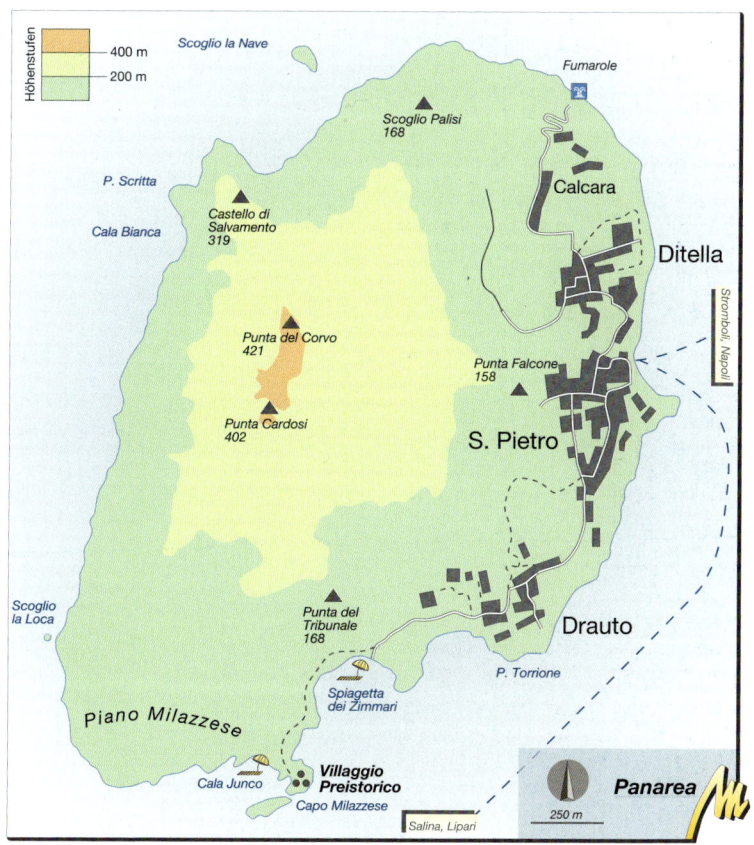

Panarea
Karte Seite 213

die Zimmer in einer Gartenanlage am Hang ein Stück weiter. Geöffnet von etwa Mitte April bis Mitte Oktober. DZ/F nach Saison und Zimmerstandard etwa 320–750 (!) €, in der Dependance günstiger. ☎ 090 983013, 🖅 090 983103, www.hotelraya.it.

**\*\*\*\* Quartara Resort Hotel**, exklusives kleines Haus oberhalb des Hafens. Alle Zimmer mit kleinen Balkonen, Superior-Zimmer mit Meerblick. Hoch gelobtes Restaurant. Geöffnet April bis Ende Oktober. DZ/F nach Saison, Lage und Ausstattung 200–260 €, im August bis 350 €. Via San Pietro 15, ☎ 090 983027, 🖅 090 983621, www.quartarahotel.com.

**\*\*\*\* Hotel La Piazza**, nicht weit vom Hotel Cincotta, ein sehr schön eingegrüntes Haus in toller Lage oberhalb der Felsküste. Die Zimmer sind für Anspruch und Preis eher schlicht möbliert, hübscher ist die Dependance Villa Lydia. Wellness-Center angeschlossen. Geöffnet April bis Mitte Oktober. DZ/F nach Saison und Lage 140–250 €, im August 220–350 €. Via San Pietro, ☎ 090 983154, 🖅 090 983003, www.hotelpiazza.it.

**\*\*\* Hotel Oasi Da Pina**, in einem Seitengässchen oberhalb der Hauptgasse, Nähe Hotel Hycesia. Das zugehörige Restaurant zählt mit jahrzehntelanger Tradition und sehr fantasievoller Küche zu den besten der Insel; einen Versuch wert ist hier auch der selbstgemachte Zitronenlikör Limoncello. Menü ab etwa 50 €. Elf komfortable Zimmer im Hotel, weitere schön renovierte Zimmer im Ort verteilt. Von Thermalwasser gespeister Pool im Garten. DZ/F 160–200 €, im August 280 €. Via San Pietro, ☎ 090 983324, 090 983032, 🖅 090 8967730, www.dapina.com.

**\*\*\* Hotel Cincotta**, zentral gelegene Bungalowanlage in angenehmer Architektur, Swimmingpool in Traumlage; hübsche Zimmer, Terrassen mit tollem Blick, im Falle der Standardzimmer leider nur in Richtung Berg. Geöffnet April bis Anfang Oktober. DZ/F nach Lage und Saison 120–360 €, HP nicht obligatorisch. Via San Pietro, südlich des Hafens, ☎ 090 983014, 🖅 090 983211, www.hotelcincotta.it.

**\*\*\* Hotel Hycesia**, an der Hauptgasse von San Pietro. Angenehmer Familienbetrieb mit acht freundlichen, ruhigen Zimmern in einem Bungalowgebäude hinter dem Haupthaus. Man spricht Deutsch. Geöffnet von Ostern bis Ende September. DZ/F nach Saison etwa 100–180 €, im August bis 240 €. Das Restaurant hat eine hübsche große Terrasse, Menü ab etwa 30–35 €. ☎ 090 983041, 🖅 090 983226, www.hycesia.it.

**\*\*\* Best Western Hotel Lisca Bianca**, direkt am Hafen. Gefällige, aufgelockerte Anlage im Inselstil, viele Balkone und Terrassen und eine gern besuchte Bar mit den viel gerühmten warmen Hörnchen „cornetti". Geöffnet März bis Oktober, keine Pensionsverpflichtung. DZ/F 100–370 €, HP 80–210 € p.P. Eine Dependance (inoffiziell „Lisca Nera") mit arabisch angehauchten Superiorzimmern gehört dazu. Via Lani 1, ☎ 090 983004, 🖅 090 983291, www.liscabianca.it.

**\*\*\* Hotel Tesoriero**, oberhalb des Hafens. 13 geräumige, ordentliche Zimmer, alle mit Terrasse oder Balkon. 2004 komplett renoviert. Keine Pensionsverpflichtung. Geöffnet Mitte März bis Ende September. DZ/F nach Saison etwa 90–240 €. ☎ 090 983098, im Winter 090 983144, 🖅 090 983007, www.hoteltesoriero.it.

**\*\*\* Hotel O'Palmo**, gegenüber vom Hotel Tesoriero, teilweise mit hübscher Aussicht. Vor einigen Jahren kräftig erweitert, nunmehr 18 schlicht-schöne Zimmer mit Terrassen. Geöffnet April bis Oktober. DZ/F nach Saison 100–250 €, mit HP zusätzlich 25 € p.P. Via Lami 8, ☎ 090 983155, 🖅 090 983262.

**\* Rodà's House**, an der zentralen Hauptgasse, dem gleichnamigen Pizzeria-Restaurant angeschlossen. 13 nett renovierte Zimmer, einige mit neuen Bädern. Zimmer ganzjährig, das Restaurant öffnet von April bis in den Oktober. DZ/F 70–120 €, im August nur mit HP, p.P. 115 €. ☎ 090 983006, im Winter 090 9222999, 🖅 090 983212.

**Bar Pizzeria Il Geco**, direct am Hafen neben dem Büro der USTICA-Lines. Von Mai bis Ende September öffnet die nette Pizzeria jeden Abend; mittags gibt es dann Salate und andere Kleinigkeiten. Sonst nur an Wochenenden geöffnet. Via Comunale Mare, ☎ 090 983256.

**Bar Trattoria Da Paolino**, im Ortsteil Ditella. Die freundliche Familientrattoria wirkt deutlich bodenständiger als die meisten anderen Lokale Panareas und hat sich der „echten Hausmannskost" verschrieben. Schöne Terrasse mit Blick hinüber nach Stromboli, Spezialität sind Fischgerichte, Menü ab etwa 30–35 €. Geöffnet etwa April–Oktober. Via Iditella, ☎ 090 983008.

● *Camping* kein offizieller Platz. Wildcampen läuft erst recht nicht: Auf Panarea hat

*Von Ludwig Salvator gezeichnet: typisches Inselhaus*

### Pulieri, bisuolu und bagghiu – die Architektur der Inseln

Welcher Meinung man auch immer über die Invasion reicher Norditaliener auf Panarea sein mag, der Inselarchitektur hat der allsommerlich fließende Geld-Strom nicht geschadet. Ganz im Gegenteil setzen viele der Millionarios aus dem Norden ihren Ehrgeiz dahinein, die alten Häuser möglichst detailgetreu zu restaurieren. Darin bestärkt werden sie durch strenge Bauvorschriften. Panarea bietet deshalb gute Gelegenheit, einige Besonderheiten der traditionellen Architektur der Inseln zu studieren.

Grundform fast aller Inselhäuser ist, beginnend beim einfachen Einzimmer-Haus, der Kubus: Die Würfelform ist nicht nur besonders erdbebensicher, sondern bietet auch die Möglichkeit, bei Bedarf schnell weitere Wohn- oder Lagerräume anbauen zu können. Noch erleichtert wird dies dadurch, dass der Zugang zu jedem Raum von außen erfolgt, nämlich von der Terrasse aus, und nicht von innen – Korridore als Verbindungen zwischen den Räumen gibt es normalerweise nicht. Die Dächer sind flach und so konstruiert, dass das kostbare Regenwasser aufgefangen und in die Zisterne geleitet werden kann. Die Baumaterialien entsprechen den örtlichen Gegebenheiten. Vorherrschend ist Lavagestein, schweres Material für Fundamente und Grundmauern, leichteres für die Seitenwände. Holz ist auf den Inseln rar und wird deshalb nur sparsam verwendet, dient in erster Linie dazu, Decken abzustützen. Die Außenwände werden alljährlich im Frühjahr neu gekalkt: Weißer Kalk wirkt nicht nur desinfizierend, sondern reflektiert auch die Sonnenstrahlen, hält das Innere der Häuser deshalb kühl. Gelegentlich werden aus dekorativen Gründen steinerne Türstöcke, Schwellen und Fensterbretter von der Bemalung ausgenommen. Ein besonders reizvolles Merkmal der Inselarchitektur ist die den Wohnräumen vorgelagerte Terrasse.

Im örtlich-sizilianischen Dialekt *bagghiu* genannt, dient sie nicht nur als gesellschaftlicher Treffpunkt, sondern auch als Arbeitsplatz für häusliche Tätigkeiten, zum Trocknen von Tomaten etc. Umgeben ist die Terrasse von runden Säulen (*pulieri*), die ein Schatten spendendes Dach aus Schilfrohr oder Weinblättern tragen. Entlang der Säulenreihe verläuft eine erhöhte Stufe (*bisuolu*), die als Sitzgelegenheit dient. Gelegentlich ist diese mit kostbaren, bunt bemalten Kacheln verziert, die im Inneren mancher Häuser auch als Fußböden Verwendung finden. Mit ihren meist geometrischen, manchmal auch floralen Motiven stammen sie in der Regel aus Sizilien, sind aber möglicherweise ein spanisches Erbe. Vervollständigt wird das Ensemble rund um die Terrasse von einem Waschplatz und dem typischen, halbkugelförmigen Ofen *furnu*.

man seine Leute, die auf suspekte Existenzen achten.

• *Kneipen/Nachtleben*    Abendliche Treffpunkte sind die Bars der Nobelherbergen, z.B. die Bar des Hotels Lisca Bianca, später dann die Discos der Hotels Raya und Cincotta. Angenehme Alternativen sind die Cafés (Cocktails und sündteure Granite in der Bar „da Carola" ) am Hafen bzw. die nur zur HS geöffnete „Bar Panea" zwischen Hafen und Hauptstraße: hübsche Terrasse, Musik und warme Snacks für den schmaleren Geldbeutel.

▸ **Baden:** An der Ost- und Südküste einige nette Möglichkeiten, der Norden und der Westen dagegen wehren sich mit Steilküsten. Nördlich von Ditella liegt eine ganz passable Kiesbucht; der schweißtreibende Abstieg garantiert zumindest in der Nebensaison weitgehende Ruhe. Viel besuchter Hauptstrand ist die Spiagetta dei Zimmari südwestlich von Drauto, schöner noch die fast benachbarte Cala Junco am Capo Milazzese, siehe jeweils auch unten.

## Tour 5: Von San Pietro zum Capo Milazzese

• **Route**: San Pietro – Drauto – Caletta dei Zimmari – Capo Milazzese – Cala Junco und zurück. • **Reine Wanderzeit**: etwa 1,5 bis höchstens 2 Stunden.

Die Wanderung zum bronzezeitlichen Dorf am Capo Milazzese, eigentlich ja kaum mehr als ein Spaziergang, lässt sich mit Picknick oder Mittagessen sowie ausgedehntem Badeaufenthalt leicht zur Ganztagestour ausdehnen. Da gut beschildert, ist der Weg kaum zu verfehlen.

Von der Anlegestelle hält man sich links, dann rechts aufwärts und wieder links. Nun folgt man immer dem teilweise kaum zwei Meter breiten Gässchen, zunächst in südlicher Richtung. Bald ist die hübsch gelegene Kirche von San Pietro erreicht. Unterhalb der Kirche öffnet von Mitte Juni bis Mitte September eine kleine Außenstelle des Archäologischen Museums von Lipari (Eintritt frei). Später wird die Bebauung lockerer, gibt den Blick frei auf herrliche Gartengrundstücke, in denen meterhohe

*Siedlungsplatz der Bronzezeit: Capo Milazzese*

*Steil und unbesiedelt: Panareas Westküste*

Oleanderbüsche wachsen, giftig-schöne Engelstrompeten, Bougainvilleen und roter Hibiskus blühen, Agaven, Wildrosen und Weinreben wuchern. Dann wieder trifft man auf kleine Wäldchen aus Zitronenbäumen, aus deren Früchten ein guter Likör („Limoncello") produziert wird. Im Hintergrund grüßen die scharfen Klippen des Inselchens Basiluzzo und die Rauchfahne des Stromboli. Nach etwa einer halben Stunde, kurz hinter den Häusern von Drauto, manchmal auch „Drautto" geschrieben, endet der Weg am Strand der kleinen Bucht *Caletta dei Zimmari*.

**Spiagetta dei Zimmari**: Da man bis hierher auch mit der Vespa oder dem Ape-Dreirad fahren kann, nicht zuletzt wohl auch wegen der nahen Strandbar, zeigt sich der Hauptstrand von Panarea zur Hochsaison schon früh am Tag gut besucht. Auf dem relativ schmalen Sandabschnitt drängen sich die Besucher dann dicht an dicht. Etwas weniger frequentiert, vor allem aber landschaftlich weit reizvoller ist die Cala Junco unterhalb des vorgeschichtlichen Dorfes, das man ab dem hinteren Ende der Spiagetta auf einem steil ansteigenden Treppenpfad erreicht.

• *Essen* **Ristorante Zimmari**, beim Strand Caletta dei Zimmari. Romantisches Plätzchen mit hübschem Blick. Komplettes Menü ab etwa 30 €, man kann es aber auch nur bei Salat und einem Teller Spaghetti belassen, was freilich auch schon seinen Preis hat ... Mobil ℡ 329 6279502, www.ristorantezimmari.com.

**Villaggio Preistorico**: Der Aufstieg auf den mächtigen Felsrücken von Capo Milazzese ist anstrengend, aber kurz. Oben angekommen, sieht man schon die Grundmauern jenes Dorfes, dem die „Kultur von Capo Milazzese" ihren Namen verdankt. Es ist unschwer zu erkennen, welch perfekte natürliche Festung das mehrfach unterteilte Plateau darstellt. Das bronzezeitliche Dorf, das ab etwa 1400 v. Chr. von wahrscheinlich sizilianischen Siedlern hier angelegt worden war, konnte nur über einen schmalen Zugang erreicht werden, der mit einer Felsbarriere gesichert und leicht zu verteidigen war. Solchermaßen geschützt, gleichzeitig wohl auch durch eine reicher als heute sprießende Vegetation den begehrlichen Blicken potenzieller Angreifer entzogen, entwickelte sich ein blühendes, gut organisiertes Gemeinwesen. Archäologen schätzen, das Dorf habe etwa 50 Hütten und 200 Einwohner gezählt. Bislang ausgegraben wurden die Reste von 23

Steinhütten, fast alle mit ovalen Grundmauern. Ein größerer und besonders aufwändig errichteter Bau hingegen besaß einen viereckigen Grundriss, möglicherweise das Haus eines Anführers oder ein Versammlungsgebäude. Nicht nur im Inneren, sondern auch außerhalb der mit Strohdächern gedeckten Häuser wurden Reste von gepflasterten Fußböden entdeckt. Auf hohem Stand war die Töpferei, die in der Siedlung betrieben wurde.

Andere der zahlreich gefundenen Keramiken stammten ursprünglich vom Festland und sogar aus Mykene, Beweis für Handelskontakte bis in die Ägäis. Zu sehen sind die Vasen, Schalen, Krüge und Teller im Archäologischen Museum von Lipari. Dort sind auch all die Feuerhaken, Mühlsteine, Mörser, Kochtöpfe und andere Alltagsartikel ausgestellt, die eines schlimmen Tages einfach stehen- und liegengelassen worden waren: Irgendwann gegen 1270 v. Chr. wurde das kleine Dorf trotz seiner festungsartigen Lage von unbekannten Eindringlingen, möglicherweise Ausoniern vom Festland, überfallen, in Brand gesteckt und völlig zerstört.

**Cala Junco**: Direkt unterhalb der Ausgrabungsstätte wartet eine der schönsten Buchten des Archipels. Ein Treppenweg führt hinab zum Strand, der überwiegend aus recht großen Steinen besteht. Eingerahmt von bizarr geformten Felsen, bietet sich ein fantastisches Panorama auf Lipari und Salina. Vorgelagerte Felsinselchen und die benachbarte, von Land her nicht zugängliche Bucht bilden für Schnorchler ein wahres Dorado.

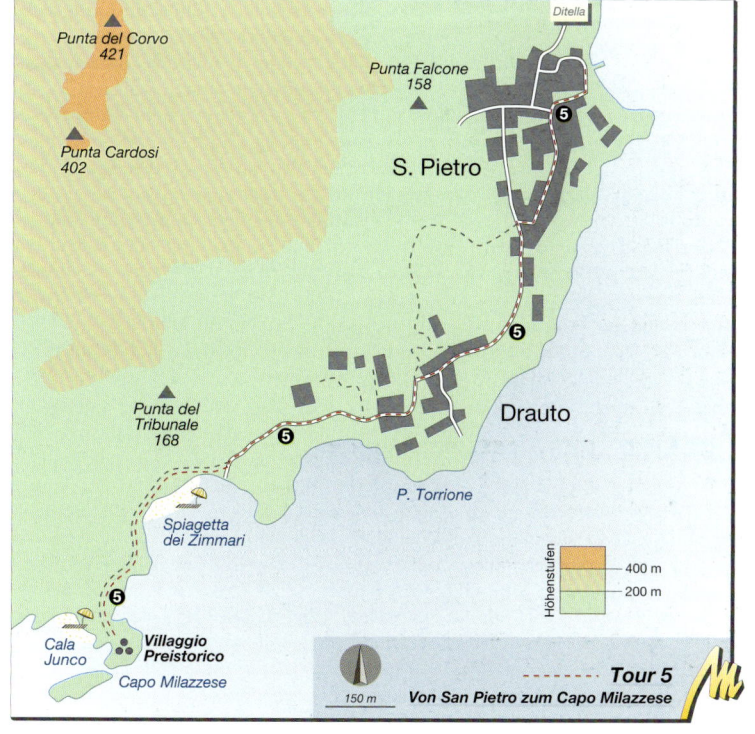

**Panarea**

Karte Seite 213

*Würfelhäuser auf Panarea:
archaische Eleganz*

▸ **Weitere Inseltouren**: Der italienische Alpenverein CAI hat auf Panarea eine ganze Reihe von Wegen ausgeschildert. So kann man von San Pietro aus eine weitere, kürzere Exkursion zu den Fumarolen von Calcara an der Nordküste unternehmen, die ganz in der Nähe eines allerdings steinigen Strands liegen. Lohnend ist auch die Tour auf den 421 m hohen Inselgipfel Punta del Corvo.

## Inseln um die Insel

**Die vielen Inseln östlich von Panarea, die ja einst mit der Hauptinsel eine vulkanische Einheit bildeten, geben sehr interessante Ausflugsziele ab.**

Zur Sommersaison finden gelegentlich organisierte Touren dorthin statt; andernfalls kann man immer noch versuchen, am Hafen zu halbwegs akzeptablem Preis ein Boot aufzutreiben. Für Taucher ist das gesamte, oft kaum mehr als zehn Meter tiefe Areal um die Inseln natürlich ein Paradies. Die Inselchen besitzen alle recht unterschiedliche Charakteristika und Größen. Vor der Küste bei Drauto liegt die winzige Inselgruppe der *Formiche* („Ameisen"). Weiter nordöstlich erhebt sich die immerhin 103 Meter hohe Felspyramide von *Dattilo* aus dem Meer. Zwischen hier und der „Weißen Gräte" *Lisca Bianca* birgt der Meeresboden faszinierende Schätze, darunter ein versunkenes Handelsschiff. Bemerkenswerter noch sind ausgedehnte, geometrisch geformte Strukturen, deren Existenz unter den Einwohnern von Panarea schon seit sehr langer Zeit überliefert ist. Sie bestehen wahrscheinlich aus Mauerresten und nähren so Spekulationen, dieses Gebiet sei bis in die Antike hinein über Wasser gelegen, bewohnt gewesen und erst später durch Vulkanausbrüche versunken. Nördlich von Lisca Bianca wiederum brodelt die See geradezu, da hier unterseeische Fumarolen große Mengen an schwefligem Gas ins Meer entströmen lassen.

**Basiluzzo**: Das größte der Inselchen bei Panarea  liegt nördlich der anderen in Richtung Stromboli und ist von der Fähre dorthin gut zu erkennen. Basiluzzo, etwa drei Kilometer von Panarea entfernt, misst immerhin fast einen Quadratkilometer Fläche und 165 Meter Höhe. Das kleine Eiland war wohl schon in der Vorgeschichte bewohnt. Während der Antike bildete die felsige, nur mit Kapernbüschen und anderen Sträuchern bewachsene Insel quasi das Äquivalent zum heutigen Panarea: Die Relikte einer hier entdeckten, mit Mosaikfußboden und bemalten Wänden ausgestatteten römischen Villa weisen höchst luxuriöse Züge auf. Bei ruhigem Meer lassen sich auch die inzwischen versunkenen Reste einer römischen Hafenanlage sehen. Heute legen die Ausflugsboote an einer Art natürlicher Mole im Südosten der Insel an. Von ihr führt ein schmaler, steiler und durch Erosion nicht ganz ungefährlicher Pfad auf den Gipfel, von dem sich eine weite Aussicht bietet.

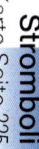

*Aus den Bocche raucht und dampft es: der Vulkan bei Tag*

# Stromboli

*Der einzige ständig tätige Vulkan Europas – ein Reiseziel ganz besonderer Art. Außer dem Blick in den Krater locken auf Stromboli auch schwarze Lavasandstrände, hübsche Dörfchen und die eigentümliche Atmosphäre „Unter dem Vulkan".*

**Wooouummm!!! Fontänen glühender Lava fauchen hoch in den Nachthimmel. Der Boden bebt, tiefes Donnergrollen lässt die Eingeweide erzittern. Meist mehrmals stündlich liefert der Vulkan Stromboli ein Schauspiel, das in Europa seinesgleichen sucht – mit etwas Mühe ist man live dabei.**

Etwa drei bis vier Stunden muss man sich schon bergauf quälen, um die Vorführung aus der Nähe zu betrachten. Eine Übernachtung eingeschlossen, könnte man das Kapitel Stromboli also in zwei Tagen abhaken. Das allerdings wäre schade, besitzt die Insel doch wirklich schöne Strände aus pechschwarzem, feinen und weichen Lavasand. Auch die Dörfer tragen ihren Teil zum besonderen Charme Strombolis bei: weiße Würfelhäuschen mit Veranden voller Bougainvilleen und Hibiskusblüten; in den Gärten Zitronenbäume, die unter der Last ihrer Früchte fast zusammenbrechen; von hohen Mauern flankierte Winkelgässchen, so eng, dass jedes Auto steckenbliebe und gerade noch breit genug für einen bepackten Esel. Da jedoch die Grautiere auch auf Stromboli selten geworden sind, rattern jetzt die wendigen Ape-Dreiräder bergauf und bergab, fungieren sowohl als Lastenträger wie auch als eine Art Inseltaxi.

## Stromboli im schnellen Überblick

**Fläche**: 12,6 Quadratkilometer; Länge etwa vier Kilometer, Breite drei Kilometer.

**Bevölkerung**: knapp 600 Einwohner, genannt Stromboliani.

**Höchste Erhebung**: Serra i Vancori (924 m).

**Strände**: Vorwiegend im Norden und Nordosten. Südlich von Scari erstreckt sich ein langer Strand aus schwarzem Lavasand, ebenso bei Ficogrande und westlich von Piscità.

**Inselverkehr**: Kein Busverkehr, keine Fahrzeugvermietung. Die Mitnahme des eigenen Gefährts ist von Mai bis Oktober verboten und auch unnötig.

Stromboli ist ganz Vulkan. Sichtbar ist nur die Spitze des Giganten, der sich aus einer Tiefe von über 2000 Meter unter dem Meeresspiegel bis auf 924 Meter Höhe erhebt und somit eine Gesamthöhe von mehr als 3000 Meter erreicht. Der antike Strongyle („Der Runde"), seit weit über zweitausend Jahren ununterbrochen tätig, diente mit seinen fast regelmäßigen Eruptionen den Seefahrern des Altertums als natürlicher Leuchtturm. Sich auf einer nächtlichen Fahrt mit der Fähre dem Feuer spuckenden Berg zu nähern, zählt zu den herausragenden Erlebnissen einer Reise auf die Liparischen Inseln, übertroffen nur noch durch den Blick in den Krater selbst. Verwunderlich, dass eine solch außergewöhnliche Insel nicht schon viel früher unter besonderen Schutz gestellt wurde – erst seit 1997 ist Stromboli, vom Gebiet der Ortschaften abgesehen, als Naturreservat „Riserva Naturale Orientata" ausgewiesen. In deren Kerngebiet A, das den Vulkan selbst schützt, ist seitdem jeder menschliche Eingriff verboten. Die beiden Bereiche des Kerngebiets B, die die Hänge umfassen, dienen als Pufferzone, in der weiterhin Landwirtschaft betrieben werden darf. Einen besonders hohen Schutz genießt das Inselchen Strombolicchio, das als „Riserva Naturale Integrale" ausgewiesen ist und nicht betreten werden darf. Bei den Einwohnern allerdings hat sich der besondere Status von Stromboli noch kaum herumgesprochen.

Viel Platz für Siedlungen bieten die schwarzkahlen, zerfurchten Hänge des Vulkans nicht. Das winzige Ginostra drängt sich an die Ausläufer des Westhangs, der Hauptort Stromboli erstreckt sich in der flacheren Nordostecke der Insel. Letzterer besteht aus einer Reihe kleiner Dörfer, die noch vor wenigen Jahrzehnten durch Gärten und Felder getrennt waren, seitdem jedoch zusammengewachsen sind: dem Hafenort Scari, der zentralen Siedlung San Vincenzo, den beiden Küstenörtchen Ficogrande und Piscità sowie dem winzigen Weiler San Bartolo. Insgesamt zählt Stromboli etwa 400 Einwohner, die überwiegend vom Fremdenverkehr leben. Geschadet hat es dem Inselchen kaum. Zwar besteht an Hotels und Restaurants auch gehobener Kategorien kein Mangel, touristisch überentwickelt mag man Stromboli jedoch wirklich nicht nennen. Architektonische Missetaten sind selten, und die wenigen Ausnahmen wirken nicht einmal besonders störend.

Stattdessen half der Tourismus, die Abwanderung zu stoppen – im letzten Jahrzehnt ist die Bevölkerung auf Stromboli sogar stärker gewachsen als auf allen anderen Inseln. Fraglich auch, ob ohne das Geld der Fremden die vielen reizvollen alten Inselhäuschen, die als Ferienhaus oder Zweitwohnsitz restauriert wurden, nicht dem Verfall preisgegeben worden wären. Bewohnt werden sie nun von Italienern, aber auch Deutschen, Schweizern und anderen Ausländern, die über einiger-

*Hübsches Ensemble: Madonna und Strombolicchio*

maßen gut gepolstertes Bankkonto verfügen müssen – ein billiger Aussteigertreff ist Stromboli wahrlich nicht, das Preisniveau vielmehr erstaunlich hoch. Dennoch scheint der Lockruf des Vulkans eine besondere Spezies von Gästen anzuziehen. Ganz eindeutig zeigt das Publikum hier einen bunteren Einschlag, wirkt auch jünger als auf den anderen Inseln des Archipels. Gleichzeitig blieb Stromboli ein gewisser rustikaler Charakter erhalten, angefangen beim Fehlen der Straßenbeleuchtung (Taschenlampe!) bis hin zur recht beschränkten Auswahl an Einkaufsmöglichkeiten: Teure Juweliere und Edelboutiquen wie auf Vulcano oder Panarea scheinen auf Stromboli nicht überlebensfähig zu sein – die wenigsten Besucher vermissen sie ...

● *Verbindungen* Fähren der SIREMAR (Lipari 13 €, Milazzo 15 €, Napoli ab 45 €) und selten auch der NGI, Aliscafi (Lipari 18 €, Milazzo 21 €, Napoli 60 €) der SIREMAR und SNAV. Von Juni bis September recht häufige Verbindungen, außerhalb dieses Zeitraums deutlich seltener. Achtung: Die Mole von Scari liegt völlig ungeschützt, weshalb bei höherem Seegang ein Ausfall vor allem der Aliscafi, manchmal sogar auch der Fähren, nicht unwahrscheinlich ist. Dies gilt erst recht für Ginostra.

● *Übernachten* Recht gute Quartierauswahl. Im Hochsommer ist Stromboli oft komplett ausgebucht, im Winter hat fast alles geschlossen. Privatzimmer kann man sich über das Fremdenverkehrsamt Lipari

vermitteln lassen; sofern sie noch etwas frei haben, sind viele Vermieter jedoch auch bei Ankunft der Schiffe am Hafen präsent.

● *Camping* kein offizieller Platz, „wild" zelten verboten. Dennoch wird an den Stränden vor allem im Sommer noch häufig im Schlafsack übernachtet. Wegen der hinterlassenen Abfälle und Fäkalien nimmt die Toleranz der Bevölkerung allerdings allmählich ab.

● *Geldautomaten* Am Aufstieg von Scari zum Kirchplatz mehrere Bankautomaten an der Via Roma, die allerdings schon mal außer Betrieb sein können, deshalb unbedingt genügend Bargeld mitbringen.

**Stromboli** Karte Seite 225

## Geschichte

Die Geschichte der Insel begann vor etwa 160.000 Jahren, als sich ein großer Stratovulkan rund tausend Meter hoch aus dem Meer erhob. Dieser *Paläo-Stromboli* bildet noch heute den größten Teil der Insel, nämlich ungefähr das Gebiet östlich der Linie Ginostra-Piscità, und er formte auch das 924 Meter hohe Gipfelmassiv Serra di Vancori. Vor etwa 13.000 Jahren brach der Nordwest-Sektor des alten Vulkans ein und stürzte ins Meer. An der dadurch entstandenen Flanke baute sich mit dem *Neo-Stromboli* ein neuer Vulkan auf, dem wenige tausend Jahre vor unserer Zeitrechnung ein ganz ähnliches Schicksal beschieden war: Erneut stürzte ein diesmal allerdings kleinerer Teil seines Nordwesthangs ein. Von einem südöstlichen Rest des damaligen Kraters, dem 918 Meter hohen Pizzo, blickt man heute auf die Ausbrüche herab. Direkt unterhalb des Pizzo nämlich arbeitet auf gut 750 Meter Höhe der *tätige Vulkan* unserer Tage, der seit mindestens 300 v. Chr. in kurzen Abständen seine leuchtenden Fontänen in den Himmel jagt. Dieser weltweit einmaligen kontinuierlichen Aktivität, bekannt als „strombolianische Tätigkeit", verdankt der Stromboli seinen Ruhm unter Wissenschaftlern. Die glühenden Schlacken, Aschen und Lavafetzen rutschen über eine steile Rinne meerwärts, die Sciara del Fuoco genannt wird. Eine vierte vulkanische Einheit ragt wie eine uneinnehmbare Burg etwa eineinhalb Kilometer nordöstlich der Insel selbst aus dem Meer: Das Inselchen *Strombolicchio* besteht aus einem Lavarest, der einst den Schlot eines Vulkans füllte. Von diesem selbst, vielleicht ein Nebenvulkan des Paläo-Stromboli, vielleicht sogar noch älter als dieser, ließ die Wut des Meeres kein Steinchen übrig.In gewisser Weise mag es erstaunen, dass ein so heißes Pflaster wie der Stromboli schon in der Vorgeschichte bewohnt war. Aber Vulkanasche ist äußerst fruchtbar, und so reichen die ersten Spuren menschlicher Existenz auf Strom-

*Charakteristisch: die weiße Rauchfahne auf einem Stich des Erzherzogs*

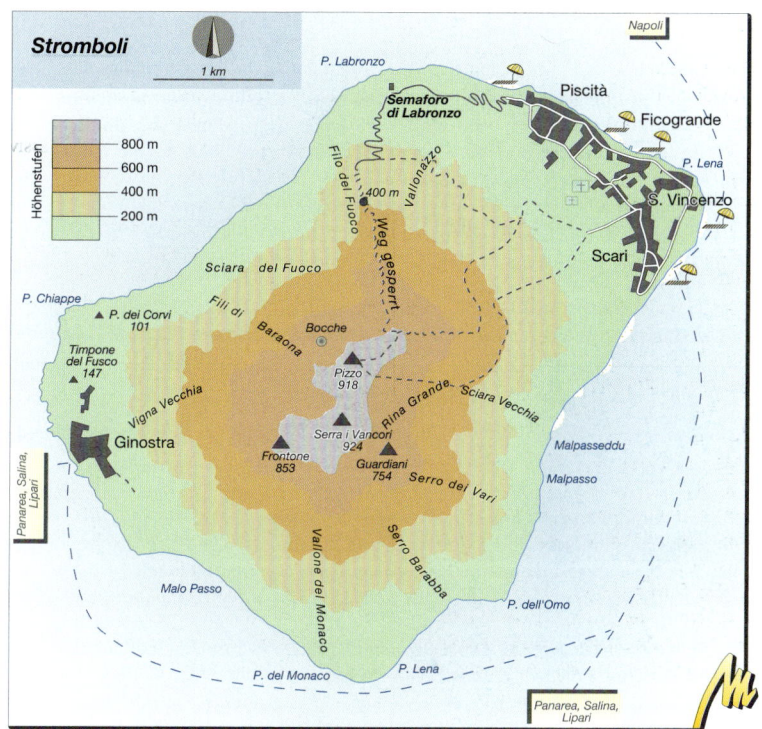

boli bis etwa 3000 v. Chr. zurück. Bronzezeitliche Siedlungen wurden bei Ginostra und San Vincenzo entdeckt. Und auch als der heutige Vulkan seine permanente Tätigkeit aufgenommen hatte, ließen sich Siedler nicht abschrecken: Zwischen Scari und Ficogrande fand man die Reste einer griechischen Nekropolis aus dem 4./3. Jh. v. Chr., bei San Vincenzo kamen römische Grabmäler zutage. Besondere Bedeutung erreichte jedoch keine dieser Siedlungen – zu groß wohl war der Respekt, den man dem Vulkan zollte, schließlich galt Stromboli in der Antike, neben Vulcano und Lipari, auch als Sitz des Windgottes Äolus. Nach dem Niedergang der römischen Herrschaft wurde die Insel aufgrund der häufigen Piratenüberfälle allmählich verlassen und blieb über viele Jahrhunderte unbewohnt. Im Mittelalter stand Stromboli im Ruf, der Eingang zum Fegefeuer zu sein; ganz genau glaubten vorbeifahrende Seeleute damals das Wehklagen der armen Seelen dort zu hören.

Erst zu Beginn des 18. Jh. wagten sich wieder Siedler nach Stromboli. Zunächst lebten sie fast ausschließlich von Landwirtschaft und Fischfang. Schnell entwickelte sich Stromboli, begünstigt durch die Lage auf etwa halbem Weg zwischen Sizilien und Kalabrien, jedoch auch zu einem Stützpunkt der Seefahrt. Bald verfügte die Insel über eine respektable Handelsflotte, die bis zum Ende des Ersten Weltkriegs die größte und bedeutendste des Archipels war. Erst mit dem Aufkommen der billigeren und schnelleren Eisenbahn von Neapel nach Reggio Calabria versiegte diese Geldquelle allmählich wieder.

Noch am Ende des 19. Jh. zählte Stromboli deutlich über 2000 Einwohner, also mehr als das Dreifache der heutigen Bevölkerung. Der Rückgang der Einwohnerzahl begann mit der Emigrationswelle nach Übersee zu Anfang des 20. Jh., setzte sich mit dem Niedergang der Handelsschifffahrt fort und wurde nach dem gewaltigen Vulkanausbruch im Jahre 1930 (siehe auch unten), bei dem sechs Menschen getötet und über zwanzig verletzt wurden, zur Massenflucht.

1949 wurde auf der Insel das Melodram „Stromboli, Terra di Dio" von Roberto Rosselini gedreht; das Haus, in dem Hauptdarstellerin Ingrid Bergman während der Dreharbeiten wohnte, ist noch zu sehen. Besonders die Aufnahmen eines Vulkanausbruchs heizten das Interesse an Stromboli an. In der Folge begann allmählich der Tourismus, anfangs noch in sehr kleinem Maßstab. Der Rückgang der Einwohnerzahl setzte sich denn auch noch bis in die Siebzigerjahre hinein fort, bevor sich dieser Trend zunächst ganz langsam wieder umkehrte.

## Der Ausbruch von 1930

Neben der fast regelmäßigen „strombolianischen Tätigkeit" kommt es im Abstand von Jahren oder Jahrzehnten immer wieder zu äußerst starken Ausbrüchen, die oft von Lava-Ausflüssen begleitet werden. Diese Eruptionen werden „Paroxysmen" genannt und haben manchmal verheerende Folgen. Während des seit Menschengedenken stärksten Ausbruchs am 11. September 1930, der sechs Personen das Leben kostete und in der Folge zahlreiche Bewohner der Insel vertrieb, hielt sich gerade der Schweizer Vulkanologe Alfred Rittmann (1893–1980) auf Stromboli auf. Durch seinen Bericht ist der Ablauf der Ereignisse genau dokumentiert. Danach stieß der Krater um 8 Uhr 10 ohne jede Vorankündigung eine dunkle Aschenwolke aus, die einen lokal begrenzten Aschenregen nach sich zog. Nach etwa zehn Minuten trat wieder Ruhe ein. Um 9 Uhr 52 jedoch ereigneten sich kurz hintereinander zwei sehr heftige Explosionen, deren Donner über 60 Kilometer weit zu vernehmen war. Über dem Krater stieg eine zweieinhalb Kilometer hohe, pinienförmige Eruptionswolke in die Luft. Kurz vor den beiden Explosionen hob sich die gesamte Insel um etwa einen Meter über den Meeresspiegel und sackte dann wieder ab, gefolgt von einer über zwei Meter hohen Flutwelle, die einen alten Mann erfasste und ertrinken ließ. Die erste Explosion schleuderte Gesteinsblöcke von teilweise über 30 Tonnen Gewicht bis nach Ginostra, wo sie mehr als ein Dutzend Häuser völlig zerstörten. Zum Glück fand in dem Dorf gerade ein Begräbnis statt, weshalb sich alle Einwohner auf dem etwas abseits gelegenen Friedhof versammelt hatten; niemand kam zu Schaden. Weniger Glück hatten mehrere Landarbeiter, die in den Weinbergen unweit der Marinestation Semaforo di Labronzo von Gesteinstrümmern der zweiten Eruption erschlagen wurden.

Direkt nach den beiden Explosionen, die den Schlot freigesprengt und damit dem nachdrängenden Magma den Weg gebahnt hatten, setzte ein starker Schlacken- und Aschenfall ein. Im Nordostteil der Insel fielen zehn Minuten lang hell glühende Schlacken vom Himmel, gefolgt von einem halbstündigen Regen aus Aschen und kleineren Fragmenten. Die glühenden Auswürfe setzten die Nordosthänge der Insel in Brand, und die dichten Aschenwolken, die den Berg hinabdrangen, ließen es am hellen Tag stockfinstere Nacht werden. In Stromboli-Ort

*Vulkangewalt und Lavastrand: Stromboli*

erreichte die Ascheschicht eine Dicke von über zehn Zentimetern. An den oberen Hängen des Vulkans hatten sich die glühenden Schlacken und Aschen sogar zu einer fast meterdicken Masse angehäuft. Als diese sich an einigen Stellen in Bewegung setzte, wurden Gase in den aufgeblähten Schlacken frei, die die Reibung zwischen den Bruchstücken minimierten. Das Resultat war eine Glutlawine aus Steinen, Schlacken und Aschen, die mit einer Höhe von bis zu zehn Metern und einer Geschwindigkeit zwischen 55 und 70 Stundenkilometern das enge Vallonazzo-Tal hinabraste. Mit Temperaturen von über 700 Grad zerstörte sie noch Weinberge in einer Entfernung von bis zu hundert Metern beiderseits der Schlucht. Ein Bauer, der in diesem Gebiet gearbeitet hatte, wurde später erstickt und halb verkohlt aufgefunden. Westlich von Piscità ergoss sich die Glutlawine ins Meer. Sie setzte mehrere Boote in Brand, brachte das Wasser im Umkreis von 20 Metern zum Kochen und tötete einen Einwohner, der sich in eine vermeintlich sichere Meereshöhle geflüchtet hatte. Etwa um 10 Uhr 40 beruhigte sich der Vulkan. Gegen 11 Uhr setzte auf der Sciara del Fuoco ein erster Lavastrom ein, dem bald ein größerer zweiter folgte. Der Ausfluss von Lava dauerte bis in die Nacht.

Ein weiterer Bericht über den Ausbruch stammt von einem deutschen Touristen namens Flotz, der sich während der Eruptionen unweit der Marinestation Semaforo di Labronzo aufgehalten hatte. Flotz muss unwahrscheinliches Glück gehabt haben: Das Gebiet nordöstlich der Sciara del Fuoco bildete die am stärksten betroffene Zone des Ausbruchs. Sein Augenzeugenbericht, zitiert nach Pichler (Italienische Vulkangebiete III, 1981), schildert eindringlich die Gefahr: „Deutlich hörte ich die Eruptionen, das Geprassel, ein Rutschen von Steinmassen und ein Zischen. Das Meer kocht. Große wolkige Gebilde schieben sich die Küste entlang. Das Geräusch der Eruptionen wird stärker... Da, eine neue Eruption, direkt vom

**Stromboli** Karte Seite 225

*Ortsteil Piscità: Die alten Reedersvillen umweht ein Hauch von Orient*

Berg her. Fast gleichzeitig ein fürchterliches Prasseln und Rutschen. Der Berg oben ist dicht umwölkt, und das Prasseln kommt mit rasender Geschwindigkeit näher. Und nun geht ein Trommelfeuer los: Rechts und links, vor mir und hinter mir schlagen Geschosse ein, Steine von der Größe einer Faust bis zur Größe eines Rucksackes. Immer dichter und dichter." Dies waren die Gesteinsblöcke, die von der zweiten Eruption stammten. Einer von ihnen traf die nahe Marinestation und zerstörte sie fast völlig. Flotz suchte zwar hinter dicken Baumstämmen Zuflucht, genutzt hätte es ihm im Zweifelsfall jedoch wohl nicht viel. „Es wird immer dunkler. Die Einschläge werden noch stärker. In den Ästen kracht und splittert es. Eine dicke Sandwolke senkt sich herab, und es ist pechschwarze Nacht. Düsterrote Flammen schwelen durch die Sandwolken. Die glühenden Lavafetzen haben das trockene Gras (und die Rohrpflanzungen) entzündet. Die Luft wird brühheiß, dicker Sand hängt in der Luft und der Atem geht schwer. Es wird heller. Der Steinregen lässt nach, bald kommt nur noch Sand." Flotz verließ nun sein Versteck und flüchtete in den Ort. Dabei musste er die glühenden Massen überqueren, die die Glutlawine im Vallonazzo hinterlassen hatte. Mit schweren Brandwunden an den Füßen erreichte Flotz schließlich das Dorf.

● *Informationen über Vulkanismus* **Centro Operativo GNV**, ein kleines Infozentrum der Gruppo Nazionale per la Vulcanologia, an der Uferstraße zwischen Scari und San Vincenzo. Ausstellung und Fotos zum Thema Vulkanismus, Erläuterungen in Italienisch und Englisch. Wechselnde Öffnungszeiten, im Januar und Februar geschlossen. Via Marina, ✆ 090 986708.

## Ginostra

Wer von einer der anderen Inseln anreist, erreicht noch vor dem Hauptort Stromboli die kleine Siedlung Ginostra. Ginostra ist das wohl entlegenste Dorf der

Liparischen Inseln, auch von Stromboli-Ort aus praktisch nur auf dem Seeweg zu erreichen. Seine weltabgeschiedene Lage ohne jeden Straßenanschluss bescherte dem winzigen Örtchen eine illustre und treue Gästeschaft der Marke Nobel-Freak, die sich in den kleinen Häuschen teilweise dauerhaft eingerichtet hat. Die eigentliche Einwohnerzahl liegt bei wenigen Dutzend Menschen. Und so sind auch die übrigen Dimensionen des Dörfchens. Der winzige Hafen galt sogar lange als „kleinster Hafen der Welt". 2004 wurde eine neue, seinerzeit durchaus umstrittene Mole errichtet, die die frühere Ausbootungsprozedur von der Fähre überflüssig macht – freilich nur, sofern das Wetter mitspielt...

• *Verbindungen* Das Anlegen der Fähren und Aliscafi ist nur bei ruhiger See möglich. Bei hohem Wellengang kann es dagegen sehr wohl passieren, dass man länger in dem kleinen Ort bleibt, als eigentlich geplant: Gelegentlich ist Ginostra schon mal ein paar Tage vom Rest der Welt abgeschnitten. Der in manchen Karten noch eingezeichnete Fußpfad von Scari ist durch eine Reihe von Erdrutschen zerstört und praktisch unpassierbar.

• *Übernachten/Essen* In der HS die Quartierfrage unbedingt schon vorab klären (Fremdenverkersamt Lipari), in der NS kann man sich auch vor Ort nach Privatunterkünften erkundigen.

**Affittacamere Mare Blu**, übernimmt die Nachfolge der ehemaligen Locanda Petrusa – Anlaufstelle bleibt das z.Zt. einzige Insel-Restaurant „L'Incontro" oberhalb des kleinen Hafens. Drei Zimmer in der Via Piano, jedes mit eigenem Bad. Geöffnet von April bis Oktober, auf Anfrage ganzjährig. DZ etwa 70–120 €. Via Sopra Pertuso, ✆ 090 9812305, Mobil-✆ 339 7386432.

**Mario lo Schiavo**, vermietet fünf Privatzimmer und hilft, falls ausgelastet, auch bei der Suche nach einer Unterkunft. Via Piano, ✆ 090/9812880.

*Seit dem Bau der neuen Mole Vergangenheit:*
*Ein Boot übernimmt Nachschub für Ginostra*

*Ziel der Fähren und Aliscafi: Scari*

# Stromboli-Ort

**Das weit größere und bedeutendere der beiden Inseldörfer ist aus mehreren früher eigenständigen Siedlungen zusammengewachsen.**

Stromboli-Ort erstreckt sich im Nordosten der Insel und besteht praktisch nur aus zwei halbwegs parallel verlaufenden Sträßchen und einigen steilen Verbindungsgassen. Dennoch beansprucht die Siedlung einigen Raum. Neben der teilweise sehr lockeren Bebauung liegt dies auch daran, dass sich Stromboli aus mehreren Ortsteilen zusammensetzt, die früher einmal eigenständige Dörfer bildeten.

**Scari**, der am weitesten südöstlich gelegene Ortsteil, bildet das Umfeld der Schiffsanlegestelle. Von hier verläuft ein küstennahes Sträßchen im Linksbogen durch einen von Gewerbegebäuden und dem Hubschrauberlandeplatz geprägten Siedlungsbereich, den Ortsansässige schon mal mit bitterer Ironie als „Industriegebiet der Liparischen Inseln" charakterisieren. Hinter dieser in der Tat wenig attraktiven Zone beginnen die schwarzen Strände von Ficogrande, das zusammen mit dem westlich angrenzenden und ebenfalls durch viele Gärten aufgelockerten *Piscità* die Mehrzahl der Hotels beherbergt. Hinter Piscità liegt ein weiterer schöner Strand, inseleinwärts die kleine Häusergruppe von *San Bartolo*, die mit der gleichnamigen Kirche noch ein wenig den Eindruck eines selbstständigen Weilers vermittelt. Bei Piscità und San Bartolo beginnt auch der zwar mühsame, aber unbedingt lohnende Aufstieg zum Vulkangipfel.

**San Vincenzo**, auf einer Anhöhe über Scari gelegen und von dort über die steil ansteigende Via Roma zu erreichen, ist das eigentliche Zentrum der Siedlung Stromboli. An vielen Stellen des schmalen Sträßchens hinauf zum Kirchplatz passen nicht einmal zwei Apes aneinander vorbei. Zur Rush-Hour, wenn gerade eine

Fähre angelegt hat, wird es hier schon mal eng und fast ein wenig hektisch. Außer der Post und der Apotheke finden sich an der Via Roma auch eine Reihe von Einkaufsmöglichkeiten, darunter ein relativ gut bestückter Supermarkt. Oben angelangt, trifft man auf die hiesige Kirche, ebenfalls San Vincenzo genannt. Sie bewacht einen der am schönsten gelegenen Plätze des Archipels: Von seiner luftigen Höhe genießt man einen weiten Blick über die schwarzen Sandstrände tief unterhalb, das Meer und auf die bizarr geformte Mini-Insel Strombolicchio. Ein reizvoller kurzer Ausflug führt von San Vincenzo zunächst nach Westen Richtung San Bartolo, in der Nähe der Bäckerei dann jedoch links bergwärts und, vorbei am neuen Friedhof, zur alten Begräbnisstätte der Siedlung. Viele der überwucherten Gräber hier, insgesamt über fünfzig an der Zahl, sind mit schönen alten Keramikkacheln geschmückt, wie sie auch in manchen der Inselhäuser zu finden sind.

*Verbindungen/Erste Hilfe/Geldautomat/Ausrüstungsverleih*

• *Verbindungen* Schiffsanleger in Scari, ins Zentrum geht es den Berg hoch. Agenturen im Umfeld: SIREMAR, ☎ 090 986016, auch für die Fähren nach Napoli; NGI (bedient Stromboli nur selten) und USTICA LINES, ☎ 090 986003. Von Ende Mai bis Anfang September öffnet der Kiosk der SNAV für die Aliscafi nach Napoli, Mobil-☎ 348 7013472.

• *Erste Hilfe* **Guardia Medica**, in Nähe der Kirche S. Vincenzo, ☎ 090 986097, Mobil-☎ 335 7663002. Auch die Rettungskolonne „Misericordia d´Italia", die bei Notfällen auf dem Stromboli helfen kann, ist über die Guardia Medica zu erreichen.

• *Ausrüstungsverleih/Internetzugang* **Totem**, ein Geschäft am Kirchplatz, verleiht Bergstiefel und andere Ausrüstung für den Aufstieg zum Vulkan, informiert auch über Führer. Geöffnet ist von April bis Oktober sowie über Weihnachten und Neujahr. Piazza San Vincenzo 4, ☎/℡ 090 9865752. Hier auch **Internetzugang**.

*Das Maultier von heute: Ape als Kofferträger*

*Übernachten*

Recht vielfältige Möglichkeiten. Neben den Hotels gibt es viele Privatvermieter, die in der Nebensaison zum Hafen kommen und ihre Gäste oft mit umgebauten Vespa-Dreirädern (Ape) zum Quartier bringen – am besten, man erkundigt sich gleich, ob auch der Rücktransport nach dem Aufenthalt so gastfreundlich erfolgt... Zur Nebensaison kann es sich auch lohnen, ein wenig über den Preis zu verhandeln. Im Sommer dagegen sollte man wegen der starken Nachfrage unbedingt reservieren. Wie auch überall sonst auf den Inseln ist ein Besuch zur Hochsaison, insbesondere im August, gewissen Einschränkungen unterworfen: Der starke Andrang italienischer Gäste sorgt für hohe Preise, zudem besteht dann vielfach Pensionsverpflichtung.

● *Hotels*  **** **La Sirenetta Park Hotel (7)**, an der Strandstraße von Ficogrande, nebenan das gleichnamige Tauchzentrum. Das erste Hotel auf Stromboli, gegründet bereits 1952, was man ihm freilich in keiner Weise ansieht, und mittlerweile in der Vier-Sterne-Kategorie. Geräumige, gut möblierte Zimmer in einer hübsch verwinkelten und gut begrünten Bungalowanlage; großer Meerwasser-Swimmingpool. Beliebte Bar, Amphitheater für Aufführungen. Geöffnet von April bis Oktober. DZ/F nach Saison, Lage und Ausstattung etwa 130–310 €, zur Nebensaison gelegentlich Spezialangebote.  ☎ 090 986025, ✆ 090 986124, www.lasirenetta.it.

*** **Hotel Villaggio Stromboli (5)**, zwischen Ficogrande und Piscità. Zimmer leicht angekitscht, aber ordentlich eingerichtet; zudem in sehr schöner Lage über dem Meer, unten ein kleiner Sandstrand in Schwarz. Die besonders zum Sonnenuntergang beliebte Bar „Le Terrazze di Eolo" mit Ristorante (www.leterrazzedieolo.it) füllt sich vor allem zur HS. Geöffnet April bis Oktober. Keine Pensionsverpflichtung; DZ/F 100–130 €, im August 170–190 €. Der Ape-Abholservice vom und zum Hafen kostet extra, p.P. 3 € hin und zurück. Via Regina Elena 38, ☎ 090 986018, ✆ 090 986258, www.villaggiostromboli.it.

*** **Hotel Ossidiana (20)**, in Scari am Hafen. Weiß verputzter, klobiger Kasten; Rundungen,

*Der Treffpunkt der Insel: Bar Ingrid Club am Kirchplatz von San Vincenzo*

Stromboli-Ort

100 m

Piscità

San Bartolo †

**E**ssen & Trinken
1 Bar-Rist.-Pizz. L'Osservatorio
9 Ristorante Punta Lena
11 Ristorante Barbablù
12 Rist./Pizz. La Lampara
14 Ris. Pizz. Da Luciano
16 Rist. Pizz. La Trottola
17 Trattoria Ai Gecchi
18 Ristorante Canneto
19 Ristorante Da Zurro

neuer Friedhof

Ficogrande

"Ingrid-Bergman-Haus"

San Vincenzo

alter Friedhof

Aufstieg zum Vulkan

Abstieg vom Vulkan

Scari

**Ü**bernachten
2 B & B Il Mulino
3 Pension Casa del Sole
4 Albergo Brasile
5 Hotel Villaggio Stromboli
6 Hotel Villa Petrusa
7 La Sirenetta Park Hotel
8 Hotel Miramare
10 Pensione La Nassa
13 B & B La Lampara
14 Albergo Da Luciano
15 B & B Il Giardino Segreto
20 Hotel Ossidiana

Schiffsanleger (Fähren, Aliscafi)

Winkel und Bögen nehmen die Schwere etwas weg. Geräumige Zimmer mit Kühlschrank. Der Hotelbesitzer hat oberhalb der Mole von Scari eine kleine Thermalanlage eröffnet, für Hotelgäste ist der Besuch gratis. Geöffnet von Ostern bis Oktober. DZ/F nach Saison und Ausstattung 90–240 €. Via Marina, ℡ 090 986006, ℻ 090 986250, www.hotelossidiana.it.

**\*\*\* Hotel Miramare (8)**, an der Strandstraße von Ficogrande unweit des La Sirenetta Park Hotel. Hübsche kleine Anlage, in Stufen den Hang hochgebaut, diverse Terrassen. Ordentliche Zimmer, frisch renoviert, wenn auch vielleicht etwas uninspiriert mobliert; mehrere Leser waren auf jeden Fall sehr zufrieden, auch mit der Küche. Geöffnet April bis Mitte Oktober. DZ/F etwa 80–130 €, im August 170 €. In der Dependance „Casa Limone" sind die Zimmer etwas preisgünstiger. ℡ 090 986047, ℻ 090 986318, www.miramarestromboli.it.

**\*\* Hotel Villa Petrusa (6)**, hübsche, verwinkelte Anlage etwa auf halbem Weg zwischen Ficogrande und Piscità. Vor einigen Jahren renoviert, Zimmer mit Kühlschrank, Klimaanlage etc.; mit Dependance. Geöffnet Ostern bis Oktober. DZ/F etwa 80–90 €, von Mitte Juli bis August allerdings 110–180 €. Soldato Panettieri 4, ℡ 090 986045, ℻ 090 986126, www.hotelvillapetrusa.it.

**\*\* Albergo Brasile (4)**, in Piscità gleich unterhalb der Kirche San Bartolo. Hübsche, weitläufige Anlage, 2004 komplett renoviert, sehr ordentliche Zimmer und Bäder. Schöne Gemeinschaftsdachterrasse mit herrlichem Blick, besonders reizvoll am Abend. Geöffnet April bis Oktober. DZ/F 65–80 €, von Mitte Juni bis Anfang September nur mit HP, p.P. 70–80 €; gegen Aufpreis auch „Suiten" mit eigener Dachterrasse. Via Soldato D. Cincotta, ℡/℻ 090 986008, pensione.brasile@tin.it, www.strombolialbergobrasile.it.

Stromboli
Karte Seite 225

*Mal rund, mal eckig: Kirchtürme in San Vincenzo*

● *Privatzimmer/Apartments/Ferienhäuser*
Vermittlung auch über die Infostelle Lipari möglich. Eine vielversprechende Alternative ist es, sich in Bars und Geschäften zu erkundigen. Viele Privatvermieter auf Stromboli nennen sich übrigens „Pensione".

**Pensione La Nassa (10)**, sehr angenehme kleine Anlage in Ficogrande, oberhalb der Strandstraße und etwa gegenüber dem Ristorante Punta Lena. Zwölf hübsche, unterschiedlich ausfallende Zimmer in eolischem Stil; alle mit Terrasse, fast alle mit guten Bädern, viele mit Meerblick. Auch Apartments mit Küchen zur wochenweisen Vermietung. Freundlicher Besitzer. Betriebszeit von Ostern bis Mitte Oktober. DZ/Bad je nach Saison 50–70 €, im August 90 €. Via Fabio Filzi, ✆/✆ 090 986033, gabrieleguadagna@virgilio.it, www.lanassastromboli.it.

**Albergo Da Luciano (14)**, dem gleichnamigen Restaurant (siehe unten) angeschlossene Zimmervermietung in San Vincenzo. Eher schlicht, die Zimmer zum Teil recht eng, ansonsten brauchbar, manche auch mit Terrasse und schönem Blick. Geöffnet von März bis Ende Oktober. DZ/Bad je nach Saison 60–80 €, im August mit magerem F 100 €. Via Roma 15 nahe Kirchplatz, im zugehörigen Ristorante „Da Luciano" fragen, ✆ 090 986088, www.ristorantedaluciano.it.

**Bed & Breakfast La Lampara (13)**, unweit von San Vincenzo, dem gleichnamigen Ristorante angeschlossen. Sieben unterschiedlich ausfallende, teilweise hübsch gekachelte Zimmer, einige auch mit Terrasse; eine Gemeinschafts-Dachterrasse ist ebenfalls vorhanden. Ganzjährig geöffnet. DZ/F 60–90 €, im August 120 €. Via Vittorio Emanuele 27, ✆ 090 986409, ✆ 090 986019, www.lalamparastromboli.com.

**B&B Il Giardino Segreto (15)**, etwa 10 Gehminuten oberhalb der Piazza San Vincenzo ruhig im Grünen gelegen, ein Lesertipp von Antonella Scola. Am Haus wurde zuletzt immer noch gebaut, sieben Zimmer sind jedoch fertig gestellt – sie fallen sehr unterschiedlich aus. Das Haus umgibt ein „dschungelartiger Garten", schöne Dachterrasse. Antonio Aquilone ist ein Vulkanführer, seine Lebensgefährtin Chiara führt den Inselbuchladen. DZ 60–100 €, im August 120 €, italienisches Frühstück 5 € extra p.P. Via Francesco Natoli, ✆/✆ 090 986211, www.giardinosegretobb.it.

**B&B Il Mulino (2)**, im Ortsteil Piscità direkt über dem Meer in Nähe der Casa del Sole. Die ehemalige Windmühle mit Nebengebäuden bietet fünf unterschiedlich möblierte, eher einfache Zimmer, einige mit eigener Küche. Tolle Terrassen mit Aussicht, Treppe zum Privatstrand. Die Lage ist schwer zu toppen, eine (allfällige) Renovierung steht an. April bis Oktober. DZ/F 60-80 €, im August bis 100 €. Via Regina Elena, Tel. 090 986701, Mobil 338 5408931, michele.wegner@gmail.com.

**Casa del Sole (3)**, in Piscità unweit des Albergo Brasile. Ein einfaches, aber reizvolles Quartier, das sich vor allem an junge Kundschaft wendet. Großes, deutlich über hundert Jahre altes Haus; ausgedehnter Innenhof mit Tischen und Stühlen. Sechs einfachere Zimmer im alten Haus, teilweise recht hübsch möbliert, die sanitären Gemeinschaftsanlagen gepflegt. Küchen- und Kühlschrankbenutzung möglich, keine Pensionsverpflichtung. Dazu gibt es vier neue Doppelzimmer mit Bad. Geöffnet Ostern bis November. Besitzerin Graziella und Tochter Francesca vermieten auch Apartments und schön restaurierte Häuser. DZ o. Bad nach Saison 50–80 €, DZ/Bad 60–100 €. Via Domenico Cincotta, ✆/℡ 090 986300, www.casadelsolestromboli.it.

*Essen/Kneipen & Nachtleben (siehe Karte S. 233)*

Die Mehrzahl der Lokale öffnet nur von Mai/Juni bis September/Oktober, manche auch nur für einen Sommer ... Die folgenden Restaurants bestehen aber bereits seit vielen Jahren.

● *Essen* **Ristorante Da Zurro (19)**, eines der besten Restaurants der Insel, hübsche Terrasse im ersten Stock über der zugehörigen Bar. Feine Küche, berühmte Antipasti aus Fisch und Meeresfrüchten, gut auch die hausgemachten schwarzen Tagliatelle mit Krabben, schwarzgefärbt von der Tinte des Tintenfischs. Menü ab etwa 30–35 € aufwärts. Geöffnet April bis September. Via Marina, zur Saison Reservierung ratsam, ✆ 090 986283.

**Trattoria Ai Gecchi (17)**, Leser Boris Rösler lobt die ausgefallen Kochkreationen des Padrone: „Die Preise sind hoch, generell 30 € für ein Hauptgericht, dafür bekommt man das ausgefallenste, was diese Insel zu bieten hat. Das Angebot wechselt von Tag zu Tag, es gibt ausschließlich Fisch und selbstgemachte Pasta, kein Fleisch." Oberhalb der Via Roma gelegen, auf einem kurzen Stichweg zu erreichen. In der Regel ganzjährig geöffnet, es empfiehlt sich, vorher anzurufen. Vico Salina 12, ✆ 090 986213, Mobil-✆ 347 5705571.

**Ristorante Canneto (18)**, gleichfalls in Hafennähe. Ebenfalls gute Küche, Service gelegentlich etwas gelangweilt. Spezialität sind hier die pikanten Spaghetti „Strombolana" sowie Involtini di Pesce Spada. Geöffnet von Anfang Juni bis Ende September, gehobenes Preisniveau, „der Wein ist fast unerschwinglich" (so ein Leserbrief); es gibt aber auch offenen Wein. Via Roma 64, ✆ 090 986014.

**Ristorante Barbablù (11)**, auch einer der schickeren Treffs. Hübsch dekorierter Innenraum, Terrasse. Venezianisch-internationale Küche; nur wenige, ausgewählte Gerichte. Für ein Menü im „Blaubart" muss man mit etwa 40 € aufwärts rechnen. An der inseleinwärts gelegenen Straße von San Vincenzo nach Piscità. Auch Vermietung einiger Zimmer, hübsch, aber ebenfalls nicht gerade preisgünstig. Via Vittorio Emanuele 17, ✆ 090 986118, www.barbablu.it.

**Ristorante Punta Lena (9)**, am östlichen Rand der Bucht von Ficogrande, mit sehr hübschem Ambiente in einem typischen Inselhaus, von dessen Terrasse sich ein toller Blick auf das Inselchen Strombolicchio bietet. Besitzer Stefano Oliva liebt lokale Rezepte und kocht mit viel Gemüse und Kräutern, weshalb hier neben Fischliebhabern auch Vegetarier glücklich werden können. Menü etwa 30–40 €, immer wieder von Lesern gelobt. Geöffnet etwa von Ostern bis Ende September, Mitte Oktober, je nach Wetter; ✆ 090 986204.

**Ristorante-Pizzeria La Lampara (12)**, in San Vincenzo. In seiner Klasse ein echter Tipp. Tische und Stühle im Freien auf einer großen, überdachten Terrasse; im Sommer trubelige Atmosphäre. Sehr gute und ausgesprochen üppig dimensionierte Pizze zu erträglichen Preisen. Freundlicher Service. Angeschlossen ist ein schönes B&B (siehe oben), ✆ 090 986409.

**Ristorante Pizzeria Da Luciano (14)**, Luciano hat das Handwerk des *pizzaiolo* in Neapel gelernt, das merkt man seinen herrlich luftigen Teigfladen an. Geöffnet März bis Ende Oktober. Via Roma 15, ✆ 090 986088, www.ristorantedaluciano.it.

**Ristorante-Pizzeria La Trottola (16)**, das einzige zuverlässig ganzjährig geöffnete Restaurant Strombolis liegt oberhalb der Hauptstraße, die vom Hafen zur Piazza San Vincenzo hoch führt. Auch Tavola calda, im Sommer Tische im Freien auf der Veranda. Via Roma 32, ✆ 090 986046.

*Ingrid Bergmanns Bleibe während der Dreharbeiten*

## „Ein zähes ländliches Melodram": Stromboli, Terra di Dio

Der 1949 gedrehte Film, durch den die Vulkaninsel erstmals einem breiteren Publikum bekannt wurde, ist auf Stromboli Kult und flimmert allsommerlich über die Bildschirme vieler Bars. Das Haus an der Via Vittorio Emanuele, in dem Hauptdarstellerin Ingrid Bergman während der Dreharbeiten wohnte, wurde denn auch fein restauriert und mit einer Gedenktafel geschmückt. Dabei erregte seinerzeit vor allem die außereheliche Liaison zwischen der Schwedin und dem italienischen Regisseur Roberto Rosselini das internationale Interesse. Das Werk selbst machte weit weniger Furore...

Die Handlung des Films ist schnell erzählt. In einem Flüchtlingslager lernt die junge, italienischsprachige Litauerin Karin Bjorsen (Ingrid Bergman) den Soldaten Antonio (Mario Vitale) kennen. Als ihr das erhoffte Visum nach Argentinien verwehrt wird, willigt die heimatlose Frau in ihrer Not ein, den einfachen Fischer aus Stromboli zu heiraten und ihm auf seine Heimatinsel zu folgen. Das karge Leben, „hart wie der Boden selbst", erschreckt sie ebenso wie die unverhohlene Feindseligkeit der Frauen des Dorfs. Schnell gerät die lebenshungrige junge Frau aus dem Norden, die auch schon mal Hosen trägt, in Konflikt mit der sittenstrengen, rigiden Moral Süditaliens. Die einzigen Einwohner, zu denen Karin Zugang findet, sind der Priester, der jedoch geflissentlich Abstand zu der attraktiven Frau hält, und die alten, aus der Emigration nach Amerika zurückgekehrten Männer. Als Karin mehr oder minder zufällig in einen harmlosen kleinen Flirt mit dem Leuchtturmwärter schlittert, wird sie vom ganzen Dorf heimlich dabei beobachtet. Abends pfeifen es dann die Spatzen von den Dächern: Ihr Mann sei ein „cornuto", ein „Gehörnter". Antonio verliert die Nerven und verprügelt seine Frau. Zu allem Unglück erschüttert bald darauf auch noch ein Vulkanausbruch die Insel. Karin, mittlerweile schwanger, entschließt sich, Stromboli und ihren Mann zu verlassen. Vorher verschwindet sie jedoch noch mit dem Leuchtturmwärter in einer Höhle... Karin versucht, über den Vulkan nach Ginostra zu fliehen, um dort ein Schiff zu finden, verliert jedoch in den Rauchschwaden die Orientierung und verirrt sich auf den Hängen. Noch während sie um göttlichen Beistand betet, schläft sie ein. Am nächsten Morgen ergreift sie zunächst die Schönheit der Insel und des Vulkans: „Welch Mysterium! Wie schön!" Bald jedoch wird ihr ihre Situation wieder bewusst: „Nein! Ich kann nicht zurück! Ich will nicht ... Sie sind entsetzlich. Alles ist entsetzlich. Sie wissen nicht, was sie tun. Aber ich bin schlimmer." Das Ende des Films bleibt offen. In der letzten Einstellung fleht Karin noch einmal um die Hilfe Gottes: „Oh Gott, mein Gott. Hilf mir! Gib mir Kraft, Einsicht, Mut. Barmherziger Gott, mein Gott". Dann hört man nur noch das Gekreisch der Möwen...

Ein cineastischer Volltreffer wurde „Stromboli, Terra di Dio" nicht gerade. Das „Lexikon des Internationalen Films" schreibt beispielsweise: „Die erste Zusammenarbeit zwischen Rosselini, dem Exponenten des Neorealismus, und dem Hollywoodstar Ingrid Bergman, ein zähes ländliches Melodram, war für Zuschauer und Kritiker gleichermaßen enttäuschend. Aufregend nur die Dokumentaraufnahmen eines Vulkanausbruchs." Dem bleibt wenig hinzuzufügen, von der Anmerkung abgesehen, dass der Film auch blutig-spektakuläre Bilder einer Mattanza (Netzjagd auf Thunfisch) enthält.

**Bar/Rist./Pizzeria L'Osservatorio (1)**: Siehe im Abschnitt „Auf den Vulkan".

• *Kneipen & Nachtleben* **Bar Ingrid Club** (woher wohl der Name stammt...?), der Haupttreffpunkt, mit fantastischer Aussicht am Kirchplatz von San Vincenzo gelegen – hier kommt im Laufe des Tages jeder mal vorbei. Es gibt eine Auswahl guter Snacks, Süßes, Eis, auch Granite, Self-Service.

**Il Malandrino**, beliebter Treffpunkt am Hafen. Zu essen gibt es auch, aber nur Pizza.

In der Nähe weitere Bars, darunter die **Beach Bar**, günstig, um auf die Fähre zu warten.

**Tartana Club**, die Bar des Sirenetta Park Hotels, ist die wichtigste abendliche Anlaufstelle am Strand von Ficogrande.

**Discos** öffnen und schließen häufig, wechseln immer mal wieder Adresse und Besitzer, weshalb man sich über den aktuellen Stand am besten vor Ort erkundigt.

## *Sport*

Sport bedeutet auf Stromboli natürlich fast ausschließlich Wassersport.

• *Tauchen* **La Sirenetta Diving Center**, dem gleichnamigen Hotel zugehörig. Via Marina 33, ☎ 090 986025, www.lasirenettadiving.it.

• *Windsurfen, Segeln, Kanuverleih* **Centro Mare Stromboli**, unterhalb des Hotels Villagio Stromboli in Piscità. Via Vito Nunziante, Mobil-☎ 338 5051543.

• *Bootsverleih* **Società Navigazione Pippo** am Hafen, ☎ 090 986135. Daneben gibt es noch eine ganze Reihe weiterer Adressen.

• *Scooter- und Fahrradverleih* **Scirocco**, an der Hafenmole von Scari, ☎ 090 9865778, Mobil-☎ 360 955634, www.sciroccostromboli.it.

▶ **Baden:** Ein Großteil der Küste Strombolis besteht aus steilen Felsabstürzen. Aber: Von Scari bis hinter Piscità erstrecken sich immer wieder hübsche Strandabschnitte, teils feiner Kies, teils Sand – immer aber, der vulkanischen Herkunft getreu, in Schwarz. Der schönste Abschnitt mit von Felsen unterbrochenem feinem Sand liegt hinter Piscità, am Aufstieg zum Vulkan. Ebenfalls sehr reizvoll sind die Strände südlich von Scari, insbesondere der Bereich unterhalb der Sciara Vecchia. In diesem Gebiet halten sich manche Besucher an FKK, was nach Auskunft langjähriger Stromboli-Besucher die Einwohner nicht stören soll; im Gegenteil kämen auch junge Leute von Stromboli selbst hierher. An den Familienstränden ist dagegen auch „oben ohne" nicht gerne gesehen.

## Bootstouren um Stromboli

Ein großer Teil der Küstenlinie Strombolis ist nur von See her zugänglich, weshalb eine Bootsrundfahrt das „Erlebnis Stromboli" sehr schön abrundet. Bei den etwa zwei- bis dreistündigen Rundfahrten wird meist auch ein kurzer Halt in Ginostra eingelegt. Weitere Höhepunkte einer solchen Tour sind das Inselchen Strombolicchio und die Sciara del Fuoco, die auch Ziel einer eigenen, nächtlichen Ausfahrt sind.

**Strombolicchio**: Das burgähnliche Inselchen aus Lavafels, Rest der Schlotfüllung eines längst verschwundenen Vulkans, liegt etwa eineinhalb Kilometer nordöstlich von Stromboli. Früher einmal 56 Meter hoch, wurde die Spitze beim Bau eines Leuchtturms in den Zwanzigerjahren eingeebnet. Heute misst Strombolicchio nur mehr 49 Meter. Mehr als 200 teilweise aus dem Fels gehauene Stufen führen hinauf zur Plattform, doch ist der Aufstieg für Normalsterbliche tabu: Das Inselchen wurde zur „Riserva Naturale Integrale" erklärt und darf nicht betreten werden. Von Besuchern verschont bleiben so auch die hier heimischen Eidechsen einer Art, die es nirgends sonst auf der Welt gibt.

**Sciara del Fuoco**: Die auf Meereshöhe rund einen Kilometer breite Rinne, über die seit Jahrtausenden das vom Vulkan ausgeworfene Material ins Meer poltert, bietet vor allem nachts ein oft spektakuläres Schauspiel, denn dann macht der „Weg des Feuers" seinem Namen wirklich alle Ehre. Natürlich legen die Rundfahrtboote nicht direkt unterhalb dieser Riesenrutsche an, sondern dümpeln in gebührlichem Abstand im Meer.

*Strombolicchio: Was vom Vulkan übrig blieb*

● *Information, Preisbeispiele* Organisierte Touren starten am Hafen von Scari und am Strand von Ficogrande. Im Sommer stehen an beiden Orten Infokioske der Veranstalter. Zur Saison bestehen auch feste Abfahrtstermine; ansonsten ist die Angelegenheit Verhandlungssache. Preisbeispiele: Inselrundtour (2,5 Stunden) nach Saison etwa 15–20 €, nächtliche Bootsfahrten zur Sciara del Fuoco selber Preis. Ein seit vielen Jahren bestehender Veranstalter ist die „Società Navigazione Pippo" (SNP), ☎ 090 986135, Mobil-☎ 338 9857883; ein Leser empfahl alternativ „Frank International", der mit seiner österreichischen Lebensgefährtin auch zwei Apartments vermietet, ☎ 090 986073, Mobil-☎ 339 2626661. Zuverlässig ist ebenfalls „Chez Peulo", der mit Schlauchbooten fährt, ☎ 090 986245, Mobil-☎ 338 4312803.

*Hoch oben: Rastplatz mit Aussicht*

# Auf den Vulkan

**Ein nächtlicher Blick in den mehrmals pro Stunde Feuer speienden Krater des Stromboli gehört mit Sicherheit zu den faszinierendsten Erlebnissen, die auf Reisen innerhalb Europas möglich sind.**

Jede Eruption folgt derselben Dramaturgie. Erst ein allmählich einsetzendes Fauchen, danach tiefes Donnern, wie aus dem Mittelpunkt der Erde – dann erglüht der Dampf im Krater, jagen purpurrote Lavafontänen in den Himmel, verzweigen sich zu leuchtendem Sprühregen. Sekundenlang scheint die Luft zu brennen, blitzt ein Stück Hölle aus der Glut des Kraters. Ein Urerlebnis... Etwas Kondition (ersatzweise: eisernen Willen) braucht man für die etwa drei Stunden schweißtreibenden Aufstiegs jedoch schon, schließlich beginnt die Tour auf Meeresniveau und führt auf steile 918 Meter Höhe. Um Enttäuschungen zu vermeiden: Selten, ganz selten, bricht der Stromboli nicht annähernd uhrwerksgleich aus, stellt sogar manchmal für eine ganze Nacht die Tätigkeit ein. Dies ist dann übrigens kein gutes Zeichen, deutet eventuell auf einen stärkeren Ausbruch hin. Bislang kam jedoch nahezu jeder, der einmal oben war, völlig begeistert vom Gipfel zurück.

## Sicherheit und Ausrüstung

Seit den schweren Ausbrüchen von 2002 und 2003 darf der Stromboli nur noch mit autorisierten Vulkanführern bestiegen werden. Alle Bereiche der Insel, die oberhalb von 400 Metern Seehöhe liegen, sind für den Besuch ohne Führer gesperrt; der Aufstieg auf der ehemaligen Route bis zu dieser Grenze hat dabei durchaus seinen Reiz, siehe dazu unten. Kontrollen sind nicht unüblich; wer oberhalb von 400 Metern erwischt wird, hat mit hohen Strafen zu rechnen. Die früher immer wieder mal diskutierte Frage „Mit oder ohne Führer?" hat sich damit von selbst erledigt. Es scheint derzeit unwahrscheinlich, dass der (streng genommen bereits seit 1990 illegale, aber bis 2002 dennoch geduldete) Aufstieg bis zur Gipfelregion auf eigene Faust jemals wieder freigegeben wird.

### Die schweren Ausbrüche von 2002 und 2003

Schon ab Mitte 2002 hatten Forscher am Vulkan eine Phase deutlich erhöhter Aktivität festgestellt. Am 28. Dezember 2002 öffnete sich in 600 Meter Höhe eine große Spalte, aus der mehrere ungewöhnlich schnelle Lavaströme ins Meer flossen. Nach einer kurzen Ruhephase bildete sich am 30. Dezember ein neuer Strom. Dieser verursachte an der Sciara del Fuoco zwei riesige Bergstürze, bei denen Millionen von Kubikmeter Lavagestein ins Meer gerissen wurden. Die daraus resultierenden, mehrere Meter hohen Flutwellen (Tsunamis) führten zu schweren Schäden an Schiffen und Gebäuden in Ginostra und Stromboli-Ort. Es gab sechs Verletzte. Die Tsunamis waren auch auf den Nachbarinseln deutlich spürbar und erreichten sogar den 60 Kilometer entfernten Hafen von Milazzo. Für Stromboli wurde ein Besuchsverbot erlassen, Hunderte Einwohner verließen freiwillig die Insel und kehrten erst Anfang Februar zurück. In den folgenden Monaten dauerten die Lavaströme und (kleineren) Bergstürze an. Am 5. April 2003 ereignete sich dann plötzlich und ohne jede Vorwarnung durch die Überwachungsinstrumente der Vulkanologen eine außergewöhnlich starke Explosion. Über dem Gipfel stand eine rund einen Kilometer hohe Rauchwolke. Lavageschosse beschädigten in Ginostra zwei Häuser, verletzten aber zum Glück niemanden. Wäre diese Explosion an einem Spätnachmittag im Sommer erfolgt, hätte es am Berg sicher Dutzende, wenn nicht Hunderte von Toten gegeben. Die Lavaströme flossen noch bis weit in den Juli 2003, dann beruhigte sich der Stromboli wieder weitgehend. Die strombolianische Tätigkeit mit mehreren „normalen" Ausbrüchen pro Stunde ist seitdem (und zumindest bislang noch) deutlich aktiver als in der Zeit vor den schweren Eruptionen.

*Aktuelle Internet-Informationen* **www.stromboli.net**, die beste Site zum Thema.

Das ist keine Geldschneiderei, wie mancher vielleicht vermutet. Mit Führer ist man nämlich wirklich auf der sichereren Seite. Die Guides kennen ihren Berg, wissen über die aktuelle Wetterlage Bescheid und sind im Notfall auch in der Lage, schnellstmöglich Hilfe zu organisieren – auch dies ein wichtiges Argument. Ganz ohne Risiko ist ein Besuch des Gipfels nämlich nie. So heftige Ausbrüche wie die im Kasten geschilderten sind zwar sehr selten. Häufiger, nämlich durchschnittlich immerhin etwa zweimal pro Jahr, kommt es zu Eruptionen nur leicht erhöhter Intensität, bei denen gleichwohl glühendes Material bis in Bereiche geschleudert werden kann, in denen sich Besucher aufhalten. 2001 wurde eine deutsche Touristin am Kopf getroffen; sie starb später im Krankenhaus von Messina. Heute sind am Gipfel kleine betonierte Unterstellhäuschen („Shelter") aufgestellt, in denen man bei stärkeren Eruptionen Unterschlupf finden kann. Wer zu weit entfernt ist, dem raten Vulkanologen, im Fall des Falls Ruhe zu bewahren, nicht blindlings zu flüchten, sondern stattdessen die Flugbahnen der Gesteinsbrocken genau zu beobachten, um gegebenenfalls ausweichen zu können. Der verständliche Reflex zur Flucht birgt zudem ein hohes Verletzungspotenzial. Zur Beruhigung sei gesagt, dass sich viele (nicht alle!) dieser etwas stärkeren Eruptionen durch eine ungewöhnlich lange Phase verdächtiger Ruhe quasi ankündigen. Zudem wird der Stromboli von den Vulkanologen im Geophysikalischen Institut von Lipari permanent über-

*Urgewalten: ein Ausbruch des Stromboli*

wacht und bei entsprechenden Anzeichen gesperrt, wie es immer wieder mal der Fall ist. Absolute Sicherheit gibt aber auch das nicht – der Vulkan bleibt unberechenbar.

● *Der alte Weg bis auf 400 Meter Höhe* Auch ohne Führer möglich ist diese Tour (gutes Schuhwerk!) auf dem ehemaligen Aufstiegsweg, von dem sich ein guter Ausblick zur Feuerrutsche Sciara del Fuoco und auf die Krater bietet. Am reizvollsten ist die Sicht in der Abenddämmerung, doch sollte man über dem grandiosen Panorama nicht vergessen, noch rechtzeitig im Tageslicht den Abstieg anzutreten – eine gute Taschenlampe sollte dennoch dabei sein. Die Route beginnt am Ende der Hauptstraße des Ortsteils Piscità, vom Hafen aus muss also der gesamte Ort durchquert werden. Hinter den letzten Häusern führt ein zunächst recht kommoder, gepflasterter Ziehweg (an einer Gabelung rechts halten, nicht links bergauf) in Richtung des Pizzeria-Restaurants L' Osservatorio (siehe unten), das in der ehemaligen Marinestation an der Punta di Labronzo untergebracht ist. Der als „Mulattiera" (Maul-

tierpfad) bekannte Weg biegt vor dem Anwesen links bergwärts ab und führt dann in Serpentinen durch dichtes Schilf bergauf bis auf 270 Meter Höhe, weicht dort einem rutschig-steilen Erdweg durch Macchia und lose Steine. Auf 400 Meter Höhe ist Endstation; jenseits dieser Grenze ist der Aufstieg ohne Führer verboten, der Weg aber ohnehin ungepflegt und teilweise zerstört. Eventuell soll er jedoch eines Tages wieder bis auf 700 Meter Höhe ausgebessert werden, wird dann aber bis dort hinauf wohl auch nur mit Führer begangen werden dürfen.

**Variante**: Eine Alternative für den Aufstieg oder den Weg hinab (nur tagsüber!) ist der erst vor wenigen Jahren angelegte Querweg, der auf etwa 250 Meter Höhe von der Aufstiegsroute der Vulkanführer (siehe dort) abzweigt; unterwegs passiert man zwei Picknickplätze und einen Lavastrom aus römischer Zeit.

Prinzipiell kann jeder, der bei guter Gesundheit ist und über einigermaßen passable Kondition verfügt, an der Exkursion teilnehmen. Menschen mit Herz-Kreislauf-Erkrankungen oder Asthma jedoch ist in jedem Fall vom Aufstieg abzuraten. Kontaktlinsenträger bekommen garantiert spätestens beim Abstieg Probleme mit der feinen Asche und sollten deshalb besser eine Brille aufsetzen. Und natürlich gibt es auch immer solche, die nach der Rückkehr „alles ganz easy" fanden ...

**Mitnehmen**: An Kleidung benötigt man Pullover, Windjacke und ein Hemd oder T-Shirt zum Wechseln – oben sind die Klamotten garantiert durchgeschwitzt, es pfeift ganz schön und die Temperaturen liegen deutlich niedriger als an der Küste, Faustregel: pro hundert Höhenmeter ein Grad. Unterwegs freut man sich, auch am späten Nachmittag, über einen Sonnenhut oder eine Mütze; Sonnenmilch mit hohem Lichtschutzfaktor ist ohnehin zu empfehlen. Prima, wer Bergschuhe hat, feste Trekkingschuhe tun es aber auch. Die Guides achten vor dem Abmarsch auf den Zustand der Sohle, die noch genügend Profil haben muss; andernfalls kann man sich im Trekkingladen „Totem" am Kirchplatz entsprechendes Schuhwerk leihen. Bei der Verpflegung sind ausreichende Wasservorräte wichtig, zwei Liter sollten es schon mindestens sein. Wegen des hohen Salzverlusts freut sich der Körper über stark gesalzene Lebensmittel wie beispielsweise Oliven. Eine kräftige Taschenlampe (ebenfalls bei „Totem" zu leihen) mit frischen Batterien gehört unbedingt ins Gepäck. Getragen wird das Ganze im Rucksack. Nützlich ist auch ein Bergstock, der insbesondere beim Absteigen die Gelenke entlastet. Helme und Atemschutzmasken werden von den Führern gestellt.

● *Bergführer* **Reservierung ist praktisch Pflicht!** Der Aufenthalt am Gipfel ist auf maximal eine Stunde und auf höchstens 80 Personen gleichzeitig limitiert, die Gruppenstärke pro Führer auf 20 Personen. Dies führt regelmäßig zu Engpässen, fast immer bleiben mehrere verhinderte Vulkanbesteiger enttäuscht zurück. Die Führer raten,

mindestens zwei, drei Tage vorab telefonisch zu reservieren (meist spricht man Englisch); ein Leser, der Ende Juli auf Stromboli war, konnte sich auch noch am selben Tag gleich morgens nach Büroöffnung anmelden – nicht unbedingt die Regel.

**Guide Vulcanologiche**, Piazza San Vincenzo, ein Büro unterhalb der Bar Ingrid am

*Schneller Abstieg: Versante Sud Est*

Kirchplatz. Ein Zusammenschluss mehrerer Führer, die ein weiteres Büro an der Via Vittorio Emanuele betreiben, ☎ 090 986139, ✆ 090 986185, www.stromboliguide.it, www.guidevulcanologiche.it
**Magmatrek**, professionelle Organisation, deren Büro zwischen der Kirche San Vincenzo und dem „Ingrid-Bergman-Haus" liegt. Freundlich und vielsprachig, auf Wunsch auch Touren für Einzelpersonen. ☎/✆ 090 9865768, www.magmatrek.it.
**Stromboli Adventures**, direkt benachbart. ☎ 090 986264, www.stromboliadventures.it.
• *Termine/Preise*   Von März bis Oktober sind die Besteigungen genau geregelt, wer jedoch völlig außerhalb der Saison kommt, wird eventuell über Zeiten etc. verhandeln müssen. Mindestteilnehmerzahl im Normalfall etwa 15 Personen (im Winter 6 bis 10 Personen – Verhandlungssache); Einzelreisende werden zu Gruppen zusammengefasst oder solchen zugeteilt. Erläuterungen erfolgen auf Italienisch und, meist in Kurzform, teilweise auch auf Englisch. Abmarsch am späten Nachmittag, Aufenthalt am Gipfel teilweise, Abstieg über den Südosthang (Versante Sud Est) nach San Vincenzo völlig im Dunkeln. Das „Gesamtprogramm" dauert etwa sechs Stunden: Aufstieg drei Stunden, Aufenthalt am Gipfel ei-

ne Stunde, Abstieg knapp zwei Stunden. Preis bei voller Gruppenstärke zuletzt 25 €. Zusätzlich hat die Gemeinde Lipari eine obligatorische „Vulkansteuer" von 3 € eingeführt – fraglich bleibt die Verwendung der Gelder.
• *Internet-Site* **www.stromboli.net**, die Site von Stromboli online. Tolle Seite mit vielen aktuellen Informationen, prima Fotos, virtuelle Exkursionen, Live-Cam. **Internet-Zugang** auf Stromboli ist beim Trekking-Ausrüster „Totem" am Kirchplatz und in der Buchhandlung „Libreria sull'Isola" möglich.
• *Blick von unten* **Bar-Rist.-Pizzeria L'Osservatorio**, in der ehemaligen Marinestation Semaforo di Labronzo und in etwa 30 Fußminuten von Piscità zu erreichen. Von dem Lokal bietet sich bereits ein guter Blick auf die nächtlichen Ausbrüche. Die Preise (auch für Getränke) liegen nicht unbedingt niedrig, Pizza gibt es nur abends. Zur Saison kann man sich gegen Entgelt vom Kirchplatz mit dem Ape (Vespa-Dreirad) hinkutschieren lassen, für den Rückweg per pedes ist eine Taschenlampe nötig. Im August wird es voll hier, Reservierung unter ☎ 090 986013 oder Mobil-☎ 337 293942. Bei Besuchen komplett außerhalb der Saison empfiehlt sich auch eine Anfrage, ob überhaupt geöffnet ist.

## Tour 6: Der Weg auf den Vulkan

• **Route**: San Vincenzo – Pizzo (918 m) – Versante Sud Est – San Vincenzo. • **Reine Gehzeit**: 5 Stunden

Die hier beschriebene Route wurde 2004 neu angelegt und ersetzt den alten Weg. Der Aufstieg beginnt im Gässchen Via Soldato Francesco Natoli hinter der Kirche von San Vincenzo, anfangs auf einem kommoden Sträßchen, ab etwa 100 Meter Höhe

**Stromboli**
Karte Seite 225

*Ab jetzt geht's mit Helm weiter: Rast am Gipfelgrat*

dann auf einem steilen Fußpfad. Unterwegs bietet sich bereits ein schöner Blick auf Strombolicchio. Es geht vorbei am alten, malerisch überwucherten Friedhof von Stromboli (der neue liegt meerwärts darunter). Nach etwa 35–40 Minuten teilt sich der Weg bei rund 250 Meter Höhe; rechts käme man auf einem schönen Wanderweg hinüber Richtung Sciara del Fuoco, siehe weiter oben. Die bis dahin dichte Vegetation endet auf etwa 500 Meter Seehöhe; dies ist auch der Punkt, bis zu dem die Führer bereits jetzt erschöpfte, „aussteigewillige" Wanderer alleine zurückgehen lassen. Nach einer Quertraverse über ein Aschenfeld wird der Liscione-Grat erreicht. Nun geht es fast in der Direttissima bergan, der anstrengendste Abschnitt. Auf etwa 800 Metern Höhe trifft man auf die alten Route, und der erste Blick auf die Krater in der Abenddämmerung weckt neue Kräfte. Nun ist es nicht mehr weit bis zum Gipfelgrat, wo bei einer kurzen Pause die verschwitzten Klamotten getauscht werden können. Zeit, die Helme aufzusetzen und den letzten, kurzen Anstieg in Angriff zu nehmen...

▶ **Die Eruptionen**: Vom Gipfel *Pizzo* sieht man nach Norden auf die etwa 150 Meter tiefer liegende Kraterterrasse mit den Öffnungen des Vulkans. In diesen so genannten *Bocche*, die ihre Zahl (acht Stück waren es zuletzt), Lage und Form immer wieder mal ändern, raucht und brodelt es gewaltig. Lange muss man nicht warten, bis sich die nächste Eruption ankündigt. Sehr anschaulich beschreibt der Vulkanologe Hans Pichler (Italienische Vulkangebiete III, 1981) das Schema der Ausbrüche: „Trotz des starken Wechsels der Intensität und des Rhythmus der Tätigkeit bleibt der Ablauf einer Eruption mehr oder weniger gleich: Zuerst setzt ein immer stärker werdendes Zischen ein, Asche wird hochgewirbelt, der sich bald gröberes detritisches Material beimengt. Das Zischen verstärkt sich zu einem mächtigen Brausen, das rasch in Donnern übergeht. Der ausbrechende Gasstrom wird stärker und wirbelt die immer dichter werdende Aschenwolke pinienförmig empor. In das Donnern mischt sich das Prasseln der meist in die Bocca zurückfallenden Gesteine. Erst nachdem der Ausbruch eine gewisse Stärke erreicht hat, werden rotglühende Schlacken und Lavafetzen ausgeworfen, die mit klirrenden und platschenden Geräuschen zu Boden fallen. Hierauf klingt der Ausbruch rasch ab, nur die graubraune Aschenwolke wird höher gewirbelt und vom Wind abgetrieben. Die Wurfhöhe der Projektile beträgt 200–300 m, die Aschenwolke erreicht etwa die doppelte Höhe. Die Dauer der Ausbrüche liegt durchschnittlich zwischen 3 und 15 Sek., sie erfolgen abwechselnd und in unregelmäßigen Intervallen aus verschiedenen Bocchen."

▶ **Abstieg auf dem Südosthang (Versante Sud Est)**: Die Standardroute für den geführten Abstieg verläuft über das Aschenfeld der *Rina Grande* und bietet den Vorzug, deutlich kürzer zu sein als der Abstieg über die Aufstiegsroute. In dem weichen Material der ehemaligen Lava-Abflussrinne wird der Abstieg mehr zum Springen im Laufschritt, wodurch flott 400 Höhenmeter überbrückt werden. Eine Gruppe von Vulkanologen ist hier schon mit (alten) Skiern heruntergefahren. Vom Pizzo geht es zunächst hinab in die „Fossiciedda" genannte Senke zwischen dem Pizzo und dem noch etwas höheren Gipfelmassiv Serra i Vancori (924 m), dann über den Sattel der Portella di Croci in etwa östlicher Richtung bergab. Unterwegs wird bald klar, warum der Führer vor Beginn des Abstiegs Atemschutzmasken ausgegeben hat: Der von der Gruppe aufgewirbelte Vulkanstaub lässt besonders die weiter hinten wandernden Teilnehmer kaum noch die Hand vor Augen erkennen. Dieser Effekt verstärkt sich noch in dem ausgedehnten Schilfdickicht, durch das man schließlich wieder die Via Soldato Francesco Natoli erreicht. Und dann lockt ein kühles Bier in der Bar Ingrid am Kirchplatz von San Vincenzo...

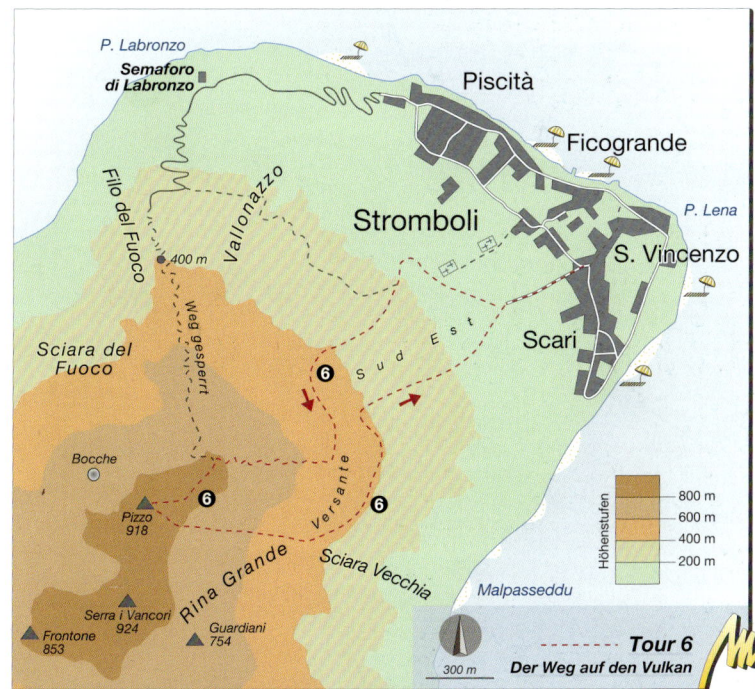

# Etwas Italienisch

Mit ein paar Worten Italienisch kommt man erstaunlich weit – es ist nicht mal schwer, und die Italiener freuen sich auch über gut gemeinte Versuche. Oft genügen schon ein paar Floskeln, um an wichtige Informationen zu kommen. Der Übersichtlichkeit halber verzichten wir auf wohlgeformte Sätze und stellen die wichtigsten Ausdrücke nach dem Baukastensystem zusammen. Ein bisschen Mühe und guter Wille lohnen sich wirklich – besonders in abgelegeneren Gegenden, in denen die Italiener nicht auf den „Würstel con Kraut"-Tourismus eingestellt sind.

## Aussprache

**Hier nur die Abweichungen von der deutschen Aussprache:**

**c:** vor e und i immer „*tsch*" wie in *rutschen*, z. B. *centro* (Zentrum) = „*tschentro*". Sonst wie „*k*", z. B. *cannelloni* = „*kannelloni*".

**cc:** gleiche Aussprachregeln wie beim einfachen c, nur betonter: *faccio* (ich mache) = „*fatscho*"; *boccone* (Imbiss) = „*bokkone*".

**ch:** wie „*k*", *chiuso* (geschlossen) = „*kiuso*".

**cch:** immer wie ein hartes „*k*", *spicchio* (Scheibe) = „*spikkio*".

**g:** vor e und i „*dsch*" wie in *Django*, vor a, o , u als „*g*" wie in *gehen*; wenn es trotz eines nachfolgenden dunklen Vokals als „*dsch*" gesprochen werden soll, wird ein i eingefügt, das nicht mitgesprochen wird, z. B. in *Giacomo* = „*Dschakomo*".

**gh:** immer als „*g*" gesprochen.

**gi:** wie in *giorno* (Tag) = „*dschorno*", immer weich gesprochen.

**gl:** wird zu einem Laut, der wie „*lj*" klingt, z. B. in *moglie* (Ehefrau) = „*mollje*".

**gn:** ein Laut, der hinten in der Kehle produziert wird, z. B. in *bagno* (Bad) = „*bannjo*".

**h:** wird am Wortanfang nicht mitgesprochen, z. B. *hanno* (sie haben) = „*anno*". Sonst nur als Hilfszeichen verwendet, um c und g vor den Konsonanten i und e hart auszusprechen.

**qu:** im Gegensatz zum Deutschen ist das u mitzusprechen, z. B. *acqua* (Wasser) = „*akua*" oder *quando* (wann) = „*kuando*".

**r:** wird kräftig gerollt!

**rr:** wird noch kräftiger gerollt!

**sp** und **st:** gut norddeutsch zu sprechen, z. B. *specchio* (Spiegel) = „*s-pekkio*" (nicht *schpekkio*), *stella* (Stern) = „*stella*" (nicht „*schtella*").

**v:** wie „*w*".

**z:** immer weich sprechen wie in *Sahne*, z. B. *zucchero* (Zucker) = „*sukkero*".

Die Betonung liegt meistens auf der vorletzten Silbe eines Wortes. Im Schriftbild wird sie bei der großen Mehrzahl der Wörter nicht markiert. Es gibt allerdings Fälle, bei denen die italienischen Rechtschreibregeln Akzente als Betonungszeichen vorsehen, z. B. bei mehrsilbigen Wörtern mit Endbetonung wie *perché* (= weil, warum).

Der Plural lässt sich bei vielen Wörtern sehr einfach bilden; die meisten auf „a" endenden Wörter sind weiblich, die auf „o" oder „e" endenden männlich; bei den weiblichen wird der Plural mit „e" gebildet, bei den männlichen mit „i", also: *una ragazza* (ein Mädchen), *due ragazze* (zwei M.); *un ragazzo* (ein Junge), *due ragazzi* (zwei J.). Daneben gibt es natürlich diverse Ausnahmen, die wir bei Bedarf im Folgenden zusätzlich erwähnen.

## Elementares

| | |
|---|---|
| Frau … | *Signora* |
| Herr … | *Signor(e)* |
| Guten Tag, Morgen | *Buon giorno* |
| Guten Abend (ab nachmittags!) | *Buona sera* |
| Guten Abend/ gute Nacht (ab Einbruch der Dunkelheit) | *Buona notte* |
| Auf Wiedersehen | *Arrivederci* |
| Hallo/Tschüss | *Ciao* |
| Wie geht es Ihnen? | *Come sta?/ Come va?* |
| Wie geht es dir? | *Come stai?* |
| Danke, gut. | *Molto bene, grazie/ Benissimo, grazie* |
| Danke! | *Grazie/Mille grazie/ Grazie tanto* |
| Entschuldigen Sie | *(Mi) scusi* |
| Entschuldige | *Scusami/Scusa* |
| Entschuldigung, können Sie mir sagen …? | *Scusi, sa dirmi …?* |
| Entschuldigung, könnten Sie mich durchlassen/ mir erlauben .. (beliebt bei älteren Damen, die sich durch Supermärkte drängen, und aller Art eiliger Italiener; ist im Sinne von „ich erlaube mir…" zu gebrauchen) | *Permesso …* |
| ja | *si* |
| nein | *no* |
| Ich bedaure, tut mir leid | *Mi dispiace* |
| Macht nichts | *Non fa niente* |
| Bitte! (im Sinne von *gern geschehen*) | *Prego!* |

| | |
|---|---|
| Bitte (als Einleitung zu einer Frage oder Bestellung) | *Per favore …* |
| Sprechen Sie Englisch/Deutsch/ Französisch? | *Parla inglese/ tedescso/ francese?* |
| Ich spreche kein Italienisch | *Non parlo l'italiano* |
| Ich verstehe nichts | *Non capisco niente* |
| Könnten Sie etwas langsamer sprechen? | *Puo parlare un po` più lentamente?* |
| Ich suche nach … | *Cerco …* |
| Okay, geht in Ordnung | *va bene* |
| Ich möchte/ Ich hätte gern | *Vorrei* |
| Warte/ Warten Sie! | *Aspetta/ Aspetti!* |
| groß/klein | *grande/piccolo* |
| Es ist heiß | *Fa caldo* |
| Es ist kalt | *Fa freddo* |
| Geld | *i soldi* |
| Ich brauche … | *Ho bisogno …* |
| Ich muss … | *Devo …* |
| in Ordnung | *d'accordo* |
| Ist es möglich, dass … | *È possibile …* |
| mit/ohne | *con/senza* |
| offen/geschlossen | *aperto/chiuso* |
| Toilette | *gabinetto* |
| verboten | *vietato* |
| Was bedeutet das? | *Che cosa significa?* (sprich sinjifika) |
| Wie heißt das? | *Come si dice?/cosa significa?* |
| zahlen | *pagare* |

### Equivoco!
Eine Art Allheilmittel: „Es liegt ein Missverständnis vor". Wenn etwas schief gelaufen ist, ist dies das Friedensangebot. Ein Versprechen wurde nicht eingehalten? – Nein, nur „è un equivoco"!

## Fragen

| | |
|---|---|
| **Gibt es/Haben Sie...?** | *C'è ...?* |
| | *(auszusprechen als tsche)* |
| **Was kostet das?** | *Quanto costa?* |
| **Gibt es (mehrere)** | *Ci sono?* |
| **Wann?** | *Quando?* |
| **Wo? Wo ist?** | *Dove?/ Dov'è?* |
| **Wie?/Wie bitte?** | *Come?* |
| **Wieviel?** | *Quanto?* |
| **Warum?** | *Perché?* |

## Smalltalk

### Ecco!
Hat unendlich viele Bedeutungen. Es ist eine Bestärkung am Ende des Satzes: Also! Na bitte! Voilà ... Zweifel sind dann ausgeschlossen.

| | |
|---|---|
| Ich heiße ... | *Mi chiamo ...* |
| Wie heißt du? | *Come ti chiami?* |
| Wie alt bist du? | *Quanti anni hai?* |
| Das ist aber schön hier | *Meraviglioso!/Che bello!/Bellissimo!* |
| Von woher kommst du? | *Di dove sei tu?* |
| Ich bin aus München/Hamburg | *Sono di Monaco, Baviera/di Amburgo* |
| Bis später | *A più tardi!* |

## Orientierung

| | |
|---|---|
| Wo ist bitte...? | *Per favore, dov'è ..?* |
| ... die Bushaltestelle | *... la fermata* |
| ... der Bahnhof | *... la stazione* |
| Stadtplan | *la pianta della città* |
| rechts | *a destra* |
| links | *a sinistra* |
| immer geradeaus | *sempre diritto* |
| Können Sie mir den Weg nach ... zeigen? | *Sa indicarmi la direzione per ..?* |
| Ist es weit? | *È lontano?* |
| Nein, es ist nah | *No, è vicino* |

## Bus/Zug/Fähre

| | | | |
|---|---|---|---|
| Fahrkarte | *un biglietto* | Verspätung | *ritardo* |
| Stadtbus | *il bus* | aussteigen | *scendere* |
| Überlandbus | *il pullman* | Ausgang | *uscita* |
| Zug | *il treno* | Eingang | *entrata* |
| hin und zurück | *andata e ritorno* | Wochentag | *giorno feriale* |
| Ein Ticket von X nach Y | *un biglietto da X a Y* | Feiertag | *giorno festivo* |
| Wann fährt der nächste? | *Quando parte il prossimo?* | Fähre | *traghetto* |
| ... der letzte? | *...l'ultimo?* | Tragflügelboot | *aliscafo* |
| Abfahrt | *partenza* | Deck-Platz | *posto ponte* |
| Ankunft | *arrivo* | Schlafsessel | *poltrone* |
| Gleis | *binario* | Kabine | *cabina* |

## Auto/Motorrad

| | | | |
|---|---|---|---|
| Auto | *macchina* | Reifen | *le gomme* |
| Motorrad | *la moto* | Kupplung | *la frizione* |
| Tankstelle | *distributore* | Lichtmaschine | *la dinamo* |
| Volltanken | *il pieno, per favore* | Zündung | *l'accensione* |
| Bleifrei | *benzina senza piombo* | Vergaser | *il carburatore* |
| | | Mechaniker | *il meccanico* |
| Diesel | *gasolio* | Werkstatt | *l'officina* |
| Panne | *guasto* | funktioniert nicht | *non funziona* |
| Unfall | *un incidente* | | |
| Bremsen | *i freni* | | |

## Baden/Strandleben

| | | | |
|---|---|---|---|
| Meer | *il mare* | sauber | *pulito/netto* |
| Strand | *la spiaggia* | tief | *profondo* |
| Stein | *pietra/sasso (klein)* | ich gehe schwimmen | *vado a nuotare* |
| Kies | *ghiaia* | braungebrannt | *abbronzata (f)/ abbronzato (m)* |
| schmutzig | *sporco* | | |

**Stabilimenti balneari** oder **bagni**: Strandabschnitt mit Eintrittsgebühr und Verleih von Liegestühlen und Sonnenschirmen.

## Bank/Post/Telefon

| | |
|---|---|
| **Geldwechsel** | *il cambio* |
| **Wo ist eine Bank?** | *Dove c' è una banca* |
| **Ich möchte wechseln** | *Vorrei cambiare* |
| **Ich möchte Reiseschecks einlösen** | *Vorrei cambiare dei traveller cheques* |
| **Wie ist der Wechselkurs** | *Qual è il cambio?* |
| **Geld** | *i soldi* |

| | | | |
|---|---|---|---|
| Postamt | *posta/ufficio postale* | Briefkasten | *la buca (delle lettere)* |
| ein Telegramm aufgeben | *spedire un telegramma* | Briefmarke(n) | *il francobollo/ i francobolli* |
| Postkarte | *cartolina* | | |
| Brief | *lettera* | Wo ist das Telefon? | *Dov' è il telefono?* |
| Briefpapier | *carta da lettere* | Ferngespräch | *comunicazione interurbana* |

## Camping/Hotel

Haben Sie ein Einzel/Doppelzimmer?
*C'è una camera singola/doppia?*

Können Sie mir ein Zimmer zeigen?
*Può mostrarmi una camera?*

Ich nehme es/wir nehmen es
*La prendo/la prendiamo*

| | | | |
|---|---|---|---|
| Zelt | *tenda* | Wir haben reserviert | *Abbiamo prenotato* |
| kleines Zelt | *canadese* | | |
| Schatten | *ombra* | Schlüssel | *la chiave* |
| Schlafsack | *sacco a pelo* | Vollpension | *pensione (completa)* |
| warme Duschen | *docce calde* | Halbpension | *mezza pensione* |
| Gibt es warmes Wasser? | *C'è l'acqua calda?* | Frühstück | *prima colazione* |
| | | Hochsaison | *alta stagione* |
| mit Dusche/Bad | *con doccia/ bagno* | Nebensaison | *bassa stagione* |
| ein ruhiges Zimmer | *una camera tranquilla* | Haben Sie nichts Billigeres? | *Non ha niente che costa di meno?* |

## Zahlen

| | | | |
|---|---|---|---|
| der Erste | *il primo* | 0 | *zero* |
| Zweite | *il secondo* | 1 | *uno* |
| Dritte | *il terzo* | 2 | *due* |
| einmal | *una volta* | 3 | *tre* |
| zweimal | *due volte* | 4 | *quattro* |
| halb | *mezzo* | 5 | *cinque* |
| ein Viertel | *un quarto di* | 6 | *sei* |
| ein Paar | *un paio di* | 7 | *sette* |
| einige | *alcuni* | 8 | *otto* |

| | | | |
|---|---|---|---|
| 9 | *nove* | 19 | *diciannove* |
| 10 | *dieci* | 20 | *venti* |
| 11 | *undici* | 21 | *ventuno* |
| 12 | *dodici* | 22 | *ventidue* |
| 13 | *tredici* | 30 | *trenta* |
| 14 | *quattordici* | 40 | *quaranta* |
| 15 | *quindici* | 50 | *cinquanta* |
| 16 | *sedici* | 60 | *sessanta* |
| 17 | *diciassette* | 70 | *settanta* |
| 18 | *diciotto* | 80 | *ottanta* |
| | | 90 | *novanta* |
| | | 100 | *cento* |
| | | 101 | *centuno* |
| | | 102 | *centodue* |
| | | 200 | *duecento* |
| | | 1.000 | *mille* |
| | | 2.000 | *duemila* |
| | | 100.000 | *centomila* |
| | | 1.000 000 | *un milione* |

## Maße & Gewichte

| | | | |
|---|---|---|---|
| Liter | *un litro* | 100 Gramm | *un etto* |
| halber Liter | *mezzo litro* | 200 Gramm | *due etti* |
| Viertelliter | *un quarto di un litro* | Kilo | *un chilo, due chili* |
| Gramm | *un grammo* | | *(gesprochen wie im Deutschen)* |

## Uhr & Kalender

### Uhrzeit

| | |
|---|---|
| Wie spät ist es? | *Che ora è?* |
| mittags | *mezzogiorno* |
| | *(für 12 Uhr gebräuchlich)* |
| Mitternacht | *mezzanotte* |
| Viertel nach | *... e un quarto* |
| Viertel vor | *... meno un quarto* |
| halbe Stunde | *mezz'ora* |

### Tage/Monate/Jahreszeit

| | |
|---|---|
| ein Tag | *un giorno* |
| die Woche | *la settimana* |
| ein Monat | *un mese* |
| ein Jahr | *un'anno* |
| ein halbes Jahr | *mezz'anno* |
| Frühling | *primavera* |
| Sommer | *l'estate* |
| Herbst | *autunno* |
| Winter | *inverno* |

### Wochentage

| | |
|---|---|
| Montag | *lunedì* |
| Dienstag | *martedì* |
| Mittwoch | *mercoledì* |
| Donnerstag | *giovedì* |
| Freitag | *venerdì* |
| Samstag | *sabato* |
| Sonntag | *domenica* |

### Monate

| | |
|---|---|
| Januar | *gennaio* |
| Februar | *febbraio* |
| März | *marzo* |
| April | *aprile* |
| Mai | *maggio* |

| | |
|---|---|
| Juni | *giugno* |
| | *(sprich dschunjo)* |
| Juli | *luglio* *(sprich luljo)* |
| August | *agosto* |
| | *(Feiertag des 15.8.: ferragosto)* |
| September | *settembre* |
| Oktober | *ottobre* |
| November | *novembre* |
| Dezember | *dicembre* |

### Gestern, heute, morgen ...

| | |
|---|---|
| heute | *oggi* |
| morgen | *domani* |
| übermorgen | *dopodomani* |
| gestern | *ieri* |
| vorgestern | *l'altro ieri* |
| sofort | *subito* |
| | *(dehnbarer Begriff)* |
| später | *più tardi* |
| jetzt | *adesso* |
| der Morgen | *la mattina* |
| Mittagszeit | *l'ora di pranzo* |
| Nachmittag | *il pomeriggio* |
| der Abend | *la sera* |
| die Nacht | *la notte* |

# Einkaufen

| | |
|---|---|
| Haben Sie | *Ha...?* |
| Ich hätte gern... | *Vorrei...* |
| etwas davon | *un poco di questo* |
| dieses hier | *questo qua* |
| dieses da, dort | *quello là* |
| Was kostet das? | *Quanto costa questo?* |

## Geschäfte

| | |
|---|---|
| Apotheke | *farmacia* |
| Bäckerei | *panetteria* |
| Buchhandlung | *libreria* |
| Zeitungskiosk | *edicola* |
| Fischhandlung | *pescheria* |
| Laden, Geschäft | *negozio* |
| Metzgerei | *macelleria* |
| Reinigung (chemische) | *lavanderia/ lavasecco* |
| Reisebüro | *agenzia viaggi* |
| Touristen- information | *informazioni turistiche* |
| Schreibwarenladen | *Cartoleria* |
| Supermarkt | *alimentari, supermercato* |

## Drogerie/Apotheke

| | |
|---|---|
| Seife | *il sapone* |
| Tampons | *i tamponi, i o.b.* |
| Binden | *assorbenti* |
| Waschmittel | *detersivo* |
| Shampoo | *lo shampoo* |
| Toilettenpapier | *carta igienica* |
| Zahnpasta | *pasta dentifricia* |
| Schmerztabletten | *qualcosa contro il dolore* |
| Kopfschmerzen | *mal di testa* |
| Abführmittel | *lassativo* |
| Sonnenmilch | *crema solare* |
| Pflaster | *cerotto* |

# Arzt/Krankenhaus

| Ich brauche einen Arzt | *Ho bisogno di un medico* | Hilfe! Erste Hilfe | *Aiuto! pronto soccorso* |
|---|---|---|---|

| | |
|---|---|
| Krankenhaus | *ospedale* |
| Schmerzen | *dolori* |
| Ich bin krank | *Sono malato* |
| Biss/Stich | *puntura* |
| Fieber | *febbre* |
| Durchfall | *diarrea* |
| Erkältung | *raffreddore* |
| Halsschmerzen | *mal di gola* |
| Magenschmerzen | *mal di stomaco* |
| Zahnweh | *mal di denti* |
| Zahnarzt | *dentista* |
| verstaucht | *slogato* |

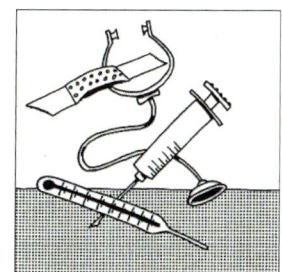

## Im Restaurant

Haben Sie einen Tisch für x Personen?

*C'è uno tavolo per x persone?*

**Die Speisekarte, bitte**

*Il menu/la lista, per favore*

**Was kostet das Tagesmenü?**

*Quanto costa il piatto del giorno?*

**Ich möchte gern zahlen**

*Il conto, per favore*

| | |
|---|---|
| Ich habe Hunger | *Ho fame* |
| Ich habe Durst | *Ho sete* |
| Gabel | *forchetta* |
| Messer | *coltello* |
| Löffel | *cucchiao* |
| Aschenbecher | *portacenere* |
| Mittagessen | *pranzo* |
| Abendessen | *cena* |
| Eine Quittung, bitte | *Vorrei la ricevuta, per favore* |
| Es war sehr gut | *Era buonissimo* |
| Trinkgeld | *mancia* |

(lässt man aber ohne große Erklärungen am Tisch liegen)

### Speisekarte

| | |
|---|---|
| Extra-Zahlung für Gedeck, Service und Brot | *coperto/pane e servizio* |
| Vorspeise | *antipasto* |
| erster Gang | *primo piatto* |
| zweiter Gang | *secondo piatto* |
| Beilagen zum zweiten Gang | *contorni* |
| Nachspeise (Süßes) | *dessert* |
| Obst | *frutta* |
| Käse | *formaggio* |

### Getränke

| | |
|---|---|
| Wasser | *acqua* |
| Mineralwasser | *acqua minerale* |
| mit Kohlensäure | *con gaz (frizzante)* |
| ohne Kohlensäure | *senza gaz* |

| | |
|---|---|
| Wein | *vino* |
| weiß | *bianco* |
| rosé | *rosato* |
| rot | *rosso* |
| Bier | *birra* |
| hell/dunkel | *chiara/scura* |
| vom Fass | *alla spina* |
| Saft | *succo di...* |
| Milch | *latte* |
| heiß | *caldo* |
| kalt | *freddo* |
| Kaffee | *un caffè* |

(das bedeutet espresso)

| | |
|---|---|
| Cappuccino | *un cappuccino* |

(mit aufgeschäumter Milch, niemals mit Sahne!)

| | |
|---|---|
| Kaffee mit wenig Milch | *un latte macchiato* |
| Milchkaffee | *un caffelatte* |
| Kalter Kaffee | *un caffè freddo* |

... ist was sehr Erfrischendes, wird im Glas mit Eiswürfeln serviert und schmeckt mit viel Zucker

| | |
|---|---|
| Tee | *un tè* |
| mit Zitrone | *con limone* |
| Cola | *una coca* |
| Milkshake | *frappè* |
| ein Glas | *un bicchiere di...* |
| eine Flasche | *una bottiglia* |

# Speiselexikon

## Alimentari/Diversi – Lebensmittel, Verschiedenes

| | | | |
|---|---|---|---|
| aceto | Essig | olive | Oliven |
| bombolone | Pfannkuchen | Olivenöl | olio di oliva |
| brodo | Brühe | pane | Brot |
| burro | Butter | panino | Brötchen (auch belegt zu kaufen) |
| frittata | Omlett | saccarina | Süßstoff |
| gnocchi | kleine Kartoffelklöße | salame | Salami |
| marmellata | Marmelade | salsiccia | Frischwurst |
| minestra/zuppa | Suppe | l'uovo/le uova | Ei/Eier |
| minestrone | Gemüsesuppe | zabaione | Wein-Eier-Creme |
| olio | Öl | zucchero | Zucker |

## Erbe – Gewürze

| | | | |
|---|---|---|---|
| aglio | Knoblauch | prezzemolo | Petersilie |
| alloro | Lorbeer | rosmarino | Rosmarin |
| basilico | Basilikum | sale | Salz |
| capperi | Kapern | salvia | Salbei |
| origano | Oregano | senapa | Senf |
| pepe | Pfeffer | timo | Thymian |
| peperoni | Paprika | | |

## Preparazione – Zubereitung

| | | | |
|---|---|---|---|
| affumicato | geräuchert | frutta cotta | Kompott |
| ai ferri | gegrillt | cotto | gekocht |
| al forno | überbacken | duro | hart/zäh |
| alla griglia | über Holzkohlefeuer | fresco | frisch |
| con panna | mit Sahne | fritto | frittiert |
| alla pizzaiola | Tomaten/Knobl. | grasso | fett |
| allo spiedo | am Spieß | in umido | im Saft geschmort |
| al pomodoro | mit Tomatensauce | lesso | gekocht/gedünstet |
| arrosto | gebraten/geröstet | morbido | weich |
| bollito | gekocht/gedünstet | piccante | scharf |
| alla casalinga | hausgemacht (nach Hausfrauenart) | tenero | zart |

## Contorni – Beilagen

| | | | |
|---|---|---|---|
| asparago | *Spargel* | finocchio | *Fenchel* |
| barbabietole | *Rote Beete* | insalata | *allg. Salat* |
| bietola | *Mangold* | lattuga | *Kopfsalat* |
| broccoletti | *wilder Blumenkohl* | lenticchie | *Linsen* |
| carciofo | *Artischocke* | melanzane | *Auberginen* |
| carote | *Karotten* | patate | *Kartoffeln* |
| cavolfiore | *Blumenkohl* | piselli | *Erbsen* |
| cavolo | *Kohl* | polenta | *Maisbrei* |
| cetriolo | *Gurke* | pomodori | *Tomaten* |
| cicoria | *Chicoree* | riso | *Reis* |
| cipolla | *Zwiebel* | risotto | *Reis mit Zutaten* |
| fagiolini | *grüne Bohnen* | sedano | *Sellerie* |
| fagioli | *Bohnen* | spinaci | *Spinat* |
| funghi | *Pilze* | zucchini | *Zucchini* |

## Pasta – Nudeln

| | | | |
|---|---|---|---|
| cannelloni | *gefüllte Teigrollen* | tagliatelle | *Bandnudeln* |
| farfalle | *Schleifchen* | tortellini | *gefüllte Teigtaschen* |
| fettuccine | *Bandnudeln* | tortelloni | *große Tortellini* |
| fiselli | *kleine Nudeln* | vermicelli | *Fadennudeln („Würmchen")* |
| lasagne | *Schicht-Nudeln* | | |
| maccheroni | *Makkaroni* | gnocchi | *(Kartoffel-) Klößchen* |
| pasta | *allg. Nudeln* | | |
| penne | *Röhrennudeln* | | |

## Pesce e frutti di mare – Fisch & Meeresgetier

**Fisch** allgemein heißt *il pesce* (sprich pesche; nicht zu verwechseln mit le pesche, sprich peske, dem Plural von Pfirsich)

| | | | |
|---|---|---|---|
| aragosta | *Languste* | gamberi | *Garnelen* |
| aringa | *Heringe* | granchio | *Krebs* |
| baccalà | *Stockfisch* | merluzzo | *Schellfisch* |
| calamari | *Tintenfische* | muggine | *Meeräsche* |
| cozze | *Miesmuscheln* | nasello | *Seehecht* |
| dentice | *Zahnbrasse* | orata | *Goldbrasse* |

| ostriche | Austern | sgombro | Makrele |
|---|---|---|---|
| pesce spada | Schwertfisch | sogliola | Seezunge |
| polpo | Krake | tonno | Thunfisch |
| razza | Rochen | triglia | Barbe |
| salmone | Lachs | trota | Forelle |
| sardine | Sardinen | vongole | Muscheln |
| seppia/totano | großer Tintenfisch | | |

## Carne – Fleisch

| agnello | Lamm | lombatina | Lendenstück |
|---|---|---|---|
| anatra | Ente | maiale | Schwein |
| bistecca | Beafsteak | maialetto | Ferkel |
| capretto | Zicklein | manzo | Rind |
| cervello | Hirn | pernice | Rebhuhn |
| cinghiale | Wildschwein | piccione | Taube |
| coniglio | Kaninchen | pollo | Huhn |
| fagiano | Fasan | polpette | Fleischklöße |
| fegato | Leber | trippa | Kutteln |
| lepre | Hase | vitello | Kalb |
| lingua | Zunge | | |

## Frutta – Obst

| albicocca | Aprikose | lamponi | Himbeeren |
|---|---|---|---|
| ananas | Ananas | limone | Zitrone |
| arancia | Orange | mandarino | Mandarine |
| banana | Banane | mela | Apfel |
| ciliegia | Kirsche | melone | Honigmelone |
| cocomero | Wassermelone | more | Brombeeren |
| dattero | Dattel | pera | Birne |
| fichi | Feigen | pesca | Pfirsich |
| fichi d'india | Kaktusfeigen | pompelmo | Grapefruit |
| fragole | Erdbeeren | uva | Weintrauben |

# MM-Wandern

## Die innovativen Tourenbegleiter aus dem Michael Müller Verlag

GPS
Tracks & Waypoints

ALLGÄUER ALPEN · Östliche ALLGÄUER ALPEN · Westliche ALLGÄUER ALPEN · Zentrale ALLGÄUER ALPEN · ANDALUSIEN · ELSASS · GOMERA

KORSIKA · KORSIKA · KRETA · LaPalma · LIGURIEN · MADEIRA · MALLORCA

MÜNCHNER AUSFLUGSBERGE · PIEMONT · PROVENCE · SARDINIEN · SIZILIEN · TENERIFFA · TOSCANA

### Was haben Sie entdeckt?

Haben Sie *die* versteckte Bucht entdeckt, eine gemütliche Trattoria, ein empfehlenswertes Privatquartier?

Wenn Sie Ergänzungen, Aktualisierungen oder neue Tipps zu diesem Buch haben, lassen Sie es mich bitte wissen.

Ich freue mich über jede Zuschrift und jeden Hinweis!

*Thomas Schröder*

*Stichwort "Liparische Inseln"*

*c/o Michael Müller Verlag*

*Gerberei 19*

*91054 Erlangen*

*E-Mail: thomas.schroeder@michael-mueller-verlag.de*

# Verlagsprogramm

**Ägypten**

- Ägypten
- Sinai & Rotes Meer

**Australien**

- Australien – der Osten

**Baltische Länder**

- Baltische Länder

**Belgien**

- *MM-City* Brüssel

**Bulgarien**

- Schwarzmeerküste

**China**

- *MM-City* Shanghai

**Cuba**

- Cuba
- *MM-City* Havanna

**Dänemark**

- *MM-City* Kopenhagen

**Deutschland**

- Allgäu
- *MM-Wandern* Allgäuer Alpen
- Altmühltal & Fränkisches Seenland
- Bayerischer Wald
- *MM-City* Berlin
- Berlin & Umgebung
- Bodensee
- *MM-City* Dresden
- Fehmarn
- Franken
- Fränkische Schweiz
- *MM-City* Hamburg
- Harz
- *MM-City* Köln
- Mainfranken
- Mecklenburgische Seenplatte
- Mecklenburg-Vorpommern
- *MM-City* München
- *MM-Wandern* Münchner Ausflugsberge
- Nürnberg, Fürth, Erlangen
- Oberbayerische Seen
- Ostfriesland und Ostfriesische Inseln
- Ostseeküste – von Lübeck bis Kiel
- Ostseeküste – Mecklenburg-Vorpommern
- *MM-Wandern* Östliche Allgäuer Alpen
- Pfalz
- Rügen, Stralsund, Hiddensee
- Südschwarzwald
- Schleswig-Holstein Nordseeküste
- Schwäbische Alb
- Sylt
- Usedom
- *MM-Wandern* Westallgäu und Kleinwalsertal
- *MM-Wandern* Zentrale Allgäuer Alpen

**Dominikanische Republik**

- Dominikanische Republik

**Ecuador**

- Ecuador

**Frankreich**

- Bretagne
- Côte d'Azur
- Elsass
- *MM-Wandern* Elsass
- Haute-Provence
- Korsika
- *MM-Wandern* Korsika
- Languedoc-Roussillon
- Normandie
- *MM-City* Paris
- Provence & Côte d'Azur
- *MM-Wandern* Provence
- Südfrankreich
- Südwestfrankreich

**Griechenland**

- Athen & Attika
- Chalkidiki
- Griechenland
- Griechische Inseln
- Karpathos
- Kefalonia & Ithaka
- Korfu
- Kos
- Kreta
- *MM-Wandern* Kreta
- Kykladen
- Lesbos
- Naxos
- Nord- u. Mittelgriechenland
- Nördl. Sporaden – Skiathos, Skopelos, Alonnisos, Skyros
- Peloponnes
- Rhodos
- Samos
- Santorini
- Thassos, Samothraki
- Zakynthos

**Großbritannien**

- Cornwall & Devon
- England
- *MM-City* London
- Schottland
- Südengland

**Irland**

- *MM-City* Dublin
- Irland

**Island**

- Island

**Italien**

- Abruzzen
- Apulien
- Adriaküste
- Chianti – Florenz, Siena, San Gimignano
- Cilento
- Dolomiten – Südtirol Ost
- Elba
- Friaul-Julisch Venetien
- Gardasee
- Golf von Neapel
- Italien
- Kalabrien & Basilikata
- Lago Maggiore
- Ligurien – Italienische Riviera, Genua, Cinque Terre
- *MM-Wandern* Ligurien & Cinque Terre
- Liparische Inseln
- Marken
- Mittelitalien
- Oberitalien

- Oberitalienische Seen
- Piemont & Aostatal
- *MM-Wandern* Piemont
- *MM-City* Rom
- Rom & Latium
- Sardinien
- *MM-Wandern* Sardinien
- Sizilien
- *MM-Wandern* Sizilien
- Südtirol
- Südtoscana
- Toscana
- *MM-Wandern* Toscana
- Umbrien
- *MM-City* Venedig
- Venetien

### Kanada
- Kanada – der Osten
- Kanada – der Westen

### Kroatien
- Istrien
- Kroatische Inseln & Küste
- Mittel- und Süddalmatien
- Nordkroatien – Kvarner Bucht

### Malta
- Malta, Gozo, Comino

### Marokko
- Südmarokko

### Montenegro
- Montenegro

### Neuseeland
- Neuseeland

### Niederlande
- *MM-City* Amsterdam
- Niederlande

### Norwegen
- Norwegen
- Südnorwegen

### Österreich
- Salzburg & Salzkammergut
- Wachau, Wald- u. Weinviertel
- *MM-City* Wien

### Polen
- *MM-City* Krakau
- Polnische Ostseeküste
- *MM-City* Warschau

### Portugal
- Algarve
- Azoren
- *MM-City* Lissabon
- Lissabon & Umgebung
- Madeira
- *MM-Wandern* Madeira
- Nordportugal
- Portugal

### Russland
- *MM-City* St. Petersburg

### Schweden
- Südschweden

### Schweiz
- Genferseeregion
- Graubünden
- Tessin

### Slowakei
- Slowakei

### Slowenien
- Slowenien

### Spanien
- Andalusien
- *MM-Wandern* Andalusien
- *MM-City* Barcelona
- Costa Brava
- Costa de la Luz
- Gomera
- *MM-Wandern* Gomera
- Gran Canaria

- *MM-Touring* Gran Canaria
- Ibiza
- Katalonien
- Lanzarote
- La Palma
- *MM-Wandern* La Palma
- *MM-City* Madrid
- Madrid & Umgebung
- Mallorca
- *MM-Wandern* Mallorca
- Menorca
- Nordspanien
- Spanien
- Teneriffa
- *MM-Wandern* Teneriffa

### Tschechien
- *MM-City* Prag
- Südböhmen
- Tschechien
- Westböhmen & Bäderdreieck

### Türkei
- *MM-City* Istanbul
- Türkei
- Türkei – Lykische Küste
- Türkei – Mittelmeerküste
- Türkei – Südägäis von İzmir bis Dalyan
- Türkische Riviera – Kappadokien

### Tunesien
- Tunesien

### Ungarn
- *MM-City* Budapest
- Westungarn, Budapest, Pécs, Plattensee

### USA
- *MM-City* New York

### Zypern
- Zypern

Aktuelle Informationen zu allen Reiseführern finden Sie im Internet unter

## www.michael-mueller-verlag.de

Michael Müller Verlag GmbH, Gerberei 19, 91054 Erlangen
Tel. 0 91 31 / 81 28 08-0; Fax 0 91 31 / 20 75 41; E-Mail: info@michael-mueller-verlag.de

# Register